国家哲学社会科学成果文库
NATIONAL ACHIEVEMENTS LIBRARY
OF PHILOSOPHY AND SOCIAL SCIENCES

人口与经济发展方式

王金营　等著

科学出版社

内 容 简 介

本书为国家社会科学基金重点项目（12ARK001）最终成果。对经济增长与经济发展关系、经济增长方式与经济发展方式关系、人口转变与经济增长关系、人口转变与经济发展关系等进行了新的理论阐释和拓展。对于 OECD 部分国家和中国的人口与经济发展方式转变关系开展了深入的实证检验和规律总结。对中国未来人口发展趋势、人口与经济发展方式转变的政策支持体系进行了系统预测和模拟，给出了基于新发展理念的中国人口与经济发展方式转变的政策支持体系建议。本书在理论和实证研究上均有较强的创新性，丰富了人口与经济发展关系理论，提出了可供决策的政策建议。

本书适合于经济学和人口学相关领域研究者、高年级研究生阅研，也可为政策制定者提供参考。

图书在版编目（CIP）数据

人口与经济发展方式 / 王金营等著. —北京：科学出版社，2021.6

（国家哲学社会科学成果文库）

ISBN 978-7-03- 068283-3

Ⅰ. ①人… Ⅱ. ①王… Ⅲ. ①人口–关系–经济发展–研究–中国 Ⅳ. ①C924.24 ②F124

中国版本图书馆 CIP 数据核字（2021）第 041915 号

责任编辑：李 嘉 / 责任校对：宁辉彩

责任印制：霍 兵 / 封面设计：黄华斌

科学出版社 出版

北京东黄城根北街 16 号

邮政编码：100717

http://www.sciencep.com

北京盛通印刷股份有限公司 印刷

科学出版社发行 各地新华书店经销

*

2021 年 6 月第 一 版 开本：720×1000 1/16

2021 年 6 月第一次印刷 印张：27 3/4 插页：4

字数：466 000

定价：198.00 元

（如有印装质量问题，我社负责调换）

作者简介

王金营 博士，河北大学经济学院教授，博士生导师，教育部高等学校经济学类专业教学指导委员会委员。现为中国人口学会副会长，河北省人口学会会长。长期从事人口学、人口与经济发展、人力资本等领域的研究。主持国家社会科学基金重点项目 2 项和一般项目 1 项、省部级项目 50 余项；出版专著 3 部，发表论文 130 余篇，其中 CSSCI 来源期刊 90 余篇。获得省部级优秀成果奖 8 项，其中获得第八届高等学校科学研究优秀成果奖（人文社会科学）二等奖 1 项，省部级一等奖 4 项，入选 2019 年国家哲学社会科学成果文库 1 部。提出了人口活跃度和人口回旋空间概念及其理论分析框架，深入分析中国人口负增长下未来社会经济发展的动力所在。代表性论著：《人力资本与经济增长：理论与实证》（专著）、《区域人力资本积聚和开发机制研究》（专著）、《经济发展中的人口回旋空间：存在性和理论架构——基于人口负增长背景下对经济增长理论的反思和借鉴》（论文）、《人口与经济增长关系的再检验——基于人口活跃度－经济模型的分析》（论文）。

《国家哲学社会科学成果文库》

出版说明

为充分发挥哲学社会科学研究优秀成果和优秀人才的示范带动作用，促进我国哲学社会科学繁荣发展，全国哲学社会科学工作领导小组决定自 2010 年始，设立《国家哲学社会科学成果文库》，每年评审一次。入选成果经过了同行专家严格评审，代表当前相关领域学术研究的前沿水平，体现我国哲学社会科学界的学术创造力，按照“统一标识、统一封面、统一版式、统一标准”的总体要求组织出版。

全国哲学社会科学工作办公室

2021 年 3 月

书稿撰写组成员

负责人 王金营

成　员（按完成工作量排序）

李庄园，河北大学哲学与社会学学院讲师

张　省，华北电力大学（保定）经济管理系副教授

李天然，河北大学经济学院 2016 级博士研究生

李竞博，首都经济贸易大学劳动经济学院讲师

戈艳霞，中国社会科学院社会发展战略研究院副研究员

石贝贝，河北大学经济学院讲师

王冬梅，河北大学经济学院 2020 级博士研究生

刘艳华，河北工程大学管理工程与商学院讲师

张寒蒙，河北大学财务处高级经济师

序

人口和经济是一个国家生存与发展的基础性条件，它们之间的关系既简单又复杂。说其简单，是因为它们彼此之间相互依存，是彼此存在的第一个历史前提；说其复杂，是因为它们都有各自的变化规律和历史形塑。这种依存性和独立性决定了二者之间关系在不同时空有着不同的呈现。因此，当我们把人口与经济的关系放在历史长河和全球视野中观察时，就变得异常复杂，它们不仅互依互存，还互动互构。人口与经济的互动互构决定了特定历史时期的特殊的人口与经济的关系形态。对于研究者而言，首先需要做的，并非寻找具有普遍意义的人口与经济的关系，因为这样的关系或许根本就不存在，脱离了人口和经济的历史性、社会性，再精致的研究都会变成一场毫无意义的“数字游戏”。真正有价值的工作是对特定时空中的人口与经济关系的研究，如果试图把二者之间关系抽象为具有普遍性的理论，就必须准确把握不同时空中的人口和经济的历史性及社会性的异同。在人类社会的历史长河中，人口和经济始终是两朵相伴相随的浪花，而研究者不是冲浪人，他们应该是具有历史眼光的观察者。

当代中国的人口与经济关系就具有非常鲜明的特殊性，这种特殊性源于人口的快速转变和社会主义市场结构下的经济发展。在未来一个时期，因人口变化的转折与经济发展的转型交织在一起，中国的人口与经济的关系将变得越来越复杂。面对这样的研究对象，研究者无疑是遇到了一个千载难逢的机会，但也面临着学术上的挑战。遇之所幸，面之所难，王金营勇于作为这样的研究者。在这部《人口与经济发展方式》著作中，他提出了一个非常关键的问题：对于一个人口超过 14 亿人的大国，在人口继续保持低速增长的情况下如何实现经济持续增长？对此，该书作者基于理论分析、实证研究、预测分析和政策模拟，从人口在实现经济发展方式转变中的地位和作用，经济发展方式转变如何适应新的人口变化，新动力、新途径和新方式如何形成，需要构建怎样的政策支持体系等四个方面展开研究，并给出了自己的答案。如果读者能够从中获得启发，或者对这一话题进一步研究和讨论，都将是这部著作的价值所在。值得一提的是，该书作者构建的人口活跃度-经济发展模型和人口规模回旋空间理论，为认识中国现阶段及未来一个时期的人口与经济的关系提供了一个新的观察视角。

这是我第二次为王金营的著作作序，第一次是 2001 年为其在博士学位论文基础上完成的《人力资本与经济增长：理论与实证》作序，自那时以来，中国的人口与经济关系已经发生了深刻变化，未来 20 年，这种变化还将持续。因此，对中国人口与经济关系的研究是一项长期的任务，没有经济学知识的人口学家，或者没有人口学知识的经济学家，都无法承担这项任务。因此，中国需要大力发展人口经济学科和培养更多的人口经济学家。

2021 年 1 月 14 日

目　　录

Contents

第一章

引言

自改革开放以来，中国经济实现了持续快速增长，国内生产总值（gross domestic product，GDP）由 1978 年的 3678.7 亿元增加到 2019 年的 99.09 万亿元[①]，人均 GDP 由 385 元增加到 2019 年的 7.09 万元，2012 年之后，中国经济正在由高速增长向中高速的高质量增长转变，与此同时，人口实现了由快速增长向低速增长的转变，在不久的将来还将迎来负增长。中国人口和经济这一交叉变动无不带给研究者无限的深思！中国未来的经济是否还能持续增长下去？在人口增长下取得的经济增长会不会在人口负增长的情况下停止下来或者也出现负增长呢？在人口负增长下经济能不能实现持续发展呢？实现经济持续发展的方式是什么呢？总之，有太多的问题需要回答，在人口负增长条件下促进经济持续发展的动力、途径或方式需要理论阐释和实证探索，本书力图在一定范围有所突破和获得有价值的结论。而本章主要是对本书所要解决的问题予以阐释，对通过研究所获得的主要结论进行总结，进而对主要研究内容进行概要性导引，以便读者对全部研究有初步了解。

第一节 人口和经济发展的现实背景

人口与经济是社会科学界特别是人口学、经济学长期关注而且有着深刻研

① 这里的数据来自 2020 年《中国统计年鉴》，对于 1978 年的 GDP 数据来源不同，可能会有微小差异，如《新中国六十年统计资料汇编》中显示的 1978 年 GDP 为 3645.2 亿元。

究的领域和话题，已经形成了一系列理论和丰富的实证研究成果。在已有的研究中，对于人口发展及其相关问题，特别是人口发展与经济发展之关系的认识受到人们所处社会经济发展水平和生产力水平的深刻影响，甚至很多时候起着决定性的作用。中国是一个人口大国，人口数量长期居世界第一，19 世纪中叶前后的中国人口占世界人口 1/3，如今仍占 1/5。1949 年新中国成立初期至其后的二十来年里，落后的生产力水平、较低的经济发展水平和羸弱而几近空白的工业基础，在迎来人口快速增长的情况下，使人们直观地认识到人口多会带来吃饭、穿衣、住房、就业、教育、医疗的压力和一些几乎不能够解决的矛盾问题。以马寅初等为代表的一些经济学家、社会学家对旧中国贫穷落后的人口原因、对新中国人口快速增长所带来的问题的认识就是如此。即使像毛泽东这样伟大的战略家、思想家，在认识中国人口问题时也还是从辩证思考、乐观应对、积极调动发挥人口优势的思想和行动，转变到认为人口要控制、人口生产也要有计划的思想并指导了实践。这种认识和思想是在生产力水平、技术水平限制下面对现实的人口规模大、增长速度快带来某些难以调和的矛盾所形成的巨大压力，而做出的判断和改变。这一认识强化了那一时期及其后很长时期人们对人口规模大、增长速度快是一个制约经济增长、经济发展、人民生活水平提高的关键因素的认识，强调了人口与经济辩证关系中人口的负面影响，减弱了对人口多力量大的积极认识。

然而，由于对社会学、人口学研究的限制，1978 年之前的 20 多年里人们对人口问题的认识更多限于政府部门或者少数学者，公开的研究和讨论几乎空白。改革开放后，对面临的诸多经济发展问题（最为主要的是经济规模的增加和与就业相关的发展问题），面对现代化建设的现实需要，人们在寻找制约中国经济增长和发展、人民生活水平提高、生产力提升的因素中，除了破除制度的障碍外，人口因素也成为被充分考量的因素。人们认为中国人口多了、人口增长太快了，消费大而导致积累不足，因而人口多增长快制约了经济发展（彭珮云，1997①）。当时绝大多数人，无论国内还是国外（米

① 参见彭珮云主编的《中国计划生育全书》一书，该书收录了自 1955 年之后到 1997 年 3 月之前的中共中央、全国人民代表大会等国家机关关于计划生育的有关文件，以及收录了一些重要文献，对于中国人口发展与经济发展关系的判断是人口多、增长快制约了中国经济发展。

都斯，1983）专家、学者和官员，都认为这是事实，是规律，是必然[①]。而在中国这一观点和思想认识更是主导长达 30 多年。本书也认为这一观点在当时并没有什么不正确！这种对人口与经济的认识受到当时生产力水平、科学研究水平、技术水平、知识积累等多种因素限制。直到现在，也还有很多人认为世界上人口多了，地球上所承载的人口是有限的，人口增加对资源环境产生了巨大压力和负面影响。即使是最乐观的人也不会认为人口可以无限制增长下去。

如何看待前人对人口与经济之关系的认识、对待已有的研究成果和理论，如何认识现实的人口与经济发展，如何判断未来人口与经济发展走势，这些问题需要进一步结合社会经济发展的实际和未来人口发展趋势，运用严谨的逻辑、科学的方法以及与时俱进的创新思维进行深入分析和研究，以期获得对处理好人口发展与经济发展之关系的有意义的研究成果。

一、中国人口与经济发展的现实

（一）人口规模和增长

如前所述，中国曾经是占世界人口 1/3 的国家，到 1949 年，中国人口规模达到 5.42 亿，占世界人口的 1/4。新中国成立后，除 1960 年前后的三年困难时期，人口发展经历了快速增长、稳定发展，进而转变到目前的低速增长状态，到 2018 年中国人口已经达到 14 亿的体量，占世界人口近 1/5。新中国人口发展的前 30 年历史现实就是人口多、增长快、增量大；后 40 年尽管在短时期内转变到低速增长，但是规模大、惯性大使得人口增量在一段时间内依然巨大，如图 1-1 和图 1-2 所示。

新中国成立至改革开放之前这一时期中，20 世纪 50 年代、1963～1975 年，中国每年人口增量达到 1500 万人，甚至在 20 世纪 60 年代中后期超过

①这类观点可以搜索到大量文献，这里不再一一列出，当然典型的文献还是由李宝恒译，1983 年版本的丹尼斯•米都斯的著作《增长的极限——罗马俱乐部关于人类困境的研究报告》及联合国报告 *The Determinants and Consequences of Population Trends: New Summary of Findings of Interaction of Demographic, Economic and Social Factors: Volume I*；还有中国在 20 世纪 80 年代为探寻人口如何得到控制，以便实现经济增长所提出的理论和研究观点。

2000 万人。20 世纪 70 年代由于开始实施计划生育，并且人口处于长波波动低谷，人口增量略有降低。改革开放以来，随着计划生育实施的深入，出生率和人口自然增长率得到控制，但是由于人口波动的影响，人口增量在 20 世纪 80 年代又一次出现高峰，保持在 1500 万人左右，1990 年之后人口增量呈下降趋势，由 1990 年的 1600 万人左右持续降低到 2000 年的 1000 万人，再降低到 2010 年的 640 万人左右，其后略有上升，维持在 700 万～800 万人。

中国人口自然变动趋势和 1949～2019 年历年的人口增量如图 1-1、图 1-2 所示。

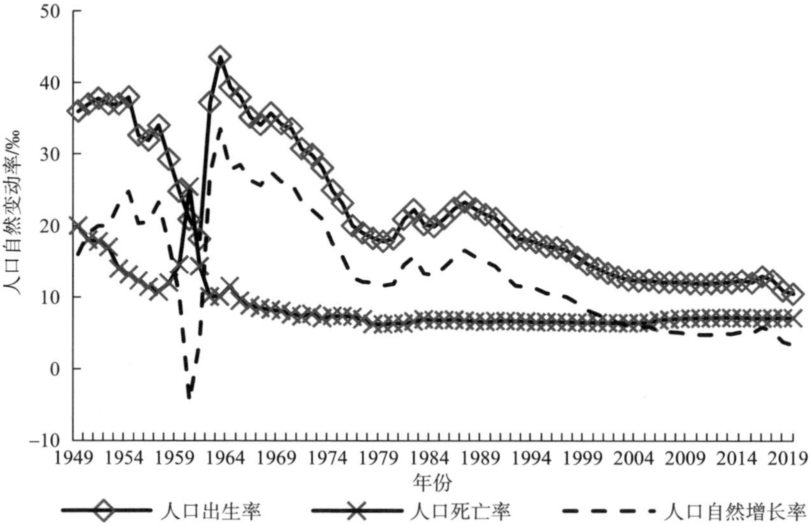

图 1-1 1949～2019 年中国人口自然变动趋势

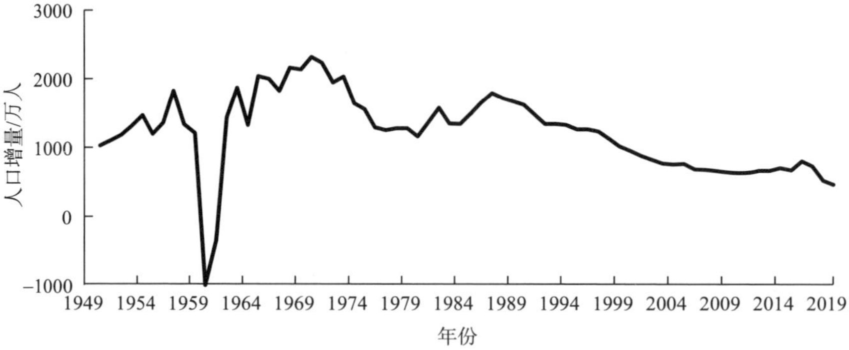

图 1-2 中国 1949～2019 年历年的人口增量

（二）人口年龄类型和就业需求

自新中国成立后，人民生活水平得到改善、医疗卫生条件有所提升、社会稳定，死亡率大幅度降低，生育水平维持在高位运行，中国人口出现了一个20多年的高速增长时期（除三年困难时期）。由1949年到20世纪70年代中期的20多年时间里中国人口年龄结构处于年轻化的状态，0～14岁少年儿童人口占比由35%增长至40%左右（王金营等，2009）[①]。自20世纪70年代初全国开始实施以控制人口增长为目标的计划生育政策以后，生育水平快速降低，出生人口有所减少，少年儿童人口比重开始降低，年龄结构开始发生转变，劳动年龄人口开始上升，人口由年轻型向成年型转变，经过20多年的发展，到1999年中国进入老龄化社会，其后人口老龄化程度不断加深。在这一进程中，劳动年龄人口不断增长，由改革开放之初的不足6亿人，增长到2010年的近10亿人，年平均有2000多万甚至2500万新进入劳动市场的劳动年龄人口，并且劳动负担由1978年的80%左右下降到2010年的34%，而退出劳动市场的人口不足1000万人，因此需要解决1500万左右的新增就业岗位。因此，在新进劳动年龄人口增加、劳动负担减轻的情况下，就业需求大大增加，就业压力持续增大，在巨量人口作用下，中国的就业压力还会持续存在。

（三）自1949年以来的经济增长、经济发展

1949年的中国，GDP只有413亿元，按当时的汇率计算大约为179.56亿美元，人均GDP只有不足76元，是美国人均水平的1/80。在整个经济中，50%的GDP为农业增加值，只有25%左右为工业增加值，工业基础极其薄弱，真正是人口多、底子薄，新中国就是在这样一穷二白的条件下开始建设的。

1949～1978年的30年里，除“二五”期间遇到三年困难时期，“一五”时期GDP实现平均增长9.2%，调整时期（1963～1965年）GDP平

---

① 这一段落内容是作者完成国家人口和计划生育委员会的委托课题“中国人口年龄结构变动趋势”所形成的成果，后收录在《中国人口学会年会论文集（2019）》，在完成本书研究时更新了数据，并做了新的分析。

均增长达到 15%，“三五”至“五五”三个时期 GDP 平均增长保持在 6%～7%。应该说改革开放之前的 30 年，中国经济也实现了较为快速的增长。到 1978 年，GDP 达到 3624.1 亿元，但人均 GDP 仍不足 390 元，是美国人均水平的 1/70。到此时，第二产业占比达 48.2%，工业产值相比 20 世纪 50 年代有了较大的飞跃。

自 1978 年后，中国实行改革开放，经济实现近 40 年的持续高速增长，到 2018 年底，GDP 达到 91.93 万亿元，人均达到 6.6 万元左右（折合 8000 美元/人，相当于美国人均水平的 1/6），可见中国已经大大缩小了与发达国家的差距。其中，1978～2012 年，人均 GDP 年平均增长达到 10%，2012～2019 年，增速略有减缓，平均为 7%，如图 1-3 所示。

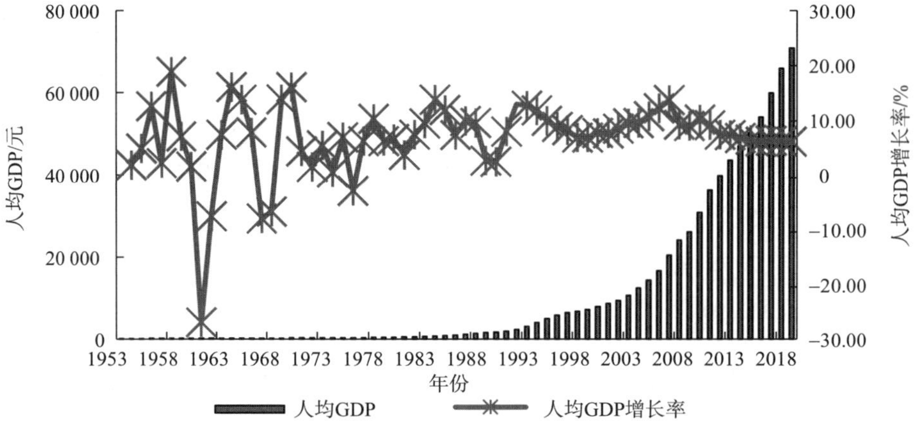

图 1-3 中国 1953～2019 年的经济增长

与此同时，我国实现了产业结构的不断升级和优化，2018 年第二产业占比降低为 40.7%，而第三产业达到 52.2%，如图 1-4 所示。居民的消费水平不断得到提高，到 2018 年全国居民人均可支配收入为 28 228 元，城镇为 39 251 元，乡村为 14 167 元，如图 1-5 所示。我国消费结构大大改善，恩格尔系数由 1978 年的 60%降低到 2018 年的 28.36%，家庭拥有家用电器、汽车、智能手机等现代化工业产品的数量均发生了翻天覆地的变化。目前，我国已实现经济增长带动经济发展，并且公共服务水平得到全面提升。

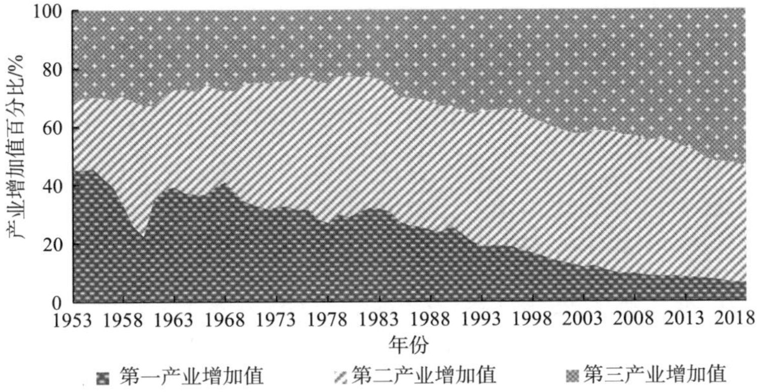

图 1-4 中国 1953～2018 年三次产业占比

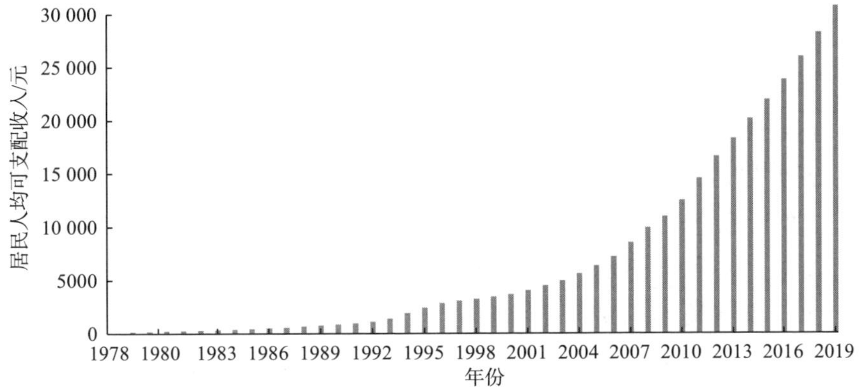

图 1-5 中国 1978～2019 年居民人均可支配收入

资料来源：国家统计局（http://www.stats.gov.cn/）

（四）经济增长和发展方式选择的现实

自 1949 年开始，由于中国人口多、经济底子薄，发展极其落后，在中国共产党领导下，国家实施赶超战略和在保障农业发展的基础上优先发展工业，特别是优先发展重工业。国家集中全力加强工业体系建设，工业固定资产投资大幅度增加，通过工农业“剪刀差”发展重工业。然而，受到当时国际环境恶化及西方国家对中国封锁的影响，技术引进困难且缺乏、技术水平提升缓慢，工业成长发展处于重、粗、大、耗、低效的状态。这个时期中国的经济增长和经济发展方式，一方面受到起步水平低、缺乏必要技术支撑的影响，另一方面受到发展战略取向的影响，主要以重工业优先发展，且当时国民经济体系中农业比重较大，依赖自然资源特别是土地、森林、矿藏资源开发实现经济增长和发展。因而，新中国成立的前 30 年的经济增长和发展方式尽管取得了很大成绩，建立了比较完整的工业体系，改变了我国一穷二白的面貌。但是，也还存在着消耗大、效率低、技术水平落后等问题，没有达到或者实现最大的效果和目标。

1978 年改革开放后，尽管我国已有一定的工业基础，但是无论是农业、工业还是第三产业，无论是科技、教育还是医疗、社会保障等公共服务业，依然处于极其落后状态。国家的发展战略目标仍然是赶超，是实现现代化，与改革开放前所不同的是，改革开放后不再以重工业优先、也不再以牺牲农业发展为基础，而是更加倾向民生、基础设施建设，并逐步转变为以轻工业、国际贸易和促进就业为前提的劳动密集型经济发展方式。由此，投资拉动、外需拉动和劳动扩张的增长方式成为当时的选择。这种方式，必然依靠土地资源开发、能源和矿藏资源的不断开发投入，是外延型、粗放型的增长方式，而且在农业生产中存在过度使用农药、化肥等对耕地利用不当甚至造成土地和水体污染的情况。1978～2008 年，这一方式表现尤为突出，使中国经济在数量高速度增长的同时存在质量较低、效率较低、资源消耗过大、环境污染严重等不可持续发展问题。这期间，我国注意到经济增长方式存在的问题，开始强调发展理念的转变，强调转变增长方式和发展方式，特别是 2010 年以来，逐步加快了经济向集约型、内涵式发展转变的步伐[①]。

（五）人口视角的经济增长和发展方式选择

如前分析，无论 1978 年之前的 30 年还是 1978 年之后，国家发展的根本目标没有改变，就是提升生产力以使人民生活水平不断提高。这就必须面对中国巨大的人口规模这一现实，需要充分考虑就业需求压力、需要不断解决人们日益增长的物质文化和精神文化的需求，而且首先要解决温饱进而实现小康。因此，在人口规模巨大，增长速度快、增量大的人口条件下，经济

① 可参见中共中央十七大以来各次代表大会的报告，这一内容在第二章第八节有阐述。

增长和经济发展的方式选择不可避免需要扩张投资、外延投资、增加就业岗位、发展劳动密集型经济、加快城镇化建设以满足人口不断增长下的吃饭、穿衣、住房、出行，特别是就业需求。城镇化加快，工业发展加速，则土地和自然资源出现粗放利用。而对于发展中的大国，经济发展时不我待，想通过吸收外国技术、通过学习慢慢提升来实现经济增长和发展的方式不能也不会被选择，也不允许被选择。一个大国必须靠自身健全的工业和经济体系，选择抢先、快速的发展方式和路径来保证经济起飞和发展战略目标实现。

二、发达国家人口与经济发展的现实

从人口的数量规模和自然变动来看，经济合作与发展组织（Organisation for Economic Co-operation and Development，OECD）成员总人口为12.98亿[①]，其中人口规模最大的是美国，为 3 亿多人，大部分国家人口规模较小；它的主要成员人口已经进入了低出生率、低死亡率、低自然增长率的人口发展状态，处于后人口转变阶段，其显著特征是生育水平较低、寿命长，人口总量增长缓慢，很多国家甚至出现负增长，人口增长也主要依赖国际的人口迁移。就生育水平而言，各 OECD 主要成员的妇女总和生育率明显下降，且多数低于更替水平。从人口的结构来看，OECD 成员的劳动力占总人口数量的比重不断下降，而老年人口占比不断提高，人口老龄化趋势明显。从人口素质来看，人口文化素质水平普遍维持在较高水平，且各成员都保持直线上升的趋势，而且人均预期寿命的提高也大大提升了各成员人口的素质。人口素质的提高既反映了国家生活水平的提高，又作为动力有力地促进了经济增长。由此可见，在不同的人口发展阶段，经济增长的动力源泉也有所不同。因此，经济发展方式应该与不同时期的人口变动相适应[②]。从

① 这一段落的数据来源于：世界银行（https://data.worldbank.org.cn/）。

② 这一段落的部分主要内容综合了王金营教授指导下杨茜 2014 年完成的硕士毕业论文《OECD 国家人口变动与经济增长方式转变的定量分析》，后王金营和李天然合作，对这一选题重新做了研究分析，其中数据指标和模型检验的实证部分做了较大改进，其结果以论文《OECD 国家人口变动对经济发展方式转变的影响》（发表在《中国人口科学》2018 年第 6 期）两个课题的阶段成果结论而形成的一段概括性阐释。

OECD 主要成员的经济发展水平来看，20 世纪 60 年代各成员经济显示出强劲的高增长趋势，而 20 世纪 70 年代以后，各成员普遍进入经济的滞涨期，20 世纪 90 年代后期各成员经济开始回升。但是，OECD 各成员之间的经济增长表现出明显差异，一些成员经济增长依然比较强劲，而有一些成员则陷入长期的低迷。纵观各个时期 OECD 成员经济增长率和技术进步、全要素生产率（total factor productivity，TFP）变动趋势，OECD 成员在 1960～1980 年 TFP 的增长处于高位，其后逐步平稳缓慢回落，1980 年之后其趋势和 GDP 增长率的发展趋势高度吻合。换而言之，TFP 对各经济体经济增长起到主导作用，OECD 成员经济增长方式的第二次转变是以高科技产业和广义服务业成为经济增长的主导产业实现的。这些内容将在第四章和第五章进行详细分析和研究，这里进行简述展示，其目的还是提出我们的研究问题和研究目的。

第二节　人口与经济发展方式转变面临的主要问题

一、现实问题和已有研究的简单评述

人口与经济增长或发展关系一直是人口经济学家关注的焦点，人们做出了大量有益的研究。在中国，经过几十年计划生育政策的实施，人口增长实现根本转变，经济发展下的人口环境也发生了巨大改变，劳动力无限供给的时代终将结束，以解决温饱、促进剩余劳动力就业为目的而形成的大量劳动密集型产业和投资、外向拉动的粗放经济发展方式难以为继。当巨量人口规模、粗放经济增长受到资源环境约束时，只有转变经济发展方式才能保持经济持续增长。然而，人口到底在经济发展方式转变中具有怎样的地位和起到什么作用；在持续的低生育水平下，劳动力供需将发生根本转变，如何转变经济发展方式以适应持续低生育水平下的人口发展态势所形成的复杂环境和条件；当人口处于负增长时未来经济发展来自人口的新动力是什么；新动力又将如何形成和发动；等等。这些都是需要我们通过理论研究、实证检验和

系统模拟予以解答的问题。为此，需要梳理这一领域的相关研究现状。

（一）人口与经济增长的关系研究

1. 人口增长对经济增长的影响

关于人口增长与经济增长之间关系研究的文献林林总总、不计其数，学者对此展开了深入的研究和分析。然而，研究结论仍存在着广泛争议，没有达成普遍的共识。较早关于人口增长的经济理论要追溯到古典经济学家马尔萨斯和李嘉图。他们研究的关注点是落后的农业生产部门，即由于土地是稀缺的，劳动力生产具有明显的边际报酬递减规律。马尔萨斯认为若没有人为限制，人口以指数比率增长，而物质的生产供给（主要指食物）则以线性增长，当人口增长较快时，则会陷入饥荒（Malthus，1798）①。而以索洛为代表的新古典经济增长理论从资本积累的角度阐述了人口增长在短期对经济增长是不利的，人口的增加会摊薄人均资本存量，不利于人均产出的增长（Solow，1956）②。持有相同观点的有 Coale 等（1958）③，他们提出了人口增长的资源稀释效应，认为较高的人口出生率会导致较高的抚养率，会因此降低人均 GDP；Sweezy（1984）从长期经济增长角度分析，认为较多的人口不可避免地挤占有限的资源，会影响长期的增长潜力。索洛的增长模型只考虑了劳动力数量的增长对经济的影响，而 Mankiw 等（1992）的理论模型中不仅考虑了劳动力数量的增长，还引入了劳动力的质量因素——人力资本对经济增长的影响。Jones（1997）关注了人口内生性对经济增长的长期效应。他认为，人口增长是内生于经济增长的，人口增长的压力会促进技术进

---

① Malthus 即马尔萨斯，其人口与经济关系的论点，被马克思本人及马克思主义者所批判，也被其后各国人口与经济发展的事实所否定，他的主要观点体现在其著作 *An Essay on the Principle of Population* 中。

② Solow 即索洛，是新古典经济增长理论的奠基者，1955 年和 1956 年相继发表了非常有影响力的论文，尤以 1956 年 *A Contribution to the Theory of Economic Growth* 这篇文献的影响最大。

③ Coale 即寇尔，是美国人口学家，多次来中国，为中国培养了多名人口学家，在其众多观点中，本书吸收和借鉴了 Coale 和 Hoove1958 年合著的 *Population Growth and Economic Development in Low Income Countries* 中的观点。

步。与此观点相同的学者或者文献也有很多，因此内生增长理论认为人口的增长会促进人均 GDP 的增长。

由此可见，在理论上对人口增长与经济增长关系的认识存在截然相反的结论，所形成的理论也存在着争论。

关于人口增长与经济增长的实证研究方面，结论也并不一致。从 20 世纪 90 年代开始，经济学采用了更广泛的计量方法和新的数据检验人口和经济增长的关系：如从普通最小二乘法（ordinary least squares，OLS）到加权最小二乘法（weighted least squares，WLS），工具变量（instrumental variable，IV）分析，运用面板数据，采用固定效应和动态面板回归等。Headey 和 Hodge（2009）指出研究文献在选取人口增长（总人口的增长率、生育率、劳动年龄人口增长率）的指标、控制变量及计量方法上的差异都会引起计量结果的不一致。例如，Sethy 和 Sahoo（2015）、Tumwebaze 和 Ijjo（2015）对印度、东非和南非地区的研究发现，人口对经济增长是正向影响；而 Yao 等（2013）、Banerjee（2012）对中国和澳大利亚的研究表明，人口对经济增长存在负效应。Huang 和 Xie（2013）的研究结果显示：当期人口增长对经济增长是负效应，而滞后期的人口增长则对经济是正向促进效应，由此，他认为人口对经济增长不存在长期影响[①]。

对于不同的国家，实证结果不一致可能是源于各个国家发展方式的差异性和发展阶段的不同。Becker 等（1999）指出在低收入、以农业为主要部门的发展中国家，经济增长主要依赖于自然资源，此时人口增长会减缓经济增长；而在高收入、以城市经济为主要发展方式的国家，人口增长能够促人力资本投资及生产的专业深化，进而促进经济增长。Bucci（2015）指出人口增长通过专业化生产提高生产效率，但如果人口数量过多则会引起过度分工，不利于生产效率的提高。

由此可见，实证研究结论存在巨大差异。一些观察支持了人口增长负效应结论，一些观察反映的却是人口增长积极的一面。这主要受到一些实证观察数据面向不同国家的异质性，以及处于不同发展阶段等多方面影响。在人

① 这里仅仅是举出一些比较典型的文献，其实涉及各类观点的文献还有很多，由于内容所限不一一列举。

们观察人口增长的同时，也有学者认为人口对经济增长的作用取决于人口年龄结构。因此，后续研究从人口结构对经济增长的作用展开。

2. 人口结构对经济增长的影响

人口年龄结构转变对经济增长影响效应的分析主要基于第一次和第二次人口红利。第一次人口红利是由 Bloom 和 Williamson（1998）提出，指劳动年龄人口占总人口比重的上升带来的经济增长效应。第二次人口红利是指人力资本和劳均实物资本增加促进经济增长（Mason and Lee，2006）。已有研究关于劳动年龄人口比重上升对经济增长具有正效应的认识是一致的（Eastwood and Lipton，2011；Cruz and Ahmed，2018；原新和高瑗，2018）。也有学者论证了中国人口转变对经济增长的贡献是显著的，同时指出随着人口红利期的结束，中国经济增长依赖的源泉必然改变，因此经济发展方式必须转变（蔡昉，2005；王金营和杨磊，2010；吴雪和周晓唯，2017）。

人口老龄化是世界上大部分国家都面临的人口问题。预期寿命的延长及人口生育率的下降是人口老龄化的主要原因。有文献认为人口老龄化会对经济增长产生不利影响，主要有两方面原因：①老年人口的生产力低于劳动年龄人口，因此老年人口比重的上升降低了劳动参与率与生产效率，经济增长速度会减缓（Acemoglu and Restrepo，2017）；②老年人口比重的上升增加了整个社会的负担，老人比年轻人需要更多的医疗支出。Lindh 和 Malmberg（1999）基于 1990 年之前的数据研究了人口年龄结构与生产率之间的关系，结果表明 65 岁以上年龄的人口对人均 GDP 的作用显著为负。而 Acemoglu 和 Restrepo（2017）的实证研究发现，人口老龄化对经济增长并没有明显的负向影响，他们认为经济增长中人口和技术是内生性的，人口老龄化的趋势，促进了经济中替代劳动力的投入要素——技术的发展，技术的进步抵消了老龄化对经济增长的不利影响。

（二）人口与经济发展方式转变的研究

为了更好地理解经济发展的现实，经济学家以特定国家为研究对象，探讨和研究各个国家的经济增长、经济繁荣的机制及所对应的限制条件。Banerjee 和 Duflo（2005）、Durlauf 等（2005）指出如果想要清晰地解释经济的发展过程，则需要在经济理论中考虑经济异质性的问题。尽管经济发展的过程研究缺乏一般性的理论，但经济学界一致认为经济发展的特征是一定时期内人均收入的快速增长，同时伴随着经济结构的变革。经济变革是指经济部门之间重要性的变更，伴随经济发展的经济结构变化的过程即经济发展方式的转变。虽然没有单一的理论完整地分析经济发展的转变过程，但是我们可以通过观察典型事实描述经济转型的普遍规律和特征：首先，随着经济转型，经济结构发生显著变化，工业化的发展促使制造业在经济中的比重快速上升，农业比重随之下降（Chenery and Taylor，1968）；其次，农业部门的劳动力占社会总就业比例下降，而其他产业的劳动力就业比重相应增加；最后，在经济转型过程中，经济发展的中心从农村转移到城市，城镇化程度明显上升。发展中国家经济发展方式转变的典型特征也可以用刘易斯的二元经济理论来阐述。

1. 关于人口与刘易斯拐点、经济发展的研究

学者和政策制定者普遍关注的问题是中国是否达到了刘易斯拐点。刘易斯拐点理论最早由刘易斯（Lewis，1958）提出，刘易斯将典型的发展中国家的经济分为两部门：农业部门和现代部门。由于农业部门存在大量冗余劳动力，因此农业部门劳动力的边际生产率接近于零。当现代生产部门扩张时，劳动力从农业部门转移到现代部门并不会引起工资的上涨，这个过程会持续到劳动的需求大于劳动供给，此时劳动力的转移最终会引起工资的上涨，这个转折点称为刘易斯拐点。关于人口转变与二元经济发展之间关系的研究集中在分析劳动力供给上。

中国是否达到刘易斯拐点与中国人口的年龄结构、劳动力需求趋势密切相关。Cai（2010）、Kwan 等（2018）、蓝嘉俊等（2019）认为，2010 年前后，中国进入了劳动不再无限供给状态，普通劳动力工资普遍上涨，这些现象表明中国刘易斯拐点已经到来。对此学者之间并未达成共识，一些学者认为中国仍然存在大量且不断增加的劳动年龄人口，农村也存在着无限的劳动供给，中国的刘易斯拐点并未发生（薛继亮，2016；郭磊磊和郭剑雄，2018）。王金营和顾瑶（2011c）、虞坷（2015）等对于刘易斯拐点之后，劳动成本（工资、保障）上升、劳动供给不足对未来经济发展产生深远影响的研究虽然有所涉猎，但是对于经济发展方式的转变等深层次影响的研究不足。

随着人口的老龄化，人口红利的优势会逐渐消失，当经济发展阶段逐渐接近或已经到达刘易斯拐点时，传统经济部门的劳动生产率将与现代经济部门的生产率趋同，最终两部门经济的生产率差距消失。因此，正确地判断中国现阶段是否已经到达刘易斯拐点，判断新的经济发展阶段我们面临的机遇与挑战，有利于我们寻找长期可持续的增长点及深化经济的发展。

2. 人力资本在经济发展方式转变中的作用

人力资本对经济发展有直接和间接作用，人力资本对经济发展的直接作用是：具有较高教育水平的人力资本生产更有效率，并且可以引领技术和产品的研发活动并提高要素的生产效率。人力资本对经济发展的间接作用表现为：人力资本可以更有效率地吸收新知识，提高先进技术和机器设备的使用效率。

人力资本与经济转型具有相关性，人力资本能够促进产业部门结构的变革和专业化，人力资本水平越高则新技术和知识密集型产业的专业化程度越高。蔡昉（2012b）、陈宇学（2012）、郭晗和任保平（2014）等指出，随着中国刘易斯拐点的到来，我们需要转变经济增长方式，从粗放型经济增长模式向提高 TFP 的可持续增长模式转变，这需要加大人力资本投资和不断增加人力资本积累来实现。高小明和郭剑雄（2019）基于中国省级面板数据研究得到结论：农村人口提升、人力资本投资有利于二元经济结构的收敛，人力资本的积累能够促进经济持续增长，从而加快实现经济从二元经济向一元经济结构的转变。

3. 关于人口在中国经济发展方式转变中作用的研究

在《关于国民经济和社会发展“九五”计划和 2010 年远景目标纲要的报告》①中提出了积极推进经济增长方式转变，随后引发了学者的关注和讨论，形成大量理论成果。十七大报告提出“转变发展方式、破解发展难题，

① 《关于国民经济和社会发展“九五”计划和 2010 年远景目标纲要的报告——1996 年 3 月 5 日在第八届全国人民代表大会第四次会议上》，http://www.people.com.cn/zgrdxw/zlk/rd/8jie/newfiles/d1150.html[2021-03-22]。

提高发展质量和效益，实现又好又快发展，为发展中国特色社会主义打下坚实基础"[①]，这进一步引发学者的讨论，研究者对经济增长方式转变存在只强调增长的局限性，对于转变经济发展方式从目的、动力和增长方式三个方面进行科学分析（林兆木，2010；田雪原，2011）。一些学者（田雪原，2006；蔡昉，2005；景跃军，2004）从中国人口现状出发，分析了经济发展方式转变的重要性和必要性，认为中国人口增长已进入低生育水平阶段，老龄化进程逐步加快，劳动人口占比下降，人口数量呈现缓慢增长到负增长、人口结构呈现老龄化和少子化的新变化及新特征，这将迫使中国切换经济发展动力。我国依赖廉价劳动力、人口和劳动力增长需求的投资拉动模式和以外需为主导的模式将一去不复返，而以提高劳动者素质、提升人力资本水平和扩大内需驱动的经济发展模式将逐步形成（任保平和宋文月，2014；张本波，2008；杨仕元等，2018）。王丰（2010）、王金营和李竞博（2016）等认为：生育率的快速下降和持续低水平、健康水平提升、寿命不断延长等促进了未来 40 年里人口发展构成向着老年人口不断增加、人口老龄化程度加深、劳动负担加大、青壮年劳动力减少的状态发展，未来的经济发展方式必须与之适应，经济结构将逐步向满足养老服务和老年人需求的方向转移。吴俊杰和李鹏（2018）指出在中国经济增长方式转变中，需要进一步发挥人口的作用。

已有文献形成的中国理论基础和实证检验，有着不可替代的价值，但是面对新的人口发展特征、环境，还缺乏与时俱进的思维和全面系统的研究，对已有的理论也没有扩展和完善，政策措施不能够适应未来人口与经济的发展。因此，本书需要采用新的研究思路和方法来解答这些主要问题。

二、本书研究的核心问题和具体问题

综上可见，对人口过快增长下如何实现经济增长的研究及在人口持续保持一定速度增长情况下的经济增长研究成果已经比较成熟。但是，对于一个拥有 14 亿以上人口的大国经济，对于在人口增长趋缓、停滞进而负增长的情况下如何实现经济持续增长的研究文献并不多见。从目前的研究文献看，

---

① 《胡锦涛在党的十七大上的报告（全文）》，http://www.scio.gov.cn/tp/Document/332591/332591.htm[2021-03-22]。

关于转变经济增长方式或发展方式以促进新环境下经济增长和经济发展的理论研究成果较多，也有一些实证研究。但是，将人口因素纳入分析框架的研究分析不足，对现实的解释力不够，对未来的预见性收效甚微，特别是对于人口变动和条件是否影响经济发展方式、在经济发展方式转变中人口转变到底处于怎样的地位和发挥什么作用的研究不足。换个角度看，对于经济发展方式如何转变才能够适应新的人口发展态势也未见成熟理论和实证研究成果，自然更没有形成有效可行的对策建议和政策措施。因此，本书需要围绕这些问题采用新的研究思维和思路，创新理论并借鉴科学方法展开研究，以期获得有价值、有意义的答案。

本书的目的主要是通过理论和实证研究来回答人口在实现经济发展方式转变中的地位和作用及作用的途径、机制是什么；从经济发展的目的、动力、途径和增长方式上如何转变以适应新的人口条件和环境；新动力、新途径和新方式如何形成；需要怎样的政策支持体系给予保障等一系列问题。因此，在理论上，需要阐述清楚经济增长和经济发展的关系、厘清经济发展方式的现实含义，并在此基础上扬弃传统人口与经济增长关系的理论，通过归纳推理揭示低生育水平下人口规模变动、结构转变与经济发展方式转变之间的关系，重点突出经济发展方式转变中人口的作用途径和机制。在实证上，通过对人口变动趋势进行科学预测准确把握人口发展态势，对中国未来经济发展的人口环境做出准确的判断，通过实证分析和系统模拟探讨不同经济发展方式对于人口变动的适应性、探寻实现经济增长的动力和途径，总结和归纳保障经济发展方式转变与人口发展相适应的政策支持体系，有助于政府在适当的时机采取相应政策措施，为促进经济发展方式的转变和实现经济协调持续高质量发展营造政策环境和提供保障。

第三节 本书的逻辑思路和主要内容

一、人口与经济发展方式转变研究的基本逻辑思路

本书致力于回答在人口增长停滞甚至减少的状态下，巨量人口规模、

年龄结构老化、劳动供给减少、劳动负担加重等因素如何作用于经济发展方式转变，怎样的经济发展方式才能够与之适应并保持持续的经济增长。本书的主线：一是人口对于经济发展方式的作用途径、机制研究；二是经济发展方式对于人口发展的适应性研究。因此，本书研究的重点在于：①人口与经济发展的理论研究，通过数理规范研究和推演，在巨量人口规模下，考虑到人口负增长、人口老龄化、劳动供给减少等因素，求解实现经济持续增长的方式、途径和外部机制，回答人口在经济发展方式转变中的地位和作用是什么及选择怎样的经济发展方式适应人口既定发展；②人口与经济发展的实证模型建立，主要利用已有数据构建包含人口规模、人口质量、年龄结构、人口流动与集聚及人力资本、物质资本、技术因素与教育、政策变量的经济模型，然后通过比较不同政策方案来确定未来最优的政策选择。

基于此，本书研究的基本逻辑思路如图 1-6 所示。

在本书研究所设计的两条路径上，一是人口对于经济发展方式的作用途径、机制的研究，这里主要是通过数理和规范性研究阐释人口与经济发展基础理论并加以完善，引入人口规模、结构等变量构建叠代模型对经济发展方式的优化路径、动力进行分析；在此基础上展开实证研究，首先利用 OECD 成员和中国的相关数据对引入人口变动因素的经济发展理论模型进行检验、参数估计和比较分析，其次引入人口活跃因素探究人口发展对于经济发展的实际作用。二是经济发展方式对于人口发展的适应性研究，主要是从理论上探究经济发展方式转变中的目的、动力、途径和增长方式；采取系统动力学模型和方法，在确定目的转变前提下对不同的经济发展方式与不同人口发展状态进行研究，以及对经济增长与发展的综合影响结果进行分析。这里需要对不同政策和条件的人口发展做出预测，在给定人口发展的情境下对不同经济发展方式转变中经济增长和发展的结果进行模拟，以揭示人口与经济发展方式转变的关系，为提出促进人口长期均衡发展、转变经济发展方式以实现经济高质量持续发展的政策支持体系提供实证和政策模拟基础。

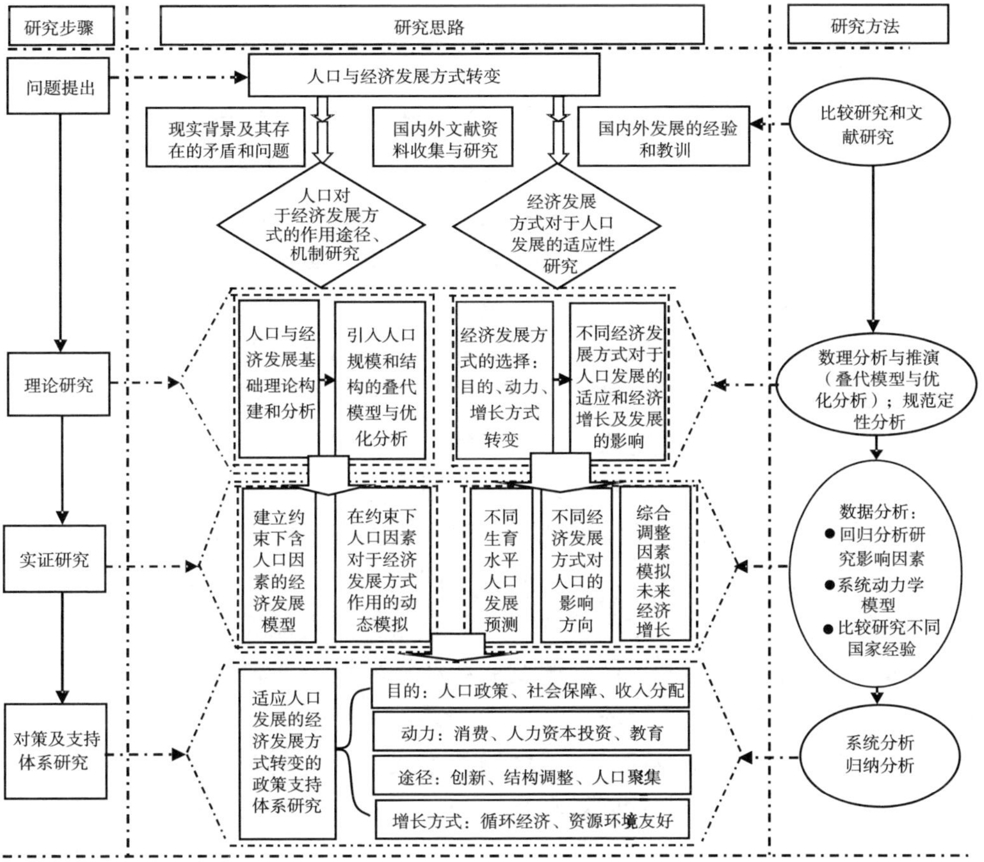

图 1-6 中国人口发展与经济发展方式转变研究路线简图

二、本书研究的基本观点和主要内容

（一）基本观点

（1）中国未来对经济增长的需求仍然非常急迫和巨大，需要在低生育率下的人口转变发展中寻求经济增长的新源泉和新动力。对于中国这样一个人口大国，人口规模必须控制并稳定下来，目前已实现持续的低生育率，未来中国人口必然迎来长期的负增长状态。传统的经济理论和发达国家的现实经验显示，当人口停滞增长时意味着经济增长的停滞。然而，中国经济发展水平还较低，为满足人民物质和文化不断增长的需要，满足人们日益增长的对美好生活的追求，需要经济持续中高速高质量发展。因此，只有根据人口发展变动对经济发展作用的途径和机制，改变当前的经济发展方式、寻求经济增长的源泉和动力，才能够保障未来经济仍然沿着增长的轨道发展。

（2）当前和未来中国人口规模必将停滞，最终呈减少态势，年龄结构也必将向深度老龄化转变，这将引起劳动力供给增长幅度的降低，最终呈现递减趋势，与此同时，劳动力的养老抚养负担加重。然而，中国由于仍然属于发展中国家，未来对经济增长的需求依然强劲。快速工业化和产业升级、提高城市化质量的过程将产生较大的劳动需求，劳动供需之间的矛盾转换和供给不足的问题已有所显现，第二产业、第三产业长期享有的低廉劳动成本必将结束且将逐渐提高。经济增长的人口条件发生改变，原有的长期依赖劳动密集型产业及粗放的经济增长模式将不再适应，亟须转变经济增长和发展方式。这就需要我们及时调整发展战略，改变人力资源、物质资本、技术的投入比例，转变企业生产方式，提高社会生产效率，以适应当前和未来人口发展、劳动力市场变动及资源环境约束下的新条件。为保障人口发展与经济发展协调，为保障人口实现长期均衡发展和经济发展方式转变，促进经济高质量发展，必须建立相互衔接的政策支持体系。

（3）经济增长与经济发展、经济增长方式与经济发展方式存在着辩证联系与相互区别，人口转变发展对经济增长方式和经济发展方式转变起着重要作用。人口规模、人口质量、人口年龄结构与人口流动、集聚等综合因素，即人口活跃度在经济发展中具有综合性影响，而不仅仅是单一因素在起作用，人口规模存在着经济发展的回旋空间效应。

（4）人口负增长下实现经济发展方式转变和高质量发展，需要发挥人口活跃度和规模的回旋空间效应，需要坚持新发展理念，发挥市场机制和政策支持作用。一是需要构建发挥人口回旋优势的支撑体系，逐步放开生育限制，实施按意愿自主生育，改善人口总量、年龄结构，缓解人口老龄化进程，促进人口内部长期均衡发展等；二是需要建立和完善消费、创新引领的政策支撑体系；三是完善各项社会保障制度，更好地满足人民群众的需求，及时调整收入分配制度，使人民共享改革开放的成果。

（二）主要研究获得

在巨量人口规模下，随着经济规模不断扩大，粗放型、外延型的经济发展方式必将伴随资源、环境约束力增大和人口红利的匮竭而无以为继。因此，我们必须对新的人口环境下经济发展的目的、动力和增长方式给出理论和实证研究，提出可行的政策支持体系。在充分研究现有文献基础上，本书的主要内容如下。

1. 理论研究成果

（1）深入研究并拓展经济增长和经济发展基本理论。在考察中国和OECD成员及部分发展中国家人口与经济发展的实际轨迹，特别是深入分析中国人口发展与经济增长方式和经济发展方式转变轨迹的基础上，本书对经济增长和经济发展理论的形成及发展过程与逻辑关系进行理论的梳理；深入挖掘经济增长与经济发展、经济增长方式与经济发展方式、人口转变与经济发展方式转变的辩证联系和区别；阐释经济增长和经济发展的目的与动力、经济增长方式和经济发展方式的内涵与类型，从理论上探寻经济增长的影响因素，深入剖析经济增长和发展的源泉，进而阐明经济增长的内涵、经济发展方式转变所具体体现的目标、动力和途径的转变。理论的分析阐明，经济增长方式和经济发展方式转变会促进经济良好运行与发展；经济活动的存在是要依托人口作为主体，经济活动的各个过程和主要环节，诸如生产、流通、分配和消费等都离不开具体的人口；经济发展的最终目的一定要以人的全面发展为核心，也要从人口自身因素中寻求动力和途径。

（2）建立人口与经济发展的数理分析框架。本书从古典经济增长理论、新古典经济增长理论和新经济增长理论中探析经济增长的核心要素，深入分析已有人口与经济关系相关研究和理论的争论，阐明这些争论的焦点和症结，对人口与经济之关系进行理论上的再认识，从而得出人口因素在经济增长和经济发展中的具体作用，展现人口转变发展对经济增长方式和经济发展方式的约束及其在方式转变中的重要作用；同时，从不同的角度建立了人口规模、人口质量、人口年龄结构、人口流动、人口集聚等综合因素与经济发展之间的数量关系，提出了人口活跃度概念，并将人口活跃度这一综合因素纳入经济增长和发展方式转变的分析框架中，从理论上深入分析了人口变动与经济增长之间的动态关系，以及人口约束下经济发展目的、动力和途径等方式的转变。

通过理论研究和数理推演分析，获得了人口与经济发展、人口与经济发展方式转变关系的进一步结论。

人口与经济发展均是经济体的内生因素，两者互为因果，相互影响。当社会经济条件发生改变时，会影响人口发展，即社会经济和资源环境的固有关系发生变化会促使人口均衡点发生改变。人口因素如人口规模、人口密度、人口流动、人口聚集、劳动力负担和年龄结构、受教育水平等，都可以在某个阶段对经济发展产生作用和影响。但是，人口因素对经济的影响不是指某一个单独因素，而是一个综合的影响因素。

转变经济发展方式适应人口的发展就要通过经济发展的动力转换、实现途径的优化和增长方式的转变，来适应人口负增长、劳动力减少、人口老龄化、劳动力老年负担加重等人口条件。充分利用人口规模、人口年龄结构、人力资本及人口空间分布等因素，充分利用人口规模回旋空间，实现既保持增长速度又有提升质量的经济发展目的。我国应加大创新引领、产业升级优化、增加有效劳动投入、积极调整投资结构实现动力转换；推进经济集约增长、内需拉动、内涵发展，使得能够在人口负增长下实现经济持续高质量的增长和发展。

2. 实证研究成果

本书从国际经验到国内实际，通过建立相适应的人口与经济发展模型对世界主要国家经济发展和中国各地区经济发展进行实证研究，检验人口变动发展与经济增长和经济发展之间的内在关系，以此分析人口发展对经济发展方式转变的影响。

首先，以 OECD 中 17 个成员 1960～2016 年的数据为基础，从人口规模、质量、年龄结构和分布迁移等方面刻画 OECD 成员的人口变动轨迹，继而采用面板校正标准误差（panel corrected standard errors，PCSE）估计法和广义最小二乘法（generalized least squares，GLS）检验分析了上述国家人口变动的各个因素和综合因素对经济增长、产业结构和发展质量转变的影响及其作用规律。研究结果显示：①在一定人口规模和人口密度的环境下，总人口的过快增长会对经济增长和经济发展质量产生一定的抑制作用，人口迁移率对经济增长和经济发展质量的提高有促进作用，但对经济结构的调整有抑制作用；②人口年龄结构的变化会改变经济结构，进而作用于经济发展方式转变；③劳动年龄人口的增加、受教育水平的提升、人口的集聚对经济增长、经济结构的调整和经济发展质量的提高有正向作用；④预期寿命的提高为服务业的发展带来了机会和动力，人口老龄化则促进了产业结构的调整升级；⑤将各个因素综合纳入模型检验，得出人口发展的各个方面相互联络、相互作用，并形成合力对经济增长、经济结构优化和发展质量提升等方式转变产生积极的综合性作用及影响。由此可见，人口发展的各个因素对经济增长和发展及其方式转变分别产生不同的作用，而人口综合因素对于经济增长和发展及其方式转变的影响是综合性的。

其次，为了揭示人口与经济发展之间的关系，本书提出人口活跃度的概念，对人口活跃度进行了动态指数化的综合测度，并将其引入生产函数模型中。以中国省级面板数据为基础，采用可变参数人口生产模型开展实证研究。结果证明，人口活跃度及人口各活跃因子与经济增长之间存在长期稳定关系；人口各因素综合起来通过资本促进、劳动促进和外部性途径对经济增长产生显著的推动作用，并且外部性作用明显大于其他路径的作用，从而进一步证明在经济增长中并非单一人口因素在起作用。根据所获得的模型可以核算得到，人口综合因素提高了 TFP 对经济增长的贡献率，促进了经济增长方式由粗放扩张型逐步向集约技术型转变，是 TFP 提升的重要促进变量之一。同时，也表明引入人口活跃度的生产函数模型比传统模型对于中国经济增长更具有解释力，使劳动产出贡献凸显出来，克服了传统生产函数中人口因素对要素配置作用途径无法显示的弊端。

通过对 OECD 的 17 个成员数据和中国改革开放以来数据的实证，证明人口与经济增长之间存在长期稳定关系，这一关系不是单一人口因素在起作用，而是人口多维度综合因素共同作用而形成的，一个具体的人口存在着综合性的活跃因素，而人口活跃因素是经济增长的内生动力源泉，促进经济长期增长。同时，人口活跃度对经济发展具有很强的外部性作用，对产出变量及要素贡献具有非常高的解释度；人口活跃因素的不同作用路径使资本和劳动的要素产出弹性存在差异，表现为劳动要素在经济增长中的贡献份额大于资本要素的贡献份额。人口活跃因素的作用主要是通过劳动要素效率和外部性影响因素作用于经济增长的。但中国的实际是，初次收入分配没有充分考虑劳动力的贡献，劳动收入份额过低，降低了人口活跃因素的作用。

人口活跃度的要素配置和外部性作用，使 TFP 呈阶段性增长态势，表明人口活跃因素促进了技术进步和制度创新效率发挥，提高了 TFP 对经济增长的贡献，促使经济增长方式逐步由粗放扩张型向集约技术型转变，逐步由资本拉动型向劳动拉动型转变。未来中国将面临人口快速老龄化、人口迁移流动趋于稳定的情况，这必将使人口活跃度降低，仅依靠人口素质提高和人力资本投资不能长期使人口处于较高的活跃程度。

由此我们得到三个方面的启示，一是实现中国经济长期稳定增长的人口政策或者战略重点应该是在加大健康和教育投资、提高人口素质、优化年龄结构、促使人口合理分布和城镇化发展等方面协调联动，而不能仅强调某一方面或者单一因素。二是未来初次收入分配应大大提高劳动力所占的份额，激励劳动效率提高和人口各个活跃因素提升或优化。三是未来的经济增长方式和经济发展方式，必须适应人口发展的这一转变趋势，大力推进区域发展的创新驱动和区域非均衡发展，在不断加大人力资本投资、优化人口年龄结构的同时，促进人口特别是劳动要素流动配置和人口的合理分布。

最后，本书还对区域经济发展中人力资本聚集、产业分布和经济发展方式转变以适应人口变动的途径、机制进行了实证研究。通过建立空间计量模型，从经济、产业、教育、就业、医疗等方面探讨中国地级中心城市区域人力资本聚集效应和路径，发现中心城市的产业发展、公共支出、教育医疗等水平均对人力资本聚集有着显著影响。不同的中心城市在区域人力资本聚集中的作用是不同的，有的以积聚作用为主，有的以溢出作用为主。因此，在制定区域经济发展战略时要积极发挥中心城市的引领带动作用。同时，既要从自身经济发展角度考虑又要兼顾城市间的互动关系，最终实现共同发展。

3. 人口与经济发展方式转变的系统仿真模拟

第一，准确把握中国人口未来发展中的规模、结构和素质的主要变动特征。为此，通过深入细致分析 1990～2010 年中国历次人口普查、人口死亡模式和寿命变动、生育水平和生育模式变动的特点，确定了各项生育政策的目标人群，依此测算了目标人群规模及其生育意愿，并且以此为基础构建了“全面二孩”政策下的生育水平、人口城镇化及城乡人口转移模型和受教育结构，通过设定预测模型、估算方法和相应参数，对 2010～2100 年中国的人口规模变动和结构转换趋势进行多方案预测，进而分析了未来中国的劳动力供给及老龄化和负担趋势、人口教育结构和人力资本变动趋势。主要结论如下。

（1）人口规模方面。未来中国总人口规模将会持续减少，人口呈现负增长状态。尽管 2021 年开始实施三孩政策，但是由于长期的低生育率及未来可能持续的低生育水平，中国人口规模将会在 2030 年前后达到峰值，中方案[①]生育水平下，峰值人口达到 14.4 亿左右，即使高水平预测方案下，峰值也不会超过 15 亿人。受低生育水平固化的影响，中国出生人口规模仍会逐渐较少，总人口规模在 2030 年之后将处于长期减少状态，这一趋势在 21 世纪将不会得到改变。

（2）人口年龄结构方面。中国人口将呈现少子老龄化、高龄化状态。未来 0～14 岁人口将持续减少，占比维持在 12%～16%；未来中国劳动年龄人口规模将从 2015 年的 10 亿人减少到 2100 年的 5.8 亿人左右，约减少 4.2 亿人，所占比重将从 75%下降到 2060 年及以后的 57%。预计在多种因素的综合影响下，未来中国劳动年龄人口的劳动参与率还将持续下降。全国劳动年龄人口的劳动参与率将从 2010 年的 76%持续下降到 2030 年的 66%左右。未来 65 岁及以上老年人口还会增加，到 21 世纪 60 年代达到峰值，接近 4 亿人，2020～2050 年是人口老龄化的加速阶段，占比将由 2020 年 13%左右达到 2060 年的 30%左右，之后处于深度老龄化状态。在放开三孩生育政策的情形下，相较于不调整生育政策，人口年龄结构老化速度将明显放缓。随着生育水平和预期寿命增长的稳定，2080 年后，中国人口金字塔将保持一个稳定状态，各年龄组人口的比重处于均衡状态。

（3）教育与人力资本水平发展方面。中国未来学龄人口规模下降不可逆，人口预测结果表明，虽然生育政策放开增加的人口达到各级学龄，使得

① 这里是指人口预测中设定生育水平的方案，通常是多个方案，处于中间水平的方案称为中方案。

未来各级学龄人口规模有所回升，但之后又会继续下降。到 2030 年、2035 年，中国高中阶段教育基本得到普及，高等教育有了长足发展，社会整体人力资本水平得到较大提升：经测算可知，2030 年 15～64 岁人口平均受教育年限是 11.09 年，2035 年可以达到 11.75 年，相比 2010 年人力资本水平有了很大提升。

第二，系统模拟分析了人口约束下未来经济发展方式的转变效果，探讨了未来经济发展方式的目标、动力和途径。提出未来经济发展方式转变的目标是向着经济质量型增长、经济结构合理优化、区域经济协调发展、社会福利增进、生产效率提高、建立环境保护和资源节约型社会转变；未来经济发展方式转变的动力主要依靠技术创新、结构调整、新型城镇化、消费升级、人力资本投入、教育投资、资本投入、制度安排及创新、区域竞争与合作动力；未来经济发展方式转变的实现的途径主要是加快城镇化发展进程、延缓老龄化速度、提高就业水平、调整就业结构、优化投资结构、提升人力资本水平、加大科研投入与自主创新能力及能源结构调整。

4. 建立与人口发展相适应的经济发展方式的政策支持体系

中国当前正在对经济发展结构进行战略性调整，转变目前的经济发展方式将对现有的人口结构、劳动力充分就业结构和产业结构等产生比较大的冲击，导致人口结构与经济发展方式不相匹配的现状出现。面对未来中国人口低速增长甚至负增长的状况，需要经济增长方式逐渐从劳动密集型向技术密集型和人力资本密集型转变，需要在未来经济发展中充分发挥和挖掘人口规模大所具有的有利于分工细化、产业分化和成长的回旋空间，需要加大教育和健康投资以提升人力资本、促进人口迁移流动，顺利实现人口和人力资本聚集和高质量城市化发展等。同时，为了适应人口结构和经济结构转变，产业结构逐步向满足养老服务和老年人需求的方向转变。

具体而言，政策体系主要集中于：第一，构建充分发挥中国人口优势的政策支持体系。构建人口规模稳定、充分发挥人口回旋优势的支撑体系，包括逐步放开生育政策，鼓励按意愿自主生育，使生育率能够维持适度水平，防止人口过快增长或大幅度减少，使人口规模保持适当的稳定状态；改善人口年龄结构、空间结构，缓解人口老龄化，促进人口内部长期均衡发展，为实现经济发展方式的转变创造良好的人口环境。同时，推动人口聚集和有序合理流动，延长退休年龄及有效利用和释放青年劳动力。第二，构建适应人口老龄化、提升居民消费层级的政策支持体系。中国正在由传统消费模式和人口“未富先老”状态向现代消费模式和“即富即老”的状态转变，需要抓住机遇构建满足居民健康需求、文化需求和康养旅游需求等方面的政策支持体系，促进消费层级提升。由此，一方面通过保持消费需求上升促进市场容量增大，促进产业体系完善扩大、产业结构和经济结构的升级优化，为人口负增长下的经济发展注入新的动力；另一方面足够大的市场需求和容量有利于创新及新技术的应用，实现创新引领。第三，构建提高人口质量、促进人力资本水平提升的政策支持体系。改革教育体制机制，构建有利于提高人口质量的教育体系和健康发展体系，构建职业教育、培训与高等教育的衔接，形成促进人力资本水平逐步提升的制度和政策保障体系。这既可以为推动经济发展提供要素动力和创新资源，又可以为提高人民生活水平和质量提供人口素质保障。第四，延迟退休年龄是缓解人口老龄化影响的重要选择。延迟退休年龄，实施弹性退休制度可以使有劳动参与意愿的老年劳动力继续留在劳动力市场，缓解老龄化造成的劳动力减少带来的劳动需求压力，提升劳动参与率。同时，对社会的总体福利有改进作用，当退休年龄提高时，劳动年龄区间略有扩大，能够保障劳动力市场上供求状况处于相对平衡状态，雇员与雇主、工人与企业的谈判力量不会由于大量老年人的退休而打破，均衡工资和雇佣成本不会大幅度上升。第五，调整中小学学制以充分释放和有效利用年轻劳动力。对于小学到高中的 12 年学制，可以适当缩短，在老龄化逐渐向深度发展的今天，缩短初等教育和中等教育的学制也能有效利用和释放青壮年劳动力。加快提高中国教育的现代化水平，加大人力资本投资，增加人力资本存量与提升质量，培养大量创新人才，是促进经济保持高质量增长和经济发展方式实现转变的必然选择，必然能够促进人力资本水平不断提升，释放更多有效劳动力。

5. 新发展理念下促进经济高质量发展的政策支持体系构建的对策建议

1）构建技术创新引领经济发展方式转变的政策支持体系

（1）从国家层面完善立法、建立技术创新的机理机制。技术创新能力是国家竞争力的核心。建立技术创新体系、提升技术创新能力，对提高国家竞争力、促进经济发展方式转变，具有重要意义。为此，需要完善知识产权保护法律体系，保护创新者权益；健全政府对高新技术产业的投入机制。

（2）从市场层面加快技术交易市场建设，促进创新成果转化。创新成果的有效转化是依托技术创新实现经济发展方式转变的客观要求。应通过培育技术转让市场，实现创新成果的转化；加强人才市场建设，促进人力资源合理流动。

（3）从区域层面强化区域创新发展战略，建立智慧新城、高新技术产业。区域创新体系是提高区域创新能力的根本要求，是推动经济发展方式转变的基本途径。应完善区域创新体系建设，发挥其引领作用；大力推动智能化发展，并向全国推广。

（4）从企业层面挖掘自身动力，提高创新能力。富有生机和活力的科技型中小企业是国家创新体系的基础。应培育中小企业技术创新主体，发展新兴产业；加快新技术新产品研发，不断提高技术创新能力；加强和科研院所、高等院校的联系，加快产学研合作，建立新技术、新产品的研发及创新机制；企业内部加强培训和教育，提高员工人才创新能力。

2）构建结构调整带动经济发展方式转变的政策支持体系

（1）产业结构调整的政策支持体系。现阶段中国产业结构调整应以产业技术结构调整为基本方向，通过推动传统产业的技术结构升级和新产业、新产品、新技术创新，将提升自身在国际产业链中的地位作为主要目标。政府要明确提出重点产业转型目标，企业创新体系的建设应把提升产业发展竞争力摆在突出位置，以市场为导向，突破产业发展瓶颈。

（2）区域结构调整的政策支持体系。破除城乡发展不平衡、农业农村发展不充分的矛盾已成为推动经济发展方式转变面临的重大课题。因此，区域结构调整应该建立长效机制，实现城乡融合发展；推动区域协调发展，优化国土开发格局。

（3）要素投入结构调整的政策支持体系。科技创新包括知识创新、技术创新和管理创新，因此，基于要素重组的科技创新驱动，从三个维度的科技创新体系入手，充分挖掘创新元素，形成高质量经济发展的供给动力。

（4）经济增长动力结构调整的政策支持体系。构建消费动力，优化需求动力结构；优化投资主体结构，调整投资方向；优化贸易结构，转变外贸发展方式；优化制度供给，形成高质量发展的动力。

（5）收入分配结构调整的政策支持体系。改革收入分配制度，坚持激励优先、共享成果的原则，完善按劳分配和按要素分配制度，拓宽多种分配方式，逐步提高低收入人群的收入水平，提高国民收入分配中劳动报酬在初次分配中的比重。加强社会保障制度在再分配中的调节作用，保障贫困人口家庭、残疾人口家庭和需要特殊照料的老年人口共享社会经济的发展。

3）构建人口集聚促进经济发展方式的政策支持体系

人口集聚综合能力越强，人口集聚规模越大，人口集聚质量越高，进而越有利于经济社会的发展。积极深化新型工业化、新型城镇化建设；打造人口集聚与产业集聚、城市联动的发展新格局；理顺相关关系，增强城镇区域人口集聚承载力；促进基本公共服务均等化，推进城镇社会管理创新与社会和谐发展。

4）构建现代产业体系的政策支持体系

在构建中国现代产业体系进程中应将中国人口规模巨大这一特殊国情充分考量，并保障粮食安全、生活必需品的供给安全，因此需要保障农业基础牢靠、传统工业服务业不断提升。在此基础上，应大力培育发展新兴产业、智能产业和生产性服务业，努力构建以新兴产业为引领、传统产业为支撑和安全保障、制造业与服务业融合发展的现代产业新体系。构建现代产业体系是产业迈向中高端行列、实现经济可持续发展的迫切需要；推进供给侧结构性改革、促进新旧动能转换是构建现代产业体系、实现经济增长方式转变的重要途径和手段；构建完整协同的产业体系是建设现代化经济体系的基础。

5）构建企业发展循环经济的政策支持体系

政府大力发展战略性新兴产业，并利用财税政策激励企业科技创新和绿色生产，科学促进人才引进，助力科技创新；大力发展绿色消费市场，扶持社会静脉产业；资源价格市场化，减少企业生产过度消耗和浪费资源；激励企业提升科技创新能力，减少人力依赖，实现集约生产。

6）构建对外开放的政策支持体系

自 1978 年中国扩大贸易权、降低关税、实行以市场为导向的汇率政策以来，中国开始贸易自由化。中国已经发展成一个新的全球经济中心，中国的开放不仅造福于中国人民，而且带来了全球经济利益。然而，当前的全球经济波动、国际市场出现的各种形式的贸易保护主义也给中国带来了更大的政策挑战。这客观上要求：中国在对外开放的过程中不断深化国内的市场化改革，结合“一带一路”建设提升地区投资环境；开拓新的国际市场，规避国际贸易摩擦的风险，结合中国中西部在地理位置上的优势，增强中国与“一带一路”沿线国家的贸易往来。积极培育中国的自主创新能力，提高产品质量，促进高端制造业、高科技产业不断发挥优势；同时继续发展中国传统制造业，保持中国在该领域的国际竞争力。

7）构建保障经济发展实现途径转变的支持体系

中国未来经济社会发展仍然面临着人口总量巨大，人口对经济社会、资源环境的压力和影响突出的问题，为保障经济发展高质量、可持续，一是需要积极应对总人口规模减小带来的学龄人口规模减小的问题，通过优化教育资源、加大教育投入等提升人力资本水平。二是为调整产业结构、优化产业结构、推动产业集聚，促进现代服务业的发展和产业回旋与人口回旋相协调，为转变经济增长和经济发展方式铺平道路。三是扩大市场容量，通过提高公共服务水平，激发居民扩展性消费的能力。四是贯彻新发展理念，强调创新引领，发展循环经济，提高技术创新能力，实现生产模式和消费模式向绿色、可循环的方向发展。五是发挥人口回旋优势，实现人口合理有序流动和空间再分布，充分利用老年人力资本，有效释放青年劳动力，加深国际分工和参与程度。六是制定科学的法律、法规、政策进行规范和约束，同时，完善各项社会保障制度，更好地满足人民群众的需求，及时调整收入分配制度，使人民共享改革和发展的成果。

（三）本书研究所采用的研究方法

（1）辩证的分析方法。为了深入、清晰掌握经济增长与经济发展、经济增长方式与经济发展方式、人口与经济发展、人口转变与经济发展方式转变的辩证联系和区别，本书从 OECD 成员的发展和中国人口发展与经济发展的实际出发，辩证梳理总结经济增长和经济发展理论的形成及发展逻辑；深入挖掘和阐释经济增长及经济发展基于人口情境目的与由人口因素所形成的动力和经济增长方式及经济发展方式的内涵与类型，为后续研究奠定理论基础。

（2）数理经济学方法。通过采用数理分析方法、归纳演绎法，引入人口发展因素，寻找在人口规模减小、人口老龄化、劳动供给减少、劳动负担加重、资源环境约束的情况下，经济能够实现持续增长发展的途径、方式、内生因素和外在机制。同时，求解经济发展方式与人口发展的关系。

（3）计量经济学方法。利用中国改革开放以来的相关统计数据，构建适用于中国的包含人力资源、物质资本、技术进步和政策变量的经济增长模型，继而比较分析不同人口发展态势下未来经济增长状态，分析不同经济发展方式对于人口发展的适应性。同时，解答人口红利存续和刘易斯拐点出现的经济效果及存在问题。

（4）系统模拟研究和归纳研究。通过系统研究、比较研究、归纳研究，对包括人口政策、产业政策、教育和人力资本投资政策、技术创新政策、循环经济政策等在内的经济发展方式转变政策体系及其经济效果进行评估和分析，提出可选择的对策建议。

（四）本书研究的主要贡献

1. 创新之处

（1）理论研究的创新。本书通过规范的数理逻辑推演分析，阐明了经济增长方式转变过程中，人口变动与经济增长之间的关系，具体分析人口规模、人口质量、人口年龄结构与人口集聚变动对经济增长的影响及所形成的与人口条件相适应的增长方式和发展方式。理论上梳理总结并系统阐释了经济增长和经济发展的关系、经济增长方式与经济发展方式的辩证关系。提出了人口活跃度-经济发展的理论模型。初步提出并阐述了人口规模形成促进社会经济发展的回旋理论和区域发展的人口空间回旋理论。

（2）研究方法的创新。一是建立系统仿真模型研究了人口因素与经济增长之间的影响路径；为了评估人口与经济增长之间的关系及未来需要解决的问题。本书采用 2000～2016 年的中国相关数据，创新性地构建了系统仿真模型，模拟仿真了 2000～2050 年人口系统、经济系统、能源系统与环境系统相关的指标，进一步研究了影响经济增长的路径，为寻找未来经济发展方式转变的途径提供了依据。二是在人口学方面扩展的贡献。在人口发展预测方法及规模的探索上，以及生育模式分析、孩次递进法测算、城乡转移及迁移模式上，本书均有一定的创新性贡献，特别是在人口预测中构建了孩次递进生育率模型，对各项生育政策下未来人口发展进行科学的预测。

（3）数据挖掘和指标测算的创新。通过构建动态的人口活跃度指数分析了人口综合因素的变动，根据经济增长理论推导可知，单一人口因素与经济增长之间存在相关关系，但是经济增长是一个多部门联动、多因素联合的动态系统，单一人口指标并不能完全解释人口与经济增长的关系。因此，基于多层次分析方法的人口活跃度指数将多个人口属性涵盖在内，能够系统涵盖人口变动要素，为分析人口与经济增长之间的关系建立指标基础。构建了区域中心城市中心度指数，探究了中心城市对区域人力资本聚集的作用。这些也体现了统计分析方法的创新性。

（4）政策体系建设方面的创新。通过深入研究，提出了充分利用中国区域辽阔和存在巨大差别的特征，构建实现人口聚集适度、流动充分的城市体系，提升人口负增长下经济发展的空间回旋的建议；提出在中国人口规模较大的前提下，充分利用不同年龄人口的规模，构建教育、健康等人力资本投资和就业提升、弹性退休减缓老龄化的人口回旋，增强人口的经济活力。在仿真结果的基础上，提高居民收入水平、升级居民消费、扩大市场需求容量，加大教育和健康投资、提高人力资本水平；加大研发投入和新技术应用，实现创新引领；加快城镇化发展，提高城市发展质量；优化产业结构；调整就业结构和投资结构；促进和激励劳动参与，保持稳定较高的劳动参与率等互相衔接、共同作用，以保持未来经济实现高质量增长。

2. 学术价值

通过本书的研究，一是利用经典的经济增长理论分析了人口与经济增长之间的关系，丰富了人口与经济增长关系的理论体系，这对经济增长理论具有一定的创新和开拓意义；二是利用系统仿真模型模拟分析了影响经济增长的途径，并通过政策模拟研究了不同影响途径下的动力因素，丰富了人口演变对经济增长影响途径的理论；三是通过设立不同人口发展模式的参数，模拟分析了未来中国人口规模、结构和质量的变动趋势，具有较强的科学意义；四是通过前期的理论和实证研究，构建了与人口发展相适应的经济发展方式转变的政策支持体系，为相关各级政府提供了可供参考、可资借鉴的依据。

3. 应用价值

本书在系统梳理经济增长理论的基础上，深入挖掘了人口发展在经济增长转变过程中的重要作用，并针对 OECD 成员和中国的数据，创新性地研究了人口变动现状对经济增长的作用及影响。并且，通过构建系统仿真模型，提出了影响经济增长的多条途径，这为国家及各级政府实现可持续经济发展目标提供了具有较大的现实意义和应用价值的理论及实证支撑。同时，在理论和实证研究基础上，提出了可供政府选择的与人口发展相适应的经济发展方式转变的政策支持体系。

第 二 章

经济增长与经济发展

经济增长和经济发展是经常被人们混淆并被认为是互相等同的两个概念，其实不然，两者之间存在本质区别。我们在研究人口与经济增长、人口与经济发展，特别是研究人口与经济增长方式、人口与经济发展方式转变等关系时，需要把经济增长与经济发展、经济增长方式与经济发展方式等四个概念所具有的含义阐述和界定清楚。另外，也需要对它们之间的关系给出一个明确阐释，以便后续研究中能够较好地阐明人口在经济增长方式转变与经济发展方式转变中的作用。

第一节　经济增长与经济增长理论

一、经济增长

经济增长本质上是指一个国家或地区在一定时期内（一般是一年）最终产品和劳务总量（或者人均水平）的增加，是总量和增速的指标。衡量一国或者一个地区经济水平的指标有很多：总量指标包括 GDP、国民生产总值（gross national product，GNP）、国民收入（national income，NI）等；人均收入指标包括人均 GDP、人均国民生产总值、人均国民收入等；增长速度指标包括总量增长（GDP 年平均增长率、国民收入的年平均增长率、国民生产总值年平均增长率）和人均值的增长（人均 GDP 年平均增长率、人均国民生产总值年平均增长率、人均国民收入年平均增长率等）。总量指标反映的是产出的总规模，它是社会综合生产能力和经济实力的标志，速度指标反映的是一个国家或地区在一定时期内经济总量增加的快慢，人均指标反映的是人们的生活质量和经济的发展水平①。

二、经济增长理论

有关经济增长的动力、源泉，或者原因、性质的研究所形成的对现实具有一定解释力和预见力的成果和见解，可称为经济增长理论。现代经济学体系建立以来，经济增长理论已形成了古典经济增长理论、凯恩斯主义经济增长理论、新古典经济增长理论和新经济增长理论等理论。

（一）古典经济增长理论

古典经济增长理论的核心是强调发挥市场看不见的手的作用，主要阐述了国民财富的增加及其必要性，探讨并提出了国民财富增加的来源在于劳动（人口）数量的增加、劳动效率的提高（亚当·斯密）、技术进步和资本积累（李嘉图）、企业家的经营管理（马歇尔）、创新和企业家的创新精神（熊彼特）②。亚当·斯密强调，增加劳动数量与提高劳动效率，尤其后者是促进国民财富增加的主要途径；而提高劳动效率主要依赖于分工协作和资本积累，同时他也注意到人口增长与国际贸易对国民财富增加的作用。穆勒确认的经济增长的要素除了包括亚当·斯密和李嘉图所提到的劳动人口增加、资本积累、技术进步要素外，还有自然资源，这很好地概括了在内生经济增长理论（新经济增长理论）出现前，多数经济增长理论中阐释的生产（产

① 有关经济增长的定义有很多文献，可参见韦尔的《经济增长》（中国人民大学出版社 2007 年版），也可参见伊特韦尔等编《新帕尔格雷夫经济学大辞典》（经济科学出版社 1996 年版）。

② 有关古典经济学理论的著作可参见：郭大力、王亚南翻译的亚当·斯密的著作《国民财富的性质和原因的研究》（商务印书馆 1974 年版）；朱志泰、陈良璧翻译的马歇尔的著作《经济学原理》（商务印书馆 2019 年版）；郭大力、王亚南翻译的李嘉图的著作《政治经济学及赋税原理》（商务印书馆 1962 年版）；何畏、易家详等翻译的熊彼特《经济发展理论》（商务印书馆 1990 年版）。

出）要素[①]。马歇尔强调了企业家的经营管理对于经济增长的作用，熊彼特提出的“创新”理论及企业家创新精神与活动是推动经济不断增长的根本因素的论断更具有现代意义。

亚当·斯密关于增长的观点侧重于从物质财富增加的角度阐述，李嘉图认识到经济增长的长期趋势是在经济收益递减的作用下停止，即经济增长存在边际递减效应（米都斯，1983）[②]。同样，穆勒也提出了社会经济发展的最终阶段是静止社会，经济增长的最终结局是静止状态。李嘉图和穆勒不谋而合，从某种程度上说，这是最早的对“增长极限”的解释（马尔萨斯，2018）[③]。

以上主要观点代表了古典经济增长理论思想的形成，马歇尔关于企业家经营管理对经济增长作用的论述的基点在于经济发展的过程就是经济利益渐进地分配到社会全体的过程。其观点超越“经济增长”的范围，涉及分配关系，涉及经济发展过程论。

在古典经济增长理论中，马尔萨斯及其追随者则认为人口增长是经济增长与发展的约束，人口增长快于经济增长会制约经济发展，并提出了“增长存在极限的观点”（米都斯，1983），显然，马尔萨斯的判断依据及其得出的结论是站不住脚的，没有得到事实的验证，被其后各个国家经济增长的事实所否定。但是，其关于人口增长影响经济增长的观点及增长极限的观点值得我们思考，也正是如此，人们才努力避免出现“马尔萨斯陷阱”。

---

① 理论具体阐述参见：穆勒的著作《政治经济学原理》（商务印书馆 1991 年版）。

② 关于经济增长过程中存在的收益递减的详细论述可参见：李嘉图的著作《政治经济学及赋税原理》（商务印书馆 1962 年版）以及李宝恒翻译的米都斯的著作《增长的极限——罗马俱乐部关于人类困境的研究报告》。

③ 马尔萨斯、李嘉图、穆勒认为，自然资源的稀缺性决定了经济增长是有极限的，此类关于经济增长极限的观点参见：李嘉图的重要著作《政治经济学及赋税原理》、穆勒《政治经济学原理》，以及杨菊华、杜声红翻译的马尔萨斯的著作《人口原理》（中国人民大学出版社 2018 年版）。

（二）凯恩斯主义经济增长理论

定量研究方法的兴起促使现代经济增长理论重点研究经济长期稳定增长的各种经济变量与条件，通常包括失业率、通货膨胀率与经济增长目标的控制。

进入 20 世纪，20 世纪 30 年代的经济危机促进了凯恩斯学派的蓬勃发展（吴易风，2003）。以凯恩斯为代表的经济学家提出“有效需求不足”理论来解释经济危机，并针对性地提出了“需求管理”的干预主义经济政策，即鼓励国家采用扩张性的经济政策，通过增加需求促进经济增长[①]。

在此基础上，哈罗德与多马于 20 世纪 40 年代先后提出了分析经济增长的“哈罗德-多马模型”（Harrod-Domar growth model），在不考虑技术进步的假设下，由劳动、储蓄与资本存量的自然变化导出了经济增长的稳定条件。但是，他们忽视了技术进步，推崇“资本决定论”的研究结论与现实差距较大（Harrod，1939；Domar，1946）。

凯恩斯主义经济增长理论的缺陷在于，否定了市场看不见的手的基本调节作用，代之以大规模的政府干预。虽然在大萧条的特殊时期，凯恩斯主义经济增长理论发挥了一定作用，但是经济增长被狭隘地局限于各项经济指标的增长上，政府代替市场成为“社会工程师”，人的因素也被排除出了研究范围，长期为人们所争议。

以哈罗德、多马为代表的学者从经济学微观视角论证了凯恩斯主义经济增长理论的存在，确立了具有现代意义的古典经济增长理论，并形成了经济增长的资本决定论。遗憾的是，这一理论并没有对亚当·斯密的劳动分工、李嘉图和穆勒的技术进步对经济增长的作用给予充分关注和论证。

（三）新古典经济增长理论与新剑桥学派增长理论

进入 20 世纪 50 年代，以索洛与斯旺为代表的学者在新古典经济学框架内创立了新古典经济增长理论——索洛-斯旺模型理论（Solow-Swan growth model）（Solow，1956；Swan，1956）。其基本观点是承认要素替代，承

① 凯恩斯主张国家通过增加总需求促进经济增长，其经济思想参见凯恩斯的著作《就业、利息和货币通论》（商务印书馆 1999 年版）。

认外生存在的技术进步，并认为劳动力增加与技术进步是经济长期增长的因素，并且经济在长期中是沿平衡路径收敛的，这实际上承认了经济增长是存在极限的，这与穆勒的观点相互印证。

此外，米德、萨缪尔森（Samuelson，1948）等也提出过类似的模型，并对这一学派理论的丰富贡献了力量。但是，新古典学派的缺陷在于没有解释清楚技术进步的因素有哪些，而是简单将其假设为外生给定的条件。这也为新经济增长理论引出了研究的领域，提供了研究背景、目标，为新经济增长理论打下了基础。

几乎与新古典学派同时形成的还有以罗宾逊、卡尔多和帕西内蒂为代表的“新剑桥学派经济增长理论”。代表性成果是卡尔多于 1957 年发表的《一个经济增长模型》一文，该文认为经济增长会加剧社会分配不公，而社会分配不公反过来又会影响经济增长，提倡通过调节储蓄率来实现收入分配均等化，从而最终实现经济的稳定增长（Kaldor，1957）。新剑桥学派学说的意义在于，其跳出要素的角度看经济增长，视野也已经超出了“经济增长”的范围，涉及了收入分配，也就是更广意义上的经济发展领域。

（四）新经济增长理论

由于新古典经济增长理论存在的缺陷，经济增长理论经历了 20 世纪 70 年代至 20 世纪 80 年代中期 10 多年的沉寂。20 世纪 80 年代中期后，以罗默（Romer，1986）和卢卡斯（Lucas，1988）为代表的“新经济增长理论”的出现，表现了经济增长理论再次取得突破，引发新一轮经济增长理论研究的热潮。

“新经济增长理论”又被称作“内生经济增长理论”，即经济增长建立在内生技术进步基础上（朱勇和吴易风，1999；张敬川，2005）。其特点是强调把储蓄、劳动力增长、技术进步等因素作为内生变量来考虑，如“劳动力”被重新定义为人力资本，人力资本是与知识、教育水平和专业化相关的因素，人力资本的积累与溢出效应促进了其他要素的收益递增并促进总产出规模收益递增，知识成为经济实现长期持续增长的源泉与动力，并不再依赖于无法解释的外部技术进步的假设。此外，与新古典经济增长理论相比，新经济增长理论重新确立了政府干预政策在经济发展中的作用。当然，新经济增长理论部分解决了在人口不增长甚至负增长情况下如何实现经济增长的问题，阐明可通过知识生产和积累、人力资本投资和提升及技术创新和进步实现有限度的经济增长。然而，知识积累、人力资本提升和技术的创新与进步通常处于边际递减，存在极限，无法解释或者回答如何在一定技术水平和一定人力资本提升条件下，促进经济相对落后的国家或地区在人口负增长的情况下经济实现高质量的持续增长。为此，这一理论体系，将在第三章中继续探讨。

第二节　经济发展与经济发展理论

一、经济发展

在实践过程中经济学家发现，通过经济增长虽然可以增加经济总量，但是经济质量却得不到保障。佩鲁(1987)指出经济增长只不过是实现人的发展的手段，发展的目的在于人的发展[①]。森（Sen，1993)认为人是发展的中心，发展的最根本目的是为人谋福利（Gaertner，1993）。由此，我们可以看出，经济发展包含了比经济增长更丰富的概念，经济发展必然以经济增长为基础，以改善人的生活质量为目标，通过经济、社会、生态环境等多方面协调，实现人类社会可持续发展。因此，我们的定义是，经济发展是指一个国家或地区经济由落后状态向发达的现代化状态演进的过程。一般所指的经济发展包含四种含义：一是经济增长，二是结构变迁，三是社会福利的改善，四是资源利用和环境保护下经济可持续发展。由此可以把经济发展界定为经济规模不断增长，产业、区域和动力结构不断升级优化，人民能够共享经济增长带来的福利，实现社会福利的普遍提升，同时实现资源节约利用和可持续利用，生态环境越来越优美及舒适。

---

① 佩鲁提出“人的全面发展”才是发展的根本，这一理念体现在他的著作《新发展观》中（由张宁、丰子义翻译的华夏出版社 1987 年版）。

二、经济发展理论

有关一个国家和地区经济由落后状态向发达的现代化状态演进及其目的、动力和途径的研究所形成的，并对实现经济发展具有较强解释力和指导作用的所有成果，可称为经济发展理论。其重点回应为什么要经济增长、如何实现经济增长、经济增长的结果如何使用、经济增长会产生怎样的影响、如何避免经济增长可见的矛盾和问题等问题。经济发展的思想自古典经济学之始就已经萌发，只是在之后的经济增长理论中被扭曲和轻视，而发展经济学中的经济发展理论又过度强调了发展中国家经济的发展。

（一）古典经济发展理论

经济发展与经济增长的概念相类似，在现代经济学产生之前的西方经济学说史中蕴含了丰富的“经济发展”思想，与经济增长相关的思想家及其著作，也都包含了大量的关于经济发展的思想与论述，诸如亚当·斯密、李嘉图、马尔萨斯、穆勒、马歇尔、熊彼特等，其基本思想与前文论述的“经济增长”思想密不可分，在很多语境下二者具有同样意义，在此不再赘述。

值得一提的是，不同于“古典经济增长理论”，学者对于“古典经济发展理论”并没有十分清楚的共识，一般来说，我们可以将以配第、杜阁与亚当·斯密为代表的古典主流经济学家关于经济发展的思想称为“古典发展经济学”（classical development economics）[①]，他们认为分工是经济增长的源泉，我们称其为“斯密定理”，可以说古典主流经济学的核心就是关注发展。古典经济发展理论推崇市场“看不见的手”的作用，这与当时的自由

① 这一判断，可以从诸多经济学文献中得到佐证，如刘易斯（Lewis，1988）称，“经济发展理论是在 1650 年到 1776 年期间的大约一个半世纪在英国发展起来的”。（此论述可参见：Lewis 1988 年的论文 *The Roots of Development Theory*）。森（Sen，1988，p.10）提到：“配第是现代经济学的奠基者和数量经济学的先驱之一，也是一位发展经济学的奠基者。的确，在早期的经济学文献中，很难将发展经济学同经济学的其他分支分开，因为实际上经济学的大部分注意力都放在经济发展问题上。同样地，亚当•斯密的著作《国民财富的性质和原因的研究》就是对发展经济学基本问题的研究。”（此论述可参见：Sen 1988 年的著作 *Chapter 1 The Concept of Development*）。

主义及自由化改革风潮相适应。

古典经济发展理论并没有更多强调发展与发达、发展中国家与发达国家的区别，他们在阐述经济发展理论和思想时，更多的是关注一个国家或地区从一个经济状态向高一级经济状态的前进过程，体现了具有现代意义的发展理念。

（二）新古典发展经济学

现代的经济发展理论中的“发展经济学”是在第二次世界大战（简称二战）后，由罗森斯坦·罗丹于 1943 年将“发展”这个议题引入经济学前沿的讨论后，才逐步形成的一个新的经济学分支。

一般来说，虽然“经济发展”是伴随资本主义发展而产生的现象，但是我们现在提及的“经济发展”概念多用来分析发展中国家的经济结构演进、生产力与福利分配有关的命题。

新古典发展经济学（neo-classical development economics）的主要观点是：鼓吹进口替代政策和贸易保护、倡导国家主导工业化进程、指定全面的产业与投资政策和计划；对市场不信任，对发展中国家出口持悲观态度，以及投资决定论与提倡高储蓄率。这是对古典经济发展理论的偏离，这部分受到二战之前发生的两起重大历史事件——20 世纪 30 年代的经济大萧条和苏联的国家主导的大规模工业化模式的影响。此外，二战后部分新型工业化国家在 20 世纪 70 年代到 80 年代的成功经验也在一定程度上支持了该学说。

新古典发展经济学的出现，在根源上可追溯到古典发展经济学，由于古典发展经济学未能建立起系统的理论基础，因此其不能正确解释 20 世纪 30 年代经济大萧条和苏联模式短期获得成功的真正原因，选择了怀疑甚至抛弃市场的观点作为解释与解决方案并转向新古典发展经济学。

理论上来说，新古典经济发展理论的弱点在于，从古典主义的研究分工对经济发展的促进作用，转而研究边际分析、均衡与帕累托最优，但是却以假设外生给定的生产可能性边界（production-possibility frontier，PPF）作为条件，理想化与过于简化的强假设条件导致其解释经济现象比较乏力。

此外，在非正统经济学派领域，20 世纪 60 年代到 70 年代流行的结构主义发展经济学（即不均衡发展理论，unbalanced development theory）等，也存在着类似于刻意忽略经济人假设，夸大价格与市场失灵、政府干预的作用，强调扭曲的宏观经济政策的观点。

苏联模式的覆灭，说明建立在抛弃市场与产权机制基础上的中央计划主导的大规模工业化模式不利于经济发展。苏联解体及其他发展中国家的改革，实质上是学界掀起回归古典经济发展理论思潮的结果。这一回归，实际上是从市场转向政府主导，再回归到市场主导的过程。

（三）新兴古典发展经济学

杨小凯（2003）在《发展经济学：超边际与边际分析》一书中系统地总结了新兴古典发展经济学的三个支流思潮。

第一，以科斯、布坎南为代表的产权、交易费用和制度经济学的研究，以及以诺思为代表的新经济史学派（new economic historical school）。这一流派继承了古典发展经济学的思想，阐述了产权制度与经济发展之间的密切关系。

第二，以世界银行为代表的政策制订者，以克鲁格、钱纳里等为代表的发展经济学家，以及以布坎南为代表的新政治经济学家，认为政府与政策的失败远甚于市场失败对经济发展的阻碍，这开启了自由化改革的政策研究。

第三，以克鲁格曼等为代表提出的高级发展经济学一般均衡模型和罗默提出的内生经济增长模型，抛弃了规模经济而改用专业化经济的概念，以超边际分析方法为新兴古典发展经济学提供了方法上的支持。

新兴古典发展经济学的价值在于，它着力于回答为什么一些国家要比另一些国家更加富裕，这是我们研究发展经济学极力回答的问题，而不是新古典经济发展理论的资源在市场上如何配置的问题。它以经济发展的实证分析为基础，在此之上做出规范或者福利性的分析，而不是像新古典发展经济学一般，侧重于经济发展的规范分析，试图使用一套福利指标评价体系来评估一国的发展水平，这忽视了效用的主观性与不可测量的特点。一套适用于不同国家、适用于每个人的评价体系是不存在的，或者是无效的。新兴古典发展经济学的价值还在于，借助超边际分析的方法，它可以对现代社会尤其是发展中国家的特点进行分析，同时也适用于发达国家。

总之，已有的经济发展理论存在着偏离经济发展的核心在于发展的不足，经济发展的核心内容包括经济增长及经济结构、收入分配、城乡转换、生态可持续、福利共享等内容。为了丰富经济发展理论的内涵，本章第三节以讨论经济增长与经济发展的联系与区别视角进行阐释。

第三节 经济增长与经济发展的联系与区别

一、经济增长与经济发展的联系

经济发展与经济增长是相互交织又有区别的关系，经济增长是经济发展的手段，更是经济发展的基础；经济发展则是经济增长的目的，而且经济发展又能为经济增长提供相应的保障，为经济增长提供动力源泉[①]。没有一定数量的增长，就谈不上发展，谈不上速度；同样，只有数量上的增长也不能单纯地表明经济获得了发展。经济发展包含经济增长，但经济增长不能代替也不等于更不是经济发展。通常对于经济增长和经济发展来讲，前者是后者的基础和前提，也可以说，前者是后者的必要条件，但不一定是充分条件，经济增长对于经济发展来说是必不可少的一部分，如果没有经济增长，经济发展就无从说起，经济增长在一定程度上可以促进经济发展，但是经济增长却不一定带动经济发展。比如，高消耗、高污染、高投资的经济增长导致环境的恶化，会扰乱经济的可持续发展（刘思华，1997；文华，2011）。由于收入分配、产业结构、区域协调等因素的制约，一些经济增长没有带来人民生活水平的普遍提高。所以，经济发展不能仅仅重视经济规模扩大和效率提高，更要强调发展质量及发展成果由人民共享。

（一）两者之间存在一定程度上的包容关系

经济发展是经济增长内涵的发展，前者是在后者的基础上发展升华而产

① 经济增长与经济发展关系的判断，是作者在遵循马克思主义的辩证唯物主义观点，深刻认识二者的本质，吸收众多文献的论述后提炼得出的。

生的，经济发展是比经济增长更加广泛、更加深化、更加系统的概念，它更能体现经济的转变过程。对于经济发展来说，其研究的方面比经济增长更广泛，它不仅仅研究单纯的经济绝对量的增加、规模的扩大，而且更加注重效率的提升及规模的合理扩张。经济发展强调的是整个经济系统整体效益的增加，注重协调性、互联性和持续性。经济发展不仅包含对生产要素投入的外在控制，而且包含发展动力、结构、质量、效率等多种内在因素，是量和质相统一的概念。

（二）两者之间具有理论上的传承关系

在传统观念看来，经济增长的研究对象以发达国家为主。20 世纪 40 年代后，发展经济学欲以西方经济学的增长理论来研究发展中国家的经济发展演进规律，但是并没有得到理想的结果。通过研究发现，发展中国家经济发展方面的问题不同于完善的市场经济国家所面对的问题，其主要问题是市场机制落后、经济结构单一、社会矛盾尖锐等，所以说经济增长并不等同于经济发展，因而理论上的承续需要针对主要问题予以拓展。

（三）两者之间具有相对的统一关系

经济运行方式和结果可以用经济增长及经济发展来体现，前者注重的是经济在数量上的增加，而后者则更加注重质量的提高和结构的优化，二者是经济运行在总量与质量上的统一。经济增长同样要关注质量的提高，目的应该是实现经济的发展，经济发展也要关注数量的增长，要以经济增长为基础。

二、经济增长与经济发展的区别

虽然经济增长与经济发展之间的联系紧密，但经济增长却不等同于经济发展，二者之间也存在着一定的区别。

（一）指导思想上存在差别

经济增长和经济发展的侧重点不同，前者注重经济在总量上的增长和增长速度的提高，哈罗德-多马模型、马歇尔的生产要素创造价值论、索洛-斯旺模型[①]、新经济增长理论等均是其有力的理论支撑。后者则注重经济结构的优化、经济质量的提高、人民福祉的提升。新发展理念是当前经济发展的重要理论支撑[②]。根据创新、协调、绿色、开放、共享的五大发展理念，要注重解决经济发展的目的问题、动力问题、发展不平衡问题、人与自然和谐问题、内外联动问题和社会公平正义问题。新发展理念是经济发展实践的理论总结与升华，是对发展经济学的新古典经济发展理论的摒弃，也是在总结国内外发展经验教训的基础上形成的。

（二）理论基础上存在区别

经济增长和经济发展在理论上有一定的传承，但是理论基础不同。经济增长的理论基础包含了马克思主义政治经济学中的扩大再生产理论，西方经济学中的要素分配理论、非均衡增长理论等。在经济增长理论体系中人口是一个外生的变量。经济发展的理论基础则包含了马克思主义政治经济学中人的全面发展理论，西方经济学中的福利经济学、均衡发展理论、分享经济理论、技术创新理论、制度创新理论及可持续发展理论。在经济发展理论体系中人的发展和人口发展是目的，是内生因素。

赶超理论是研究如何缩小地区经济发展差距的经济理论。赶超理论认为经济过程是两种冲突力量相互作用的均衡过程，这两种力量分别是创新与模仿。创新，即知识的产生和使用，它致力于增加国与国之间的技术和经济差距；模仿或扩散，即外来知识的获取和使用，它力图减少国与国之间的技术和经济差距，达到追赶的目的。经济起飞是指经济发展由传统经济进入现代化经济的高速增长阶段，起飞阶段是社会经济发展的第一次突变。当然，经济增长理论不能成为经济赶超发展的理论基础，因为已有的经济增长理论证明落后者就会永远落后。

---

①索洛-斯旺模型、新古典经济增长模型、外生经济增长模型是在新古典经济学框架内提出的。

② 新发展理念是引领经济高质量发展的理论指导，参见：林兆木，《把新发展理念贯穿发展全过程和各领域（人民要论）》，http://theory.people.com.cn/n1/2020/1203/c40531-31953176.html[2020-03-31]。

（三）方式划分类型上存在区别

依据经济增长理论可以确定经济增长方式所表现的动力和途径：动力是投资、消费和劳动力增加，而这些动力是通过怎样的途径实现对经济增长的拉动，就体现为经济增长的方式。其主要类型可分为粗放型、扩张型、资源依赖型或者集约型等。不同的学者对经济发展方式的概念界定不同，需要从经济发展的目的、动力和途径三个方面确定。在经济发展起飞的初期，发展方式也会出现粗放型和集约型的区别，然而究其集约发展的深刻内涵，经济发展的方式应该包括：制度创新型发展方式（de Long et al.，1990；科斯等，1991；诺思，2014）[①]、知识创新型发展方式（Romer，1987；Lucas，1988）、共享的扩大需求型发展方式（马强，2016）、生态文明型发展方式、结构优化型发展方式等。

（四）衡量指标上存在区别

经济增长和经济发展的衡量指标存在一定的差异。前者主要通过 GDP 及其增加数量和增加速度、人均 GDP 及 TFP 来衡量经济增长水平；而后者的衡量指标不仅包括上述衡量经济增长的指标，在此基础上还增加了一些结构指标。除此之外，经济发展的衡量指标还包含着更加广泛的内容，单纯的经济指标不足以衡量经济发展的程度，因此需要扩展其衡量指标的范围，一些结构性指标、社会民生指标、生态环境指标也包含其中，如人均可支配收入、人民福利和健康水平、社会保障水平、居民受教育程度、恩格尔系数和基尼系数、碳排放水平、资源消耗与环境承载力、居民贫困发生率等。

（五）时空阶段上存在区别

总的来说，人类经济社会的发展经历了三个阶段：第一个阶段人们追求的是财富的增加及物质资本的原始积累；第二个阶段注重大众福利的增加，更加强调满足人的需求；第三个阶段称为社会综合发展阶段，这个阶段重点

---

① 新制度经济学的制度变迁理论参见：科斯等的著作《财产权利与制度变迁》（由刘守英翻译，上海三联书店 1991 年版）及诺思的著作《制度、制度变迁与经济绩效》（由杭行翻译，格致出版社 2014 年版）。

加强社会、文化、政治、经济等方面的协同发展，更加追求全面的发展与进步。对于经济增长的研究，其主要是把第一个阶段作为研究对象，进行单一的对生产要素投入和经济总量增长的研究，形成了如哈罗德-多马模型、索洛-斯旺模型、内生经济增长模型等经济增长模型。而对经济发展的研究则是第二阶段和第三阶段的研究方向，对于经济发展的研究，其囊括的内容广泛并且多元化，是社会、经济、文化、政治等相互统一与协调的学科，其研究内容涵盖了经济生产、流通、消费、分配等经济领域的各个方面，总体而言这两个阶段的研究也产生了一定的成果，如福利国家论（贝弗里奇，2004；庇古，2020）[①]、经济结构演进论（刘易斯，1989；克拉克，1983；Kuznets，1955）[②]、经济发展阶段论（李斯特，1961；Rostow，1984）[③]、循环经济论（Kirchherr et al.，2017；Geissdoerfer et al.，2017）等。从经济增长理论和经济发展理论的形成和内容看，经济增长与经济发展存在着时空阶段，也有着内容的巨大差异。当然，这里需要强调经济增长应该成为各发展阶段的主要表现内容，甚至是主要因素。

（六）研究内容上存在区别

经济增长和经济发展在研究内容上存在差别。前者主要是将生产要素投入数量和生产要素的使用作为研究内容，而后者的研究内容主要包括经济发展的结构和模式。世界范围内的经济发展历程中出现过高增长无发展现象，这种现象的出现与发展理念密切相关，其本质是增长的无效率。经济发展理论可以从不同的视角做不同的解读：一是从福利经济学视角分析，高增长无发展导致了人们不能共同享有经济增长的成果；二是从环境经济学视角分

---

① 贝弗里奇的《贝弗里奇报告——社会保险和相关服务》勾画了战后英国及整个西欧“福利国家”制度的蓝图；“福利经济学之父”——庇古的主要思想参见著作《福利经济学》（朱泱、张胜纪、吴良健译，商务印书馆 2020 年版）。

② 发展经济学对经济结构的变化趋势研究，参见：刘易斯的著作《二元经济论》（施炜、谢兵、苏玉宏译，北京经济学院出版社 1989 年版），以及克拉克的著作《财富的分配》（陈福生、陈振骅译，商务印书馆 1983 年版）。

③首先提出经济发展阶段论的是历史学派先驱李斯特，其经济发展阶段论的阐述参见其著作《政治经济学的国民体系》（陈万煦译，商务印书馆 1961 年版）。

析，高增长无发展是环境污染生态恶化的根源，就是一种高消耗、高排放、低效率的增长；三是从发展经济学视角分析，高增长无发展是经济结构缺乏优化的结果。经济发展的研究应该包含对人口、经济、社会系统的立体而全方位的研究，经济发展方式的研究不仅是一个国家或地区的经济增长研究，更应该是对经济全面整体战略的研究。

（七）推进动力上存在区别

经济增长和经济发展的推进动力不一致。推动经济增长方式转变的主要动力是引入技术因子，从资本、劳动要素扩张投入转向技术进步和提升资源的有效利用率。而推动经济发展方式转变的动力则包括多个方面，一是通过调整优化产业结构、行业结构，协调区域产业分工，从而实现经济结构的优化调整；二是通过降低能耗、减少污染，大力发展循环经济，加大资源的循环再利用，提高资源的利用率，实现集约型发展；三是通过市场体系改革，打通市场活力，从而完成市场制度体制的改革；四是通过打造国家科学创新平台，加强对高新技术的技术攻关，从而加强自主创新的活力；五是通过加强政府社会保障支出，提升公共服务的可及性，着力提高个人收入，实现共享发展，从而提高整个社会的福利水平。

（八）功能作用上存在区别

对经济增长的研究和改善，只能协调投入生产要素的数量和比例之间的关系；而对经济发展的研究和改善，不仅能够协调经济与社会之间的关系，协调产业之间、区域之间的关系，还能协调人口、资源与环境的关系，使之平衡与优化发展。

（九）目标取向上存在区别

经济增长重点考虑的是增长，侧重于经济数量的扩张。在资本主义国家，经济增长的目标更多体现为满足就业需求和资本对利润的追逐，是短期行为；而对于发展中国家，经济增长的目标是长期的，是实现经济起飞、人民生活水平提升。经济发展重点考虑的是发展，侧重于经济结构的改善。要促进经济发展，不能单纯只是追求经济数量的增长，而要更加注重质量的增加与发展的协同性。同时，要注意解决经济发展中产生的诸多困难，只有在注重经济增长的同时注重质量提升、结构优化、区域协同，才能使广大人民享受到经济增长的成果，实现经济的协同健康与高质量发展。

第四节　经济增长与经济发展的目的和动力

一、目的：为什么经济增长、为什么经济发展

由上述关于经济增长与经济发展的区别与联系不难看出，作为经济发展的物质基础与起点，经济增长是经济发展不可或缺的组成部分。无论是发达国家还是发展中国家，都需要一定的经济增长为基础，没有了经济增长，经济发展就会成为空中楼阁。国家需要经济增长，其目的是满足就业需求和人民生活水平的进一步提高，对于资本主义国家来说更是需要满足资本对利润的追逐。发展中国家经济增长的目的就是要改变落后的状态，没有增长的发展将永远落后。因此，发展中国家首先要做到在经济增长前提下发展经济。当然，经济增长在解决经济发展的可持续性问题方面，特别是人的发展需求的无限性方面其作用是有限的。

一般认为，经济增长的目的最终是指向经济发展的，而经济发展本身又是以人自身的幸福与发展为最终目的。可以说，二者的最终目的都是人的发展，都是以人为本的。“经济增长”概念的缺陷在于，人的因素这一目的性问题被缩小甚至忽视了，物质财富创造的数量这一条件变成了其自身的目的，经济增长成为增长本身的目的。我们经常听说诸如“伴随经济发展而产生的问题”，其实质是经济片面发展，经济增长偏离了其目的性，是社会制度与结构发展滞后于物质财富数量的增长而产生的问题，经济发展本身并不会制造经济社会问题。

1990 年，受联合国开发计划署委托，由世界范围内经济学家、发展专家及联合国开发计划署专家执笔，完成了年度《人类发展报告》（Human

Development Report，HDR）[①]。HDR 构建并使用人类发展指数（human development index，HDI）来衡量各个经济体人类发展水平，即以“预期寿命、教育水准和生活质量”等变量为基础，按照一定的计算方法得出综合指标体系。HDR 的核心观点是：发展应当是以人为中心的可持续发展，强调人的发展、为了人的发展，并以此制定各种经济增长与发展战略。

尤其值得关注的是 1996 年 HDR 的议题——“经济增长与人的发展”，其中归纳了几种违背人类发展目标的经济增长情况，包括“没有创造更多就业的发展”（jobless growth），“不能为社会共同分享的增长”（ruthless growth），“以资源和环境为代价的没有前途的增长”（futureless growth）等（Ravallion，1997；Morse，2003）。这是对很多发达经济体及发展中经济体教训的总结，为我们指明了各种违背经济增长与经济发展目的的案例，其主要观点是每当一国或一地区的发展偏离了“以人为本”这一命题，就会落入上述一种或多种发展恶果之中。

HDR 问世以来，对各国政策制定者产生影响。人们逐渐认识到，人的发展是一切经济活动的价值、意义与目的所在。离开了经济发展而一味追求经济增长速度便失去了增长的意义，而离开人的发展这个目的，无论是经济增长还是经济发展，便都失去了意义。在我们讨论经济增长时，必须是以满足人的幸福与发展为最终目的和价值判断标准的。简言之，经济增长是手段，人类发展是目的。

二、动力：经济增长方式、经济发展方式

经济增长与经济发展的结果，往往与一国或一地区所选择的经济增长与经济发展方式紧密相连，经济增长与经济增长方式是一种相互制约、相互促进的关系，不同的经济增长方式，对经济增长有着不同的影响和作用。当我们注意到一国或一地区经济发展中出现种种问题时，往往需要溯源回流，分析其经济增长与发展方式的情况，找出经济增长与发展方式所存在的问题。研究经济增长与发展方式的重要性在于，经济增长方式、经济发展方式是推动经济增长与经济发展的直接动力因素，对于二者的研究分析，可从根本上

① 《人类发展报告》是一个连续发布的旨在评估各国经济、社会发展水平的年度出版物。

找出国与国或者一国不同时期经济发展差别的原因。

（一）经济增长方式

“经济增长方式”是指经济增长实现的动力和途径，即各种影响经济增长的要素组合方式。按照传统的马克思主义政治经济学的观点，经济增长方式就是扩大再生产的方式（吴易风，2003），包括“外延扩大再生产”和“内涵扩大再生产”（奚兆永，1996）。一般认为经济增长方式可分为两种形式：粗放型经济增长方式和集约型经济增长方式。粗放型经济增长方式主要依靠增加资源、要素的投入来增加产出。这与“外延扩大再生产”相对应。反之，主要依靠科技进步、劳动者素质的提高来优化要素组合，进而增加产出数量、提高产品质量、推动经济增长的被称为集约型经济增长方式。当然，经济增长方式的区分不是绝对的，二者有时存在重叠难以区分的情况。

具体来说，在探讨经济增长方式的实证问题时，学界往往集中于分析要素投入与 TFP 的贡献比例，以及不同要素之间贡献比重的差异。以中国为例，在计划经济时期，中国的经济曾长期处于以重工业主导的粗放型经济增长阶段，存在着高消耗、高成本、高污染、低质量与低效益的问题。改革开放以来，市场机制这一“看不见的手”对资源配置发挥了重要作用，这一态势得到了一定程度的扭转，但是问题依然存在。经济增长方式研究明确指出中国的增长和增长方式存在的问题，对指导中国经济增长方式的转变与改革具有重要意义。

（二）经济发展方式

经济发展方式是实现经济发展的方法、手段和模式，表现为不同目的、不同动力、不同实现途径和效果。经济发展方式不仅包含经济增长方式，而且包括经济结构、产业结构、城乡及地区结构等方面，同时兼顾就业、消费、收入分配、环境保护、现代化进程、可持续发展等一系列社会需要的实现方式（宋文月和任保平，2018）。我们常常提到的转变经济发展方式，就是指既要重视经济数量增加又要注重质量提升。总之，经济发展方式着重于制度变革，并且包含了社会方方面面的内容和民生福祉的不断提升及其实现的方式。

经济发展方式与经济增长方式类似，也有粗放型与集约型的划分。比如，中国以粗放型经济增长为基础，经济长期以来一直是粗放型的发展方式，其表象与粗放型经济增长方式相类似——经济的物质与数量指标增长速度快，但投入、能耗、污染高，效率与效益低，忽视长期与可持续的发展等。而且在其背后，还存在着一些不易量化评判的问题，如低效率的增长，必然导致经济结构和社会制度的提升与改进缓慢、社会发展与人的发展相对滞后，从而出现经济增长与经济发展背道而驰的现象，经济增长偏离经济发展目的。

我们之所以需要经济发展方式这一衡量尺度，就是因为经济增长方式这一标准不能完全包含经济发展方方面面的问题。随着经济与社会的发展，为了弥补这一缺陷，经济发展方式这一概念越来越为人们所重视，它引导我们对经济增长方式不能指出的问题进行思考与评判，并制定相应政策。经济增长方式必须兼顾结构优化、民生福祉和质量，从而形成新的经济发展方式。

总之，经济增长方式和经济发展方式的转变是推动经济增长与经济发展的直接动力，对于这二者的剖析是我们回答经济发展差异的方法与工具，也是制定各种经济发展政策与规划的理论基础。

第五节 经济增长方式的内涵与类型

一、经济增长方式的内涵

经济增长方式是指推动实现经济增长的各种生产要素投入及组合的方式，其实质是依赖什么要素、借助什么手段、通过什么途径、怎样实现经济增长。在人类社会发展过程中，经济增长总是以一定的方式进行，而经济增长方式又是由经济增长的内容、要素、目的等决定的。经济增长是目的，经济增长方式是手段（张志锋，1997）。实践证明，采用不同的经济增长方式，会达到不同的经济增长效果。各国经济增长的历史实践证明，经济增长是多种因素（人口、资源、环境、国际交流、技术进步）共同作用的结果，这些因素的组合利用方法随着各种条件的变化而发生变化，将这些经济增长因素组合与利用的方法称为经济增长方式，所以说有多少种经济增长因素组合与利用的方法就有多少种经济增长方式。

二、经济增长方式的类型

按定义的逻辑进行推理，考察经济增长的类型要从考察影响经济增长的因素入手。

早在 1776 年，亚当·斯密就指出只有通过增加劳动人数和提高劳动生产率这两种途径才能增加国民财富①。这可以说是对经济增长因素最早的分析。

1957 年，新古典综合派的代表人物索洛在继承古典理论的基础上应用了边际生产力理论和生产函数理论，建立了经济增长的数学模型——新古典经济增长模型（Solow，1956），该模型的主要前提假设有两点（郭庆旺，1988）。

假设一：规模收益不变，即在既定的技术条件下，随着产出的增加，生产单位单一产品或复合产品的平均成本在某一区间内不发生变化，即在技术水平保持不变的情况下，由一定的投入向量所生产的产量 $f(x)$ 与投入向量 $\lambda x(\lambda > 1)$ 所生产的产量 $f(\lambda x)$ 相比较，如果 $f(\lambda x)=\lambda f(x)$，我们称规模收益不变。

假设二：技术进步是希克斯中性的，即当资本、劳动比不变时，资本边际产量对劳动边际量的比保持不变。

在此前提下生产函数可以表示为

$$Q = AL^{\alpha}K^{\beta} \tag{2-1}$$

其中，Q 表示 GDP；K 表示资本总投入；L 表示劳动总投入；A 表示被肯德里克定义为 TFP 的技术进步因子，它包括经济的加速与减速、劳动力教育

① 英国古典经济学家亚当•斯密详细论述了增加国民财富的途径，参见其著作《国民财富的性质和原因的研究》（郭大力、王亚南译，商务印书馆 1974 年版）。

质量的改进、各种各样的移动生产函数的因素（姚愉芳和贺菊煌，1998）；α 和 β 分别表示劳动力和资本在生产过程中的相对重要性。对式（2-1）求关于时间的导数，然后同除以 Q，得到阿布拉莫维兹-索洛-丹尼森经济增长模型：

$$G = G_A + \alpha G_L + \beta G_K \quad (2\text{-}2)$$

其中，G、G_A、G_L、G_K 分别表示经济增长率、TFP 增长率、劳动投入增长率和资本投入增长率。

式（2-2）表明：劳动投入增长率、资本投入增长率和技术进步增长率共同影响国民收入增长率。前两部分可以称为生产要素投入增长率，技术进步增长率可以称为 TFP 增长率。美国另一位经济学家丹尼森（Denison，1974）通过对美国 1929～1967 年经济增长的研究得出了与此相近的结论。经济增长因素可分为两大类：一是生产要素投入量的增加；二是 TFP 的增加，它主要取决于资源配置状况、规模经济状况和知识进展。这种对经济增长因素的分类方法，为后来理论界所普遍接受。

将式（2-2）两边同除以 G，得到：

$$1=\frac{G_A}{G}+\frac{\alpha G_L + \beta G_K}{G} \quad (2\text{-}3)$$

其中，$\frac{G_A}{G}$ 表示 TFP 对经济增长的贡献份额；$\frac{\alpha G_L + \beta G_K}{G}$ 表示生产要素投入增长率对经济增长的贡献份额。

通过对索洛的新古典增长模型式（2-2）进一步分析可以看到，经济增长的因素组合与作用的方式有四种，对应着四种经济增长类型。

（1）经济增长依赖生产要素在原技术水平基础上投入数量的扩张，即在技术进步不变条件下，依赖土地、资本、劳动等生产要素投入量的增加来实现经济增长，这被称为完全粗放型的扩张的经济增长方式，表示为：$\frac{\alpha G_L + \beta G_K}{G} = 100\%$。

（2）经济增长完全依靠 TFP 的提高来推动，称为完全集约型经济增长方式，表示为：$\frac{G_A}{G}=100\%$。

（3）经济增长是两种因素共同作用的结果，但经济增长中依靠增加生产要素投入量所占的比重大于依靠提高 TFP 所占的比重，称为粗放为主型经济增长方式，表示为：$50\%<\frac{\alpha G_L+\beta G_K}{G}<100\%$。

（4）经济增长是两种因素共同作用的结果，但经济增长中依靠提高 TFP 所占的比重大于依靠生产要素投入量增加所占的比重，则为集约为主型经济增长方式，表示为：$50\%<\frac{G_A}{G}<100\%$。

在现实中，完全集约和完全粗放只是一种理想状态，最常见的还是粗放为主型经济增长方式和集约为主型经济增长方式。粗放为主型经济增长方式主要是依靠投入大量的生产资料和劳动力促进经济增长，这种经济增长方式只有在本国劳动力资源较为充沛并且人口年龄结构较为年轻的情况下才可能实现。其特点是重投入、轻产出；重数量、轻质量；整体科技水平比较低，企业管理方式较为落后，呈现出较低级的经济发展状态。集约为主型经济增长方式是伴随着本国人口年龄结构的转变逐步转化而成的，这种经济增长方式下本国的劳动力素质不断提高，人力资本储备量不断增长，经济增长主要依靠高科技和科学的管理方式，这一时期经济增长的特点是重质量、轻数量；重技术、轻投入，呈现出较高级的经济发展状态。经济增长方式的转变就是由粗放型向集约型转变（马壮昌和靖建国，1996）。

第六节　经济发展方式的内涵和目标

一、经济发展方式的内涵

按照科学发展观和创新、协调、绿色、开放、共享的新发展理念的要求，经济发展必须坚持以人为本，同时实现经济社会全面协调可持续发展，人与自然、社会和谐相处。这种经济发展目标的实现不能仅依赖经济增长，还必须转变经济发展方式。

经济发展方式的内涵比经济增长方式更深刻也更宽泛，转变经济发展方式更符合中国国情，能够准确体现新发展理念的内在要求。因为，经济发展方式的转变不仅体现了经济发展方式从粗放型向集约型的转变，而且还反映出经济增长既注重量的增长又注重质的提高；不仅强调经济效益的提高，而且注重经济结构的调整和优化；不仅重视经济的发展，而且重视保持人与自然、人与环境的和谐发展（黄泰岩，2007；王澜，2008）。由此可见，经济发展方式转变体现为目标取向多元、动力不断更新和途径适时转换。

二、经济发展方式转变的目标

（一）向发展目标多元化转变

转变经济发展方式，就是要用综合的目标体系来考察经济运行情况。也就是在实现持续经济增长的前提下还应着力实现以下目标：①经济结构（包括产业结构、城乡结构、区域结构等）的优化协调；②收入分配更加公平、社会保障更加完善；③减少贫困人口；④教育和医疗均等提升；⑤稳定就业和减少失业；⑥实现人口长期均衡发展；⑦人口、资源与环境的协调发展等。这些目标中不仅包括经济目标还包括社会民生指标，但经济目标是所有目标的重中之重，只有实现了各项经济目标，才能有效解决民生中的诸多问题。没有经济增长，就不会有经济发展，也不会有其他目标的实现。当然，在整个指标体系中，无论是结构优化、公平分配、资源利用和环境保护，还是提升教育水平、完善医疗服务体系等都会为实现经济增长提供保障。

（二）向经济结构全面优化转变

在经济由落后低水平状态向发达和高水平推进的进程中，推进的方式即经济发展方式的重要环节或内容就是经济结构、产业结构由以农业为主向以工业化为主再向高级的以现代化服务业为主的结构升级和优化。对于一个人口大国来说，农业是经济发展的保障，工业化制造业是基础，现代化服务业是提高经济发展质量、提升民生福祉的根本途径。要促进经济实现有增长的高质量发展就必须适应国情、优化产业结构。

对于后发国家而言，特别是像中国这样一个农业基础薄弱，第三产业发展滞后，人口规模巨大的国家，必须统筹城市与农村的协调发展，统筹好东中西部地区发展。因此，中国在经济发展中要使产业间协同带动转变，实现产业结构的优化升级，既要发挥增长极的辐射作用还要不断缩小城乡差距、区域间差距，促进各地区经济发展的均衡。

（三）向建设资源节约型、环境友好型社会转变

西方发达国家经济增长和经济发展的经验教训表明，要跨越经济发展中的环境库兹涅茨曲线需要很长的时间，经济发展方式转变就是要摒弃西方经济增长的旧路、老路，开辟经济发展方式的新道路，建设一个适应较大人口规模的资源节约型、环境友好型生态文明社会。

（四）向“以人为本”发展核心转变

以人为本的发展是把人放在发展进程的中心，目的是扩大人们的选择自由度，经济发展要在经济增长效率与公平的发展模式之间建立平衡。一味地以经济为中心，并不能反映出本国人民在经济发展中的受益程度。中国共产党一直坚持全心全意为人民服务的宗旨，反映到国家层面上就是发展为了人民，发展依靠人民，发展的成果由人民共享。这必须由以经济为中心向以人为本的方向转变，只有坚持以人为本才符合国家经济运行的根本规律。人民的幸福是发展的主要目标，资本、技术和制度等所有要素的生产都必须为实现这一目标而服务。

中国经过几十年的改革开放，经济实现快速增长，人民的生活水平有了很大的改善。但快速的经济增长也出现了贫富差距扩大、工业产能过剩和环境污染等问题。现在，大多数中国人的基本需求已经得到满足。因此，我们需要审视市场驱动发展的基础、内在局限性，找到经济转变和发展的机制，提高农村地区的教育水平，改善社会保障体系，保证地区间平衡发展，真正实现以人为本，使人民生活得到全面发展。只有这样，才能为经济发展提供不竭的动力，才能实现可持续发展。

第七节 经济增长方式与经济发展方式的关系

如前所述，“经济增长方式”是指经济实现增长的动力和途径，即各种影响经济增长的要素组合方式。按照经济增长理论，经济增长方式是依赖于资本与劳动的组合方式，是投资和消费联动方式，而这些组合或联动又需要借助某些手段和通过一系列的途径来实现一个国家或地区的经济增长。按照要素投入组合方式划分，经济增长方式大体分为两种：一种是通过增加生产要素占用和消耗使资本及劳动要素组合来实现经济增长，即粗放为主型经济增长方式；另一种是通过提高生产要素质量、优化生产要素配置和提高综合利用效率来实现经济增长，即集约为主型经济增长方式（陈娟，2009）。转变经济增长方式，就是从粗放为主型经济增长方式转变为集约为主型经济增长方式（何雄浪和杨继瑞，2008）。

经济发展方式是指实现经济发展的方法、手段和模式，表现为目的、动力、途径和增长方式。经济发展意味着社会经济状态的变革，它是使生产力水平、生产关系、思维方式、公共服务体系等变得更好、更具现代化意义的一种变革。而方式是以发展为目的，不同的方式将达成不同的发展状态。因而，经济发展方式不同则目的不同、动力不同、实现途径不同和增长方式不同，这会使经济发展出现不同效果。

从经济增长与经济发展的关系来看，如果说经济增长是个量的概念，那么经济发展就是一个比较复杂的“质”的概念。从广泛的意义上来说，经济发展不仅包括经济增长，还包括国民的生活质量，以及整个社会经济结构和制度结构的总体进步。

不难看出经济增长方式是量的增加方式，经济发展方式是质的提高方式。经济增长方式侧重于经济数量的增加，经济发展方式侧重于经济质量的提高、发展方式途径的多元和经济结构的改善，二者构成经济增长数量与质量、总量与结构的统一。经济增长方式是经济发展方式的组成因素，经济发展方式也要求经济增长保证质量，追求集约型、效益型增长就是又好又快的经济增长方式。经济增长方式和经济发展方式是相互促进的，又好、又省、又快的经济增长方式能促进经济发展，而经济发展方式转变能使经济增长方式更有方向性、更有效（张卓元，2008）。

经济发展方式在一定程度上决定了经济增长方式，经济发展方式一经确定，必然决定经济增长以何种方式实现，经济增长方式反过来会影响经济发展方式。由于经济增长方式会受到经济初始条件、人口因素、制度制约、地缘关系等因素的影响，在很多时候经济增长方式的选择会改变已经确立的发展方式或使发展方式偏离既定的目标和路径。与此同时，科学的经济发展方式为持久的经济增长方式提供动力，合理的经济增长方式会优化经济发展方式，盲目的经济增长方式会破坏经济发展方式，从而削弱经济增长。

经济增长方式以生产要素利用的数量和效率为依据，经济发展方式以发展模式或处理增长问题的方式为依据，经济增长方式可带来高速的经济增长，但高速增长可能带来有增长无发展问题（刘满强，1996）。因此，经济增长方式需要向集约型转变，提高 TFP 的贡献份额，通过技术引进和创新来节约资源和提高劳动生产率。从这一视角出发，在实现第一产业发展的基础上，要加快工业化水平和第三产业的升级，吸引更多劳动力从第一产业中转移出来。同时，要实现经济增长方式和经济发展方式的转变，必须加快城镇化进程，实现要素聚集；延缓老龄化速度，增加劳动力人口；提高就业水平，增加就业人口回旋空间；调整就业结构，实现经济结构优化；调整投资结构，实现经济结构升级；加大教育投入与人力资本投资，提升人力资本水平，提高劳动者的素质；加大科研投入与自主创新能力，促进技术创新以达到技术进步；加大资源禀赋和能源结构调整优化，大力发展低碳经济与循环经济，实现可持续发展。只有这样，才能够实现经济的良好发展，以此促进经济增长①。

第八节　中国对经济增长方式和经济发展方式的探究

从“转变经济增长方式”到“转变经济发展方式”，虽然只有一词之

① 这里将经济增长方式和经济发展方式转变的诸多方面列举，在后文中会有更深入的实证或者仿真分析。

差，但其内涵却有了深刻的变化。它涉及发展理念的转变、发展道路的选择、发展模式的创新，实质上是解决如何发展得更好的问题，是科学发展观和习近平新时代中国特色社会主义思想在经济领域指导思想的具体体现。党的十七大、十八大、十九大报告均对转变经济发展方式进行了论述，体现了中国当代经济发展的最新理论基础。为使本书的研究建立在科学理论的基础上，本节对党的十七大以来特别是十八大、十九大中的经济发展方式转变理论思想加以展述。

一、党的十七大关于经济发展方式的表述

进入 21 世纪以后，中国国民经济发展面临规模扩张与资源、环境、技术、人才等方面约束之间的矛盾，迫切需要转变传统的经济增长模式。十七届五中全会通过的《中共中央关于制定国民经济和社会发展第十二个五年规划的建议》提出，加快转变经济发展方式是我国经济社会领域的一场深刻变革，必须贯穿经济社会发展全过程和各领域。党的十七大报告指出“要坚持走中国特色新型工业化道路，坚持扩大国内需求特别是消费需求的方针，促进经济增长由主要依靠投资、出口拉动向依靠消费、投资、出口协调拉动转变，由主要依靠第二产业带动向依靠第一、第二、第三产业协同带动转变，由主要依靠增加物质资源消耗向主要依靠科技进步、劳动者素质提高、管理创新转变”①。由此，确立了政府在市场化改革中推进发展方式转变的方向。

对于经济增长方式转变与经济发展方式转变，在十七大报告的基础上，理论研究得到了进一步的扩展。经济结构不合理是十七大之前一个时期里中国经济整体素质和效益不高、经济社会发展存在诸多矛盾的重要原因。产业结构是经济结构最重要的组成部分，中国产业结构是工业大而不强，农业基础薄弱，第三产业发展滞后。产业结构调整的关键是巩固第一产业，做大第三产业，提升第二产业，发展现代产业体系、促进各个层次产业升级和整个

① 《高举中国特色社会主义伟大旗帜 为夺取全面建设小康社会新胜利而奋斗——胡锦涛在中国共产党第十七次全国代表大会上的报告》，http://www.most.gov.cn/yw/200710/t20071026_56736.htm[2021-03-31]。

经济产业结构的升级成为这一时期的重要理论方向，以实现经济增长由主要依靠第二产业带动向依靠第一产业、第二产业、第三产业协同带动转变。

改革开放以来中国经济增长的主要途径，是依靠原材料和廉价劳动力投入。实现粗放为主型经济发展方式向集约型的转变必须以创新为起点，走可持续发展道路，实现经济增长由主要依靠增加物质资源消耗向主要依靠科技进步、劳动者素质提高、管理创新转变。

二、党的十八大关于经济发展方式的表述

党的十八大报告指出“要适应国内外经济形势新变化，加快形成新的经济发展方式，把推动发展的立足点转到提高质量和效益上来，着力激发各类市场主体发展新活力，着力增强创新驱动发展新动力，着力构建现代产业发展新体系，着力培育开放型经济发展新优势，使经济发展更多依靠内需特别是消费需求拉动，更多依靠现代服务业和战略性新兴产业带动，更多依靠科技进步、劳动者素质提高、管理创新驱动，更多依靠节约资源和循环经济推动，更多依靠城乡区域发展协调互动，不断增强长期发展后劲”[①]。党的十八大明确提出经济发展方式的具体要求，即“一个立足点”“四个着力”和“五个更多”，揭示了新发展方式的新动力，为经济转型提供了新设计和新理论。

十八大关于经济发展方式转变突出了以下五个方面。①全面深化经济体制改革。深化改革是加快转变经济发展方式的关键。经济体制改革的核心问题是处理好政府和市场的关系，必须更加尊重市场规律，更好发挥政府作用。②实施创新驱动发展战略。科技创新是提高社会生产力和综合国力的战略支撑，必须摆在国家发展全局的核心位置。③推进经济结构战略性调整，其必须以改善需求结构、优化产业结构、促进区域协调发展、推进城镇化为重点，着力解决制约经济持续健康发展的重大结构性问题。④推动城乡发展一体化。解决好农业农村农民问题是全党工作重中之重，城乡发展一体化是解决“三农”问题的根本途径。要加大统筹城乡发展力度，促进城乡共同繁

① 《胡锦涛在中国共产党第十八次全国代表大会上的报告》，http://cpc.people.com.cn/n/2012/1118/c64094-19612151.html[2021-03-31]。

荣。⑤全面提高开放型经济水平。适应经济全球化新形势，必须实行更加积极主动的开放战略，完善互利共赢、多元平衡、安全高效的开放型经济体系。

三、党的十九大关于经济发展方式的表述

党的十九大报告指出“坚持新发展理念……必须坚定不移贯彻创新、协调、绿色、开放、共享的发展理念”[①]。新发展理念是管全局、管根本、管长远的导向，具有战略性、纲领性、引领性，为中国长期经济发展方向指明了道路。党的十九大提出的新发展理念为经济发展方式转变提供了理论指导。

创新发展注重的是解决发展动力问题。当前中国创新能力不强，科技转化率不高，对经济社会发展的作用较小，科技对经济增长的贡献率远低于发达国家。协调发展注重的是解决发展不平衡问题。在经济体量做大的同时，必须注意协调全面发展。绿色发展注重的是解决人与自然和谐问题。经济的发展不能建立在环境污染的基础上，人们对美好生活的向往日益加大，必须牢固树立绿色发展理念（秦书生和杨硕，2015；陈金龙，2016）。开放发展注重的是解决发展内外联动问题。虽然中国经济总量位居世界第二，对外开放程度不断加深，但是开放发展较多聚集在低层次产业，要想实现经济的转型发展就要持续不断扩大对外开放。共享发展注重的是解决社会公平正义问题。虽然中国已成为世界第二大经济体，但是改革开放成果仍存在分配不公问题，只有解决好国内资源公平分配问题才能使经济持续向好发展，才能使国内市场的需求容量增加，促进国民经济内循环的通畅。

新时代背景下，中国经济发展方式已由高速增长阶段转为高质量发展阶段，由注重发展速度转向注重发展质量。当前，中国正处在经济结构优化、发展方式转变、增长动力转换的攻关期，建设现代化经济体系，转变经济发展途径是中国未来经济发展急迫需要解决的难题（黄群慧，2018）。未来，

① 《习近平：决胜全面建成小康社会 夺取新时代中国特色社会主义伟大胜利——在中国共产党第十九次全国代表大会上的报告》，http://www.gov.cn/zhuanti/2017-10/27/content_5234876.htm[2021-03-31]。

经济发展方式的转变是经济增长的内在要求，也是促进经济增长的强大动力。中国经济转向高质量发展阶段，是新时代背景下贯彻新发展理念的要求，也是未来转变经济发展方式的需要，更是跨越中等收入陷阱，实现可持续发展的必然选择。当前，中国正在摒弃传统型、只重视经济增长速度而忽视经济发展质量的经济增长模式，着手改善经济结构，形成可持续、稳增长的经济发展态势，适应经济新常态的经济发展理念。新时代背景下应该充分发挥中国经济发展的潜力足、韧性好、回旋空间大的优势，努力保障经济运行保持在合理区间。因此，如何正确认识中国未来经济发展的新特征，研判未来经济发展方式转变的目标、动力及途径成为亟待解决的难题。

小　结

基于本章对经济增长方式和经济发展方式理论的阐述与研究，我们可以得出转变经济增长方式和发展方式会促进经济良好运行与发展，但是经济活动的存在依托人口作为主体，经济活动的各个过程和主要环节，诸如生产、流通、分配和消费等经济活动都离不开一定的人口条件。

为了转变经济发展方式，十七大提出“依靠增加物质资源消耗向主要依靠科技进步、劳动者素质提高、管理创新转变”[①]；十八大提出“把推动发展的立足点转到提高质量和效益上来……着力增强创新驱动发展新动力”[②]；十九大提出“贯彻创新、协调、绿色、开放、共享的发展理念”[③]。这都对劳动力要素提出了更高的要求，高素质高质量的劳动力人口可以有效

① 《高举中国特色社会主义伟大旗帜 为夺取全面建设小康社会新胜利而奋斗——胡锦涛在中国共产党第十七次全国代表大会上的报告》，http://www.most.gov.cn/yw/200710/t20071026_56736.htm[2021-03-31]。

② 《胡锦涛在中国共产党第十八次全国代表大会上的报告》，http://cpc.people.com.cn/n/2012/1118/c64094-19612151.html[2021-03-31]。

③ 《习近平：决胜全面建成小康社会 夺取新时代中国特色社会主义伟大胜利——在中国共产党第十九次全国代表大会上的报告》，http://www.gov.cn/zhuanti/2017-10/27/content_5234876.htm[2021-03-31]。

提高劳动生产率、促进科技创新及促进科技成果向现实生产力转化。同时，必须要使人口稳定逐步向长期均衡目标发展，使得劳动力供应总量同劳动力需求总量相适应，以求在不断提高劳动生产率的同时实现充分就业，这是响应十九大协调发展方式中非常重要的一环，也是以人的发展为核心的新发展观的响应。

转变发展方式的目标也要求向“以人为本”这一发展核心转变。经济发展也会对人口发展产生影响，人口的发展是经济发展的目的。在对人口发展起决定性影响的各种经济条件中，最为关键的是社会生产力水平和性质及与其相适应的生产关系，只有这样才能促进经济协调发展。若仅一味追求经济增长速度而不顾及人的发展，便会失去增长的意义，离开人的发展这个目的，无论是经济增长还是经济发展，都失去了根本价值，所以发展要始终以解决民生为根本，以提高生活质量为目标，最大限度地满足人民群众物质文化需求，增加人民的福祉。同时，经济发展也会影响人口的自然变动、迁移变动和社会结构的变动，经济发展水平越高，生活水平越高，出生率和死亡率就会越低，同时人口自然增长率也就越低；经济发展因素是最终决定人口分布和迁移变动的社会因素，经济发展水平高的地区对迁移和流动有着拉力作用；并且随着社会分工和经济的不断发展，生产的现代化和生产方式的现代化，人口社会结构也不断发展，日益复杂化。

所以，在转变经济发展方式中要注重与人口的协调和适应新的转变，从而更好地实现经济社会的良好运行，为人们的健康幸福生活创造条件。未来的经济发展不单纯依赖人口规模，更重要的是依靠人口质量的提高。在人口结构发生重大转变的今天，未来中国经济的发展必然会经历一个阵痛，人口老龄化加重对经济增速的冲击不容忽视。伴随着中国老龄人口比重增加，不仅经济的增速会受到影响，而且对经济发展的各个方面也都会产生影响，我们应该做好这样的准备。从理念上进行纠偏、从产业上进行转型、从制度上进行制定和完善、从建设上进行准备，来应对未来中国经济发展中遇到的问题。中国应该积极做好人口与经济协调发展的各项工作，为今后中国经济能够更好、更健康、更持续的发展做好准备。

第　三　章
人口与经济之关系的理论

在第二章，我们系统归纳总结了经济增长、经济发展及其方式的一般概念、内涵、理论基础，阐释了经济增长方式与经济发展方式的辩证统一关系，以及中国为处理经济增长和经济发展面临的困境提出的新的发展理念。那么，一个国家或地区选择怎样的增长方式，怎样的发展方式，其决定因素是什么，特别是人口因素在其中起到怎样的作用等问题就需要做理论上的阐述。为此，本章首先对人口与经济之间关系的理论予以分析总结，在此基础上探讨人口与经济增长方式、人口与经济发展方式的关系。

第一节　人口与经济关系的争论

马尔萨斯的《人口论》把人们的目光聚焦到了人口发展问题上，并开创性地提出了人口、资源、环境之间可能存在的关系。就人口发展这一问题而言，一直以来存在悲观派、中性派和乐观派三大主流观点。悲观派典型代表是马尔萨斯，其主要观点为人口规模扩大、人口数量增长对经济发展、资源环境产生负面作用。20 世纪六七十年代人口悲观论盛极一时，随着世界人口快速增长，有学者和学术机构提出人口规模数量过大将导致环境危机、资源枯竭等观点警示人类，典型代表有保罗·埃里奇、罗马俱乐部等（李建新，2000）。

20 世纪 80 年代，乐观派认为人口增长对经济增长有积极作用，代表人物是美国经济学家西蒙（西蒙，1984）[①]。同时约翰逊（Johnson，2000）通过考察世界范围内的人口变动和经济增长之间关系认为，人口数量的上升并不会导致人均生产总值增长率的降低。反而，从长期考察来看，人口数量的上升直接导致世界范围内知识储备的提升，这对经济增长起到了充足的外部性效应。正是由于知识的增长和技术的进步，人类的发展才没有落入悲观学者的预期之中，社会经济的长期发展和社会进步离不开人口因素的促进作用（王琳，1988）。

人口作为影响经济增长的重要因素，其影响方式和结果在不同的历史时期或者区域内都不尽相同。Bloom 和 Williamson（1998）从人口动态结构变化出发，对人口与经济增长之关系做了富有启发性的研究。从人类人口发展的历史看，人口变迁（demography change）和人口转变（demography transition）都仅是人类历史漫长发展过程中的短暂时点。但是，人口发展的转变，无论是从人口数量还是人口结构上都将对经济增长产生重大影响。Bloom 和 Williamson（1998）从人口内部的年龄结构变化出发，发现在不同的人口转变时期，不同的人口年龄结构对经济增长的影响不同。首先在人口转变初期，死亡率迅速下降而生育率却基本保持不变，使人口年龄结构变得年轻化，0～14 岁少儿人口抚养负担提高，过高的抚养负担使得该年龄结构下的人口分布状态不利于经济增长；其次在人口转变中期，人口生育率逐渐下降，人口数量增长速度放缓，人口年龄结构仍处于年轻化，劳动力供给充沛，此时的人口年龄结构能够显著促进经济增长；最后在人口转变完成阶段，生育率和死亡率逐渐趋向于稳定，人口规模、年龄结构也都较为稳定，此时人口因素对经济增长的影响是中性的（李建新，2006）[②]。

学者对人口与经济发展的关系问题争论的原因有以下几个方面：一是研究所站的立场不同，有意颠倒人口与经济的相互关系，如哈耶克从服务于资

① 西蒙在人口问题上是乐观的学者之一，其人口经济学思想参见《人口增长经济学》（彭松建等译，北京大学出版社 1984 年版）。

② 这是从 Bloom 和 Williamson 文中延伸出的观点，这些观点同样得到国内学者的赞同，如李建新的论文《也论中国人口的百年战略——兼答李小平先生》（发表于《人口研究》2006 年第 1 期）。

本的角度，为维护资本主义而阐释穷人的人口增长或发展中国家的人口增长是因资本的雇佣和输入，却不说是资本剥削了穷人，或者发达经济体的资本从发展中经济体的人口增长中获利，发达经济体的经济增长得益于发展中经济体的人口增长。当然，也有经济学家或人口经济学家论述人口与经济增长的关系，认为人口增长有利于经济的发展。二是忽视了技术进步，忽视了经济增长与人口增长的相互作用。三是没有从人口也就是生产者的角度去考虑人口因素对经济发展的影响。四是之前的研究只考虑了当前及以往的人口规模和结构因素，没有考虑到未来人口在有可能发生低增长甚至负增长情况下，人口因素对经济发展的影响。马尔萨斯及其追随者及部分经济学家认为，过高的人口增长率会给经济发展带来负面影响，其过分强调人口的消费及其造成的积累减少等负面影响。而乐观派的学者诸如西蒙（1984）和约翰逊（Johnson，2000）以较长的历史时期为着眼点，认为人口增长能够显著促进技术进步，进而促进经济增长。马克思主义学者辩证看待人口与经济的关系，他们认识到人口与经济之间既相互作用、相互制约，又相互促进、相互联系，是两种生产和再生产相互适应的辩证关系。

人口与经济增长和发展关系的争论，无论是乐观派、悲观派还是中性派，都是在对已经存在的人口结构情况与经济增长和发展进行匹配及研究。无论是夸大了人的创造力，还是低估了技术进步的影响，都不能改变的一个事实是：经济的主体是人，人的作用、人口的作用之于经济无须证明，它是联络经济社会的纽带和中心。因此，本章将要在人口数量、质量、年龄结构、流动与集聚等方面阐述人口与经济增长及其发展关系、人口与经济发展方式之间的关系等，并进一步阐述中国未来人口在经济增长和发展方式转变中的作用。

第二节　人口数量与经济增长

无论哪一种关于人口与经济关系的观点，人口之于经济都是主体，也是经济增长和发展的目的所在。联合国国际人口学会编撰的《人口学词典》对人口的定义是：一个国家或地区在某一时刻（时期）全体居民（所有人）的总体，也就是说人口是一个总体概念，考察某一区域的人口，一般从数量、质量、结构与分布四个维度展开[①]。研究人口与经济发展的关系，首先要分析人口数量的现状（静态的人口规模）和人口数量的变动（动态的人口增长[②]）与经济发展的关系。

一、人口规模与经济增长

这里所涉及的人口规模是指一个国家和地区的人口，但是又不特指某一国家或地区。当然，这样的人口必然处于一个特定的地理空间，拥有土地、资源。在土地、空间、资源给定条件的假设下，我们来讨论一个国家或地区人口规模与经济增长和发展的关系理论。

（一）人口规模的回旋空间促进分工与经济增长

1. 人口规模的回旋空间促进经济增长

人口数量是决定市场规模、市场需求的基础因素，表现为人口规模越大，市场规模和市场需求越大。同时，市场需求的扩大又会进一步深化社会分工。随着市场容量的不断增加，劳动分工将不断细化，生产技术将不断提高，生产成本将不断降低，国家的产业竞争力将不断增强。

“市场范围假说”认为，市场规模、报酬递增、经济增长之间存在着一定关联（欧阳峣，2012），市场规模能够通过社会分工的精细程度来影响一个区域的经济增长，普遍来看市场规模越大，社会分工精细程度越高[③]。在此基础上，后来学界关于市场规模和社会分工之关系的研究均得到了这样的结论，即社会分工和市场规模之间存在着互为因果的互动促进关系（Young，1928），而一个经济体的跃进式发展离不开市场规模的迅速扩大和

---

① 实际中一个区域的人口的数量、质量和结构与分布是不可分割的。

② 此处的人口增长包括人口正增长、零增长和负增长（即人口减少）。

③ 亚当•斯密在《国民财富的性质和原因的研究》中提到，市场范围的大小决定社会分工的精细程度，社会分工越细，规模经济就越显著，生产效率也就越高，这就是著名的“市场范围假说”。

由其引致的社会分工精细化（Rosenstein-Rodan，1943；Murphy et al.，1989）。换言之，人口规模的大小对经济发展由低向高的跃进有关键作用。这个关键作用在于有足够规模的人口能够允许充分的分工和促进技术进步。

Becker 和 Murphy（1992）在内生经济增长模型（Romer，1990；Lucas，1988）基础上对分工水平和经济增长之间的关系进行了探讨，他们认为经济增长率的有效提升在很大程度上依赖于社会分工的精细化程度，而真正对社会分工产生制约的是人口规模大小。在不考虑分工协调成本的基础上，社会分工程度能够到达人口规模限定下的极限，因此人口规模因素就是影响区域经济增长的决定性因素。反之，分工协调成本过大则经济增长取决于协调成本的大小及内生的技术进步率。

国内学者也较早地对这一问题进行了探讨，认为人口规模内生作用于社会分工和市场规模大小，人口规模的提升能够显著促进社会分工向精细化发展和市场扩容。由此来看，大国的经济发展具有人口规模大和地理空间大的天然优势，巨大的人口规模回旋空间[①]是促进国内企业生产规模扩大、竞争力增强和经济增长的重要驱动力。此外，由人口规模效应引致的社会分工精细化提升能够对经济增长产生正向外部性效应，并且可以在很大程度上利用国内社会分工替代国际分工，通过增加国际竞争力来促进经济增长。

一个地理空间大、人口规模大且区域发展程度差异大的国家，可以通过适度的产业梯度转移来实现区域格局分工优化（蔡昉等，2009），即通过国内的产业转移替代国际转移，增强国内社会分工精细程度，形成“雁形分工”模式。大国国内“雁形分工”使得具有不同资源禀赋、技术专长的区域得以开展经济合作，使得各地得以发挥比较优势、互通技术、拓宽市场形成规模效应，释放经济增长的潜力。综合来看，人口规模是一个国家或地区的市场规模或者说是市场需求的基本保障，由这一市场规模所提供的需求效应将使国内的企业规模生产水平和社会分工的精细程度得到进一步提升，从而促进经济发展。例如，像中国这样国土面积和人口规模均较大的国家更能利

① 本书提出的“人口规模回旋空间”指的是，由人口规模所带来的在社会分工、人力资本投资养老服务等方面所需人口和劳动力的回旋余地，充沛的劳动力数量将会为社会经济发展带来一定的缓冲，成为持续支撑社会经济发展的动力。有关人口规模回旋促进经济增长的理论将在后文继续分析阐释。

用国内分工细化来替代国际分工，形成“雁形分工”模式，彻底释放区域间的比较优势。

综合新古典经济学关于人口规模和社会分工之关系的理论及相关实证分析来看，人口规模和社会分工之间存在如图 3-1 所示的关系。①人口规模是社会分工的内生性变量，人口规模扩张将会促进社会分工细化的发生；②人口规模扩张也会引致社会需求扩大，这将促使企业进行扩大再生产来满足由人口规模扩张引致的需求；③国际贸易和国际合作扩大了本国或本区域人口规模所规定的市场，也促进了一个国家或区域的分工细化、专业化和技术进步，从而促进本国或本区域经济增长；④企业扩大再生产的过程中，社会分工细化和该过程存在着互为因果的促进关系，专业化程度的不断提升将会使两者之间彼此促进；⑤生产技术进步始终伴随着社会需求扩大引致的企业扩大再生产过程，这将会对扩大再生产过程中的劳动力使用数量产生影响，先进的生产技术如人工智能的发展将对劳动力产生一定的替代效应。

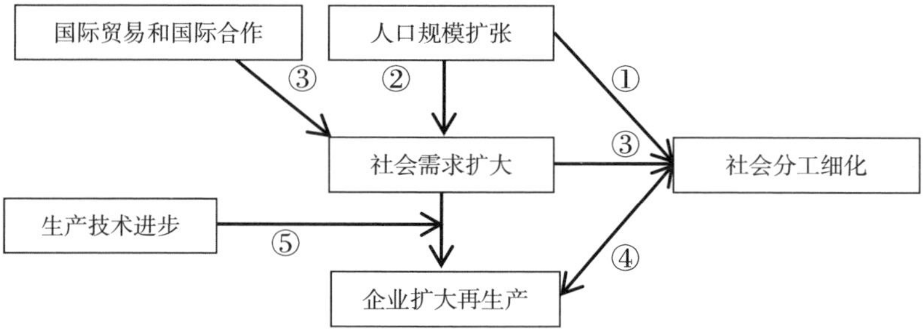

图 3-1　人口规模与社会分工逻辑关系图

由此可以证明人口规模的扩大，在社会分工细化、企业专业化和技术进步方面具有促进作用。这也表明足够大的人口规模所形成的市场规模，可以为分工细化和企业专业化成长提供足够的人力资源和空间选择。这便是人口规模在社会分工和专业化方面体现的回旋空间。

2. 人口规模回旋空间影响社会分工的机制

图 3-1 是人口规模影响社会分工的机制，也体现了“人口规模回旋”因素对于社会分工的影响。根据国际分工理论和新古典经济学，假设某国的劳动力市场处于完全竞争市场且充分就业，劳动力可以在一国内的多个生产部

门之间自由转换，国际上不存在劳动力迁移，商品市场为完全竞争市场。在此情况下，假设社会总产品数为 N①，生产和服务部门包含的企业数量为 M，社会总人口数量为 P②。在不考虑政府支出和国际贸易的前提下，根据国民总产出构成可得

$$\mathrm{GDP}=C+I=\sum_{i=1}^{K}n_i \tag{3-1}$$

其中，C 表示社会总消费；I 表示社会总投资；n_i 表示第 i 种社会分工所生产的商品；K 表示社会总分工数量。根据图 3-1 企业扩大再生产和社会分工细化的路径，生产某种社会分工的商品所需要的企业数量 m_i 为 n_i 的增函数，即 $m_i=m_i(n_i)$。那么此时社会总企业数量和分工数之间存在如下关系：

$$\sum_{i=1}^{K}m_i(n_i)\leqslant M \tag{3-2}$$

即由社会总分工需求决定的企业数量小于等于社会总企业数量，说明分工数量受到了社会生产力限制。又根据生产技术进步对于企业劳动力需求的影响可以得到，生产某种社会分工产品 i 所需要的劳动力数量为 P_i；P_i 为技术进步 A_i 的减函数即 $P_i=P_i\left(A_i\right)$，这是因为技术进步能够对劳动力进行有效替代。社会总人口数量 P 和社会分工产品 i 的劳动力需求之间的关系为

$$\sum_{i=1}^{K}m_i(n_i)P_i(A_i)\leqslant P \tag{3-3}$$

式（3-3）表明进行企业扩大再生产的劳动力数量小于等于社会总人口数量，这是因为社会总人口中包含了非劳动年龄人口，且技术进步所带来的

① 这里的社会总产品包含了各类商品供给，包括了第一产业和第二产业实物商品及健康服务、金融服务等各类第三产业服务。

② 采用社会总人口数量而不用劳动年龄人口数，是因为老龄社会背景下劳动年龄人口比例相对稳定，而社会总需求的产生不但依赖于劳动年龄人口更依赖于其他各类人口的总需求，在数理推导中将需要使用社会总人口数量。

企业劳动力需求也可能出现下降的情况。如果 $\sum_{i=1}^{K} m_i(n_i)P_i(A_i) > P$，此时该国国内的劳动力人口需求将会大于其社会总人口数量，该国的人口空间不足以支撑起其企业扩大再生产，导致该国开始寻求国外的劳动力进行补充。至此本书讨论了在不考虑“人口规模回旋”情况下人口规模、企业扩大再生产和社会分工的数理关系。当人口规模下降时，由于需求具有一定的刚性特质，人口规模下降并不会带来需求质量上的改变。总的来看，社会总劳动力情况受到了人口规模的限制，在人口规模逐步减小的情形下社会生产力会受到劳动力供给减少与人口规模限制的大幅影响。而当考虑“人口规模回旋”效应时，进行企业扩大再生产的劳动力数量和社会总人口规模存在如下关系：

$$\sum_{i=1}^{K} m_i(n_i)P_i(A_i) \leqslant P\left[1+\delta\left(P,A\right)\right] \qquad (3\text{-}4)$$

其中，δ 表示的是人口规模回旋因子，是一个与人口规模自身和技术水平有关的量，$0<\delta<1$。通过式（3-4）可以看出，人口规模回旋因素能够有效提升人口规模对于社会劳动力需求的供给。在世界非均衡发展的背景下，人口大国较人口小国而言具有人口规模回旋优势，一国范围内重要的经济增长极（或者区域或者行业或者企业）总能够得到充足的劳动力供给。资本始终具有逐利性，而在资本逐利的引导下，人口等重要的生产要素总能够有效集聚到某国重要的经济增长极之中，从而发挥规模效应。现实中，受人口分布不均、经济发展程度不均匀等现实性经济特征影响，人口规模大的国家将会产生一定的人口规模回旋效应，即大规模人口能够保证经济增长极的充沛劳动力供给，进而保证区域或者行业经济增长。

当然，人口规模的优势还要通过提高各种要素的使用效率，优化要素资源配置，来确保经济增长的质量和效益。以人力资源要素为例，现代经济多元化的结构需要匹配多元的人力资源结构，这要求既要有高精尖技术人才，又要有有熟练技能的蓝领工人。只有当多元化的人力资源需求与多样化的人力资源结构相耦合时，才能达到资源配置效率的最大化，这就是人口规模优势在人力资本要素领域的体现（张桂文和孙亚南，2014）。

特别值得注意的是，从全球范围内来看，相对于人口规模扩大，人口规模缩小才是 21 世纪内发达国家和部分发展中国家的人口发展态势。普遍的人口健康水平提高、低生育（集中于世界范围内的欧洲、北美洲、亚洲的中国、韩国、日本等东亚国家）等人口现象一方面加剧了老龄化等人口结构问题在全球蔓延；另一方面对全球范围内经济的持续增长提出了新的挑战。在这一人口问题的应对上，不同的国家采用了不同的政策方法和手段来刺激生育，但是从已经实施鼓励生育政策的国家来看，并没有实现生育率回升。而从中国的人口发展来看，中国将在 2030 年前后迎来人口峰值（大约 14.5 亿人），随后将会迎来人口负增长，并且中国还将成为世界人口减少的主要贡献者（王丰，2007）。学界及社会各界普遍认可的是：面对这样的人口压力，中国应当加快人力资本积累、提高劳动生产率、通过生育政策积极调整人口年龄结构、推进产业转型升级（闫京华等，2014）。

3. 人口空间分布回旋空间影响产业分工和转移的机制

前文中提到，人口规模扩张将会带来社会分工精细化效应从而促进经济增长，但是在人口负增长这一新情况下，分工效应将远不如之前的历史时期。有观点认为，利用区域间的发展差异，实现产业在区域间转移能够给经济增长提供一定的动能（赵建吉等，2014；李强，2011；张辽，2013）。因此，除了人口规模回旋之外，“区域空间回旋”[①]这一地理环境因素也能够对社会分工带来相当大的影响。既有的产业转移理论如：雁形学说（Akamatsu，1935）、产品生命周期（Vernon，1966）、反梯度转移模式（郭凡生，1986）等已经能够充分证明产业转移的过程也是区域间相对社会分工深化的过程。产业分工理论随着经济的发展经历了产业间分工理论、产业内分工理论、产品内分工理论三个阶段，解释力度较强且符合当前经济发展状况的理论为产品内分工理论。

全球范围内看，在产品内分工的大背景下，产品生命周期理论认为产品

① 本书关于“区域空间回旋”的基本定义：空间回旋是指充分利用地域空间广袤的地理条件，利用区域间资源禀赋分布不平衡等地域性特征差异，实现区域间经济发展由非均衡发展到均衡发展的动态发展过程。具体表现为在资本要素集聚的情况下，实现人口转移和与人口规模相匹配的产业梯度转移。

的诞生需要经历新产品、成熟期、标准化三个主要阶段，与此对应的会经历发达国家率先进行创新、生产、出口，紧接着该过程会逐渐转移到发展中国家，最后产品出口到发达国家。雁形学说则认为产业的发展路径能够归纳为“进口、国内生产（进口替代）、出口”三个过程。显然，对于不同国土面积的大国和小国而言，产业转移的空间包容度存在着较大差别。国土面积小的国家需要借助国外市场进行社会有效分工才能支撑起国内的产业体系乃至经济发展。相反，国土面积大的国家则在经济发展上具有独特的“区域空间回旋”优势，这不单纯是地理面积广阔的问题，而是一种综合性的大国优势。

从产业转移的角度来看，“区域空间回旋”表现为在国内分工的纵向延伸上提供了巨大市场、为充实国内区域价值链提供了层级空间、为价值链的提升提供了完备的产业体系。

首先，“斯密-杨格定理”认为，市场规模大小决定了分工的强度和广度，而分工又能够反过来促进市场规模扩大。大国的市场优势不仅体现在其规模效应上，更体现在市场的多元性上，即“范围经济”，多元结构支持了多层次的产业发展，促进了区域分工纵向深化发展。

其次，大国经济的多元性导致了国内区域间经济发展程度往往存在显著差异，该差异主要体现在人力资本差异、技术水平差异、原始资本积累差异上，这为区域间价值链重组提供了可能。“区域空间回旋”优势使得区域间通过价值链重组能够获得比较分工优势，先发地区具有高新技术优势、资本密集优势，后发地区具有劳动力资源优势，这种不同层级的优势有利于区域间资源的优化重组，充分发挥层级化的比较优势。

最后，“区域空间回旋”有利于大国发展其完备的产业体系，通过建立完备的产业体系，大国能够集中力量发展大型设备制造，并通过基础产业体系以较低的生产成本迅速实现大型设备或科技项目的产业化。

对于中国而言，改革开放以来中国重要的经济增长极基本位于东部地区和部分中部地区，即“胡焕庸线”东侧地区。珠三角、长三角和京津等地区以较小的国土面积集中了全国高达 38%的人口和五成以上的 GDP，调整区域间的经济发展差异、促进经济收敛成为中国政府长期以来的发展战略，如中部崛起战略、西部大开发战略等的实施。政府通过多种优惠政策和示范区建设来吸引东部发达地区的产业转移。而 2004 年后劳动力、水电资源等多种生产要素的价格上涨又迫使东部地区的产业向中西部等生产要素价格较低的区域进行转移。可以说，东部地区的产业面临市场机制和政策上的双重调节，这些因素使其将产业向中西部欠发达地区转移。从目前来看，中国已经出现了东部地区产业大规模向西部地区转移的现象，低附加值产业先行转移，随着迁入地通信及交通条件的改善，高附加值产业也开始出现转移迹象（魏后凯和白玫，2009；王非暗等，2010；胡安俊和孙久文，2014）。

本书认为，新时期中国的经济发展应当依托大国优势，在人口增长为零甚至负数的条件下充分利用中国广袤的空间回旋优势，利用产业在区域间战略性转移对分工效应减弱进行有效替代，进而降低劳动力规模减小的影响。人口规模较小的经济体如日本、韩国等并没有这样的地理优势，区域空间回旋效应不能有效“保量促增优结构”，其经济发展动力依赖于国际市场和国内生产创新；而人口规模大的经济体则完全可以利用人口、产业、资源的空间回旋优势，大兴创新发展，在注重创新发展的同时也注重自身空间回旋这一重要优势，利用区域间发展差异特征，实现产业协调发展，刺激人口持续流动、聚集和进行空间再分布，优化人力资源与自然资源禀赋的配置，进而带动经济增长和发展。但是，从实际情况来看，由产业梯度转移引起的“就业移民”效应并不显著，人口规模回旋和产业空间回旋耦合程度不高，仅仅依靠产业转移来使人口均衡分布的理想难以实现。因此，中国的经济增长必须依靠非均衡的人口空间分布和产业空间分布。而中国的经济发展较其他中小经济体而言，其优势在于空间上的优势。由于空间上的不足，中小经济体难以建立起健全的产业结构体系，其分工细化在很大程度上依赖于外部市场和产品的不断创新，这样的情形在中国并不存在。

未来，中国的经济发展必须要重视空间上的优势，重视由空间回旋所提供的经济收敛力量，发挥人口规模优势进行适度的人口迁移，为中西部地区的劳动力数量提供保证。更为重要的是，虽然中国已经形成了“雁形分工”模式，但区域间技术经济专长合作没有实现互联互通，地区间难以发挥其各自的比较优势，这就使得全国范围内的企业规模规模化、专业化生产受限。产业细化分工是“就业移民”的有效保证，也是空间回旋得以实现的核心，显然在未来产业转移的过程中应当注重产业的细化分工，发挥区域间的比较优势。

新时期，应当有新的经济发展思路，东部地区率先发展或先富带动后富的发展思路在当前时期是对空间优势的忽视。东部沿海地区的经济发展需要更为精细的社会分工，在当前国际贸易减缩的压力之下，这一部分的功能可以利用空间回旋转移到资源更为丰富的中西部地区。改革开放以来中国人口迁移的主流为中西部欠发达地区向东部沿海地区转移，尽管这一人口迁移模式在很大程度上促进了东部地区率先发展，但是并没有改变中国人口和经济区域分布差异的格局。因此，利用空间优势来促进社会分工更加明细，实现非均衡的发展方式向均衡发展方式的过渡应当成为新时期经济发展的重要途径。

（二）人口规模、技术创新与经济增长

从知识技术内生的经济增长理论出发，经济增长的重要驱动力之一是知识的利用程度。因此，人口规模经济在经济增长理论中的合理性在于：人口规模对一国经济增长的影响最直接的体现就是人力资本，人口规模越大那么拥有的人力资本的回旋空间就越大，其对于知识的利用率就越高。一国的人口规模越大，该国所拥有的高级人力资本或研究者数量资源可能越多，从而增加了该国在技术进步和经济增长中的规模效应（郭熙保和马媛媛，2010）。人口规模越大越能够促进贸易和生产工艺创新，分摊企业的研发成本和研发费用（Desmet and Parente，2010）。与此同时，人口规模扩大在带来丰富人力资本的同时也在不断施压于技术创新。这是人类对于自然环境不断适应调整的结果，其中也包含了人们对更加便利、更加舒适生活的不断追求。

人口规模也有利于促进企业的技术创新活动。对任何微观企业来说，只有企业的创新活动转化为企业效益时，才会最终激发企业的创新活力。因此，从宏观层面来看，市场的需求空间决定了企业生产要素的投入情况和最终产品的产出情况。尤其是对于经济增长较快的国家来说，如果能够借助本国市场完成企业从生产到消费的所有环节，无须借助外部市场，那么国家就可以自主地进行创新，这种创新被称为“需求引致的创新”（Zweimüller and Brunner，2005；Young，1993）。需求引致的创新是一个国家经济发展

重要动力之一（Aoki and Yoshikawa，2002），对于一些发展中国家而言具有深刻的含义，即培育本土市场空间，促进需求引致的创新动力是一个国家经济持续发展的保障（张杰和周晓艳，2011）。一般来说，一个国家内部市场规模扩大、消费者需求上升乃至消费能力和层次提升，都将为该国内部的经济活动个体创造充足的发展空间，新的创新活动和市场机会所提高的收益等为企业的独立创新和新兴产业的崛起，创造了一个内生性的可持续循环的激励机制。

由此可见，人口规模大可以形成规模巨大的市场空间，市场需求、技术创新、经济增长三者之间是一个相互促进，互为因果的环形互动关系。技术创新在满足市场需求的同时也会得到来自市场需求的促进动力，而市场需求和技术创新又能够同时作用于经济增长。对于发展中国家等后发国家而言，无论是由市场需求引致的技术创新还是由经济增长所带动的技术创新都应当得到重视，应当努力打造独立的工业体系，减轻对于国际市场的技术性依赖，实现市场需求、技术创新和经济增长的动态互动。

（三）人口规模、内需与经济增长

人口规模巨大的国家与人口规模较小的国家经济增长取向不同。人口规模优势有利于一国实行以内需为主的发展战略。规模巨大的内需市场使大企业具有成长和获利空间，形成研发方面的独特优势，实现内部的产业分工和协调发展；在国家层面上也可以发挥一种“虹吸效应”，把各种优质资源吸引过来实现全球创新要素的集聚，推动经济在高端价值链方面的发展。

因此，一个国家人口规模大小将会影响该国内需规模的大小，人口大国和人口小国在应对这一问题上所采取的方式截然不同。人口规模较小国家如亚洲的日本和韩国，其内需程度显然难以支撑起其庞大的经济总量，这些国家转而依赖于外需实现经济增长。这些国家的共同点是，依靠巨大外需培育起了一批国际化的巨型企业，其出口的产品也均带有独特性，可以说技术创新在其中扮演着重要角色。对于中国而言，目前国内需求尚未得到有效发挥，人口优势并没有转化为内需优势。改革开放以来，中国的经济增长对外部国际市场存在较大的依赖，一方面是由于国内市场发育不够健全，国内市场需求难以支撑起蓬勃发展的市场经济，少儿抚养比下降、行政管理费用提升、住房制度改革是导致内需无法释放的重要因素（刘生龙和周绍杰，2011）；而另一方面国内的企业没有做好国内市场需求的有效分析及分类，产品同质化严重。2008 年全球金融危机以来，全球市场持续低迷，中国的经济发展也来到了重质量、调结构的换挡期，扩大国内市场需求，转变经济发展方式是当务之急。而从人口与经济增长的关系来看，要把人口压力（老龄化、低生育）转变为内需，急需提高人口质量，增强购买能力，加快人口城市化进程（于学军，2009）。

（四）人口规模、结构升级与经济发展

依靠人力资本及技术进步实现收益递增型增长是提高技术和知识密集型产业对经济增长贡献的关键。但大国规模与区域经济发展和产业发展呈现多元化特征，这使得大国在促进产业结构升级过程中面临多元选择。

第一，大国规模特征为更有效地实现产业结构升级提供了可能。大国应当重视和发展技术及知识密集型产业。虽然劳动力规模可能对由技术进步引发的生产要素转换形成一定阻力（这是由于廉价的劳动力可能对于其他的生产要素进行了替代（俞炜华和秦波涛，2006）），但是，大国可以“集中力量办大事”，集中生产要素和资源要素发展大规模制造业，大大缩短产业转型升级所需要的时间。由 Helpman 和 Krugman（1985）的“母市场效应”可知，市场规模大的经济体可以通过市场规模优势率先实现规模经济，大力发展技术和知识密集型产业。因此，大国特征为发展技术和知识密集型关键产业与重要领域实现自主创新的跨越式发展提供了条件。科技创新、技术进步是加快转变经济发展方式的重要途径。人口基数大的国家在科技创新方面具有有利的规模效应。人口规模越大则市场规模越大，研发投入分摊到每个市场个体的成本就越小。从不同产业来看，一国市场规模的大小对服务业的创新影响较大，人口和市场规模较大的国家更有利于服务业创新。因为服务业相对于制造业来说更多的是商业模式和业态的创新。服务业能够在服务消费过程中进行摸索创新，开拓市场空间，当在市场上达到最大规模时就会摸索出一套较为完善的模式，把这种模式经过改进就可以应用到全国甚至全世界。

第二，大国的多元特征与大国区域的异质性为区域不同产业、技术结构升级的目标和实现路径提供了多元选择。各地区应该依托本地的区位优势和

资源禀赋条件发展特色产业，分层次、多阶段完成产业升级。如果全国产业发展“一刀切”则不利于多元经济的发展，如果落后地区为了追求高技术产业而忽视了基础产业的发展则会出现本末倒置的现象。与此同时，技术和知识密集型产业、劳动力密集型产业在技术升级和产业升级的路径上必定存在不同。

第三，大国所拥有的区域空间较大，往往区域之间的经济发展是不平衡的，区域间的资源禀赋、市场经济发展程度、技术水平、区域创新能力乃至市场需求都存在着显著差异，不同区域的经济发展基本上处在不同的发展阶段。由此导致的区域间产业结构差异和产业异质性特征对于中国地区经济收敛起到了重要的作用（欧阳峣等，2009）。因此，充分利用产业发展在区域间的不平衡和产业与人口的空间回旋余地，优化较为落后地区的产业结构，对于缩小中国区域间经济发展差距具有重要意义。

（五）人口规模、自然资源和经济发展

人口研究中最重要的现象是人口规模的变化，因为人口规模会影响可供利用的资源。某一群体的食物、工业品、空间及其他资源是富裕还是贫乏，主要取决于人口规模。当前，发展中国家，尤其是低收入国家人口的快速增长，导致人均自然资源禀赋急剧下降，人口对自然资源产生了巨大压力。如果这种人口增长对自然资源的压力，可以通过技术进步获得不断突破，那么自然资源禀赋就不会成为长期经济增长的重大制约。也就是说，技术进步可以改善一国的资源禀赋条件。日本（无论采用什么标准，与美国相比自然资源禀赋都极为匮乏）能够达到同美国相同的人均收入水平，资源贫乏的韩国收入能够超过拉丁美洲资源丰富国家的事实，说明自然资源禀赋不是经济增长无法逾越的限制。反而，回顾人类社会发展的历史，人口增长压力下自然资源稀缺性的提高，诱发出一系列技术进步，促进了经济的发展和人们生活水平的提高。当然，人口规模巨大、资源禀赋高的国家其发展就会更有利。

中国是一个人口规模巨大的国家，其经济增长的轨迹与西方经济学中的前提理论大部分不相符合。中国是经济增长的第一经济体，近代经济衰落，新中国成立后经济开始起飞，改革开放以来实现了经济增长的腾飞，就一个国家而言出现这种腾飞显然完全靠西方经济学理论是不能解释其增长现实

的。当前这些有关人口规模优势（大国优势）的理论在一定的前提下，是能够存在的，关键是如何发挥人口规模大的优势来促进经济增长和发展。

二、人口增长与经济增长

人口增长对于经济增长而言，在已有经济增长理论中多有阐述，不同的人口因素或者变量在各类经济增长模型中包含了：人口年龄结构、生育率等外生变量；人口受教育程度、人口健康水平等内生变量，不同模型对于人口变量的处理方式也各不相同。人口变化对经济增长的作用既可以从供给侧展开，也可以从需求侧展开。供给环路：人口增长通过影响劳动、资本和技术等生产投入要素对经济增长发挥作用。需求环路：人口增长通过影响投资需求、消费需求和净出口等（谷亚丽，2016），进而影响 GDP 的增长。本部分从供给环路和需求环路两个方向对人口增长和经济增长之间的联系进行分析。

（一）供给环路

哈罗德-多马模型、索洛模型、新古典经济增长理论等实际上都是从总供给长期增长的角度，对经济增长进行了分析，都以不同的方式建立了与人口增长相关的经济增长理论模型。

1. 哈罗德-多马模型（资本形成和资本产出比例变动模型）

哈罗德-多马模型是现代意义上的第一个经济增长模型，将经济增长理论进行了动态化和长期化延伸。该模型中实际的 GDP 增长率（G）、一般均衡时的 GDP 增长率$\left(G_w\right)$和自然增长率$\left(G_n\right)$之间存在着$G=G_w=G_n$的相等关系的状态（Harrod，1939；Domar，1946）。实际的 GDP 增长率（G）是由实际储蓄率和实际资本-产出比率决定。一般均衡时的 GDP 增长率$\left(G_w\right)$也称有保证的增长率或合宜增长率，在这种增长率下，总需求和总供给是相等的，相应的投资与储蓄及投资增量与储蓄增量也是相等的。自然增长率$\left(G_n\right)$是在人口增长和技术进步允许的范围内所能达到的长期最大增长率，反映了人口与劳动力增长率、技术进步与劳动生产率提高和经济增长之间的关系。如果实际的 GDP 增长率（G）、一般均衡时的 GDP 增长率$\left(G_w\right)$和自然增长率$\left(G_n\right)$三者之间不一致，经济增长就会出现长期波动。若

$G_w > G_n$，则经济发展会由于劳动力不充沛而出现经济增长停滞的现象；若 $G_w < G_n$，则经济发展会由于劳动力过于充沛、劳动力廉价出现长期的兴奋状态。哈罗德-多马模型表明，国家可以通过政策干预使三者趋于相等，人口增长率可通过影响自然增长率，进而对经济长期的均衡增长产生影响。

2. 索洛模型

索洛模型中，工人平均产量的长期增长仅取决于技术进步。Abramovitz（1962）和 Solow（1957）探讨了经济增长的因素，提出了经济增长的途径。假设生产函数：

$$Y(t) = F\left(K(t), A(t)L(t)\right) \tag{3-5}$$

对式（3-5）做全微分处理，可得经济增长变化率的途径为

$$\dot{Y}(t) = \frac{\partial Y(t)}{\partial K(t)}\dot{K}(t) + \frac{\partial Y(t)}{\partial L(t)}\dot{L}(t) + \frac{\partial Y(t)}{\partial A(t)}\dot{A}(t) \tag{3-6}$$

方程两侧同时除以 $Y(t)$得

$$\begin{aligned}\frac{\dot{Y}(t)}{Y(t)} &= \frac{K(t)}{Y(t)}\frac{\partial Y(t)}{\partial K(t)}\frac{\dot{K}(t)}{K(t)} + \frac{L(t)}{Y(t)}\frac{\partial Y(t)}{\partial L(t)}\frac{\dot{L}(t)}{L(t)} + \frac{A(t)}{Y(t)}\frac{\partial Y(t)}{\partial A(t)}\frac{\dot{A}(t)}{A(t)} \\ &= \alpha_{K(t)}\frac{\dot{K}(t)}{K(t)} + \alpha_{L(t)}\frac{\dot{L}(t)}{L(t)} + R(t)\end{aligned} \tag{3-7}$$

因此，经济增长率由资本产出弹性、劳动产出弹性、资本变化率、人口增长率和技术进步率决定。人口增长率增加，劳动力增加，经济相应增加。人口增加通过劳动力变化途径作用于经济增长。

3. 新古典经济增长理论

通过比较静态分析，新古典经济增长理论可以得到如下结果：即人均资本存量的增加能够带来人均收入提升；而当储蓄大于折旧和新增劳动力所需资本两者之和时，人均资本就会增加。因此，在社会资本存量既定的前提条件下，人口增长率提升将会使得人均资本增长率减缓，即

$$\Delta k = sy - (n+\delta)k \tag{3-8}$$

其中，Δk 表示人均资本增加量。人口增长率提高的结果，就是人均资本的下降，进而使人均产量也下降。

（二）需求环路

从需求的角度来看，经济增长的传统驱动力是由投资、消费、净出口，即熟知的“三驾马车”所提供，这里不考虑政府购买，数理方式表示为

$$\mathrm{GDP} = C + I + \mathrm{NE} \tag{3-9}$$

其中，GDP 表示国内生产总值（支出法）；C 表示消费；I 表示投资；NE 表示净出口。其中，消费和投资是人口变动的函数，即 $C_t = C_t(P_t)$，$I_t = I_t(P_t)$，代入式（3-9）有

$$\mathrm{GDP}_t = C_t(P_t) + I_t(P_t) + \mathrm{NE} \tag{3-10}$$

在保持政府投资和净出口不变的情况下，GDP 的增长由消费的增加和投资的增加构成，即

$$\frac{\Delta\mathrm{GDP}}{\mathrm{GDP}} = \frac{\Delta C(t)}{C(t)} \times \frac{C(t)}{\mathrm{GDP}} + \frac{\Delta I(t)}{I(t)} \times \frac{I(t)}{\mathrm{GDP}} \tag{3-11}$$

此时，社会总消费的增长率取决于人均消费（$c(t)$）的增长率和人口（$P(t)$）的增长率：

$$\frac{\dot{C}(t)}{C(t)} = \frac{\dot{C}(t)}{P(t)c(t)} = \frac{\dot{P}(t)c(t) + P(t)\dot{c}(t)}{P(t)c(t)} = \frac{\dot{P}(t)}{P(t)} + \frac{\dot{c}(t)}{c(t)} \tag{3-12}$$

类似地，社会投资增长率取决于人口增长率和人均投资增长率：

$$\frac{\dot{I}(t)}{I(t)} = \frac{\dot{P}(t)i(t)}{P(t)i(t)} = \frac{\dot{P}(t)i(t) + P(t)\dot{i}(t)}{P(t)i(t)} = \frac{\dot{P}(t)}{P(t)} + \frac{\dot{i}(t)}{i(t)} \tag{3-13}$$

从式（3-13）中可以看出，人口规模越大、增长速度越快的地区消费越多。当然，还要考虑该地区原有的消费水平及消费水平增长率。依此很容易

得出，人口增长速度下降不利于该地区消费率的提高。

除了消费需求以外，人口规模扩大还将引起投资需求扩大。在资本劳动比(K/L)不变的条件下，人口的增加需要扩大资本投入，新投入的资本能够满足新增劳动人口的就业需求。当然，也只有在解决了新增人口的就业问题后，人口规模优势才能进一步转化为促进经济增长的动能。对于人口大国而言，投入大规模的资本进行大型技术创新研发，其成本回收速度将远快于人口规模较小国家，这也是中国进行高速铁路等大型技术创新的优势所在。

综合需求环路，人口增加能够显著促进消费和投资，进一步释放消费及投资对经济增长的重要带动作用。当然，仅从人口规模的角度来考察需求环路不够完善，人口问题是一个复杂的系统性问题，除了规模效应之外人口结构的影响也不能忽视。尤其在当前“少子化”和“老龄化”并存的人口结构下，这些因素都成为消费需求和投资需求扩大的抑制条件（刘铠豪，2017）。无论是供给环路理论还是需求环路理论，它们都是在一定的历史背景下所产生的理论，均带有其历史局限性。与历史不同的是，今天的中国即将面临人口负增长问题。既有的人口理论难以解释新时期中国人口发展和经济发展遇到的瓶颈，单纯依靠人口规模扩张的经济增长已经难以满足现如今的社会需求，与此同时，技术创新正在成为经济增长的核心动能，这就要求新时期的人口特征必须着重考虑人口质量问题，用更加健康、受教育程度更高的人口来适应当今的经济发展。在下一节我们将讨论人口质量与经济增长之间的相关理论及联系。

第三节　人口质量与经济增长

人口质量（population quality）也称人口素质，反映的是人口总体的质的规定性范畴。人口作为社会活动的主体，其质的规定性从不同的角度考察则包含的内容也不同。在人口学范畴中人口质量代表了人口总体的科学技术储备情况、身体素质及健康情况，因此人口质量既包含生物属性，又包含社会属性。人口质量的社会属性体现在人的社会性上，即人口发展是历史和社会的有机统一过程，社会性反映了人类改造世界和适应社会的能力；生物属性体现在人口健康水平及影响人类健康发展的各类因素上，包括医疗卫生发展状况和为社会生产所能提供的生活资料的数量及质量（张怀宇，1980）。

一、现代人力资本理论

在亚当·斯密发表《国民财富的性质和原因的研究》以后的 100 多年里，绝大多数经济学家并没有重视人口质量对经济的影响，直到 20 世纪五六十年代人力资本理论形成。舒尔茨的《论人力资本投资》把人力资本从一般劳动的范畴中进行了分离，为现代人力资本理论的研究打下了坚实的基础。随后贝克尔、明塞尔又分别从微观角度和“人力资本收入”两个不同的角度对人力资本理论进行了分析。卢卡斯、罗默、巴罗等将人力资本、知识积累等引入内生经济发展的框架中，更加深入地探究和揭示人力资本、知识积累、技术进步等在经济发展中的重要作用，使得现代人力资本理论日臻完善。综合来看，人力资本是一种较为特殊的资本，它包含了人类的知识储备、技能水平、健康水平、寿命等因素，是人类综合素质的一种体现，人力资本的获得离不开人力资本投资，即教育和健康投入[①]。

自 20 世纪 90 年代以来，中国学者也对这一话题予以了更多更热情的关注，中国存在的劳动力资源素质较差、人力资本存量较低的问题逐渐得到了国内学界重视，学者认为以往只注重资本、劳动投入数量扩张的粗放型增长方式产生了诸多弊端，中国学者（李建民，1999；王金营，2001；王金营，2002）等借鉴现代人力资本理论，开始对中国的实际进行检验和求证，证明人力资本提升是经济增长方式从粗放型过渡到集约型的重要条件，也是经济发展的必然需求[②]。学者一致认为人力资本和人力资本投资是保持经济持

① 在西方经济学体系有关经济增长的理论中人力资本理论是一个重要的分支，为各国加强教育投入和健康投入提供了理论基础，其基础的研究成果或者代表性成果主要有 Schultz（1962）、Becker（1964）、Mincer（1958）、Romer（1986）、Lucas（1988）、Barro 和 Sala-i-Martin（1992）等。

② 中国有关人力资本与经济增长的关系的研究，自 20 世纪 90 年代开始，逐渐成为讨论中国经济增长和发展的一个热点。据不完全统计，20 世纪 90 年代有关文献只有寥寥数十篇，而 2000 年之后，每年发表的有关人力资本的学术论文、硕博论文有几百篇甚至达到 1000 篇以上，截至 2020 年，有关人力资本的文献规模已达 3 万余篇。

续增长的内在动力（王金营，1999），人力资本投资对经济增长的贡献率大于固定资产的贡献率，而人力资本积累的重要途径是通过教育和“干中学”。

二、人力资本与经济增长理论

20 世纪 60 年代后，人力资本理论在经济学领域大放异彩，越来越多的学者开始关注到知识、技术水平、人力资本投资三种软性生产要素对经济增长的重要推动作用。至此，开始有学者把人力资本进行内生化处理，来研究人力资本和经济增长之间的联系。由于内生经济增长理论在整个经济增长理论中占有极其重要的地位，因此，本书为了体系的完整性，将对罗默、卢卡斯的人力资本内生经济增长理论再进行梳理，以便读者详细了解。当然，人力资本与经济增长的关系研究已经有很大发展，本书不是专门讨论这一话题，而只是将主要的代表性内容予以介绍和分析。

（一）罗默的内生经济增长模型

美国经济学家罗默在阿罗研究的基础上将知识进行了内生化处理。在分析过程中的基本假定为：经济部门含有研发部门、中间产品生产部门及最终产品部门三个部门，在进行生产的过程中除了最为基本的资本和劳动两个要素之外，人力资本和知识是另外两个重要的投入要素。在以上观点的基础之上，罗默的内生经济增长模型生产函数设定如下：

$$Y = F\left(H_i, L_i, x_i\right) \tag{3-14}$$

其中，Y 、H_i 、L_i 和 x_i 分别表示最终产品的数量、从事最终产品生产的人力资本数量、普通劳动数量及第 i 种资本设备的数量。

在资本设备生产部门中，在区间［0,A］上分布着无数个资本设备生产商，每个厂商只生产一种资本设备，且每种资本设备之间互不相同。代表性资本设备生产商 i 生产第 i 种资本设备。用 K 表示经济中的物质资本存量，建立了如下数学关系：

$$K=\int_0^A X(i)\,d_i \tag{3-15}$$

其中，$X(i)$表示生产的第i种资本设备的数量；A表示科学技术水平；K表示资本存量。可以看出，资本存量将会随着科学技术水平的提升而增长，如果用H_2表示研发部门的人力资本，那么资本存量和技术水平之间的数量关系如下：

$$\frac{\dot{K}}{K}=\frac{\dot{A}P}{A} \tag{3-16}$$

其中，$\dot{A}=H_2A$。

资本的投入数量由科学技术水平决定，而随着科学技术水平的有效提升，研发部门人力资本水平的增强将会促使中间产品生产部门的产量上升，此时生产部门的人力资本水平为H_1，其最终生产函数如下：

$$Y(H_1,L,x_i)=H_1^{\alpha}L^{\beta}\int_0^A X(i)^{1-\alpha-\beta}d_i \tag{3-17}$$

从式（3-17）可以看出，随着科学技术水平A的提升，最终产品的数量Y也随之增加，根据一般均衡理论，其科学技术水平与最终产品的数量均衡的增长率关系为

$$g=\frac{\delta+1-\theta\rho}{\alpha^{\theta\delta+1}} \tag{3-18}$$

其中，$\theta=\frac{\alpha}{(1-\alpha-\beta)(\alpha+\beta)}$。

从式（3-18）可以看出，人力资本投资和经济增长率之间存在着正向相关关系，人力资本投资的增强能够促进经济增长率的提高，从而加快经济增长速度；反之如若不注重人力资本投资，经济增长速度将会相对迟缓，经济增长受阻。可以说，通过罗默建立的内生经济增长模型，可以清晰地看到人力资本、人口质量在经济增长过程中扮演的重要角色，这使罗默建立的内生经济增长模型比索洛模型更好地解释了人力资本投资在经济增长过程中的作

用。因此，人力资本水平能够显著解释区域间经济发展差异问题，为国家或地区加强教育投入奠定了坚实的理论基础。

（二）卢卡斯的内生经济增长模型

卢卡斯对人力资本的内生化处理更进一步，其在《论经济发展机制》中提出对于经济增长的研究应当去揭示经济增长的机制和源头，而非表象。他以索洛模型为基础，并结合经典的人力资本理论，把人力资本作为内生变量引入经济增长模型中，建立了卢卡斯内生经济增长模型，该经济增长模型的具体情况如下。

假设厂商从事生产活动的时间为 u，该生产者从事人力资本投资（用 h 表示）的时间为 $1-u$，该生产者进行生产和人力资本投资的总时间为 1，则有

$$\dot{h}(t)=h(t)\delta\left[1-u(t)\right] \tag{3-19}$$

其中，$h(t)$ 表示人力资本水平；$\dot{h}(t)$ 表示人力资本水平变化率；δ 表示人力资本积累的效率。可以看出，人力资本水平变化率依赖于人们的人力资本投资情况，如果该厂商将全部的时间用来进行生产活动，那么人力资本水平变化率为 0，人力资本水平不会得到改善。因此，一个群体越重视人力资本投资那么人力资本增长速度也就越快。以柯布-道格拉斯生产函数为基础，得到的卢卡斯生产函数为

$$Y(t)=AK(t)^{\alpha}\left[u(t)h(t)N(t)\right]^{1-\alpha}h_E(t)^{\gamma} \tag{3-20}$$

同样根据一般均衡理论进行稳态分析可得经济增长率与诸参数之间的数理关系：

$$g=\frac{\dot{h}(t)}{h(t)}=\frac{(1-\alpha)\left[\delta-(\rho-n)\right]}{\sigma(1-\alpha+\gamma)-\gamma} \tag{3-21}$$

其中，n 表示劳动力数量增长率；ρ 表示贴现率；δ 表示人力资本积累的效率。可以看出，人力资本水平高低能够对经济增长带来一定的影响，人口质

量的提升能够对未来人口规模缩小、劳动力数量减少对经济增长的负向作用提供缓冲。卢卡斯的内生经济增长模型再次证明了人口质量对经济增长的重要驱动作用。除此之外，卢卡斯还肯定了阿罗关于“干中学”的论述，认为生产实践过程中的知识积累同样是提升人力资本水平的重要途径，并且这种提升能够对经济增长带来正向的外部性效应，这很好地解释了科学技术进步对于经济增长的驱动作用，彻底厘清了人力资本在经济增长过程中的重要作用。

三、关于人口、人力资本与经济增长的实证研究

人口转变通过人力资本积累对经济增长的影响机制有两方面内容：人力资本投资促进经济增长；人口转变与人力资本投资的相互作用机制。

1. 人力资本对经济增长作用的实证研究

自 1990 年以来，人力资本对经济增长的作用一直是一个不断发展的主题，人力资本最早是由舒尔茨系统地提出，由 Lucas(1988)和 Romer(1990)在新经济增长理论中引入并充分论证人力资本是经济长期持续发展的关键因素。然而，关于人力资本与经济增长之间关系的实证研究结论并不统一。产生实证研究结论差异的主要原因有两方面：一是理论上和定义上都没有对人力资本的测度有清晰界定；二是忽视了人口规模和结构对于人力资本形成和凝聚的影响。此外，数据的质量问题也是造成实证结果出现偏差的原因。Temple（1999）、Cohen 和 Soto（2007）统一了人力资本定义，修正了数据质量问题，在考虑跨国面板数据及考虑不同国家的制度、劳动力市场，教育质量存在的异质性之后，实证会得到一致的结果，即人力资本对经济增长具有促进作用（Lutz and Kc，2011）。人力资本是通过劳动力的投入和吸收新技术来对经济增长产生影响的。影响效应的大小取决于人力资本及该国技术水平与生产边界的差距，这个差距越大，增长速度越快。

2. 人口转变与人力资本之间关系的实证研究

人口转变的主要表现是生育率的转变，即生育率由高向低转变。生育率的转变与人力资本（人口质量）具有较强的替代关系。生育率（人口数量）和人力资本（人口质量）投资两者之间替代关系即质量–数量互换

（quantity-quality trade-off）命题是由贝克尔和刘易斯提出的，即在一定的预算约束条件下，随着家庭收入上升，子女数量的影子价格将上升更快，导致家庭生育子女的数量下降，这个理论也解释了生育率随收入的提高而下降的这一人口转变趋势。该理论认为生育率和人力资本负相关。一方面表现为父母人力资本水平较高而选择少生育，另一方面，当父母追求孩子的质量，即人力资本提升时，也选择少生育。随着社会经济的发展，人口质量需要进一步提高，无论是父母一代还是孩子一代都需要提升人力资本（人口质量），这引发了生育率的下降。生育率下降、孩子数量的减少，使父母会有更多的投入和时间对孩子进行投资，生育率下降为人力资本的提升提供了有利条件。这一结论也得到了大部分实证研究的支持（Lee and Mason，2010）。秦雪征等（2018）基于中国数据对人口数量和人口质量进行了因果识别，发现两者的替代关系只在收入较低、信贷市场不完善的地区显现。因此，人口转变与人力资本提高之间存在相互促进的关系。

Ben-Porath（1967）首次提出，预期寿命的延长会使教育的回报期更长，人们更有动机对人力资本投资。学者在理论上一致认为，预期寿命对教育具有促进作用，但在实证结果上却存在着广泛的争议。Hansen（2013）的实证研究得到两者呈正相关；Acemoglu 和 Johnson（2007）实证研究发现，平均受教育年限与预期寿命不具有相关性；Hazan（2009）基于美国和欧洲国家的数据对此模型的历史考证提出了质疑。Ben-Porath 提出了人力资本投资的机理，即个体选择受教育的年限，是为了实现一生的收入现值最大化。这个模型的假设前提是：资本市场是完善的。最终得出的结论是“刀刃上的平衡”，即均衡结果极不稳定。Cervellati 和 Sunde（2013）的研究在 Ben-Porath 机制上引入个体存活期限的不确定性及完善的养老金市场，而 Hansen 和 Lønstrup（2012）构建了三期的生命周期模型，用于检验预期寿命的增加对教育的影响效应，他们将 Ben-Porath 理论的假设改为资本市场是不完善的，由此得到的结果是预期寿命的延长对教育年限具有促进作用。

第四节 人口年龄结构变动与经济增长

前述三节从人口规模增长、人口质量提升及人力资本增加等方面探讨人口与经济增长的关系，无论是从理论上还是从实证研究上都存在着某一方面的缺陷。一个重要的因素在于，以上讨论均没有充分考虑人口年龄结构变化所带来的劳动供给、劳动负担的变动；没有考虑养老需求和消费需求变动所带来的对经济增长的影响和对经济发展的影响。需要注意的是，在忽略迁移影响的国家和地区，决定人口年龄结构变动的主要因素是生育率和死亡率的变动。低生育率意味着家庭平均孩子数量将逐步减少，死亡率降低，意味着预期寿命增加。由于各个年龄段的人口经济行为不同，由此带来的储蓄、消费等行为也完全不一致。因此，对人口结构尤其是人口的年龄结构变化的经济影响研究，成为近年来人口经济学的研究热点。如上文所述，人口对经济增长的影响主要有供给环路和需求环路，同理人口年龄结构变动对经济增长的影响也主要从供给方面和需求方面展开。

一、人口红利、人力资本积累与劳动力供给

（一）生育率降低导致劳动参与和市场参与变化

人口年龄结构变动对劳动力供给和市场参与都产生了深远的影响，具体体现在以下指标的变化上，即劳动力系数（占比）、少儿抚养比和老年赡养比及总抚养比。劳动力供给又主要取决于劳动年龄人口和劳动参与率，劳动年龄人口规模是人口年龄结构的直接体现，劳动力系数升高必然在一定人口规模下增加劳动力供给。劳动参与和市场参与之间既受到劳动力负担影响，又受到少儿抚养和养老负担的影响。王金营（2012）有关布拉斯相关劳动参与率模型的研究为国内劳动参与率预测提供了一定的方法基础，根据该研究及 Dugan 和 Robidoux（1999）有关年龄结构分解的方法得出，有效的劳动力供给取决于分年龄的劳动人口规模和分年龄的劳动参与率：

$$\mathrm{PR}_t = \sum_{i=1}^{j} s_{i,t}\mathrm{PR}_{i,t} \tag{3-22}$$

$$L_t = \mathrm{PR}_t \times \mathrm{WP}_t \tag{3-23}$$

其中，PR_t 表示 t 年的总和劳动参与率；$\mathrm{PR}_{i,t}$ 表示 t 年的 i 岁人口的劳动参与率；$s_{i,t}$ 表示 t 年 i 岁的人口占总适龄劳动人口的比重；L_t 表示 t 年的总劳动力供给数量；WP_t 表示 t 年总适龄劳动人口数量。并且，分年龄人口的劳动参与率和总适龄劳动人口数量及其他人口相关变量又存在如下函数关系：

$$\mathrm{PR}_{i,t} = \mathrm{PR}(i,b,e) \tag{3-24}$$

$$\mathrm{WP}_t = \mathrm{WP}(i,b,e) \tag{3-25}$$

其中，i 表示年龄；b 表示出生率；e 表示预期寿命。也就是说，分年龄人口的劳动参与率和总适龄劳动人口数量受到了年龄、出生率、预期寿命的影响，因此分年龄人口的劳动参与率和总适龄劳动人口数量是一定社会环境下人口年龄结构、少儿抚养和养老负担及健康水平的反映。

相关实证研究表明，降低劳动力负担能让劳动力从家庭非生产性活动转移到生产性经济活动之中（Lindh and Malmberg，1999）。Bailey（2006）的研究表明，生育率与女性市场参与率相关，并且低生育率往往伴随着较高的女性市场参与率。随后 Bloom 等（2009）发现降低生育率会增加女性劳动力的市场参与率。短期内，少儿抚养负担的减轻可以提高劳动力的市场参与，但从长期来看，少儿抚养负担与劳动力供给之间存在“倒 U 形”关系（唐代盛和邓力源，2012）。从微观来看，人口年龄结构的变动是生育率和死亡率共同作用的结果，这将会影响个体在劳动市场上的劳动供给，从而影响地区经济增长。

与此同时，一些研究从宏观的角度对人口年龄结构变动的经济影响进行了分析，解释了劳动力供给和相应的劳动力供给变化所带来的经济效应。众多学者的经验研究发现，老年赡养比和人均 GDP 增长率之间存在着“倒 U 形”关系，人均 GDP 增长率和少儿抚养比之间也存在着关联，表现为人均 GDP 增长率随着少儿抚养比的下降先上升后下降，少儿抚养比过低将导致劳动力市场供给不足，进而不利于经济增长（Golley and Tyers，2006；刘小勇，2013）。

（二）教育和健康引致的年龄结构内生性变动影响劳动供给

内生经济增长理论对于人力资本在经济增长过程中的作用予以了高度重视，主要认为经济增长最为重要的人口基础便是人力资本的积累，在不同的人口转变时期，人口年龄结构的作用也不相同。比较各个年龄阶段的人口来看，青年劳动力更倾向于较晚进入劳动力市场，以便接受更多的教育，来提高自身的劳动生产力，同时还发现健康对经济增长有显著的正面影响（Chakraborty，2004）。

在人的一生中，不同年龄阶段的劳动生产率并不相同，总体来看呈现出“峰形”的分布状态，因此从宏观的角度来看，年龄结构的变化将会引起总体人力资本积累情况的改变。随着少儿抚养负担的下降，家庭会更加关注生育质量，因此会加大对子女的教育及健康投资，从而增加人力资本投资与积累（Faruqee and Mühleisen，2003；Joshi and Schultz，2007）。之后 de la Croix 等（2009）还指出，抚养负担加重会制约劳动生产率的提高，不利于人力资本积累。

综合以上学者的相关研究和前文有关生育率降低的研究可以看出，健康和教育是影响年龄结构变动的重要内生因素，而生育率的降低和预期寿命的提升是健康和教育作用于年龄结构的中间桥梁，用函数可表达为

$$P(l)=P(b,e) \tag{3-26}$$

$$b=b(\mathrm{ei},q_0);e=e(\mathrm{ei},h,q_0) \tag{3-27}$$

$$H=H(\mathrm{ei},h) \tag{3-28}$$

其中，$P(l)$表示劳动年龄人口；b 表示出生率；e 表示预期寿命；H 表示受教育程度；h 表示健康投入；q_0表示婴儿死亡率；ei 表示教育投入。这里表明劳动年龄人口 $P(l)$ 是由出生率和预期寿命决定，而出生率和预期寿命（留存水平）共同受婴儿死亡率、教育投入的内生性影响。因此，寿命延

长、老年人占比提高的过程是教育水平和健康水平提高的内生结果，年龄是人力资本内生性的变化，所以人力资本变化又能通过年龄结构的变动来影响经济增长。但是，人力资本投资将可能带来老龄化的不断加重，如何平衡人力资本提升和老龄化日益加重两者关系是应当更多被思考的问题。

综上可见，人口年龄结构变动通过影响劳动供给和人力资本积累提升来促进经济增长。同时，人力资本积累提升反过来又使人口年龄结构内生性发生变动，人口年龄结构变动与经济增长处于动态互相促进中。

二、人口年龄结构通过储蓄与投资作用于经济增长

西方诸多学者研究了人口年龄结构变动对储蓄率的影响及其由此带来的对投资的影响。Ando 和 Modigliani（1963）、Coale 等（1958）分别从微观与宏观两个角度分析年龄结构的这种变化与消费需求，以及与储蓄能力的关系。少年抚养比重增加会提高消费需求、削弱储蓄能力，但是死亡率下降且生育率也下降，劳动年龄人口占比可能会增加，其负担减轻，也会强化储蓄和投资需求。

（一）年龄结构变动的储蓄效应

以往研究往往将人口年龄结构变动与经济增长的关系假设为单调关系，而 Futagami 和 Nakajima（2001）在其研究中将生命周期理论引入经济增长模型中，研究发现人口年龄结构变动与经济增长的关系不仅仅是相关关系。储蓄率与经济增长之间的相互作用会影响到人口年龄结构变动与经济增长的关系。

1. “可变增长率效应”模型

在生育率快速下降时，储蓄率和消费水平的变动是人口增长率下降与人口年龄结构变化对人口与经济关系的真实体现。20 世纪 80 年代，在“抚养负担假说”和生命周期理论的基础上，Fry 和 Mason（1982）、Mason（1988）提出了“可变增长率效应”模型，他们认为国家储蓄率受到少儿抚养比和收入增长率双重因素的影响。储蓄率既有少儿抚养比变化的“增长倾斜效应”，也有收入增长变化的水平效应，同时，Thornton（2001）也证明

了这一观点，认为少儿负担系数和老年赡养负担对储蓄率均有负向影响。Erlandsen 和 Nymoen（2008）研究认为人口年龄结构分布的变化对总消费具有显著的生命周期影响效应，消费与年龄结构中的储蓄人口数量呈反向关系。

西方学者对中国储蓄率和人口之间的关系研究结论并不一致：Kraay（2000）认为中国过高的储蓄率受到经济高速增长和人口因素的双重影响；Yang 等（2012）的研究发现与 Thornton（2001）基本一致，区别是他们认为中国储蓄率和老年人抚养比的负相关性更强。

“抚养负担假说”在“可变增长率效应”模型的支持下经过改进后逐渐成为正式的经济模型，并很好地解释了各国在宏观时间序列中跨国储蓄的差异。从理论基础和实证结果来看，中国的高储蓄率一方面受社会经济和文化因素的影响，另一方面也受到了逐年降低的出生率的影响，而随着人口年龄结构的重心向高年龄转移，储蓄率将可能出现一定程度的下滑。

2. “变量与增长率效应”模型

“变量与增长率效应”模型证明了投资需求和储蓄供给与人口年龄之间的关系（Higgins and Williamson，1996），发现投资需求和年轻人口的劳动力供给增加相关，而储蓄需求则和成年人口的退休储蓄需求紧密相关，并且人口年龄结构变动将会引起储蓄率的变动。后来的学者将生育率和储蓄率之间的关系进一步纳入“变量与增长率效应”模型中，认为生育率的大幅下降是储蓄率升高的关键原因之一（Kelley and Schmidt，1996；Bloom and Williamson，1998），并且由人口转变引起的储蓄率提升和投资率提升是推动亚洲经济发展的关键（Bloom and Williamson，1997）。除了生育率变化能够导致储蓄率发生变动之外，死亡率也是影响储蓄率变动的重要因素之一。与死亡率相对应的是预期寿命，它们都是从不同的角度来衡量人口健康程度。不同的学者从死亡率和预期寿命出发，研究了人口健康水平和储蓄率之间的关系，普遍的结论是：人口结构对于储蓄率变化的影响只能解释很小一部分储蓄率变化的原因，更多的是由于预期寿命大幅提升后，人们的储蓄动机得到释放，引起了储蓄率长期提升（Deaton and Paxson，2000；Lee et al.，2000）。中国学者对这一话题也进行了较为深入的研究（王金营和付秀彬，2006；王金营和杨磊，2010），各种理论和实证分析的结果显示：预期寿命增长、年龄结构等人口因素的变化都将对中国储蓄率的改变产生重要影响。就中国的实际情况而言，导致储蓄率居高不下的原因非常复杂，但从人口的角度来看预期寿命的延长、出生率降低导致的少儿抚养比下降、人口老龄化的加重都在一定程度上解释了中国储蓄率较高的现象。但是，从长期来看，随着出生率下降、劳动年龄人口减少及未来老龄化速度的加快，“人口红利”窗口会逐渐消失，以上人口因素对中国的储蓄率将会产生更深远的影响。面对这样的情形，储蓄率的降低速度很有可能会超过储蓄产生的速度，这必然会影响到中国未来的资本积累、投资。

3. 叠代增长模型

除了以上模型之外，叠代增长模型可以较好地刻画经济体中年龄结构变化对于个体经济行为的影响，从而分析对一个地区的经济增长的影响。在这里重点考虑年龄结构逐年变老的现实情况，考察人口老龄化程度变化对储蓄乃至经济增长的影响。沿袭 Glomm 和 Ravikumar（1997）、刘穷志和何奇（2013）的世代交替建模方式，我们考虑家庭、政府、企业三个因素，并且假设社会迭代更替过程中个体存活的两个时期为成年期和老年期。

（1）家庭。成年人在一个单位的工时中提供的无差别劳动力为 L_{it}，个体的工资率和税率分别为 w_t 和 τ，那么该个体的税后收入 I_L 与消费 c_t 和储蓄 s_t 的关系为

$$I_L = (1-\tau) w_t = c_t + s_t \tag{3-29}$$

与此同时，退休前的成年人在退休后成为老年人，面临着死亡的概率为 ϕ，老龄化程度的提升在很大程度上对该系数产生了影响。老年人的收入得到了养老保险的保障，退休后老年人可以获得该个体在成年时积攒的储蓄 s_t，以及税后的养老保险收入 $(1-\tau) r_{t+1} s_t$，因此老年人的收入可以解释为

$$I_R = \phi c_{t+1} = s_t + (1-\tau) r_{t+1} s_t \tag{3-30}$$

综合来看，个体的跨期效用函数为：$U(c_t, c_{t+1}) = \ln c_t + \rho\phi \ln c_{t+1}$，在成年期收入和老年期收入的约束下，最优储蓄率为 s_t^*：

$$s_t^* = \frac{\phi\rho}{1+\phi\rho_t}(1-\tau)w_t \tag{3-31}$$

（2）企业部门。假设企业面临的经济环境为完全竞争市场，企业的产出离不开企业的资本积累及人力资本的提升。企业的产出可以用柯布–道格拉斯生产函数的形式表示：

$$Y_{it} = K_{it}^{\alpha}(h_t L_{it})^{1-\alpha} \tag{3-32}$$

式（3-32）表示企业 i 在产出过程中使用资本和劳动代表技术进步水平下的劳动生产率。企业追求利润最大化的过程可以通过偏导数来进行求解，分别对实物资本和人力资本求偏导可得

$$r_{it} = \alpha K_{it}^{\alpha-1}(h_t L_{it})^{1-\alpha} \tag{3-33}$$

$$w_{it} = (1-\alpha)K_{it}^{\alpha}h_t^{1-\alpha}L_{it}^{-\alpha} \tag{3-34}$$

（3）政府部门。政府支出中的教育支出 H_t^E 和健康保障支出 H_t^M 会对个体的人力资本发展和健康水平产生一定的影响，与此同时这些政府支出又在很大程度上对地区经济增长产生影响。假设税率为τ，健康保障支出在财政支出中的占比为ψ 。因此，政府收入I_G的预算约束为

$$I_G = \tau Y_t = H_t^M + H_t^E \tag{3-35}$$

式（3-35）中 $H_t^M = \psi\tau Y_t$， $H_t^E = (1-\psi)\tau Y_t$ 。可以看出的是，政府对于宏观经济的调控值通过税率调整和健康保障支出比重来改变财政支出结构。假设人力资本 H_{t+1} 由教育支出和前期的人力资本构成，教育支出和健康保障支出对于人力资本积累的影响分别存在着“流量效应”和“存量效应”（Schultz，1997），几个变量的关系可以定义为： $H_{t+1} = \sigma H_t^E + (1-\delta_t)H_t$ ，其中 $\delta_t = \varepsilon\frac{H_t^M}{Y_t} + \eta\phi$ ，化简后得到： $\delta_t = \varepsilon\psi\tau + \eta\phi$ 。ε 表示健康保障支出对于人力资本折旧的影响系数，η 表示人口老龄化对于人力资本折旧率的影响系数。

（4）动态均衡和市场出清，我们假设在完全竞争市场上成年人的数量为 N。当市场出清时，个人的跨期效应最大化，企业追求利润最大化，当达到

供求均衡时：

$$K_{t+1}=s_tN_t \ , \ \sum_{1}^{L_t}L_{it}=L_t=\left(1-\delta\right)N_t \tag{3-36}$$

通过以上的等式可以计算到实物资本 g_K 的增长率和人力资本 g_H 的增长率：

$$g_K \equiv \frac{K_{t+1}-K_t}{K_t}=\frac{\phi\rho\left(1-\omega\right)\left(1-\tau\right)}{1+\phi\rho}\left(\frac{H_t}{K_t}\right)^{1-\alpha}-1 \tag{3-37}$$

$$g_H \equiv \frac{H_{t+1}-H_t}{H_t}=\nu\left(1-\psi\right)\tau\left(\frac{H_h}{K_t}\right)^{-\alpha}-\varepsilon\psi\tau-\eta\phi \tag{3-38}$$

经济增长的速度受到实物资本增长率和人力资本增长率的影响。通过对实物资本增长率和人力资本增长率求偏导可得：$\dfrac{\partial g_K}{\partial\phi}>0$；$\dfrac{\partial g_H}{\partial\phi}<0$。

可以看出，人口老龄化对于经济增长具有双重作用，一方面人口老龄化程度的加深能够促进实物资本积累，从而带动经济增长；而另一方面人口老龄化程度的加深可以阻碍人力资本积累速度，不利于经济增长。而目前人口老龄化对中国经济增长的影响正在从积极转向消极，即老龄化程度的加深已经导致了人力资本积累速度加快。因此，通过发展公共教育，加大对教育的财政投入来改善人力资本情况、提升人口质量应当被更多思考。

（二）年龄结构变动的投资效应

在宏观经济研究中，有关开放经济条件下的年龄结构变动对资本流动影响的研究较多。人口年龄结构的变化对于资本的流动发挥着重要作用，并且在一定程度上成为决定性因素（Taylor and Williamson，1994）。

1. 基于储蓄供给和投资需求的双重作用机制模型

传统的模型过于强调人口年龄结构变动的储蓄效应，认为人口转变的过程中少儿抚养比下降，家庭中抚养性消费比重下降，储蓄增加（Coale et al.，1958）。然而，研究表明人口年龄结构的变动不但能够影响储蓄，还能够影响到人们的投资需求。Higgins（1998）的研究较为深入，他通过对孟加拉国、巴基斯坦等高少儿抚养比的国家研究发现，家庭抚养负担的变化导致经常项目发生改变，即抚养负担能够对储蓄供给和投资需求产生作用，二者之差导致了经常项目差额变化。

2. 扩展模型

把“叠代增长模型”引入“可变增长率效应”模型后得出动态均衡状态下的扩展模型（Higgins and Williamson，1996），研究发现：少儿抚养比较高时会抑制储蓄，驱使资本净流入；老年赡养系数较高时会抑制投资，驱使资本净流出。在此后的研究中，学者还通过研究亚洲人口年龄结构与外资依赖的关系发现少儿抚养比的下降能够促进东亚、东南亚的储蓄率上升，国家的资本由净流入转向净流出；Higgins（1998）在扩展模型的基础上，进一步提出了人口年龄结构变动的“引力中心”理论，该理论认为人口年龄结构通过储蓄流和投资流而影响开放经济下的资本流动，从一个侧面证明人口年龄结构变动对投资和资本积累的影响。

综合中国的实际情况来看，居民的消费、投资明显偏低，与人均收入水平持续提升的现象并不相符。“低消费高储蓄”的现象引起了广泛关注，其中经济增长率、收入的分配制度、利率变化、消费文化和消费习惯等多方面原因导致了这一经济现象的发生。当然，人口因素特别是人口年龄结构因素也扮演着重要角色，少儿抚养比持续地降低、老年抚养比和老龄化程度持续升高，在一定程度上使得投资、消费的动力减弱，经济发展方式需要转变。老年人口抚养比上升增强了社会养老储蓄效应，人口老龄化程度的加重是中国居民消费低迷的主要原因，社会从年轻型过渡到老年型的过程中投资效应逐渐降低。这是中国在发展过程中遇到的挑战，社会经济发展亟须减轻家庭负担，因此增加财政支出、扩大养老保险覆盖面积将对老年型社会家庭负担的减轻具有重要现实意义。此外，发展健康产业等老龄经济，也能够在一定程度上激发老年消费。

通过以上梳理分析可见，人口年龄结构通过储蓄、投资作用于经济增长，而人口年龄结构对于储蓄的影响是比较复杂的，少儿抚养、老年负担随着人口年龄结构的变动而变动，从而影响着储蓄率发生变动，影响着投资的实现和增加。这些都处于变动中，因而对经济增长的影响也变得不确定和复杂。

三、人口年龄结构与经济增长

以上分析分别从生育率降低引起的年龄结构变动与劳动力供给、人口年龄结构通过储蓄与投资作用于经济增长的两个大方面对人口年龄结构变动与经济增长的关系进行了分析和阐释，并且也通过叠代增长模型对老龄化的经济效应进行了剖析。本部分将从宏观的角度对人口年龄结构的经济增长进行分析。从宏观数据来看，中国的社会总抚养比从 1982 年的 62.6%下降至 2010 年的 34%。人口抚养比的下降对于经济增长而言具有显著的推动作用，这主要来自抚养比的下降减小了劳动年龄人口的压力（蔡昉，2009）。这一效应在东亚国家尤其显著，受出生率和死亡率相对变动影响下人口年龄结构的变化，1982～2000 年中国社会总抚养比的下降对国内人均 GDP 增长的累计贡献率达到 25%左右（Bloom and Williamson，1998；王金营和杨磊，2010）[①]。当然，年龄结构变动下人口老龄化的经济效应也不能忽视，经验来看老年人口比重上升会减缓经济增长速度（Lindh and Malmberg，1999；田雪原等，2006；钟水映和李魁，2009）[②]。

关于人口年龄结构变动对经济增长的影响，在传统生产函数中加入代表人口年龄结构的指标。传统的生产函数模型为

$$Y_t = K_t^{\alpha}\left(A_t L_t\right)^{\beta} \tag{3-39}$$

其中，$\alpha+\beta=1$。

在传统的生产函数模型基础上纳入人口年龄结构指标，根据联合国机构划

---

① 人口年龄结构变动，特别是人口转变过程中劳动力抚养负担的变动对经济增长有促进作用，这一作用被称作“人口红利”，开始被人们称为“人口机会窗口”，这方面的代表文献参见 Bloom 和 Williamson 1998 年的论文 *Demographic transitions and economic miracles in emerging Asia*；对于中国的人口年龄结构变动（抚养比下降）对经济增长贡献研究的代表文献可参见蔡昉（2009）、王金营和杨磊（2010）。

② 人口年龄结构受低生育率的影响会带来抚养比的降低，进而产生经济增长的积极效应，自然，也会随着低生育率的持续造成人口的老龄化，从而使老年抚养比上升，带来对经济增长的负面影响，这被称为“人口负债”。

分的人口年龄，将 14 岁以下人口定义为少儿人口；15～64 岁人口定义为劳动适龄人口；65 岁及以上人口定义为老年人口。基于此考虑 a_{1t} 为少儿人口比重，a_{2t} 为劳动适龄人口比重，a_{3t} 为老年人口，那么 $a_{3t}=1-a_{1t}-a_{2t}$，人口增长率为 n_t，技术进步率为 g_t，就业率为 η_t。由此可得，生产函数中的劳动力人口数量为 $a_{2t}\eta_t N_t=(1-a_{1t}-a_{3t})\eta_t N_t$，代入生产函数中可得 $Y_t=F(K_t, A_t(1-a_{1t}-a_{3t})\eta_t N_t)$，简化为人均形式后，运用一般均衡理论求解可得

$$\frac{\dot{Y}_t}{Y_t}=\frac{\dot{A}_t}{A_t}+\alpha\frac{\dot{K}_t}{K_t}+\beta\frac{(1-\dot{a}_{1t}-a_{3t})}{1-a_{1t}-a_{3t}}+\beta\frac{\dot{\eta}_t}{\eta_t}+\beta\frac{\dot{N}_t}{N_t} \tag{3-40}$$

所以，从生产函数的设定可以看出，从长期来看，经济增长与技术进步、人口增长、人口结构变化等密切相关，这里的人口结构变量可以由人口年龄比例表示，也可以由抚养比来表示。通过这一模型，一些学者对于中国人口年龄结构特征和经济增长之间的关系进行了分析（武康平等，2016），普遍认为人口年龄结构变化对于经济增长具有长远并且相对滞后的影响，65 岁及以上老龄人口比重的快速增长对于经济增长而言具有不利影响。因此，从宏观经济增长的角度来看，人口年龄结构的老化对经济增长具有负向影响。

第五节　人口流动、集聚与经济发展

一、人口流动、中心城市聚集与经济发展[①]

（一）区域人口、人力资本的聚集原理

研究人口流动与迁移的经济影响，需要界定研究区域，本节将一个国家作为一个经济体，主要研究国内人口迁移的经济影响。

---

① 这一部分的主要内容是王金营、李庄园、李天然发表的阶段成果《中心城市在区域人力资本聚集中的作用》（发表于《人口研究》2018 年第 3 期）中模型理论基础部分，这一节略做修改和调整。

一个区域是由空间、资源、人口及人类活动等要素构成，人类的所有活动目的首先是满足自己的物质和文化需求，而这一切第一位的是经济的发展。根据现代经济增长理论，特别是新经济增长理论，产出和增长的动力源泉主要是资本积累、劳动投入、人力资本积累和技术进步。以生产函数来表达：

$$Y_i = A_i K_i^{\alpha} H_i^{\beta} \tag{3-41}$$

其中，Y_i表示 i 区域的产出，这里用 GDP 表征；K_i表示区域 i 的资本存量；H_i表示人力资本存量；A_i表示 TFP（技术进步因素）。

区域经济发展的一个关键要素就是人力资本，而本节主要目的是探究解答一个区域如何才能够聚集支持区域经济发展所需的足够的人力资本。人力资本聚集路径无外乎两条：一是区域内人口的增加所形成的自身人力资本投资，如教育投入、研究与开发、培训等，称之为“内生型”路径；二是地区间经济发展水平的差异导致的人力资本由欠发达地区向发达地区的聚集，此为“外生型”路径（严成樑和王弟海，2012）。由此，区域人力资本增量由两个部分组成，可表示为

$$\dot{H}_t(t) = \dot{H}_{ie}(t) + \dot{H}_{io}(t) \tag{3-42}$$

其中，$\dot{H}_i(t)$表示区域 i 人力资本的增量；$\dot{H}_{ie}(t)$表示区域 i 由区域内自身人力资本投资带来的存量增加；$\dot{H}_{io}(t)$表示区域 i 由外部地区净流入的人力资本所带来的存量增加。下面我们重点分析$\dot{H}_{ie}(t)$、$\dot{H}_{io}(t)$是受哪些因素的影响；区域中心城市发展对于区域人口聚集、人力资本聚集产生怎样的影响；或者说，我们需要从理论上回答中心城市发展对区域人力资本聚集的作用路径和途径是什么。

一个区域人力资本存量总是与教育的持续投入联系在一起，从舒尔茨、贝克尔到后来的人力资本理论研究都认为人力资本的提升主要靠教育，区域内教育质量好则人力资本水平必然有保障，而一个区域的中心城市较之其他小城镇或乡村，教育资源会比较丰富、教育投入力度会更强，具有在教育资源上的优势。因此，$\dot{H}_{ie}(t)$直接取决于区域中心城市教育资源投入ER_i和卫

生健康资源投入HM_i，即

$$\dot{H}_{ie}(t)=F_{ie}\left(\mathrm{ER}_i,\mathrm{HM}_i\right) \tag{3-43}$$

其中，F_{ie}表示关于各自变量的增函数。

人口迁移与流动特别是劳动力的迁移与流动是当今和平时期社会发展的常态，收入水平的高低、发展环境的优劣、公共服务的完善与否都会成为人口迁移流动的原因，而人力资本是附着在人身上的。因此，人力资本必然随着人口而流动、聚集（Berliant and Konishi，2000）。并且，这种人力资本聚集是市场作用下个人理性的选择，是以经济发展差异为主要动力的聚集（Fu and Gabriel，2012）。人作为社会人，其流动和聚集的动因来自多个方面（Florida and Mellander，2015）。区域中心城市作为区域经济、政治、文化中心，必然比周边地区有更多的就业机会，更完善的教育医疗、公共服务资源，是吸引人力资本向中心城市聚集的重要因素（孙三百和白金兰，2014；余华义，2015）。

根据刘易斯的“二元结构理论”，中心城市较之农村腹地来说是区域经济发展的增长极，也是产业发展集聚地，而产业集聚有利于社会化大生产和分工，从而促进新技术、新工艺迅速发展，人们收入水平w_i也可以有较快提高。因此，一个区域对外部地区是否具有有吸引力的收入水平w_i，取决于中心城市的发展，而且就业机会的大小也是取决于中心城市现代产业的发展聚集。

假设中心城市集中了区域内全部工业和现代服务业，则中心城市的工资水平与$\dfrac{K_i}{H_i}\times\dfrac{r\beta}{\alpha}$成正比例关系（王金营和贾少萌，2011）。因此，当两个区域的中心城市产出弹性和资本收益率一致时，两个区域的预期收入差$\pi_i w_i-\pi_j w_j$（w_i为i区域工资水平，π_i为就业机会）大小取决于资本–有效劳动比之差$\dfrac{K_i}{H_i}-\dfrac{K_j}{H_j}$。从这个角度上说，人力资本由区域$j$流向区域$i$的决定变量$\pi_i w_i-\pi_j w_j$也最终取决于中心城市的产业聚集$\dfrac{K_i}{S_i}$等因素（其中$S_i$表示不同产业的产值）。由于产业集聚等因素，中心城市的就业机会π_i远远

多于周边的地区，就业机会和收入水平是中心城市吸引人力资本的重要动因之一（孙三百等，2014）。

$\dot{H}_{io}(t)$ 是关于中心性城市的吸引力的中心性指数 CI_i 、区域预期收入差 $\pi_i w_i - \pi_j w_j$ 、产业聚集 $\frac{K_i}{S_i}$ 、教育资源投入 ER_i 、卫生健康资源投入 HM_i 的函数。即

$$\dot{H}_{io}(t) = F_{io}\left(\mathrm{CI}_i, w_i, \frac{K_i}{S_i}, \mathrm{ER}_i, \mathrm{HM}_i\right) \tag{3-44}$$

由式（3-43）和式（3-44）可知，收入差异、产业结构、教育医疗资源、公共服务功能是体现于中心城市并影响和吸引人力资本向所在区域聚集的重要且积极的因素，进而可促进经济发展。其中，F_{io} 是一个关于各自变量的增函数。

$$\dot{H}_i(t) = \dot{H}_{ie}(t) + \dot{H}_{io}(t) = F\left(\mathrm{CI}, w, \frac{K}{S}, \mathrm{ER}, \mathrm{HM}\right) \tag{3-45}$$

（二）人口流动迁移改善劳动力资源配置、提高劳动力资源的使用效率

人口与劳动力流动是人力资本动态配置的实现过程，人口的迁移流动可以促进现存人力资本的配置效率。一国范围内地区间人口流动与迁移是该国经济增长的因素之一。人口是劳动力的基础，是人力资源的来源。人口在区际的流动迁移（跨地区就业）可以通过改善劳动力资源配置、提高劳动力资源的使用效率，促进经济增长。这是因为地区间人口迁移主要是基于预期收入的经济性人口迁移，即从一个地区迁移到另一个地区的劳动者，或者原来处于失业、半失业状态，或者原来虽有职业，但收入较少，或者原来虽有职业并且收入也较多，但不能发挥专长。这样，通过前往另一地区就业，原来失业、半失业的人口就得到就业机会，原来收入较少的人口增加了收入，原来不能发挥专长的人有机会发挥专长，从而促进经济增长。

劳动力在城乡、产业、行业和企业之间自由合理地流动可以实现劳动力

的优化配置，而这种劳动力的优化配置可以实现消费者和劳动者效用最大化。在二元经济中，人力资源的优化配置是劳动力在市场机制下基于劳动要素报酬差异的自由流动，可以实现产业和城乡之间的边际报酬均等化，而劳动要素边际报酬的均等化将激活市场竞争并提升生产效率。

"基础-乘数"理论模型能够对人口流动与经济增长之间的关系进行较好的解释（Fujita et al.，1999）。借鉴这一理论框架，假设某地区的劳动力流入数量为 L，这一流入的劳动力对区域经济发展的贡献为：$X=\alpha L^{\beta}$，其中 $\beta>0$，为了使分析更清晰，假设 $\alpha=1$，即不考虑劳动力流入的规模效应。流入的劳动力在流入地消费的份额占其收入的比重为 $r\left(0<r<1\right)$。需要指出的是，r 的大小将会随着流入人口工作稳定性增强而变大，一般来看这与流动人口的居留时间存在关联，居留时间越长其工作越趋于稳定，与之带来的是支出比例 r 的提升。假设 r 是流入人口上一期在居留地收入的函数：$r_t=KY_{t-1}$，消费支出比例 r 在达到最大值时将会在该水平持续较长一段时期，可以假设 r 存在着最大消费比例 $\overline{r}$。由此可得地区总产出 Y 和劳动力流入数量 L 之间的关系：

$$Y_t=\frac{1}{1-r_t}X_t=\frac{1}{1-KY_{t-1}}L_t^{\beta}，\quad 0<r_t=KY_{t-1}\leqslant\overline{r} \tag{3-46}$$

$$Y_t=\frac{1}{1-r_t}X_t=\frac{1}{1-\overline{r}}L_t^{\beta}，\quad \overline{r}<r_t=KY_{t-1}<1 \tag{3-47}$$

根据以上关系模型可计算得，当劳动力流入数量 $L>\left(4K\right)^{-\frac{1}{\beta}}$ 时，地区总产出将会沿着 $Y_t=\dfrac{L_t^{\beta}}{1-\overline{r}}$ 曲线上升，区域经济增长速度较快，由流动人口所带来的人力资本得到充分释放。而当劳动力流入数量 $L<\dfrac{\overline{r}\left(1-\overline{r}\right)^{\frac{1}{\beta}}}{K}$ 时，地区总产出将会沿着 $Y_t=\dfrac{L_t^{\beta}}{1-\overline{r}}$ 曲线缓慢下滑，劳动力逐渐流出，经济增长受阻。从"基础-乘数"理论模型推导来看，流动人口数量上的增加将会对区域经济增长带来一定的促进作用，而流动人口数量上的减少将会阻碍区域经济增长。

（三）人口流动迁移有利于人力资本投资

人口的流动迁移不仅使现存的人力资本得到有效配置，同时也会通过提高流动迁移人口对自身和子女的人力资本投资，提升全社会人力资本的存量。

一方面，人口的迁移流动会提高对自身的人力资本投资。舒尔茨从人力资本投资的角度对个体迁移进行了分析，他认为个体在迁移过程中都期望获得更多好处。个体觉得迁移的收益大于成本时，他才会迁移。因此，迁移本身就是一种投资，迁移的收益会在一段时间后显现。可见只要人们是在比较预期收益和迁移成本之后做出理性选择，那么人口迁移与流动就会或多或少地增加人力资本存量。流动迁移人口通过参加厂方的岗位培训和自己在工作中的学习来增加知识，增长见识，有利于自身素质的提高。同时，迁移者面临着其他类似人力资本的劳动者竞争，由此激发他不断提升专业知识与职业技能，提高自身竞争力。另外，劳动者面临的激烈的社会竞争会使其产生强烈的危机感，担心自己被其他劳动力替代，甚至下岗，因此劳动者会不断增加对其自身人力资本的投资，提升自身的就业能力。农村人口向城市的转移，是劳动力要素互相吸引、优化配置的过程，已经不再是劳动者单纯追求个人利益最大化的过程，而是农村人口进入城市增长知识、掌握技术等进行人力资本积累的过程。由此，人口的迁移会通过增加个体人力资本的投资来提升全社会的人力资本投资水平，增加全社会的人力资本存量。

另一方面，迁移人口更加重视对子女的人力资本投资。人口的迁移流动会使劳动力自身面临巨大的危机感和竞争感，由此他们会更加重视对子女的教育投资。迁移者一般会不断加大对子女的投资力度，不断提升子女的基本文化素质和职业技能素质，提升家庭成员人力资本投资，从而使整个社会的平均人力资本存量普遍得以提升。

（四）人口流动迁移有利于改善收入分配

人口流动迁移不仅有利于促进整个社会人力资本存量的配置效率，而且它能够促进劳动力和资本资源的更好结合。从优化劳动力要素配置的角度来看，它对收入增长能产生积极影响，并减少城乡之间、地区之间及不同人口特征的群体之间的收入分配差距。人口流动迁移能够提高人力资本的增量，从而影响收入分配，因为人力资本存量是决定收入的关键因素，因此增加人力资本积累也是缩小收入分配差距的有效方法之一。

关于经济增长与收入分配不平等的关系问题，库兹涅茨对此进行了专门研究。他阐明，随着时间推移，经济增长过程中的农村向城市的人口流动极大影响了规模收入的分配，相应地，他提出了“倒 U 形曲线”。“倒 U 形曲线”的含义是，在收入水平比较低的阶段，经济增长与收入分配差距扩大相伴随；然而当收入水平达到一定程度之后，经济增长会缓解收入分配不平等。

在人口由农村向城市迁移流动的研究中，得到最广泛应用的是“二元结构”理论，它最早由刘易斯提出（Lewis，1954）。发展中国家在工业化初期，农业部门和工业部门并存，农村和城市并存。刘易斯指出，因为两个部门间的生产力水平和工资差距的存在，相对于城市现代部门的高工资，农村劳动力的供给是无限的。在发展中国家的城市现代部门，不仅是工资较高，而且具有较高的公共服务水平，即教育、医疗、社会保障等供给也较农村的农业部门要高很多好很多。根据“推-拉”理论，个人对效用最大化的追求及技术和偏好的共同约束是人口由农村传统部门向城市现代部门流动的驱动力量。人口流动是一种非均衡现象。由此可见，只要一个国家或地区在区域或者部门之间存在着收入、公共服务等方面的差距，人口流动就会存在。发达国家的经验表明，乡村到城市的人口流动迁移从长期来看会达到一个均衡状态。人口流动是一个短期均衡过程。但是，从更大范围看，一个国家或地区空间构成只要存在差异，尤其是资源禀赋和创新的配置存在差异，则发展的非均衡就是一个必然现象，也是市场作用的结果。这必然会带来人口从低收入向高收入地区的流动，从而提升收入水平和改善收入分配。Rauch（1993）则从劳动力在“非正规部门”到“正规部门”之间存在着一定的流动性这一假设出发，阐述了收入不平等的演进过程，反向证明人口在“非正规部门”与“正规部门”之间的流动可以改善收入结构。

（五）人口流动迁移有利于保护环境

首先，流动人口流动到文化比较发达的城市，他们所观察到的和感受到的环保行为也会增多，并逐渐培养起环保意识，从而有助于自然生态保护。其次，人口的高度集中有利于社会化大生产，使得生产资料和自然资源高效利用，从而更好地实现自然资源的有效价值。再次，流动导致了大量人口的聚集，人口的集中有利于污染物的处理、资源的综合利用及循环经济的发展。最后，生态脆弱地区人口的流出减轻了流出地生态环境压力，避免了生态环境的破坏，从而使得流出地的自然生态环境得到改善[①]。

综上所述，人口流动、迁移有利于改善收入分配差距过大情况，有利于提高人口素质和人力资本，有利于提高人们生活质量，有利于经济增长和经济发展。因此，保障人口和劳动力自由流动的权利有利于促进经济增长和经济发展。由人口流动带来的资源优化配置促进经济的发展也是经济发展方式转变的体现。

二、人口集聚、城市化与经济发展

城市化是一个国家或地区人口由农村到城市的聚集过程，也是现代部门发生集聚的载体。一个国家或地区的城市化水平高低是与经济发展水平的高低密切相关的。经济发展和产业结构的升级会促进城市化发展，而城市化也会为经济增长和发展提供动力。研究者发现：城镇化与经济增长是一种循环累积的因果效应关系（姚奕和郭军华，2010；周雪敏和董乃斌，2015）；新型城镇化对中国经济增长具有显著的正向效应，而且这一效应在不断增强（王建康等，2016）；新型城镇化促进中国经济增长的传导路径为西部欠发达地区城镇化的增长效应中投资效应明显，而老牌、成熟的大型城市则消费效应明显（王平和王琴梅，2015）。城市化会通过提升要素配置的效率、增加储蓄率和投资率、提高居民消费水平和结构及提升人力资本等来推动经济增长。通过模型模拟来计算，未来 20 年，城市化水平年均每提高 0.2%，GDP 年均增长率将提高 0.65%（沈坤荣，1994；洪银兴，1997）。城市化还会提升居民的整体收入，减小城乡居民之间的收入差距，并且会推进服务业的发展，加快经济增长方式的转变，因此城市化会促进经济增长（史晓红

① 本段落的内容受到国家人口和计划生育委员会流动人口服务管理司编的《流动人口理论与政策综述报告》启发并归纳总结而得。

和李志远，2008）。

城市化与经济增长之间存在着密切的相关性，经济增长推进城市化进程，城市化反过来促进经济增长，两者互促共进，内在基础是聚集经济。在人口由农村向城市聚集的过程中，经济发展获得的规模效应包括分享、匹配和学习（陈钊等，2009）。

人口集聚和城市化有利于创新、创业，转变经济发展方式。在经济增长的过程中，技术创新的作用非常重要。一个国家或地区的技术创新能力的提高取决于研发投入、制度环境和人力资本等诸多因素，而城市化是其中一个非常重要的因素（李金叶和葛涛，2017；赵峥等，2018）。因为，城市在人力资本聚集（邹小勤等，2015）、知识与信息网络（吕福新，2000；王志章，2007）、交易效率（赵红军，2005；孙楚仁，2006）等方面有明显优势。可见，技术创新与扩散是城市化推动经济增长的重要中介因素。集聚效应和规模经济对于创新和知识经济的发展至关重要，因为知识的生产和传播更需要人与人之间的互动和相互学习，城市往往成为高技能人才在空间上集聚的一个重要场所，高科技产业和创意产业往往在大城市才能获得更好发展。

人口集聚和城市化有利于服务业的发展。只有在人口相对聚集的区域中，服务业才能获得快速发展。首先，在城市中随着工业的发展，工业本身要求一定的服务业支持，这会促进生产服务业的发展。其次，工业的集中和发展所带来的人口的增加和集中，会促进生活性服务业的发展。最后，城市化所带来的居民生活的丰富和多样，也是服务业升级和向高端发展的基础。经济的空间集聚在城市进入后工业化阶段后会更加重要。最近的研究说明，规模效应主要来源是人口集聚过程中服务投入的多样性（Au and Henderson，2006；李金昌和程开明，2006）。因为服务业（包括生产性服务业）大多具有难以跨地区运输的不可贸易特点，人口集聚和城市化所带来的规模效应发挥中的“分享”和“学习”更需要空间集聚。

人口集聚和城市化有利于人力资本积累。增长的速度越快，越能帮助人力资源的社会配置更多地以内在能力而不是以社会背景为基础，而人力资源的社会配置越是以内在能力而不是以社会背景为基础，就越能够提高增长速度

（Hassler and Mora，2000）。他们的结论对于解释城市化的好处具有非常重要的意义。城市化水平越高，就越能帮助人们从土地中解放出来，帮助他们找到更好的工作，更好发挥他们的禀赋优势。城市化能够促使人们更好、更及时地积累他们的人力资本。城市化能够将教育背景、种族文化和语言等不同的人们紧密聚集在一起，实现技术进步和外溢效应（丁志国等，2011；鲁元平等，2017）。而外溢效应恰恰是经济内生增长的重要源泉。研究也发现，在城市生活过的劳动力获得了更多的人力资本积累（Glaeser and Maré，2001），并且在经济活动和人口集聚的过程中劳动生产率得到了显著的提升。

城市化具有缩小城乡收入差距的净效应。在城市化水平较高阶段，随着城市化程度的进一步提高，发展中国家的二元经济体系中劳动力在农业和工业两部门之间转移，城市化可以实现劳动力从低生产率的农村到高生产率的城镇就业，农村剩余劳动力和人口向城镇转移（徐杨，1998；张桂文，2013）。因此，当劳动力转移达到刘易斯拐点之后，城市化使农业部门工资水平得到提升，从而缩小了城乡、部门间收入差距，而且通过劳动力资源的优化促进了全社会生产率的提高（徐鸣，1983；万晓萌，2016）。

人口集聚与城市化有利于制度创新。有效率的制度建设能够促进经济发展，反过来，经济的发展也能够激励有效率的制度创新，即经济的发展与制度创新相互促进，互为因果（刘铁民，1996；马宏伟，2003）。经济体的制度变迁、人口变动与城市化进程均是经济发展进程中的内生要素，人口集聚与城市化能够激发生产的规模效应，能够带动知识聚集，促进技术进步进而带动经济增长（王莹莹等，2017；方大春和张凡，2017）；而经济增长到一定阶段也需要相应的制度匹配，即为进一步释放经济增长的空间与动力，需要不断完善制度创新（王振宇和顾昕，2016；周小亮和李婷，2017）。城市化是经济发展的重要平台。人口聚集和城市化进程中，为了进一步释放聚集的正效应（成本降低、规模经济、知识聚集），降低聚集的负效应（拥堵带来的成本增加），需要制度来引导人口流动的方向与聚集的空间分布，这就导致了对有关流动人口的福利制度、土地流转制度等制度创新的需求，最终形成相应制度的创新（刘涛等，2015；吴雪萍和赵果庆，2018）。

人口集聚与城市化有利于资源节约型与环境友好型社会建设。城市化对环境保护的作用常被人忽视，有时甚至被误读。因为，在给定的污染排放标准和企业产出条件下，一个企业的排污量不会因为地点的不同而不同，但是城市居民对污染的容忍度比较低，会促使布局在城市的企业采用更加环保的生产技术，同时由于规模效应的存在，集聚产生的规模效应有利于降低治污成本。比如，城市污水处理厂由于集聚产生的规模效应更容易达到盈亏平衡点。这里以能源消费为例，在发达国家能源消费的结构中，最重要的当属交通和保温。在人口密度高的城市，应该发展效率高的轨道交通，以便提升交通的能源效率。此外，对于高密度城市里的高楼大厦，应采用非常先进的保温建材及清洁的能源系统，再加上城市居民的人均居住面积比农村要低，因此保温能源的效率会相对提高（李杜，2005；车文辉，2009）。可见，人口集聚和城市可以通过规模效应发挥作用，有利于资源节约型与环境友好型社会建设。

综上所述，城镇化、人口相对集聚通过作用于创新创业、服务业发展、人力资本积累、缩小城乡收入差距、制度创新及资源节约型与环境友好型社会建设而促进经济发展，从而实现经济发展方式向集约化创新推动、生态保护和环境友好转变。

第六节　人口活跃度与经济发展①

一个国家或地区经济发展状态的决定因素是什么？是人口规模、人口密度、人口聚集、人口流动、劳动力负担和年龄结构、受教育水平？当然，这些因素都可以在某个阶段对经济发展产生作用和影响，但是人口因素不是指某一个单独因素，而是一个综合的因素。

有关人口与经济增长和发展的关系理论一直都是经济学研究的重要领域。新老马尔萨斯主义者认为，人口增长是经济增长的制约因素，而大多数

---

① 人口活跃度是本书研究首次提出的一个关于人口经济因素综合性的概念，本节的主要内容为王金营和李竞博发表的阶段成果《人口与经济增长关系的再检验——基于人口活跃度-经济模型的分析》（发表于《中国人口科学》2016 年第 3 期）及王金营等的论文《人口活跃因素对区域经济增长影响的研究》（发表于《人口学刊》2013 年第 3 期）中综述和模型理论基础部分，在这里略做修改。

学者认为人口增长是经济增长的积极因素。因此，有关人口与经济增长之间相互作用关系的争论由来已久。关于人口对经济增长促进作用的观点，除了上文阐述过的人口素质、人力资本与经济增长理论（Becker et al.，1999；Lucas，1988；Barro and Lee，1993；逯进和周惠民，2013）、年龄结构与经济增长理论（蔡昉和都阳，2011；王桂新等，2005；段平忠，2008）外，还有另外一种重要思想，即人口流动与经济增长理论，该理论重点研究人口流动的收敛效用。该理论阐明了流动人口对经济发展的贡献在于劳动资源和其他经济资源的有效配置。然而，以往有关人口和经济增长的研究过分强调人口某一方面的作用，忽略了人口质量、人口结构和人口分布与迁移流动这三方面因素之间的相互促进及相互影响。因此，我们在研究人口与经济增长及其增长方式转变关系时，应该整体考虑人口各个因素，包括人口质量、人口结构和人口分布与迁移流动状态等。

将人口质量、人口分布与迁移流动和人口结构三个因素结合构建一个新的变量，即人口活跃度（T）。这是一个多维度相互关联的人口因素，相对于经济变量和人口其他因素而言是人口因素的综合性变量。根据人口活跃度递阶层级结构，测度模型可以简单表述为：$T=\sum_{i=1}^{3}W_iB_i=\sum_{i=1}^{3}\sum_{j=1}^{m}W_iW_{ij}C_{ij}$，准则层综合因子$B_i=\sum_{j=1}^{m}W_{ij}C_{ij}$。其中，$T$ 表示人口活跃度；W_i 表示准则层第 i 项综合因子对应目标层的相对权重；B_i 表示第 i 项综合因子得分；W_{ij} 表示第 i 项因子中第 j 个指标的得分权重；C_{ij} 表示第 i 项因子中第 j 个指标以 2000 年为基期的标准化值。

根据索洛模型和新古典经济增长理论，物质资本和劳动力是决定经济增长的基本要素，新经济增长理论把技术进步作为影响经济发展类型与空间的内生性变量。我们依然采用柯布-道格拉斯生产函数，来刻画各要素投入与产出之间的关系。其传统函数模型为

$$Y=AK^{\alpha}L^{\beta} \tag{3-48}$$

其中，Y 表示社会产出；A 表示技术进步水平；K 表示资本投入；L 表示劳动投入；α、$\beta>0$，分别表示资本和劳动的产出弹性，即资本（劳动）投

入的变化引起产值的变化的速率。然而，这一函数成立的条件较为严格，要求要素在既定技术条件下为完全自由的市场配置。事实上，资本要素和劳动要素的配置不仅仅取决于技术条件，而且更多地取决于制度、资源环境及人口等。鉴于本章的目的是探索人口因素如何作用于经济增长，所以这里需要特别指出，人口因素中人口质量、人口分布、年龄结构不仅影响着劳动效率，同时也影响着资本要素的配置。因此，在宏观经济增长模型中，就必须考虑人口发展因素（王金营等，2013）。根据新经济增长理论，将人口质量、人口分布与迁移流动、人口结构三个因素构成的人口活跃度因素相继引入生产函数，其基本函数模型为

$$\text{人口活跃度劳动促进型模型：} Y = AK^{\alpha}\left(\mathrm{e}^{T}L\right)^{\beta} \tag{3-49}$$

$$\text{人口活跃度资本促进型模型：} Y = A\left(\mathrm{e}^{T}K\right)^{\alpha}L^{\beta} \tag{3-50}$$

$$\text{人口活跃度外部性模型：} Y = AK^{\alpha}L^{1-\alpha}\left(\mathrm{e}^{T}\right)^{\lambda} \tag{3-51}$$

其中，T 表示人口活跃度因素的综合指数。式（3-49）和式（3-50）分别表示将人口活跃度因素作为劳动要素或资本要素的内生变量纳入生产函数中，在该模型中人口活跃度的作用仅限于提高劳动或资本要素的产出贡献。式（3-51）则表示将人口活跃度视为独立的生产要素纳入生产函数中，表示人口活跃度具有外部性作用。这三个模型在这里只是理论上予以列示。

第七节　人口发展与经济发展方式转变

人口转变涵盖了人口的数量、结构、质量及分布的变化，其基本特征是从“高出生率、高死亡率和低自然增长率”经过“高出生率、低死亡率和高自然增长率”转变为“低出生率、低死亡率和低自然增长率”。人口转变对产业分工的影响主要表现在劳动力供给和劳动成本方面，劳动力供给和劳动成本的变化将引起产业技术选择，劳动力供给、劳动成本变化及技术选择三

者共同作用促使经济发展方式发生转变[①]。人口转变对经济发展方式转变的影响体现在以下方面：当人口抚养比较低时，劳动年龄人口比重大，劳动力充裕，储蓄率较低，经济增长速度较快。进入老年赡养时期，劳动力匮乏，劳动密集型产业受到抑制，致使资本和技术密集型产业快速发展。全球人口转变的区域差异对区域产业的劳动成本带来了显著影响，导致区域产业生产、贸易和消费格局发生变化，并且人口转变过程、城市化曲线和产业结构演变也是紧密联系的。现阶段的中国正处于出生率逐步降低、死亡率降低、城市化水平快速上升和第二产业主导的工业化快速发展阶段[②]。相对于城市化过程和产业化过程，中国人口将提前进入老龄化阶段（陈彦光，2010）。

一、人口均衡发展与经济发展方式转变

人口均衡发展应包含人口自身的均衡发展和经济、资源、环境、社会的均衡发展两方面内容。人口均衡发展要求重视人口数量、结构和素质目标，考虑人口结构、性别比等人口发展因素（张翼，2010）。人口老龄化作为社会成熟的标志，存在于发达国家发展的进程中，现已成为全球现象，特别是在发展中国家，已经比较普遍地进入老龄化社会。当下中国经济发展面临的严峻挑战是人口老龄化。在中国，人口老龄化带来的经济影响和社会影响较为复杂，目前中国尚未步入发达国家行列，经济发展还未达到较高水平，在“未富先老”的大背景之下，中国经济发展将受到较大冲击。但是，从一定角度看，老年人并非社会和家庭发展的“包袱”。健康老龄化就是把身体健康因素与人力资本积累等因素相结合，伴随着预期寿命的提高，老年人工作年龄将延长，从而使他们可以继续创造社会财富，为家庭和社会继续做出贡献。关注老年人生活和就业参与等新的焦点，可带动相关产业的发展。所以

① 这些观点充分吸收了王钦池的论文《人口转变、劳动成本与产业分工——1961～2012 年全球纸业格局演变分析》（发表于《中华纸业》2013 年第 23 期）及薛继亮和张建武的论文《中国人口转变、技术选择和经济发展方式转变的关系研究》（发表于《资源与产业》2016 第 1 期）等文献并加以提炼和总结。

② 这部分的观点吸收了已有文献的成果，并在此基础上提炼总结而得，主要文献有高孝伟和孔锐的论文《2004—2012 年青海省经济增长因素贡献分析》（发表于《资源与产业》2015 年第 4 期）等。

我们也可将人口老龄化视为人口发展阶段带来的新的发展机遇。人口的均衡发展还需要考虑将人口与经济、社会、资源及环境的均衡发展水平相适应。

目前，人口发展同经济发展、资源环境承载力间的关系主要表现在以下两个方面：一方面，都是以有利于人的全面发展和人类社会的可持续发展为标准，即人口规模的适度、人口质量的提高、人口结构和人口分布的合理等[①]。另一方面，人口均衡发展是高度动态的，伴随经济的发展和科学技术进步，人口的数量、质量和结构也在发展。当前社会经济条件发生改变，会带动人口发展，也会促使社会经济和资源环境的固有关系发生变化，使人口均衡点发生改变（于学军等，2010）。因此，人口均衡发展将有利于经济发展方式的转变，缓解巨量人口规模下经济增长对资源和环境的压力。同时，为经济发展保有充足的动力和人力资本源泉。

二、人口质量与经济发展方式转变

人口质量也称“人口素质”，是人口总体的身体素质、文化素质和思想素质的综合表现，即人力资本的价值水平。它反映人口总体认识和改造世界的条件及能力。从经济发展的过程来看，人口质量在生产要素中的位置越来越重要。传统的经济学理论认为，一国的生产优势主要取决于自然资源状况、资本和劳动力构成的要素比率。但事实上具有资源优势的国家经济不一定发达，而人口质量高的国家往往具有竞争力。因此，在经济发展过程中，我们必须始终把提高人口质量放在首位。人口质量与经济发展方式转变有着密切关系，主要表现在三个方面。

（一）人口质量提升有利于劳动生产率的提升

人力资本水平对劳动生产率影响主要通过人口的身体素质和智力水平来

① 这部分的观点，吸收了已有文献的成果，并在此基础上提炼总结而得，主要文献有程希的论文《对不同地区人口分布与经济和资源环境关系的总体评价》（发表于《人口与经济》1996 年第 6 期）、贾广虹和陈靖的论文《借鉴美国人口政策 推进人口均衡型社会建设》（发表于《中国计划生育学杂志》2011 年第 8 期）、张车伟和蔡翼飞的论文《人口与经济分布匹配视角下的中国区域均衡发展》（发表于《人口研究》2013 年第6 期）。

考察。身体素质方面，一个社会全部人口的平均身体强健程度越高，其能够承担的劳动强度也就越高，单位时间的产出水平也就越高；智力水平方面，一个社会全部人口平均掌握的科学技术或劳动技能越多，单位时间的产出水平也就越高。因此，一个国家或地区，人口质量决定了其劳动生产率的高低。

（二）人口质量对科技进步及社会生产效率和效益产生积极的影响

科学技术水平的高低是衡量一个国家经济发展方式转变的重要标志之一，科技水平的进步离不开人口质量的提高。通常，在就业人口中，接受高等教育的脑力劳动者所占比重越高，劳动生产率也就越高。因此，我们可以通过教育间接提高人力资本水平，为国家培养在科学上有发现、发明的科学研究和设计队伍；能掌握和运用先进生产方法的技术队伍；善于组织、指挥、控制和协调的既懂技术又懂经济的管理队伍，这样可以进一步提高生产效率和效益。

（三）人口质量提高有利于改善资源环境效益

人口质量对资源环境的影响主要表现在两个方面：一是文化素质水平的提高将有利于人们认识到资源环境破坏的危害性，从而有利于其树立环境保护意识，进而在日常生活中注意保护环境；二是文化素质水平的提高将有利于科学技术进步，也能促进保护环境或减轻环境污染的新技术、新工艺、新设备的产生和应用，进而降低人们生产活动过程中对资源的掠夺式消耗和对环境的污染，提高资源环境的效益水平。

人口质量决定着人们的生活方式，生活方式决定着消费模式。人口质量高表现为人口整体科学文化素养高，人们普遍对人与人的关系、人与资源环境的关系的认识水平较高较透彻，对相关法律和规章易于理解和执行。因此，人口质量高的国家和地区的人们的生活方式更倾向于文明消费、节俭生活、循环利用，易于改变不利于资源利用和环境保护的生活方式，如减少生活垃圾的产生和对垃圾分类的处理等。

人口质量高则劳动力人力资本水平高，运用新技术、新工艺及创新的能力就越强，在改变落后的生产方式上越有促进作用。生产方式表现在对资源的利用和环境保护上，如创新并采用能循环利用资源、提升资源利用效率、节约资源的技术，采用低排放的技术来促进环境保护，而这些需要高素质人口和高人力资本水平劳动力的保障。提高人口质量是实现经济发展方式转变的保障和决定因素。

三、人口结构与经济发展方式转变

人口结构也称“人口构成”，指全国或某一地区一定时期内人口构成状况。它具有相对的稳定性，在一般情况下，随着时间的推移及经济发展而有所变化。它依据人口本身所固有的自然的、社会的、地域的特征，将人口划分为各个组成部分所占的比重，一般用百分比表示，通常与社会经济发展相联系的主要是人口的年龄结构和人口的文化素质结构。

人口年龄结构对经济发展方式转变影响的理论机理主要来源于“人口红利”说。王德文等（2004）选用 1982～2000 年的数据研究后发现中国取得的经济增长有 25%来自人口年龄结构的改变。而 Mason 和 Lee（2006）认为这一比例在 1982～2000 年和 1960～2000 年分别为 15%和 8.3%。Fang 和 Wang（2005）通过实证分析 1982～2000 年中国省际数据后发现总抚养比的下降对经济增长的贡献率为 26.8%。尽管有学者认为人口结构对经济增长的作用并不明显。但通过对经历过“人口红利”时期的国家经济发展史研究后发现：“人口红利”是一国经济发展的重要窗口期，这一时期国家的劳动力资源充足，国民储蓄率较高，并且可以利用低廉劳动力的优势为本国积累丰富的经济基础；如果本国没有抓住“人口红利”期的发展优势，那么本国的经济很难再有一个迅速发展的机遇，本国的经济也很难再实现跨越式的发展。并且，在本国“人口红利”逐渐丧失的时候，也就是本国老龄化程度逐渐加深的时期，需要本国经济发展方式逐步由劳动密集型向技术密集型和资本密集型方向转变（原新等，2017）。

人口中劳动年龄人口不断提升而负担较轻时，投资、储蓄有利于经济增长和发展。但是，也面临就业的压力和投资需求的持续，使得劳动密集型生产方式较容易实现。当人口中劳动年龄人口比重下降而抚养人口比重增加时，劳动力减少，劳动成本提高，则企业和宏观经济对技术依赖更加急迫，对劳动节约型的发展方式更加需要，这便需要经济发展方式转变。这是人口年龄结构转变对经济发展方式转变的推动和条件要求。

教育结构是人口文化素质对经济发展方式转变影响的主要因素，这可以通过劳动力的平均受教育年限和专业分工来进行分析。一般认为，受教育水平越高的劳动力拥有的人力资本水平越高，不论其生产还是消费层次均较高，这就会促进本国现代产业的发展；并且随着劳动力所学专业逐渐细化和现代化，本国的社会产业结构会不断地优化和均衡发展，促进经济发展方式的转变。

第八节 人口负增长下经济发展理论

前文论述了人口规模与经济增长的理论，这一理论也适应于人口负增长下经济发展的理论。如前所述的有关人口与经济增长理论、人口与经济发展的理论，其形成的现实背景是人口增长状态。以罗默、卢卡斯、贝克尔及巴洛等为代表的新经济增长理论，力图从知识积累、人力资本积累、人口质量提升等途径证明在人口减缓增长甚至负增长的情况下，依靠知识生产增长、人力资本存量和水平增长及人口质量提升可以实现经济增长。这些理论对人口负增长下实现经济增长有很强的生命力和政策指导价值。但是，除了人口自身的知识、健康等因素外，人口要素中还有哪些没有得到关注和利用，能够解释人口负增长下经济能否实现持续增长呢？特别是像中国这样一个人口规模巨大的国家，又是一个拥有广袤地域的国度，应该有更具说服力的理论探索在人口负增长及老龄化加重、劳动力持续减少情况下，如何实现经济持续中高速高质量增长。为此，我们借鉴已有经济增长和经济发展的理论提出本书研究的理论逻辑和结果。

一、人力资本积累和人口质量提升促进经济持续增长的理论

人力资本积累、人口质量提升与经济增长之间的关系理论和实证成果比

较丰富，从时间顺序和逻辑关系上看，早期 Solow（1956）的新古典经济增长理论中技术进步促进经济增长的结论成为探索经济增长源泉的开端。其后，舒尔茨和贝克尔人力资本投资理论和人力资本理论提出，使经济增长理论中对技术进步源泉的解释得到增强。20 世纪 60 年代，宇泽弘文（Uzawa，1965）的内生性探索，阿罗（Arrow，1962）的“干中学”等使新古典经济增长理论盛极一时。20 世纪 80 年代中期罗默（Romer，1986）的知识积累两部门模型，卢卡斯（Lucas，1988）的有效劳动和人力资本外部性理论及专业化理论，更进一步形成了以新古典经济增长理论为基础的新经济增长理论，使知识、人力资本、健康等人口质量因素引入分析框架，更进一步对现代经济增长现象有了深层的解释。为在人口负增长条件下，探讨人口质量或人力资本提升能否促进经济持续增长打下了坚实的理论基础，人力资本（知识积累、健康水平等）的内生性将弥补人口数量负增长对经济带来的抑制作用而发挥出应有的作用。新时期，经济增长表现出不再依赖于外延，而是更多地依赖于经济本身的内生性动力。已经摆在面前的低生育问题、人口老龄化问题，还有即将迎来的人口负增长问题，随着人口红利逐渐退去，这些问题可能会对经济增长产生一定的制约作用（王金营和杨磊，2010）。而努力提升人力资本，提高人口质量可以说是解决以上问题的重要途径之一。

根据以上阐述可以采用经济增长模型 $Y(t)=AF(K,H,L)$，具体形式为

$$Y(t)=K(t)^{\alpha}H(t)^{\beta}\left[A(t)L(t)\right]^{1-\alpha-\beta} \tag{3-52}$$

其中，$\alpha>0$，$\beta>0$，$\alpha+\beta<1$。

假设：$\dot{K}(t)=s_K K(t)$，$\dot{H}(t)=s_H H(t)$，$\dot{L}(t)=nL(t)$，$\dot{A}(t)=gA(t)$，其中 s_K、s_H、n、g 分别表示的是物质资本增长率、人力资本增长率、劳动增长率、技术进步率。而现有的人口理论和相关实证分析表明，人口健康水平、人口受教育程度、人口活跃度等相关变量是人口增长率的内生变量，即人口增长率受到了来自人口质量和人口活跃程度的内生性影响，可采用函数表示为：$n=n(E,H,T)$。那么

$$k(t)=\frac{K(t)}{A(t)L(t)} \tag{3-53}$$

则

$$\dot{k}(t)=s_K y(t)-(n+g)k(t)=s_K k(t)^{\alpha}h(t)^{\beta}-(n+g)k(t) \tag{3-54}$$

同理

$$h(t)=\frac{H(t)}{A(t)L(t)} \tag{3-55}$$

则 $\dot{h}(t)=s_H k(t)^{\alpha}h(t)^{\beta}-(n+g)h(t)$，当经济达到稳态时，$\dot{h}(t)=\dot{k}(t)=0$，此时

$$h^{*}=(n+g)^{\frac{1}{\alpha+\beta-1}} \tag{3-56}$$

因此，人力资本生产率受到来自人口增长率和技术进步率的影响，而健康投入和教育投入又影响到人口增长率。综合来看，在人口增长率放缓乃至未来人口减少的背景下，提升人口质量、增强教育和健康投入是缓解人口负增长对经济不利影响的现实途径。

二、充分利用人口规模的回旋促进经济发展

在前文已经充分论证了人口规模与经济发展的关系理论，证明一个国家和地区人口规模决定了它的国内分工细化程度和产业体系的完整程度。人口规模大、劳动力规模大从供给侧可以不断通过分工促进效益提高，实现经济增长，同时，人口规模大所具有的回旋空间促进分工细化、深化，进而通过分工协作使产业分化、细化，形成各自规模，创新产业和业态。人口规模大、市场容量大则从需求侧保障产业发展的有效需求，能够促进各个产业的发展。

当一个国家人口规模足够大时，即使人口转变到负增长，该国家或地区依然可以依赖人口规模大所具有的在分工细化和深化、产业分化、新产业成

长等方面的回旋空间，促进经济增长和发展。在人口规模大背景下，当人口负增长时，尽管青少年人口会有所减少，但是会有足够大的人口规模，可以通过学制调节释放青年劳动力增大劳动供给量；同时也可以让更多的青年人接受高层次的教育和科学研究的训练，培养更多创新性人才投入研究与开发活动中，实现创新驱动，为经济社会发展提供足够的人才储备和发展动力。

一个国家或地区，当人口规模足够大时，即使人口转变为负增长，也可以利用规模大的优势，选择更多青年劳动力进入市场，让足够的青年人进行创新人力资本投入，既可以保障有足够的劳动力供给，也可以保障有足够的创新资源投入创新发展中。人口规模大则老年人口规模也大，随着健康水平提升、受教育程度提高及经验人力资本的积累，通过延迟退休可以缓解退休带来的财政压力，更重要的是调节人口老龄化带来的影响，为劳动力市场提供人力资本高、经验丰富的老年劳动者，减缓较早退休带来的对劳动力市场供给的影响，促进经济持续发展。

人口规模大，劳动力年龄人口规模也会足够大，通过制度创新即保持足够高的劳动参与率，也可以为劳动者增加足够多休闲时间和人力资本补充，使休闲与劳动参与二者兼得，专门人力资本投资与劳动时间保障二者兼得。这便是劳动规模大的独特回旋优势。

实现人口规模回旋空间效应的先决条件是人力资本的提升、创新、技术的进步和水平提高。

三、充分利用地域空间的回旋促进经济发展

一个国家或地区的国土面积、资源禀赋差异的大小，决定了人口分布、集聚程度，决定了国内产业的区域分工和协调。国土面积大、空间广阔、人口规模大，则可以充分利用区域资源禀赋差异的空间分布、创新要素聚集、产业的区域分工协作，实现非均衡性发展，实现产业升级和发展方式转变，易于促进国内的大循环。当然，人口负增长更多依赖于国际分工和贸易，需要充分利用国际市场人口规模的回旋空间，需要更加开放，促进人口流动聚集，实现资源禀赋与人力资源的耦合优化配置，进而促进经济发展。

四、提升人口活跃度促进经济发展

王金营、李竞博等在研究过程中提出了人口活跃度理论，发表了两篇阶段性成果（王金营等，2013；王金营和李竞博，2016），证明人口活跃度也是人口因素从宏观层面对经济增长产生影响的重要指标。人口活跃度对经济增长的外部性影响要明显大于其他途径下人口因素对经济增长的影响，人口活跃度是经济增长的内生性动力之一，因此该作用不容小视。当然，人口活跃度不仅考虑了人口质量，更重要的是考虑了人口年龄结构、人口在区域之间的流动和再分布等因素。据此，我们依据本章第三节式（3-21），按照卢卡斯外部性模型 $Y = AK^{\alpha}\left(L \times e^{T}\right)^{1-\alpha}\left(e^{T}\right)^{\gamma}$，可以得到以下的表达形式：$\dot{g} = \frac{\dot{e}^{T}}{e^{T}} = \frac{\dot{T}}{T} = \frac{(1-\alpha)\left[\delta-(\rho-n)\right]}{\lambda(1-\alpha+\lambda)-\gamma}$，其中，$\gamma$ 表示人口活跃度变动带来的产出弹性 T 的变化率；λ 表示偏好；ρ 表示贴现因子；δ 表示人力资本（人口）活跃度增加因子；n 表示人口增长率。

从宏观层面考察，人口活跃度对经济增长的外部性影响不容忽视，其能够显著改善由人口负增长带来的不利影响，促进区域之间的资源优化配置、提升有效劳动和资本效率，促进经济增长方式向集约型转变，实现人口负增长下经济的持续增长。

五、转变经济发展方式以适应人口发展促进经济发展

人口负增长意味着劳动力的日益稀缺，对于具有巨量人口规模的中国来说，要充分利用人口规模给经济增长带来的回旋空间。中国经济的生产方式可以兼顾要素驱动型生产及效率驱动型生产。对于要素驱动型生产要充分利用中国人口规模回旋空间，利用聚集经济带来的递增的生产回报率，同时，充分发挥人力资本所具有的报酬递增的作用；效率驱动型生产的发展方式则是充分利用人力资本、先进的机器设备和生产技术从事劳动投入节约型的生产。从市场需求的角度来看，巨量的人口规模提供了广阔的国内商品和服务的消费市场。在开放经济条件下，中国在经济发展的选择路径上有更大的自由度，既可以通过国际贸易，也可以依赖国内市场发展经济。

综上所述，转变经济发展方式适应人口的发展，要通过经济发展的目的调整、动力转换、实现途径的优化和增长方式的转变，适应人口负增长、劳动力减少、人口老龄化、劳动力老年负担加重等人口发展；积极和充分利用受教育程度提高、健康水平提升、寿命延长等有利因素，实现既保持增长速度又提升质量的经济发展目的；创新引领、产业升级优化、增加有效劳动投入、调整投资结构实现动力转换，集约增长、内需拉动、内涵发展，在人口负增长下实现经济持续增长和发展。

小　　结

现有的理论分别从人口数量、质量、年龄结构、人口空间分布等方面论述了人口与经济发展之间的关系。一方面，人口与经济发展均是经济体的内生因素，两者互为因果，相互影响。当社会经济条件发生改变时，会带动人口发展，即社会经济和资源环境的固有关系发生变化会促使人口均衡点发生改变。另一方面，人口因素如人口规模、人口密度、人口聚集、人口流动、劳动力负担和年龄结构、受教育水平等，都可以在某个阶段对经济发展产生作用和影响，但是人口因素对经济的影响不是指某一个单独因素，而是一个综合影响因素。

新时期下中国的经济发展应当依托大国优势，充分利用中国的人口回旋对经济发展的动力机制。中国巨大的人口规模有利于社会分工精细化从而促进经济增长；巨大的人口规模可以通过学制调节释放青年劳动力增大劳动供给量，同时也可以有更多的青年人接受高层次的教育和科学研究的训练，培养更多创新型人才，为经济社会发展提供足够的人才储备和发展动力，为技术创新提供人力资本支撑及市场需求条件；在人口规模负增长的背景下充分利用中国广袤的空间回旋优势，利用区域间发展差异特征，实现产业协调发展，刺激人口持续流动、聚集，优化人力资源与自然资源禀赋的配置，进而带动经济增长和发展。

转变经济发展方式适应人口的发展，要通过经济发展的目的调整、动力转换、实现途径的优化和增长方式的转变，适应人口老龄化、人口负增长、劳动力减少、劳动力老年负担加重等人口发展条件；充分考虑中国人口规模、人口年龄结构、人力资本及人口空间分布等人口的综合因素，实现既保持经济增长速度又提升经济发展质量的目的；创新引领、产业升级优化、增加有效劳动投入、调整投资结构实现动力转换，集约增长、内需拉动、内涵发展，如此便能够在人口负增长下实现经济持续增长和发展。

第 四 章

世界人口与经济发展方式转变实践①

任何经济理论的阐释和证明，最终是否被验证应该是分析其对现实问题是否给出了合理解释，或者是否通过现实发生过的事情对理论模型进行了检验并证明了其存在性。OECD 成员经济较为发达，其经济增长、发展方式转变在适应人口变动、资源环境约束等方面取得了成功的经验，也存在一些教训，值得后发国家和地区借鉴。因此，本章以 OECD 部分成员为研究对象，分析其经济增长的历史，特别是其人口发展过程、经济增长和经济发展的实际，以及经济增长方式转变与人口发展的脉络关系，通过实证检验印证我们在前三章所阐述的一些理论观点。

第一节 OECD 国家人口发展状况

世界经济的发展史表明，那些不依靠生产率增长而单纯靠生产要素投入

① 本章主要内容首先是在王金营教授指导下，研究生杨茜根据国家社会科学基金项目“人口与经济发展方式转变研究”的设计选择一部分进行初步研究完成硕士毕业论文《OECD 国家人口变动与经济增长方式转变的定量分析》，课题全面系统开展修改时，实证部分在原有基础上有新的修改。之后，该部分内容在课题提交结项后由王金营和李天然合作，又从模型选择、指标测度、数据整理重新进行了颠覆性的研究，其结果形成了另一篇论文《OECD 国家人口变动对经济发展方式转变的影响》（发表在《中国人口科学》2018 年第 6 期）。这两个成果均是国家社会科学基金项目的阶段性成果，后篇是改进后的研究结果，提升甚至改变了前篇的研究。

来实现经济扩张的国家，其经济发展是不可持续的。因此，在经济增长方式的转折点上，依各国经验可以看出有三种可能的路径：一是实现经济增长方式的转变，使生产率的提高成为经济持续增长的源泉。例如，从 TFP 提高对经济增长的贡献看，美国在 1948～1973 年高达 52.5%，在 1948～1996 年为 35.3%（Hulten，2001）。二是没有完成经济增长方式的转变，如苏联劳动力短缺造成资本报酬递减，从而未能保持其经济的高速增长。三是东亚国家，人口转变完成较快，劳动年龄人口不断增长，充足的劳动力和较高的储蓄率，使其在一定时期实现了经济高速增长。但由于资本报酬递减规律的作用，一旦人口红利消失，经济增长将会出现停滞。为了从发达国家经济增长的历史中找到经济发展方式转变的经验和规律，我们首先选取一些 OECD 国家对其人口发展的历史事实进行考察。

一、人口总量增长缓慢甚至出现负增长

OECD 国家很早就完成了人口再生产类型由“高出生率、低死亡率、高自然增长率”向“低出生率、低死亡率、低自然增长率”的转变。从总人口规模来看，OECD 国家的总人口从 1961 年的 8.07 亿增长到 2015 年的 13.28 亿，呈现出平稳的上升趋势[①]。但从各国的人口增长率来看，人口增长水平都很低，且呈现出下降的态势，如图 4-1 所示，从 20 世纪 60 年代初的 1.56%下降至 2015 年的 0.65%。

各个 OECD 国家的人口发展有各自的特点。其中，奥地利、比利时、瑞典和英国从 20 世纪 60 年代开始人口年自然增长率就在 5‰左右，之后一直保持着低水平的自然增长率，奥地利、意大利、日本、葡萄牙等国的人口自然增长率还出现了负增长，但由于存在国际移民迁入，因此这些国家的总人口增长率依然为正，说明人口的国际迁移已经成为维持这些国家人口稳定和保证劳动力充足的重要条件。澳大利亚、加拿大、西班牙和美国的人口增长速度较快，且澳大利亚和美国直到 2010 年人口自然增长率也没有降到 5‰

① 数据来源：https://data.worldbank.org.cn/。

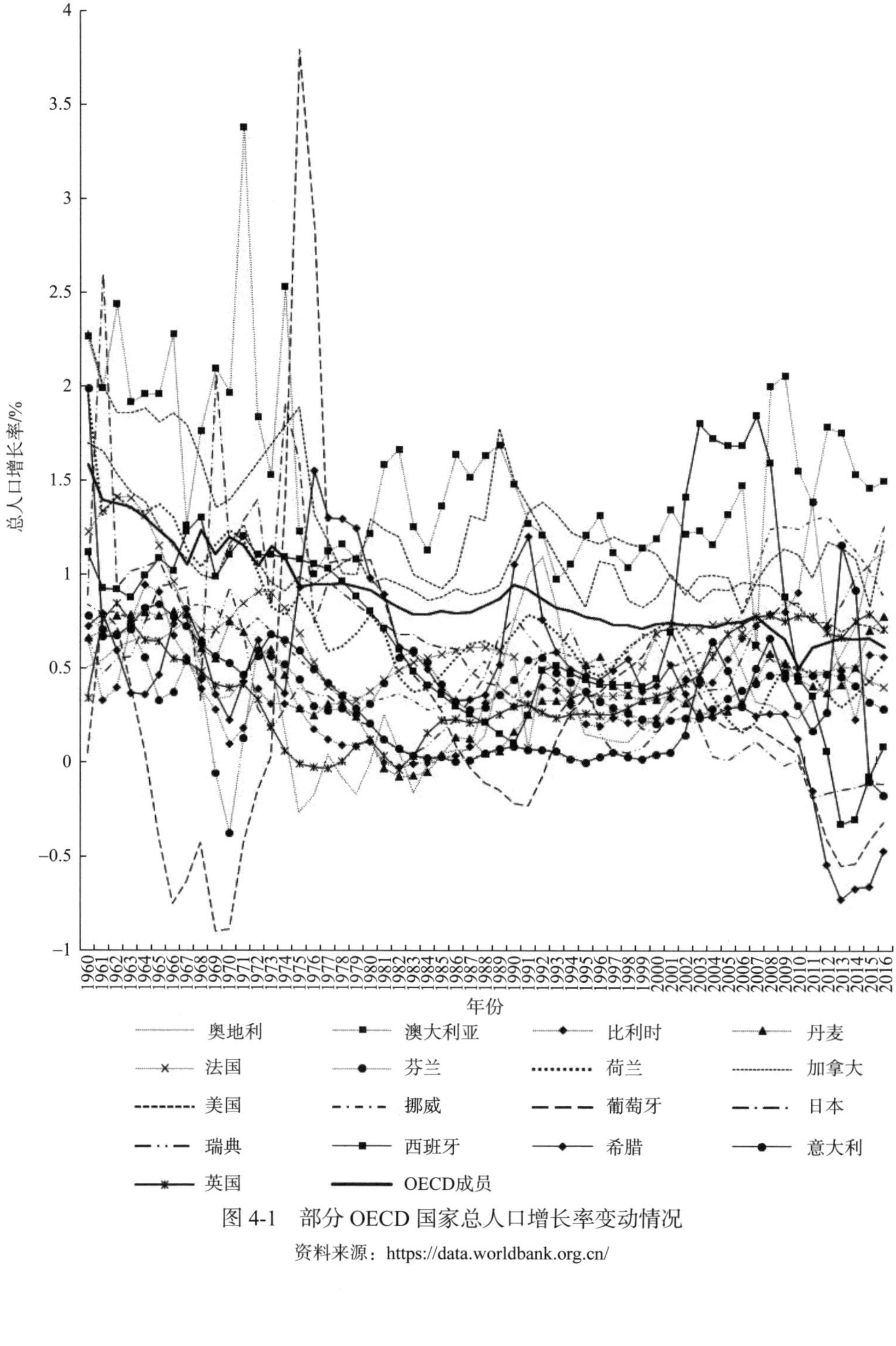

图 4-1 部分 OECD 国家总人口增长率变动情况

资料来源：https://data.worldbank.org.cn/

以下的低水平，这些国家人口的较高增长除了国际移民迁入外，更重要的是取决于他们各自的出生率水平。

OECD 国家都经历了人口出生率的下降并进入低生育率阶段，人口自然增长率呈下降态势甚至出现负增长，如图 4-2 所示。20 世纪 60 年代 OECD 成员整体的出生率虽有下降趋势，但是由于二战后“婴儿潮”的影响，一些国家出生率依然保持在较高水平，尤其是加拿大、澳大利亚、荷兰、葡萄牙、西班牙和美国，在 1965 年以前，出生率都保持在 20‰以上的水平。然

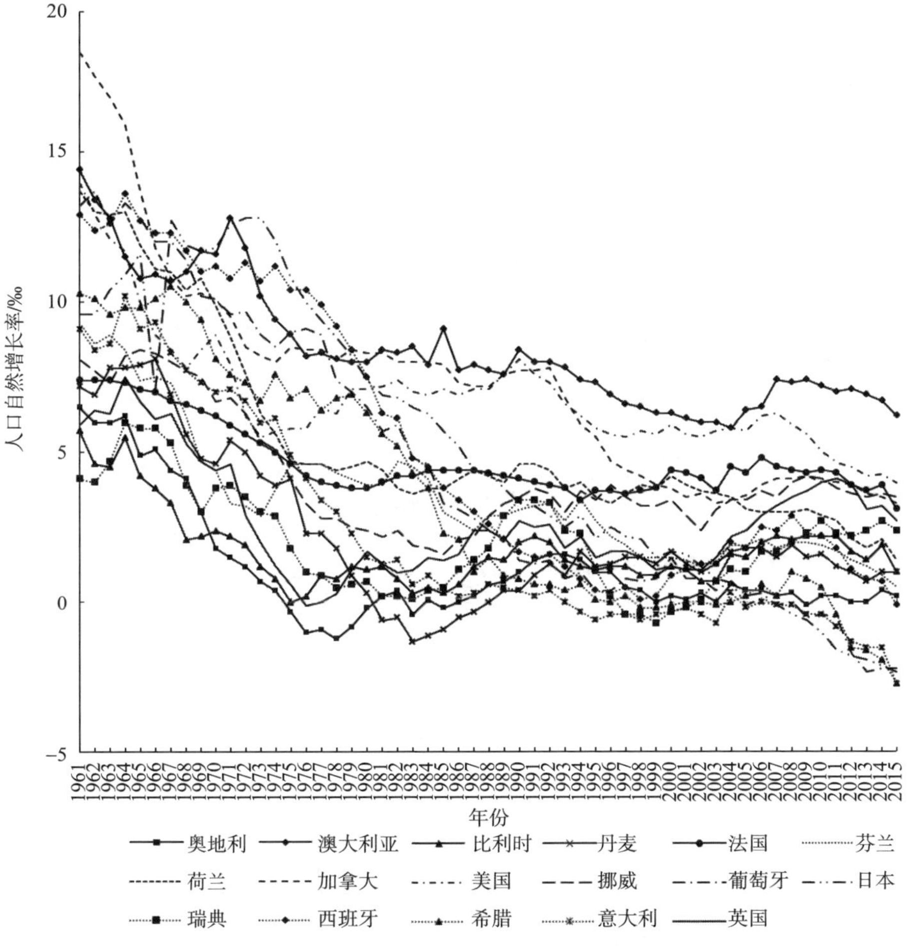

图 4-2 部分 OECD 国家人口自然增长率变动情况

资料来源：https://data.worldbank.org.cn/

而，这一时期 17 个 OECD 国家中除奥地利、比利时、荷兰、法国、葡萄牙和英国死亡率超过 10‰以外，其他 11 个国家的死亡率均降到 10‰以下的水平。进入 20 世纪 70 年代以后，各国的出生率继续缓慢下降，死亡率也保持在低水平状态。20 世纪 80 年代 17 个 OECD 国家的出生率和死亡率均保持稳定，且都较低，澳大利亚和加拿大总人口年均增长率分别为 1.5%和 1.2%，其他国家 20 世纪 80 年代的人口年均增长率都没有超过 1%，处于低增长状态。20 世纪 90 年代以后，OECD 各国人口增长速度普遍趋向缓慢态势。从主要 OECD 国家的人口发展来看，美国的出生率出现明显的下降，从 1990 年的 16.7‰降至 1997 年的 14.6‰。但 1999 年以后，美国的出生率又有所回升，主要原因是其经济发展迅速，刺激了美国人口的增长。21 世纪的 OECD 国家出生率基本保持稳定的低水平，且人口自然增长率很低，有些国家甚至出现负增长。实际上，大部分 OECD 国家的粗出生率从 20 世纪 80 年代以后就降到了 15‰以下的低水平，有些国家甚至降到 10‰以下，并一直保持低水平的发展，如图 4-3 所示。总人口的增长率直接取决于出生率的水平，而如此低的出生率导致许多 OECD 国家的人口出现了零增长甚至负增长，如意大利、日本等国。

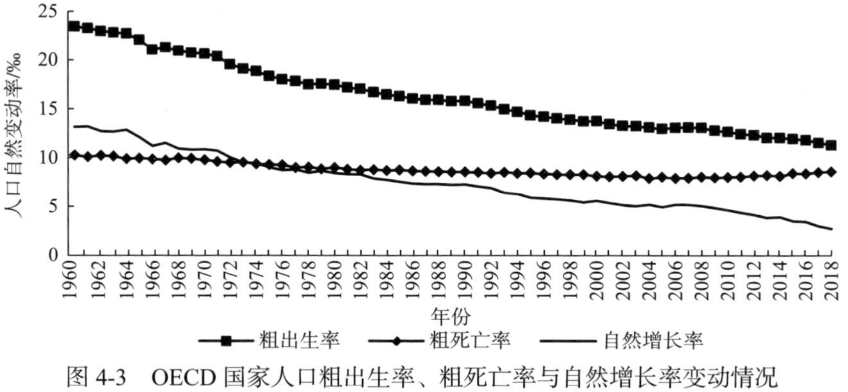

图 4-3 OECD 国家人口粗出生率、粗死亡率与自然增长率变动情况

资料来源：https://data.worldbank.org.cn/

从人口密度看，OECD 国家人口密度差异较大，同时人口密度也在持续变动之中。自 1960 年以来，各 OECD 成员的人口密度长期保持着稳定的增长态势，如图 4-4 所示。只有生产力水平和生活水平提高，才能促进各国人

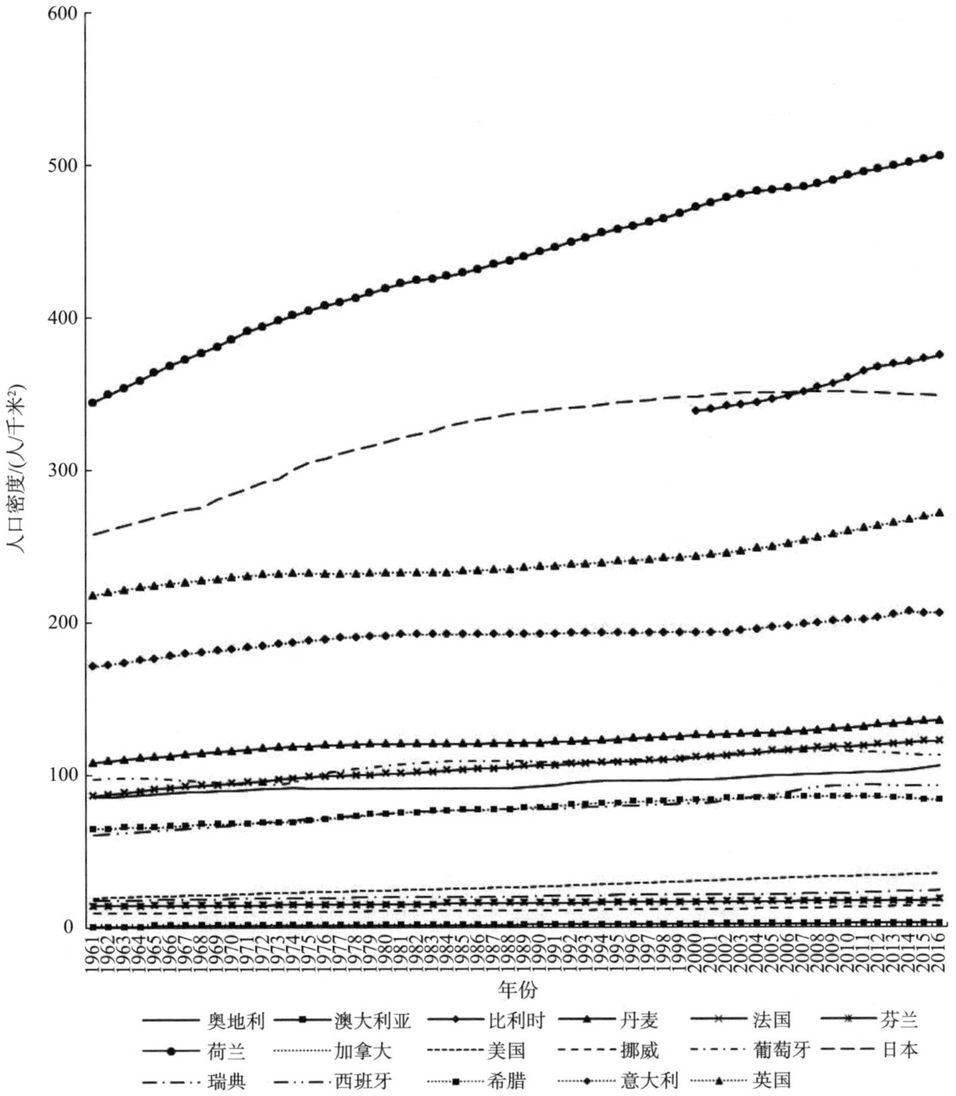

图 4-4　部分 OECD 国家人口密度变动情况

资料来源：https://data.worldbank.org.cn/

口增长，提高人口密度。因此，经济发展为人口密度的增加提供了必要条件。从不同国家人口分布的稀疏程度来看，自然条件和生产力分布的差异，使各国之间经济发展不平衡，也导致了人口和劳动力在各国之间分布不均。

人口密度一般分为四个等级：当人口密度小于 1 人/千米^{2}时，为人口极稀区；当人口密度为 1～25 人/千米^{2}时，为人口稀少区，如加拿大、澳大利亚等国；当人口密度为 25～100 人/千米^{2}时，为人口中等密集区，如希腊、西班牙等国；当人口密度达到 100 人/千米^{2}时，为人口较高密集区，如丹麦、意大利、荷兰、日本、英国等。从人口分布与经济发展的状况来看，一个国家或地区的人口密度是否合适，对该地区经济发展有着巨大的影响。一方面，人口密度过大会出现人口和劳动力过剩问题，从而产生大量的失业人口和待业人口，人均收入水平偏低，对经济发展造成压力；另一方面，人口过疏则会出现劳动力不足，市场狭小，从而影响生产的发展。从 17 个 OECD 国家发展的现状来看，荷兰的人口密度最大，虽然其拥有的自然资源较为丰富，但过高的人口密度会使得土地或经济资源不能得到优化配置，造成发展不均衡，在一定程度上减缓经济发展速度。日本人口密度也较大，日本集聚了大量的人口、劳动力和资本，人口密度在 2015 年达到每平方千米 348 人。而经济发展速度相对较快的美国、加拿大、澳大利亚等国的人口密度却相对较低。如何使人口分布与经济发展水平协调仍然是值得思考的重要问题。

二、生育水平低且多数低于更替水平

通过观察 OECD 国家的生育水平可以发现，在 20 世纪 70 年代之前大部分国家的总和生育率在更替水平之上，随着人口转变，OECD 国家的总和生育率基本呈下降趋势，在 1980 年之前各国的总和生育率都有明显的下降过程，其中加拿大、芬兰、荷兰和美国等国家在 1961～1980 年总和生育率下降幅度较大，之后则保持稳定，如图 4-5 所示。

总体上 OECD 国家已经处于低生育水平阶段，有些国家更是处于极低甚至超低的生育水平，以 2015 年数据为例，澳大利亚（1.81）、芬兰（1.65）、法国（1.96）、挪威（1.72）、瑞典（1.85）、英国（1.80）、美国（1.84）等国的生育水平相对较高，但也低于更替水平，而奥地利（1.49）、希腊（1.33）、意大利（1.35）、日本（1.45）、西班牙（1.33）等国则处于小于 1.5 的超低生育水平。

各 OECD 国家已经普遍意识到低生育水平会对经济的发展带来负面影

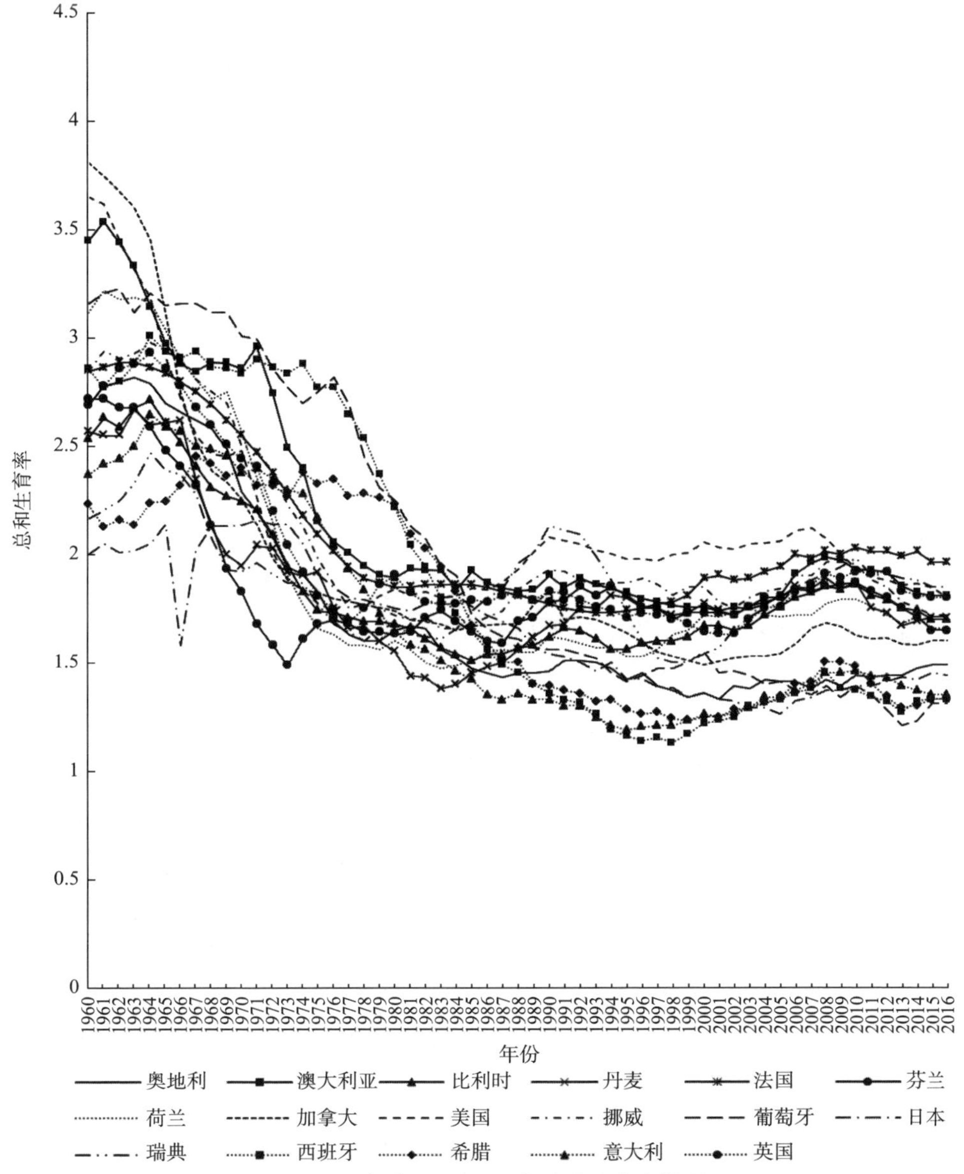

图 4-5 部分 OECD 国家总和生育率情况

资料来源：https://data.worldbank.org.cn/

响，因此许多国家都采取了鼓励生育的政策，但就目前实施来看效果并不明显，也就是说生育水平一旦下降则很难再提高。OECD 国家为鼓励生育所采取的政策大致包括三个方面：即以育儿奖励为核心的现金补贴、税收减免与收入补偿政策，以延长孕产假为内核的生育产假制度，以保育服务为主的社会公共服务体系。到 20 世纪末，OECD 国家基本已经形成了相对完善和健全的生育政策体系，以期利用这些直接或间接的手段来降低育儿成本，避免生育率下降，促使生育水平提高。然而，通过评估政策效果发现，这些政策的作用效果相对缓慢和滞后，难以在短时间内消除“低生育率陷阱”带来的惯性。甚至，有一些国家在推出鼓励性的生育政策后，生育率依旧在低位徘徊，如法国、德国和西班牙等。还有一些国家，如日本、韩国等为刺激生育而做出的各种努力也不能挽救总和生育率下降的趋势。

三、劳动力比重下降，人口老龄化严重

OECD 国家总的劳动年龄人口规模在 1961 年为 4.9 亿，2010 年达到 8.3 亿，到 2015 年达到 8.41 亿。各个 OECD 国家的情况又略有区别，丹麦、瑞典、挪威等北欧国家的劳动年龄人口从 20 世纪 60 年代以来一直保持平稳，增幅不大，而有些国家如加拿大、澳大利亚、美国等国家的劳动年龄人口则呈现明显的上升趋势，如图 4-6 所示。从整体来看，OECD 国家的劳动年龄人口比重在 20 世纪 80 年代中期之前增长速度较快，在 20 世纪 90 年代陆续达到峰值，随后开始下降。20 世纪 90 年代以后，丹麦、意大利、日本、荷兰等国劳动力比重开始出现下降，这与这些国家的老龄化水平是分不开的。日本的劳动力比重分别在 1969 年和 1992 年左右出现两次峰值，受低生育率和老龄化的影响，1992 年以后日本的劳动力比重呈迅速下降的态势。加拿大和美国在 20 世纪 70 年代以前劳动力比重低于其他 OECD 国家，之后快速增长。20 世纪 80 年代以后，OECD 国家的劳动年龄比重就一直在 66%左右的水平。

人口老龄化是当前世界各国面临的一个共同课题。从全球视角来看，19 世纪后期，欧洲一些发达国家的生育率率先进入持续下降阶段，老龄化现象开始在部分国家出现。1851 年，法国 60 岁及以上人口比重达到 10.1%，成为世界上第一个进入老龄化社会的国家，随后瑞典、挪威、英国等一批欧洲国家步入老龄化社会。20 世纪 70 年代以后，老龄化逐渐在亚洲和美洲地区

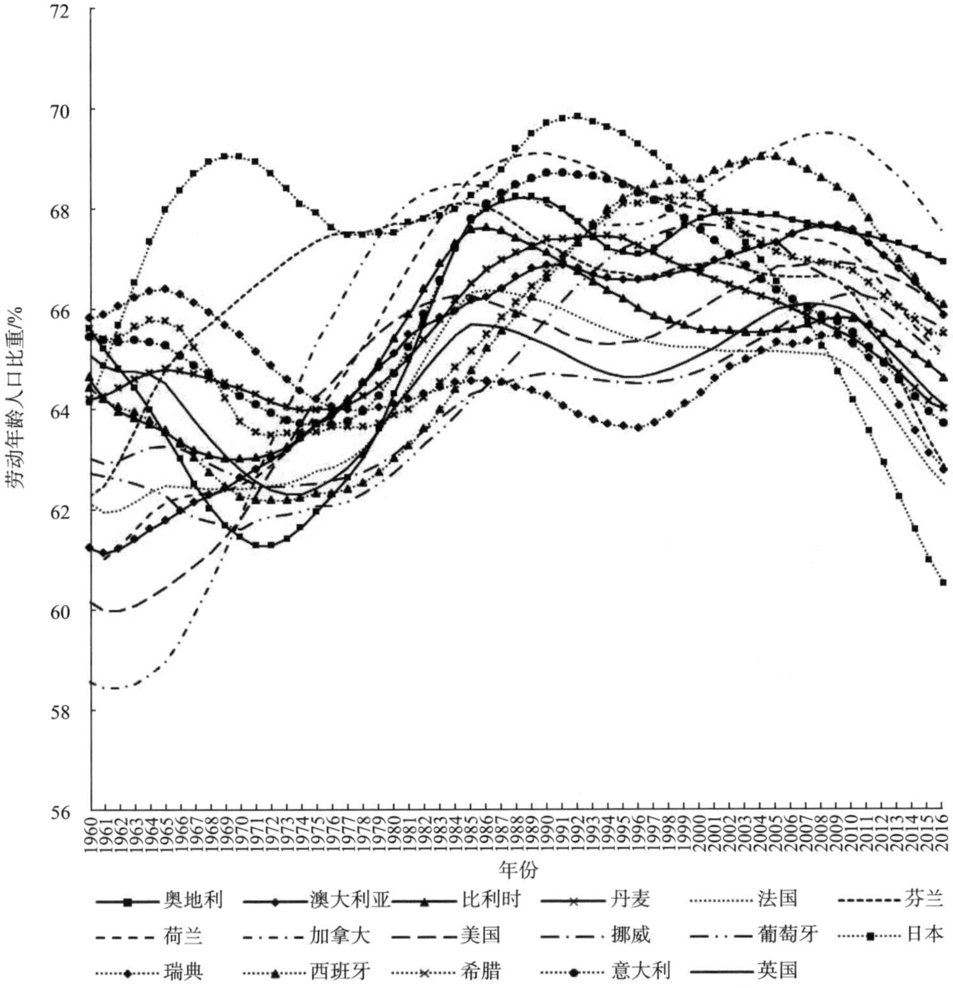

图 4-6 部分 OECD 国家劳动年龄人口比重变化

资料来源：https://data.worldbank.org.cn/

出现，目前已经成为全球现象，进入 21 世纪以后，老龄化速度进一步加快，如图 4-7 所示。根据《2015 年全球老龄事业观察指数》报告，到 2030 年全球 60 岁及以上的老年人比例将达到 16.5%。根据联合国发表的《2003 年全球人口报告》，发展中国家的老年人将会越来越多，中国、印度和美国是人口大国，也会是人口老龄化大国。全球移民数量的不断增长将会降低发达国家人口老龄化的程度和延缓老龄化速度。

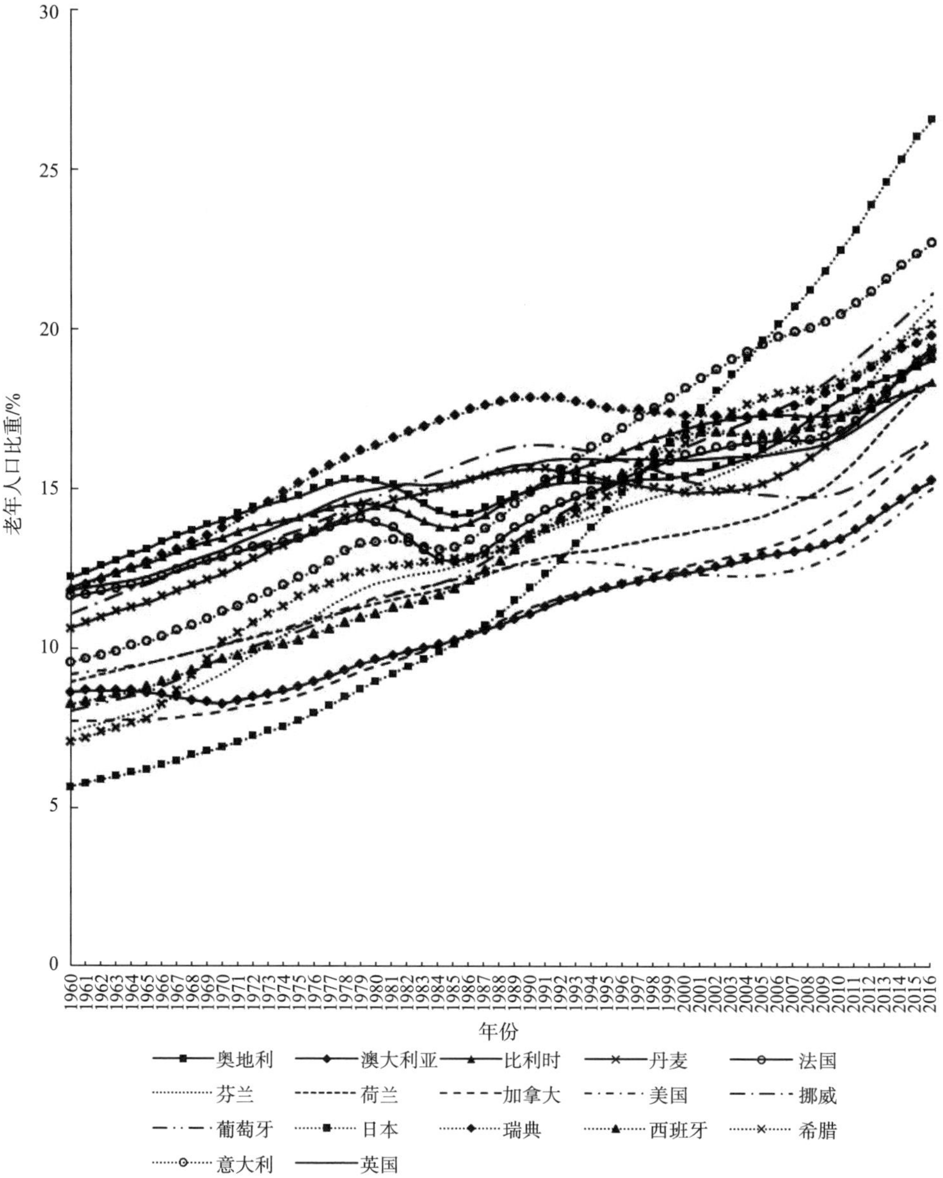

图 4-7　部分 OECD 国家老年人口比重变动

资料来源：https://data.worldbank.org.cn/

人口预期寿命的不断延长和出生人数的不断减少共同导致人口老龄化程度不断加深。OECD 国家人口的平均预期寿命从 1960 年的 67.3 岁延长到

2017 年的 80.6 岁。较为有代表性的国家中，美国 2017 年 65 岁及以上的老年人口占总人口的比重为 15.4%；日本 65 岁及以上老年人口占总人口的比重由 7%上升到 14%仅用了 25 年的时间，人口老龄化速度是所有 OECD 国家中最快的，伴随着寿命的延长及“少子化”趋势，日本老龄化的程度还将继续加深；韩国 2017 年 65 岁及以上的人口老龄化程度为 11.9%，快速发展的经济使人们的生育意愿发生改变，并且医疗技术水平的不断提升使韩国人口平均预期寿命延长至 82.4 岁，不断减少的劳动力和不断增加的老年人口将会不断加大韩国的财政负担；芬兰人口老龄化的速度相对快于其他 OECD 国家，2017 年芬兰 65 岁及以上的老年人口占总人口的比重为 21.2%，老龄化程度的加深使芬兰意识到人口老龄化对国家带来的影响较为深远，所以芬兰在解决人口老龄化问题上较其他 OECD 国家先行一步。

人口老龄化是人类社会发展中不可避免的历史现象，无论从微观个体还是宏观整体来看，人口老龄化都有着深刻的影响。人口老龄化不仅通过影响劳动力市场、储蓄率、消费与投资、社会保障制度、产业结构和技术创新等路径影响着宏观经济发展，还会改变养老模式、家庭居住安排和人口流动等，从而增加企业、家庭和个人的成本负担。因此，各国为应对人口老龄化带来的问题采取了很多政策措施，归纳起来可分为两大类：第一类是针对改善人口年龄结构本身的，包括鼓励生育的政策及移民政策；第二类则是应对人口老龄化带来的问题，如推迟退休年龄、养老金制度的改革、医疗健康改革等。例如，英国主要通过控制提前退休和提高退休年龄来改革退休制度，倡导积极老龄化、社会融入和自立，并实施以促进就业为导向的社会政策，同时大力开发人力资源。德国则通过改革养老保险制度、延长退休年龄、教育改革、鼓励移民、鼓励生育、提供多种养老方式和发展长期护理保险等措施应对老龄化。而美国、日本和韩国主要通过政府制定相应的法律法规、方针和政策来解决人口老龄化问题，如改革与完善老年社会保障制度，并积极引导社会力量共同参与老年事业。

四、人口质量高，人力资本存量丰富

20 世纪 60 年代以来，OECD 国家的人口质量不断提高，人力资本存量不断丰富。本部分主要从人口的教育水平和健康水平两个方面来进行阐述。

人口的受教育水平可以从产出和投入两个方面表现出来。一是教育的产出结果，即人口的平均受教育程度。从各国 15 岁及以上人群的平均受教育年限可以看出，OECD 国家的人口平均受教育水平普遍较高，且各国都呈上升的趋势，如表 4-1 所示。其中 2015 年葡萄牙、奥地利、芬兰的教育水平低于其他 OECD 国家，到 2015 年平均受教育年限均未超过 11 年。而澳大利亚、美国、加拿大等国家从 20 世纪 60 年代起平均受教育年限就处于较高的水平，且维持在 10 年左右，可以发现这些国家也都是注重科技进步和人才引进的国家。

表 4-1 部分 OECD 国家 15 岁及以上人群的平均受教育年限 单位：年

国家	1960 年	1965 年	1970 年	1975 年	1980 年	1985 年	1990 年	1995 年	2000 年	2005 年	2010 年	2015 年
奥地利	5.86	6.69	7.40	7.70	7.89	8.11	8.36	8.81	8.97	9.29	9.60	10.27
澳大利亚	8.53	8.93	9.70	10.52	11.20	11.20	11.18	11.20	11.07	11.38	11.54	12.92
比利时	7.22	7.33	7.66	8.03	8.50	8.97	9.43	10.00	10.29	10.59	10.69	11.36
丹麦	5.06	5.72	6.78	7.46	8.14	8.77	9.35	10.04	10.77	11.10	11.30	11.67
法国	4.20	4.65	4.75	5.76	5.96	6.91	7.65	8.82	9.75	10.12	10.68	11.60
芬兰	4.18	4.84	5.73	6.74	7.56	7.44	7.55	8.59	9.09	9.51	9.84	10.94
荷兰	6.19	7.31	8.20	8.93	9.46	9.92	10.28	10.56	10.81	10.80	11.39	11.74
加拿大	8.34	8.65	9.14	9.70	10.15	9.94	10.33	10.71	10.95	12.03	12.32	12.83
美国	9.17	10.03	10.78	11.46	12.03	12.08	12.20	12.59	12.64	12.86	13.18	13.29
挪威	7.48	7.86	8.32	8.54	8.96	9.69	10.28	10.72	11.02	11.78	11.59	12.11
葡萄牙	2.28	2.46	2.93	3.80	4.65	5.42	6.00	6.69	7.43	7.02	7.52	9.14
日本	7.76	7.48	7.83	8.38	9.10	9.63	9.82	10.51	10.94	11.30	11.60	12.60
瑞典	7.56	7.96	8.45	9.24	9.86	10.20	10.58	11.18	11.38	11.81	11.64	11.89
西班牙	4.18	4.48	5.59	5.91	6.81	6.89	7.02	8.11	8.93	10.12	10.27	11.24
希腊	7.39	6.41	6.52	6.79	7.10	7.89	8.58	8.73	8.89	9.90	10.30	11.60
意大利	4.86	5.23	5.63	6.16	6.71	7.18	7.70	8.27	8.78	9.15	9.63	11.11
英国	6.86	7.46	7.91	8.25	8.41	8.68	9.10	9.44	9.92	11.10	12.24	12.67

资料来源：Barro-Lee 教育成就数据库

二是教育的投入程度，政府对教育的大力投入是人口平均受教育水平不断提升的重要因素，因此政府教育投入占 GDP 的比重可以很好地反映各国政府对教育的投入情况。本节以 2017 年政府教育投入为参照，对比分析近年来 OECD 国家的教育投入程度，如图 4-8 所示。根据世界银行的数据可以看出，2010 年所观察的 OECD 国家中，除意大利、日本和西班牙以外，其他各国政府的公共教育投入占 GDP 的比重均超过 5%，其中丹麦最高（8.5%），在 2000 年和 2005 年这两个年份丹麦同样也是比重最高的，可见丹麦政府十分重视公共教育投入。纵观各国在 1995～2010 年政府公共教育投入占 GDP 的比重可以发现，比利时、丹麦和荷兰三个国家在这十几年中该指标不断提高，2010～2017 年，除挪威、瑞典和比利时等国家比较特殊，该指标在其他各国均下降。

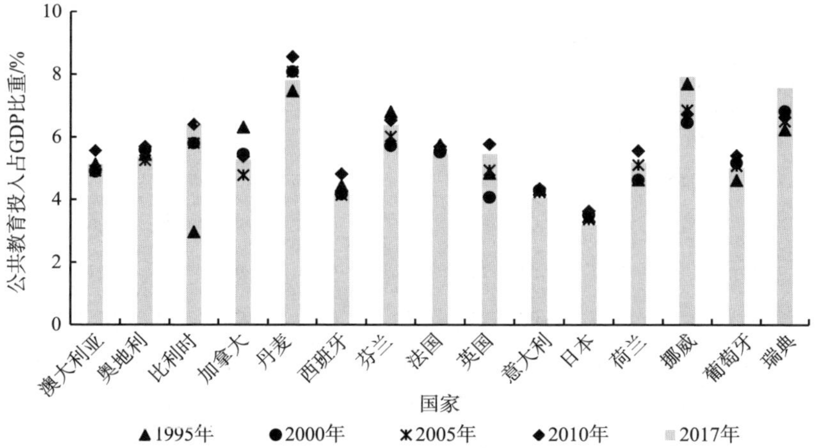

图 4-8　部分 OECD 国家公共教育投入占 GDP 的百分比

资料来源：https://data.worldbank.org.cn/

人口平均预期寿命反映一个国家人口的生存质量和健康水平，体现了人口的健康水平。如表 4-2 所示，OECD 国家的人口平均预期寿命基本呈增加趋势，这意味着健康人力资本水平不断提高。这不仅是各国社会经济发展和卫生医疗水平不断提高的表现，也是促进经济增长和发展的重要手段。健康强壮的身体、旺盛的精力不仅有利于增加劳动时间，还进一步提高了劳动参与率和劳动者在单位时间的产出效率。此外，健康水平的提高也能够提高其他形式人力资本的产出效率，如人口的受教育程度对其他生产投入要素具有正向的外部性效应。因此，健康人力资本水平的提升是一国经济发展的重要保障。随着人口平均预期寿命的延长，人口老龄化水平也将不断提高。大多数 OECD 国家 2015 年的人均预期寿命超过 80 岁，其中日本、西班牙、意大利、澳大利亚的人口平均预期寿命处于较高水平。以日本为例，自 1975 年以来人口平均预期寿命就超过其他国家，这也使得日本成为世界上老龄化严重的国家之一。人口老龄化程度持续加深会造成医疗卫生费用的持续上涨，特别是高龄老人和失能老人的照护需求迫切，难以满足将给个人、家庭乃至社会带来沉重的经济负担和生活负担，在一定程度上阻碍经济发展。由此，如何进行人力资本投资，以获得良好的经济效益，仍然是人口老龄化进程中不容忽视的重要问题。

表 4-2 部分 OECD 国家人口的平均预期寿命 单位：岁

国家	1961 年	1965 年	1970 年	1975 年	1980 年	1985 年	1990 年	1995 年	2000 年	2005 年	2010 年	2015 年
奥地利	69.58	69.72	69.89	71.08	72.42	73.75	75.53	76.72	78.03	79.33	80.38	81.19
澳大利亚	70.97	70.85	71.02	72.63	74.33	75.63	76.99	77.83	79.23	80.84	81.70	82.40
比利时	70.52	70.63	70.97	71.97	73.21	74.52	76.05	76.84	77.72	78.98	80.23	80.99
加拿大	71.35	71.87	72.70	73.52	75.08	76.30	77.38	77.98	79.24	80.29	80.89	82.13
丹麦	72.44	72.37	73.34	74.08	74.10	74.43	74.81	75.21	76.59	77.84	79.10	80.70
芬兰	68.84	68.98	70.18	71.67	73.44	74.22	74.81	76.41	77.47	78.82	79.87	81.48
法国	70.12	70.81	71.66	72.85	74.05	75.30	76.60	77.75	78.96	80.11	81.37	82.27
希腊	68.55	69.64	70.90	72.29	73.65	75.08	76.94	77.59	77.89	79.24	80.39	81.04
意大利	69.76	70.17	71.56	72.65	73.94	75.50	76.86	78.01	79.43	80.58	81.74	82.54
荷兰	73.65	73.57	73.59	74.50	75.74	76.28	76.88	77.40	77.99	79.35	80.70	81.51
日本	68.31	70.20	71.95	75.06	76.09	77.65	78.84	79.54	81.08	81.93	82.84	83.79
挪威	73.55	73.72	74.09	74.82	75.67	75.92	76.54	77.74	78.63	80.04	81.00	82.30
葡萄牙	63.25	64.99	67.07	68.31	71.21	72.81	73.97	75.31	76.31	78.07	79.03	81.12
西班牙	69.48	70.81	72.03	73.32	75.35	76.26	76.84	77.98	78.97	80.17	81.63	82.83
瑞典	73.47	73.86	74.65	74.98	75.74	76.67	77.54	78.74	79.64	80.55	81.45	82.20
英国	70.88	71.62	71.97	72.72	73.68	74.63	75.88	76.84	77.74	79.05	80.40	80.96

续表

国家	1961年	1965年	1970年	1975年	1980年	1985年	1990年	1995年	2000年	2005年	2010年	2015年
美国	70.27	70.21	70.81	72.60	73.66	74.56	75.21	75.62	76.64	77.34	78.54	78.69

资料来源：https://data.worldbank.org.cn/

第二节　OECD国家的经济发展情况

一、基本概况

在人口转变的同时，OECD 国家的经济格局也发生了巨大的变化。如表 4-3 所示，从各 OECD 国家的 GDP 的年均增长率来看，20 世纪 60 年代日本的 GDP 增长超过其他国家，进入经济高速增长时期。1959 年到 1970 年，有 10 年增长率高达两位数以上，且人口年增长率稳定在 1%左右，因而 GDP 以年均 9%的高水平不断增长。同一时期其他 OECD 国家也都实现了较高的经济增长率，但日本的增长率明显高于同期的这些国家，显示出强劲的高增长趋势。

表 4-3　部分 OECD 国家 GDP 年均增长率变动　　单位：%

国家	1961～1965年	1966～1970年	1971～1975年	1976～1980年	1981～1985年	1986～1990年	1991～1995年	1996～2000年	2001～2005年	2006～2010年	2011～2015年
奥地利	4.39	5.17	3.96	3.31	1.48	3.04	2.23	3.02	1.72	1.33	1.11
澳大利亚	4.59	5.59	3.19	2.84	2.86	3.97	2.41	4.24	3.24	2.85	2.72
比利时	5.01	4.69	3.65	3.18	0.95	3.09	1.60	2.90	1.82	1.45	1.00
丹麦	5.30	3.84	1.69	2.68	2.76	1.45	2.34	3.01	1.34	0.25	1.14
法国	5.76	5.38	3.90	3.38	1.60	3.39	1.29	2.91	1.66	0.79	0.97
芬兰	4.88	4.35	4.42	3.20	2.85	3.45	–0.37	5.08	2.59	0.94	–0.02
荷兰	5.54	5.31	3.35	2.61	1.14	3.35	2.30	4.34	1.34	1.31	0.82
加拿大	5.76	4.66	4.41	3.72	2.71	2.63	1.72	4.02	2.57	1.16	2.24
美国	5.00	4.02	2.70	3.70	3.36	3.36	2.60	4.30	2.54	0.78	2.19

续表

国家	1961～1965年	1966～1970年	1971～1975年	1976～1980年	1981～1985年	1986～1990年	1991～1995年	1996～2000年	2001～2005年	2006～2010年	2011～2015年
挪威	4.63	3.75	4.88	4.56	3.48	1.70	3.74	3.63	2.21	0.97	1.74
葡萄牙	6.36	7.05	4.53	5.11	0.90	5.68	1.73	4.08	0.87	0.63	−0.85
日本	9.38	9.21	4.60	4.39	4.28	5.01	1.58	1.12	1.18	0.15	1.02
瑞典	5.18	4.03	2.59	1.35	2.00	2.40	0.75	3.58	2.63	1.67	2.15
西班牙	8.59	6.28	5.35	1.97	1.40	4.50	1.52	4.09	3.39	1.10	−0.16
希腊	8.09	7.22	5.20	4.20	0.15	1.27	1.26	3.65	3.90	−0.24	−3.85
意大利	5.22	6.21	3.21	4.46	1.69	3.12	1.31	2.00	0.94	−0.27	−0.58
英国	3.14	3.40	2.07	2.25	2.39	3.50	1.63	3.32	2.76	0.37	2.08

资料来源：https://data.worldbank.org.cn/

进入 20 世纪 70 年代以后，OECD 国家普遍进入经济滞涨期。尤其是 1973 年爆发石油危机后，各个国家都陷入二战后空前严重的经济危机当中。1971～1975 年，美国的 GDP 年均增长率仅为 2.70%，劳动生产率的年均增长率仅为 0.8%，这一事实决定了美国经济停滞的趋势。而日本在这一时期也处于经济低速增长阶段，在 1974 年出现了二战后首次负增长。虽然在 20 世纪 70 年代中期经济有所回升，但上升势头微弱，GDP 年均增长率从 20 世纪 60 年代约 9%的水平下降到 20 世纪 70 年代约 4%，尽管如此，日本的经济增长率也明显高于大多 OECD 国家。法国 20 世纪 70 年代初期经济增长呈现持续上升趋势，国外需求增加是这次经济增长的主要原因。而 20 世纪 70 年代中期以后，法国经济进入缓慢增长阶段，在石油危机引发的世界性经济危机中，法国经济衰退，导致法国经济总量严重失衡，财政赤字严重，通货膨胀率居高不下，并被迫实行了三次贬值，失业人数猛增。英国 20 世纪 70 年代的经济发展更为缓慢，1971～1975 年英国 GDP 年均增长率仅为 2.07%。除丹麦以外，其增长率水平在其他 OECD 国家中最低，且同期工业生产停滞，年均通货膨胀率达到 12.5%，利率居高不下，产品竞争力下降，失业率不断攀高，国际收支危机和财政危机并发。

进入 20 世纪 80 年代，经济又一次陷入危机。1982 年，美国经济衰退降到谷底，GDP 年增长率为负数。1983 年开始复苏，由此进入了稳定增长期，1986～1990 年的 GDP 年均经济增长率为 3.36%，工业开始发展，出口增加，到 1989 年美国经济一直持续增长，这次经济增长创造了战后和平时期的增长持续时间最长的记录。日本 20 世纪 80 年代逐渐摆脱经济危机以后，为了进一步发展经济，实行了一系列经济调整，如大力发展高新技术产业，促进了资本密集型的重工业向高附加值、低能耗的技术和知识密集型产业转变，使产业结构得到调整，经济发展较其他 OECD 国家依然迅速。20 世纪 80 年代初期的英国，经济也开始呈现复苏，尽管在 1981 年失业人数达到 250 万，但当年的通货膨胀率下降到 12%。1982 年经济开始回升，经济升温的主要原因是消费需求开始扩张，1986～1990 年，英国 GDP 年均增长率达到 3.50%，创造了自 20 世纪 50 年代以来英国经济发展的奇迹。英国这一时期受到前一次生育高峰和外来移民增加的影响，出生率有所回升，使英国人口持续增长。由于出生率依然偏低，而死亡率偏高，人口增长率较低，人口年均增长率仅为 0.2%，但英国这一时期的经济活动人口年均增长率为 0.5%，其增长速度超过了人口增长，经济活动人口的稳定增长在一定程度上促进了英国的经济增长。而当其他 OECD 国家经济普遍复苏时，法国的经济却停滞不前，1985 年的 GDP 增长率只达到其他 OECD 国家平均值的一半左右，工业生产缺乏活力，外贸逆差连年增加，失业问题严重，整个经济处于萧条状态。

20 世纪 90 年代以后，美国经济增长速度趋向缓慢，海湾战争导致石油价格上涨，加速了美国经济衰退的进程。日本从 20 世纪 90 年代初经济便出现下滑趋势：1991～1995 年 GDP 的年均增长率仅为 1.58%，成为二战后第二长的衰退期；1995 年经济增长率开始回升，但随后爆发的东南亚金融危机，使日本经济再度陷入了严重的萧条中；1998 年经济进一步恶化，GDP 增长率降为–2.0%，直到 2000 年才出现转机。意大利在 20 世纪 90 年代初期经济因受其他发达国家经济衰退的影响而遭受严重冲击，通货膨胀不断上升，增长速度明显放慢。1992 年意大利在金融风暴中退出欧洲货币体系，1993 年经济出现负增长，1994 年经济摆脱衰退开始复苏，1995 年经济发展明显加快，但 1996 年发展速度有所放慢，GDP 增长率为 1.13%，1997 年经济开始回升，并于 1999 年搭上欧元“头班车”。1991～2000 年，意大利人均 GDP 年均增长率在 2%左右，人口年均增长率也仅为 0.04%。

世纪之交的 OECD 国家经济稳步增长。2000 年法国、意大利、西班牙等 OECD 国家的经济增长率均创造了 20 世纪 90 年代以来的最高纪录。这一时期，人口增长对经济增长的推动是显著的。在 2000～2010 年，意大利人口从 5672 万人增长到 6048 万人，这一时期意大利每年的出生率都小于死亡率，人口自然增长率为负，总人口的增长实际靠的是不断涌入的移民。移民现象从 20 世纪 90 年代初期开始已经显现，这一时期随着劳动力市场需求的不断增加，大量流入的外国移民成为意大利劳动力资源的有益补充，移民速度也有所加快。世界银行数据显示，2000 年意大利共有 212.16 万国际迁徙者，这个数字到 2005 年已经达到 395.48 万人。①这些外国移民作为意大利人口增长的主要因素，促进了工业化和城市化的发展，移民已成为促进意大利经济发展的一个重要因素，移民就业者约占意大利就业总人数的 10%，移民贡献约占 GDP 的 11.1%，加速了意大利经济发展的进程。

人口变动与经济发展有着千丝万缕的联系，从 OECD 国家来看，现代人口再生产类型的确立，使它们的人口进入了稳定低增长时期，有利于人口密度和人口质量的提高，有利于增加资本积累，这对于经济发展是有积极推动作用的。

二、TFP 增长率及贡献率的变动

基于以上分析，可以看出 OECD 国家的经济增长表现出了明显的差异，一些国家的经济增长依然强劲，而另一些国家则陷入了长期低迷。因此，本节通过刻画 1960～2016 年主要 OECD 国家 TFP 增长率和贡献率的趋势图，来试图探究经济增长差异的原因。

图 4-9 显示了 17 个 OECD 国家在 1961～2016 年的 TFP 增长率和 GDP 增长率。总体来看，在整个观测时期内，二者之间的发展趋势基本一致，吻合度很高。换而言之，OECD 国家 TFP 与国民经济的发展是密切相关的，对 GDP 的增长起到了主导作用，是促使各国经济发展方式发生转变的重要影响因素之一。从各国不同年份的 TFP 的增长率来看，TFP 增长率在不同时

① 数据来源：https://data.worldbank.org.cn/。

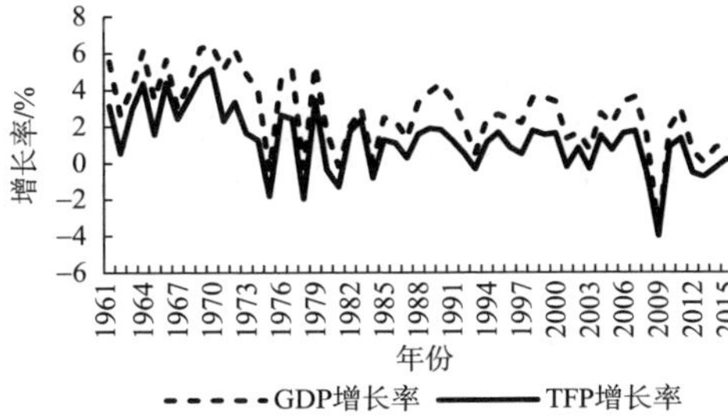

(a) 奥地利GDP增长率和TFP增长率

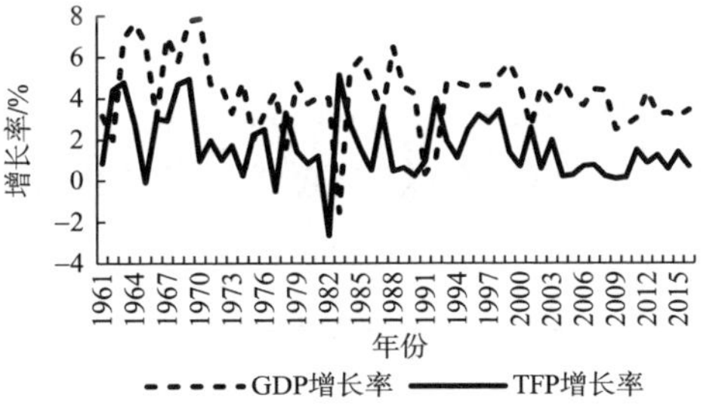

(b) 澳大利亚GDP增长率和TFP增长率

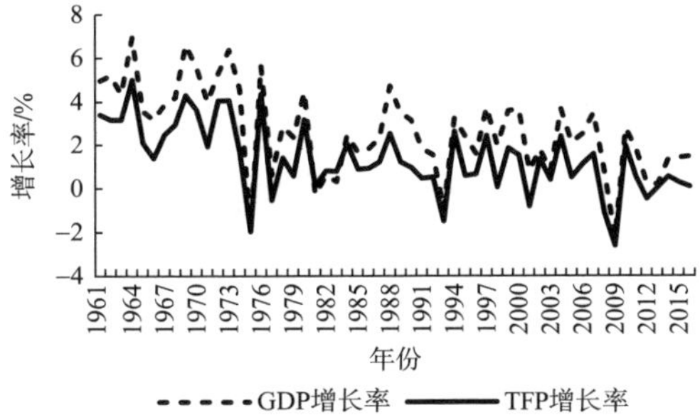

(c) 比利时GDP增长率和TFP增长率

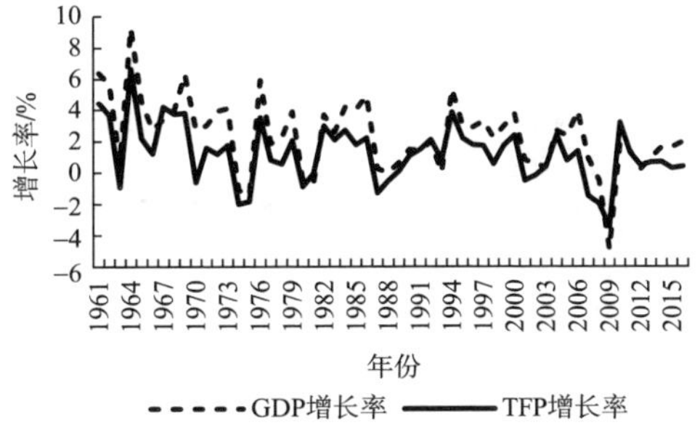

(d) 丹麦GDP增长率和TFP增长率

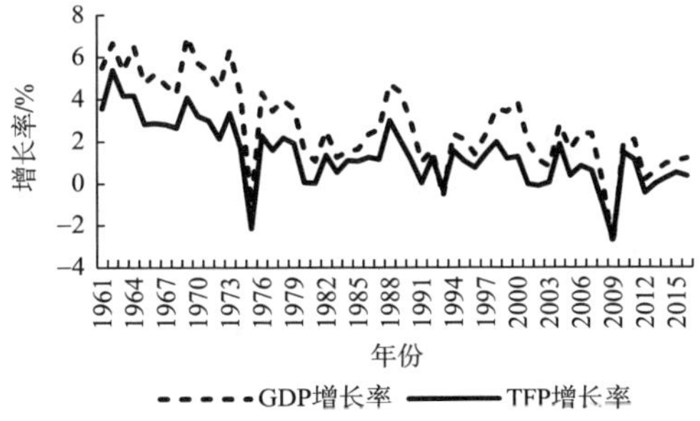

(e) 法国GDP增长率和TFP增长率

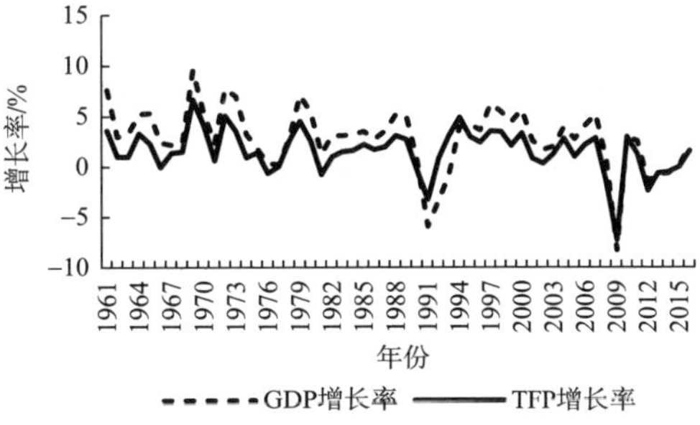

(f) 芬兰GDP增长率和TFP增长率

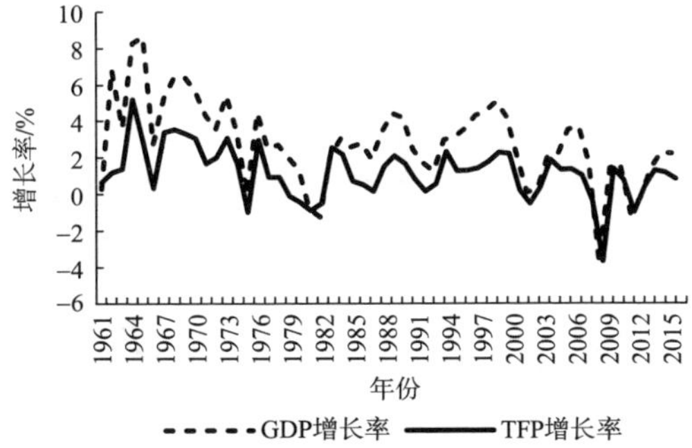

(g) 荷兰GDP增长率和TFP增长率

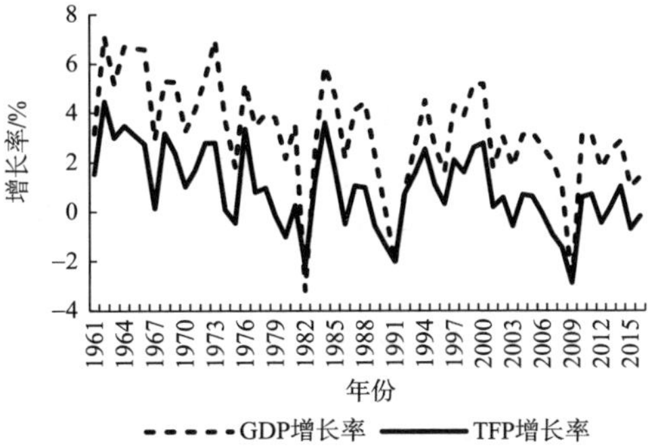

(h) 加拿大GDP增长率和TFP增长率

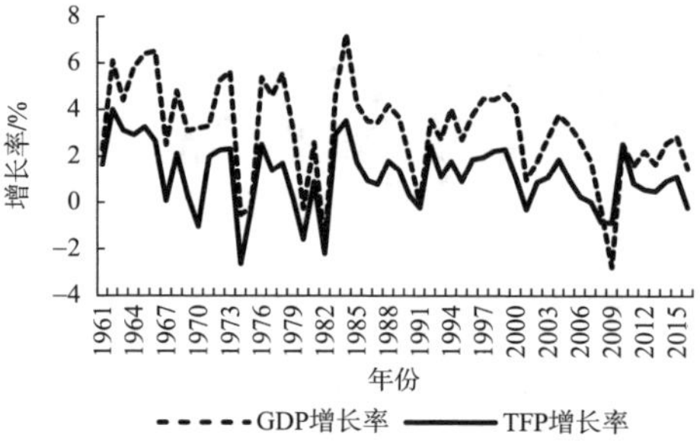

(i)美国GDP增长率和TFP增长率

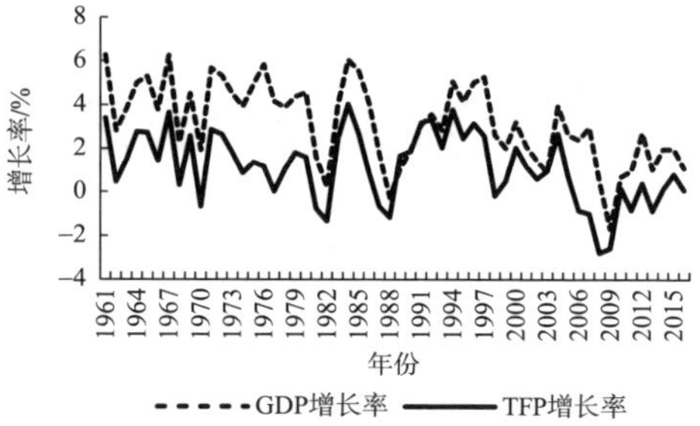

(j)挪威GDP增长率和TFP增长率

(k)葡萄牙GDP增长率和TFP增长率

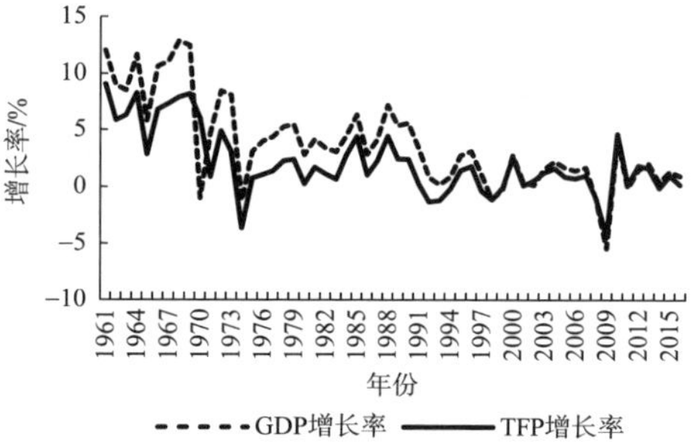

(l)日本GDP增长率和TFP增长率

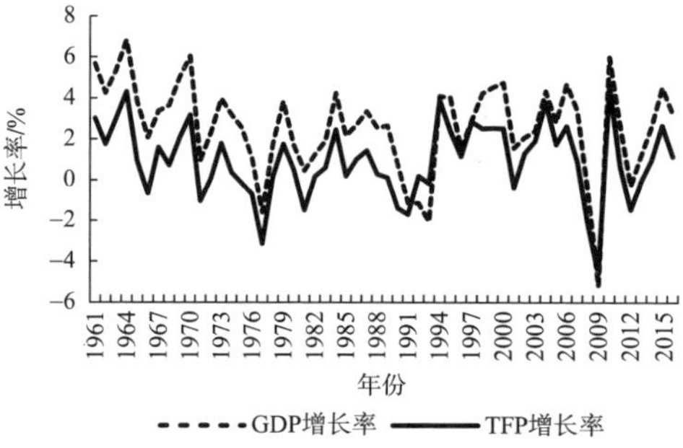

(m)瑞典GDP增长率和TFP增长率

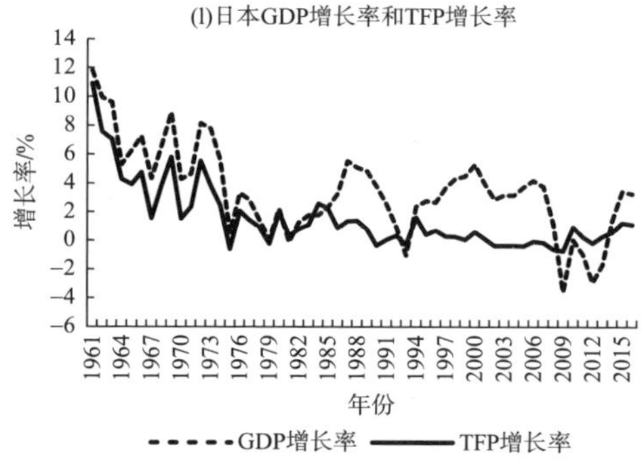

(n)西班牙GDP增长率和TFP增长率

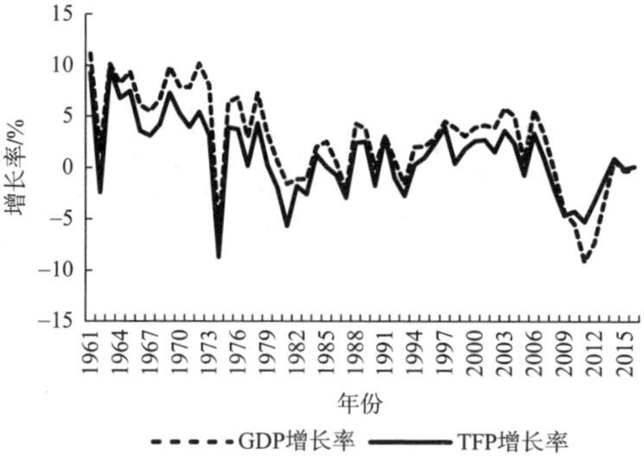

(o)希腊GDP增长率和TFP增长率

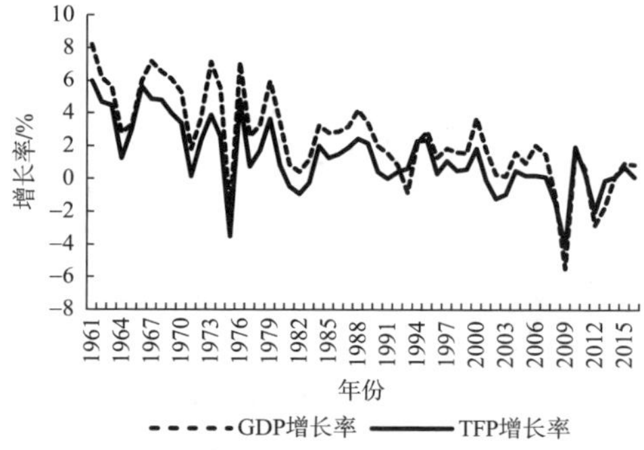

(p)意大利GDP增长率和TFP增长率

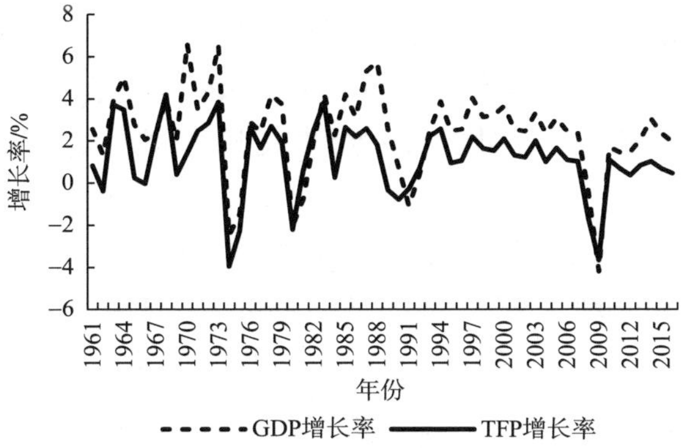

(q) 英国GDP增长率和TFP增长率

图 4-9　1961～2016 年部分 OECD 国家的 TFP 增长率和 GDP 增长率

资料来源：http://ec.europa.eu/economy_finance/ameco/user/serie/SelectSerie.cfm

期具有不同的发展趋势。在 1961～1980 年，TFP 的增长处于高位，随后慢慢回落。此外，TFP 增长率在各国的发展也不一致，甚至还存在较大差异。在 20 世纪 60 年代初期，各个 OECD 国家经历了 TFP 的快速增加，这可能得益于第三次工业革命后各国的科技创新，希腊、意大利和葡萄牙等国家及日本的 TFP 增长率达 10%左右。其中，日本在这一时期中增长最快，TFP 增长率比任何时期都要高，并在 5%～10%波动。而澳大利亚和挪威、瑞典及芬兰等国家的 TFP 增长率则相对较低，仅在低于 5%左右的水平下波动。之后，各国 TFP 增长率出现了不同程度的下降。到 20 世纪 80 年代，各国 TFP 增长率逐渐趋于稳定，增长率维持在较低的水平。21 世纪后，大部分 OECD 国家的 TFP 增长率波动较小。值得注意的是，17 个成员国的 TFP 增长率在 2008 年前后均有不同程度的下降，甚至变为负值，可能是受到了经济危机的外部冲击，也与当时的制度和市场波动紧密相关，使得经济增长处于一个矛盾的转变中。其中，芬兰、瑞典和意大利等国家受到的经济冲击较大，TFP 的增长率降至–5%以下的水平。即使在经济危机过后，各国的经济有所升温，但 TFP 增长率也非常低，经济增长速度放缓。

在过去的几十年里，TFP 在 OECD 国家的经济增长中扮演了重要的角色。为此，本节通过进一步计算 TFP 对经济增长的贡献率来分析和印证各国在不同时期的经济发展规律。图 4-10 反映了不同时期和不同国家 TFP 对经济增长的贡献率。如果 TFP 对一个国家的经济增长的贡献小，说明该国家的经济增长主要依靠要素投入。而如果 TFP 的贡献大，说明该国家的经济增长主要依靠要素投入以外的技术进步及其他因素。如图 4-10 所示，大部分 OECD 国家的 TFP 贡献率较高。其中，1961～2016 年，美国的 TFP 对经济增长的贡献率一直维持在一个较高的水平上，其年平均水平约为 36%。此外，TFP 的贡献率在不同时期表现也不一样，20 世纪 60 年代各国的 TFP 对经济增长的贡献率都较高，大部分国家的贡献率都超过了 50%，而

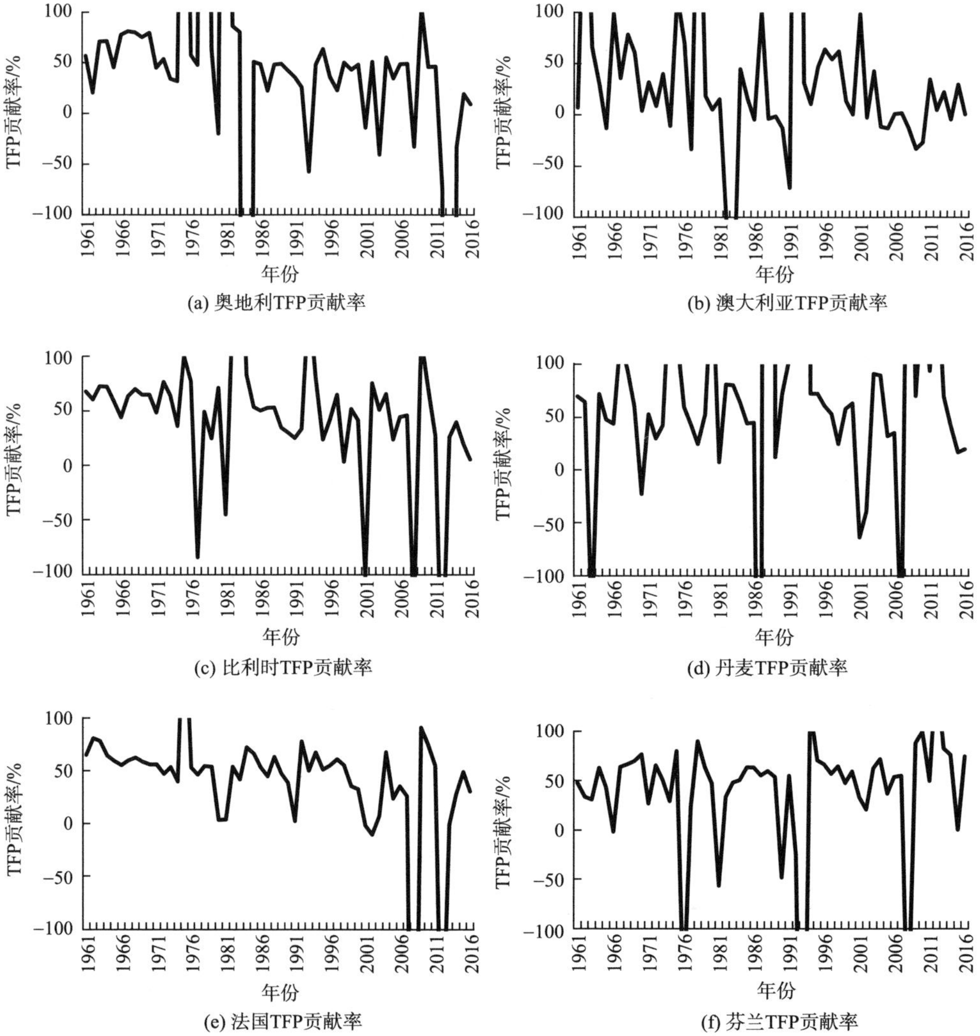

(a) 奥地利TFP贡献率

(b) 澳大利亚TFP贡献率

(c) 比利时TFP贡献率

(d) 丹麦TFP贡献率

(e) 法国TFP贡献率

(f) 芬兰TFP贡献率

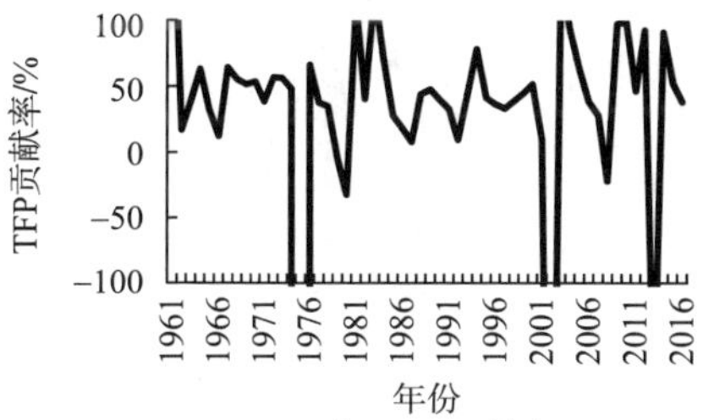

(g) 荷兰TFP贡献率

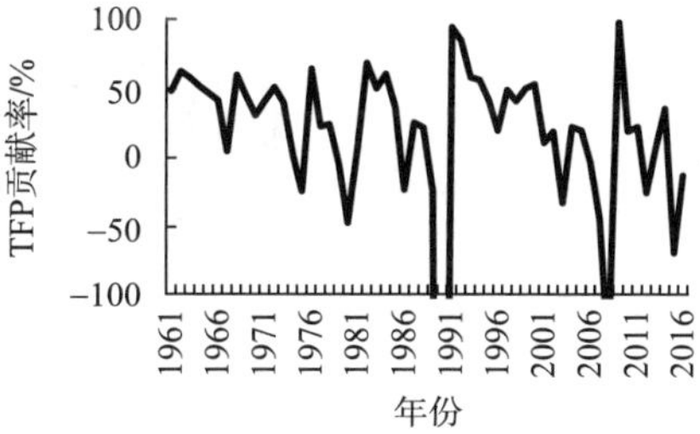

(h) 加拿大TFP贡献率

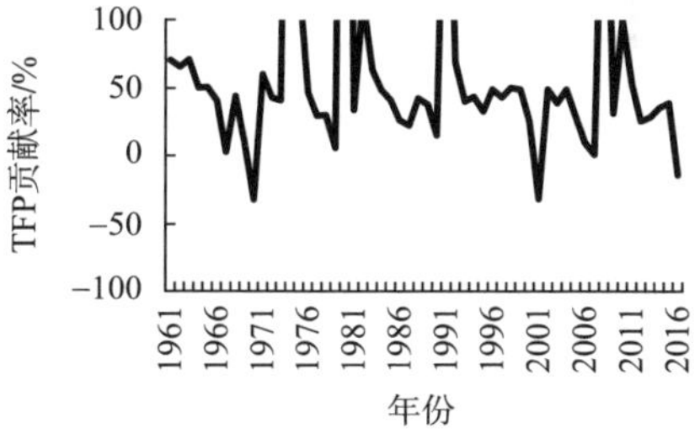

(i) 美国TFP贡献率

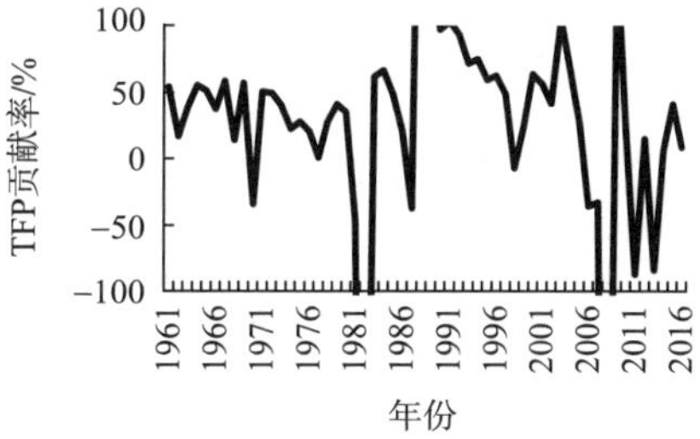

(j) 挪威TFP贡献率

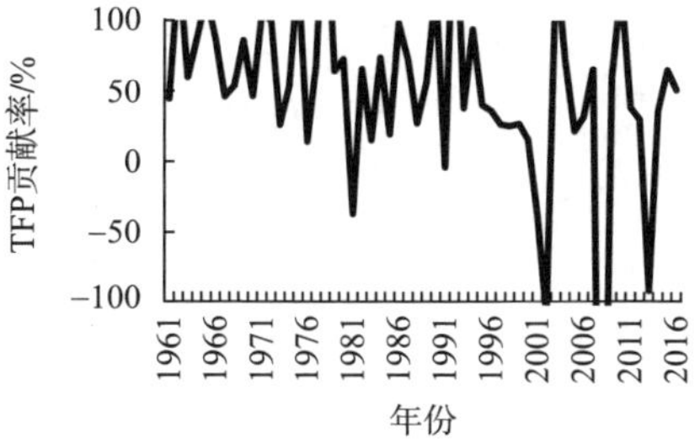

(k) 葡萄牙TFP贡献率

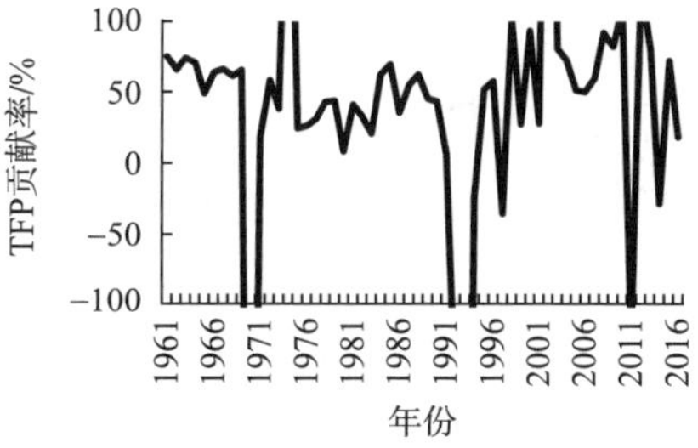

(l) 日本TFP贡献率

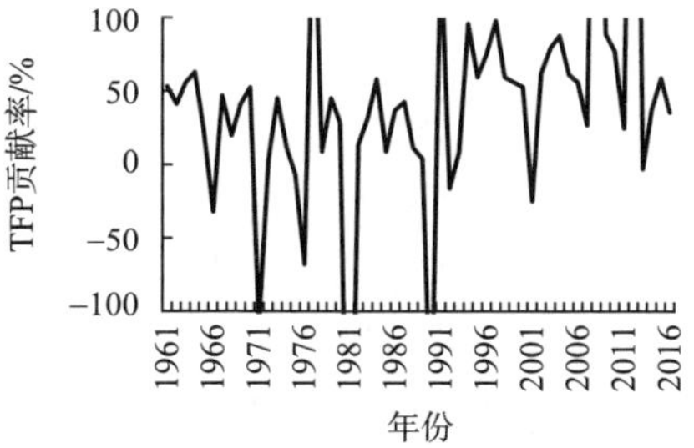

(m) 瑞典TFP贡献率

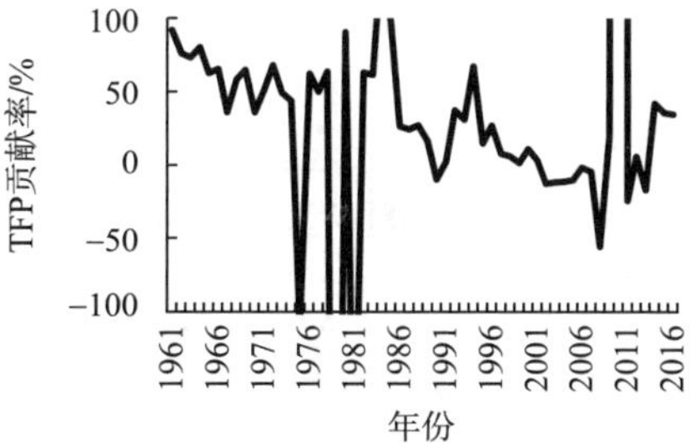

(n) 西班牙TFP贡献率

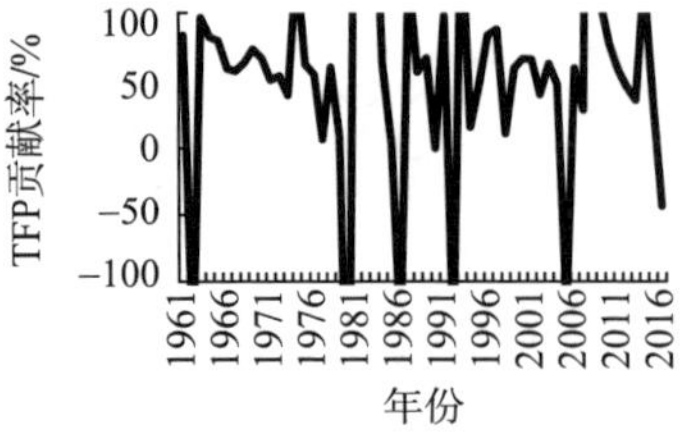

(o) 希腊TFP贡献率

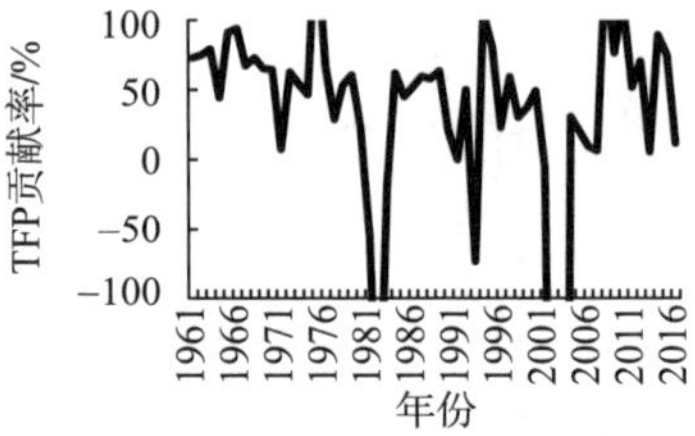

(p) 意大利TFP贡献率

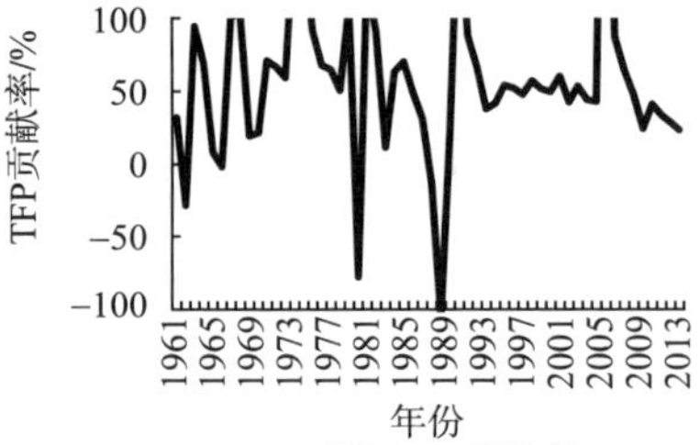

(q) 英国TFP贡献率

图 4-10 1961～2016 年 OECD 国家不同时期的 TFP 的贡献率①

资料来源：http://ec.europa.eu/economy_ finance/ameco/user/serie/SelectSerie.cfm

到了 20 世纪 80 年代开始出现明显的下降趋势，比较有代表性的国家有奥地利、瑞典、希腊和澳大利亚。但也有一些国家在此期间，TFP 的贡献率一直处于较高水平，如比利时、法国、荷兰及日本等。到 21 世纪以后，以日本、瑞典和芬兰等为代表的国家，TFP 对经济增长的贡献率开始回升，而加拿大等国家的 TFP 贡献率则有所降低，甚至出现负值。由此，可以看出当 TFP 对经济发展的贡献率较大时，GDP 的增长速度较快。TFP 贡献率的趋势与 GDP 增长率的趋势基本保持一致，也进一步证实了 TFP 是实现经济发展方式转变的源泉和推动力。

---

① 第一，本书 TFP 的贡献率是用 TFP 的增长率与 GDP 增长率的比值计算得到。由于所使用的数据为时点数据，所以计算所得的 TFP 贡献率中会出现个别年份有异常值的情况，并且数据中大于 100 或者小于−100 的异常值总数占全部数值的比例不到 10%，所以图 4-10 中只展现了大部分数值的所在范围。第二，当 TFP 增长率比 GDP 增长率大很多或者小很多时，特别是一个为正，一个为负的情况下，才会出现较大或较小的数值，但不能理解为这一时点的 TFP 对经济增长有很强的拉动或者负向作用。这些异常的数值并不可信且在少数，之所以计算时也没有去掉这些数值，是为了保持数据的完整性。因而，将 TFP 贡献率的值域范围设定在[−100，100]，若不对值域范围加以限制，则会受异常值影响而无法体现其随年份波动的变化趋势。

三、产业结构演变特征

产业结构转变升级是经济发展的结果，反过来也是经济发展的动力源泉，是经济发展的表现方式。全球的产业结构演进大致经历了三个阶段：第一阶段是以蒸汽机广泛使用为标志的工业革命，英国、法国、德国等欧洲国家加速了工业化的发展，第二产业产值份额迅速提高。第二阶段是以电力的广泛应用、内燃机和新交通工具的创新、新通信工具的发明为标志的第二次产业革命，新技术的发展极大推动了工业国的生产力发展和经济增长。随着新产业不断涌现，原有的技术变革使产业结构发生显著性改变。到 20 世纪中叶，OECD 国家已进入集约型经济增长阶段，传统劳动密集型工业比重的下降、资本密集型和技术密集型产业比重的提升成为这一阶段产业结构演变的主导性趋势。第三阶段是在 20 世纪 90 年代，以信息技术、原子能技术、航天技术、电子计算机、生物工程技术等为标志的高新技术产业革命推动了产业结构演变，发展重点开始向高附加值产业转变，推动了产业结构高级化态势的发展。此外，产业转移浪潮和跨国公司涌现将不同国家纳入统一劳动分工体系和产业链之中，使得 OECD 国家产业结构演变趋势进一步强化，并对政府主导经济增长方式转变、国家的产业结构转变提供了示范。为更好地说明长期以来经济增长方式转变和产业结构演变之间的关系，本节选取了具有代表性的 OECD 国家进行分析。

美国、英国、德国、法国属于较早完成工业化的典型国家，市场力量在产业结构的演化过程中占据主导性地位。由于不同国家资源禀赋和经济发展的差异，三次产业结构演变的速度和程度也存在一定差异。例如，德国在 1970 年、1975 年第二产业的产值比重高于其他国家，尤其是制造业表现出了良好的发展态势。而美国在 1970～2000 年，第三产业产值比重都高于其他国家同期比重，2005 年以后法国第三产业产值占比超过美国，如表 4-4 所示。但综合来看，自 20 世纪中后期以来，这些国家三次产业结构演变也呈现出许多相同的发展趋势：从每个时期不同产业占 GDP 的比重来看，第三产业产值占的比重均超过 40%。从产业结构随时间的变化趋势来看，尽管第一产业和第二产业的比重随着时间的推移呈减少趋势，但第二产业在产业结构中下降速度快，且减少幅度大，呈迅速降低的发展趋势，而第一产业则基本保持在较为平稳的水平上，呈缓慢下降的发展趋势。与此同时，第三产业的比重呈上升趋势，特别是2000年以后各国第三产业的比重趋于相同，都达到了65%以上的水平。以美国为例，1970年三次产业产值比重依次为3.00%、38.00%和59.00%，第三产业的产值占GDP的比重超过了一半；到2000年，第一产业和第二产业的比重在产值结构中分别下降了1.8个百分点和13.8个百分点，而第三产业比重则上升了15.6个百分点；到2010年时，三次产业产值的比重进一步转变为1.20%、21.40%和77.40%，相较于1970年而言，第一产业产值占GDP的比重下降了1.8个百分点、第二产业下降了16.6个百分点、第三产业上升了18.4个百分点。

表 4-4 OECD 国家产业产值结构变化

国家名称	年份	第一产业占比/%	第二产业占比/%	第三产业占比/%
美国	1970	3.00	38.00	59.00
	1975	3.60	35.90	60.40
	1980	2.80	36.00	61.20
	1985	2.30	33.10	64.60
	1990	2.10	31.40	66.50
	1995	1.60	26.80	71.70
	2000	1.20	24.20	74.60
	2005	1.30	22.00	76.70
	2010	1.20	21.40	77.40
英国	1970	2.79	44.21	53.00
	1975	2.67	40.98	56.34
	1980	2.16	42.81	55.03
	1985	1.98	41.16	56.86
	1990	1.86	35.24	62.90
	1995	1.90	31.70	66.40
	2000	1.00	28.00	70.90
	2005	1.00	26.20	72.80
	2010	0.70	21.10	78.20

续表

国家名称	年份	第一产业占比/%	第二产业占比/%	第三产业占比/%
法国	1970			
	1975	5.39	40.14	54.47
	1980	4.85	38.64	56.50
	1985	4.45	34.97	60.58
	1990	3.98	33.32	62.71
	1995	2.40	26.60	71.00
	2000	2.80	22.90	74.30
	2005	2.20	20.90	76.90
	2010	1.80	19.00	79.20
日本	1970	6.50	49.60	43.80
	1975	5.80	44.70	49.50
	1980	3.90	44.50	51.60
	1985	3.40	43.90	52.70
	1990	2.70	45.30	52.10
	1995	1.90	38.20	59.90
	2000	1.80	32.40	65.80
	2005	1.70	30.20	68.10
	2010	1.50	28.00	70.50
德国	1970	3.65	55.80	40.55
	1975	3.11	49.61	47.28
	1980	2.31	48.07	49.63
	1985	1.97	45.53	52.50
	1990	1.43	42.49	56.08
	1995	1.20	30.10	68.70
	2000	1.30	30.30	68.50
	2005	0.90	29.70	69.40
	2010	0.80	26.50	72.70

资料来源：根据历年《国际统计年鉴》中的相关数据逐年摘出汇总在此表中；表中数据经过四舍五入，相加与100%有误差

而日本与其他OECD国家相比较为特殊，20世纪60年代以来经历了经济的“追赶”过程，突出表现为第一产业产值所占比重开始时较高，之后迅

速下降。日本第一产业产值占 GDP 比重由 1970 年的 6.50%下降到 2010 年的 1.50%，下降了 5 个百分点。与此同时，日本的第二产业产值比重呈明显下降的趋势。尤其是 20 世纪 90 年代以后，第二产业产值占 GDP 的比重由 1990 年的 45.30%下降至 2010 年的 28.00%，降低了约 17.3 个百分点。此外，日本第三产业所占比重在产值结构中的变化趋势虽然与美国、英国、法国和德国等国家类似，但其比例的增加速度较快，百分比增加仅次于德国，由 1970 年的 43.80%上升至 2010 年的 70.50%。

四、OECD 国家经济增长过程中的环境因素

环境和资源的利用不仅是经济发展的基础，也在一定程度上反映了一个经济体的空间发展格局及采用怎样的方式保障经济的可持续发展，是反映经济发展方式转变的重要变量和指标。伴随着制造业、重工业的发展，OECD 国家在工业化发展过程中也在不同程度上经历了环境污染的问题。煤炭、石油和天然气等化石燃料的大规模开采及燃烧产生的大量二氧化硫、二氧化碳、一氧化碳等有害污染物质对环境造成了严重污染。

20 世纪 50 年代以后，世界经济进入发展时期，工业化与城市化的快速发展带来资源和能源的大量消耗，随之而来的环境问题也越来越严重。日本是最典型的例子，1955～1973 年，重化工业的发展使得日本经济获得了高速增长，同时日本也为之付出了沉重的代价。1953 年震惊世界的有机汞中毒的“水俣病”事件、1955 年镉中毒的“痛痛病”事件、“四日市哮喘”事件让日本成为经济强国之时，也变成了举世闻名的公害之国。随着环境污染的日趋严重，人们也开始重视环境问题，OECD 国家由此面临着以“环境问题”为核心的第二次经济增长方式转变。

20 世纪 60 年代至 70 年代，罗马俱乐部报告、石油危机等事件使 OECD 国家开始反思能耗较高的重工业的发展，并下决心转变经济增长方式，开始向低能耗的高技术产业发展，以取代传统产业在经济中的支柱地位，促使产业结构的调整和升级。与此同时，各国制定了一系列与环境保护相协调的政策，这些政策和制度产生了一定效果。各国的各项能耗指标也逐渐下降，环境质量获得显著改善，这表明 OECD 国家的经济增长正在与

“污染脱钩”。到 20 世纪 80 年代末，发达国家已经基本实现了本国经济增长方式的转变。进入 20 世纪 90 年代之后，它们所面临的环境问题主要是全球性的问题。

如图 4-11 所示，OECD 国家 GDP 能源消耗的增长幅度正在逐步减小，消耗量逐渐趋于平稳。就 OECD 成员总体来看，GDP 的能源消耗量每千克石油当量由 1990 年的 7.17 美元逐渐增加至 2015 年的 10.45 美元。其中，丹麦的 GDP 能源消耗量较大，增长迅速，2015 年达到 18.83 美元，高出 OECD 国家总体水平约 8.38 美元，加拿大的能源消耗最低。结合产业结构

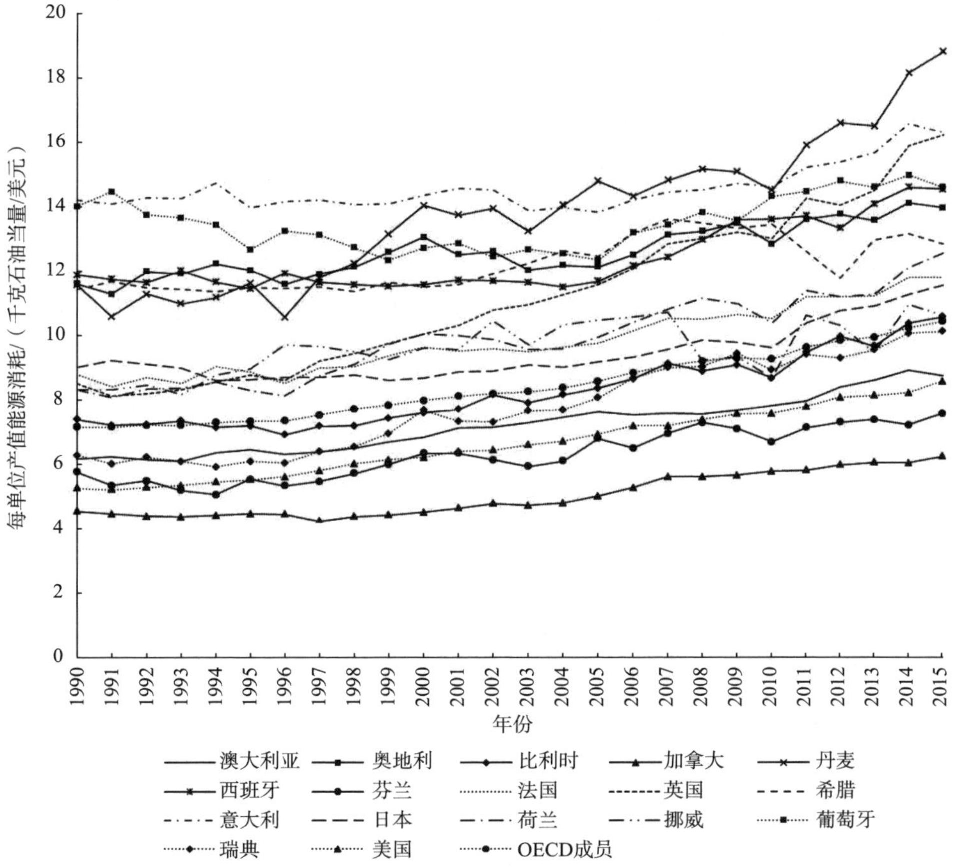

图 4-11　1990～2015 年部分 OECD 国家 GDP 能源消耗

资料来源：https://data.worldbank.org.cn/

演进的特点，可知在三次产业结构都在不断变化，且表现出新的特征。各国制造业中耗能较低的高科技含量产品，如汽车、航天、电子、机电等占据了优势地位，各国试图通过提高高新技术产品的增加值来提高竞争力；而高耗能的钢铁、石化等部门的产值所占比重正逐步下降。

第三节　OECD 国家人口变动对经济发展方式转变影响的定量分析

前面两节对 OECD 国家的人口发展和经济发展轨迹做了数据的简单描述分析，初步阐释了人口发展与经济发展之间可能存在的互动关系。综合来看，多数 OECD 国家人口低速增长和人口老龄化没有导致经济增长停止。OECD 国家在 2018 年 7 月发布的《2060 年世界经济展望》指出，人口的变化对 OECD 国家的经济发展有着重要的作用，要重视技术进步对提升劳动效率等方面的溢出效应，同时人口老龄化将会对经济发展产生潜在的负向影响。由此可以看出，在不同人口发展阶段，经济发展的动力源泉也有所不同，因此经济发展方式应该与不同时期的人口变动相适应。

但已有研究往往就单一人口因素对经济发展的影响进行分析，而忽视了人口数量及增长、人口质量提升、年龄结构转型、城市化和人口迁移等对经济发展及其方式转变的影响。同时，以发达国家为对象的研究中，对人口变动和经济发展研究的理论基础是基于过去的人口规模结构因素，没有考虑到未来人口低增长甚至负增长的情况下，人口因素对经济发展的影响。OECD 国家经历了低生育率、低人口增长率下人口变动与经济发展方式的转变，为研究提供了现实数据基础，类似于自然实验。本节通过梳理 1960 年以来 OECD 国家人口变动和经济发展轨迹，并根据二者之间的互动关系建立多个计量模型，对 OECD 国家的人口发展与经济发展及其方式转变的关系进行检验，揭示 OECD 国家经济发展方式转变的规律和经验，为中国未来充分发挥人口的作用和应对人口减少及人口老龄化加重而加快经济发展方式转变提供经验借鉴及实证依据。

一、模型与变量

（一）模型设定

本节基于柯布-道格拉斯生产函数模型和双对数线性模型进行分析。基本的柯布-道格拉斯生产函数模型为：$Y = A(t)K^{\alpha}L^{\beta}$。其中，$Y$ 表示经济产出，代表经济增长、经济结构和经济发展质量等经济产出指标；A（t）表示综合技术水平；K 表示资本投入要素；L 表示劳动投入要素；α 和 β 分别表示资本投入要素和劳动投入要素的产出弹性系数，且 α、β>0。

首先，考查人口因素与经济发展之间的关系。本节根据样本数据中人口变量与经济发展变量之间关系的散点图发现，人口变量与经济增长（GDP）之间呈线性关系，并且经过相关系数检验是显著的，因而在进行回归检验时采用线性模型。而人口变量与经济结构（SAR）和经济发展质量（TFP）之间存在非线性的关系，因此对各变量进行了对数变换，且变换后的模型均通过了连接检验（link test），即认为模型设定正确。为此，采用混合对数模型和双对数模型，并在模型中引入资本投入要素（K）、劳动投入要素（L）和贸易开放程度（T）等控制变量。进一步考查人口变量对经济发展及其方式转变的净影响。模型可具体表达为

$$\begin{aligned}\ln \mathrm{GDP} = {} & \ln A(t) + \lambda_1 \mathrm{PGR} + \lambda_2 \mathrm{MR} + \lambda_3 \mathrm{LF} + \lambda_4 \mathrm{PAP} + \lambda_5 \mathrm{EA} + \lambda_6 \mathrm{LE} + \lambda_7 \mathrm{CPD} \\ & + \lambda_8 \mathrm{UR} + \alpha \ln K + \beta \ln L + \gamma T + \mu \end{aligned} \tag{4-1}$$

$$\begin{aligned}\ln \mathrm{SAR} = {} & \ln A(t) + \lambda_1 \ln \mathrm{PGR} + \lambda_2 \ln \mathrm{MR} + \lambda_3 \ln \mathrm{LF} + \lambda_4 \ln \mathrm{PAP} + \lambda_5 \ln \mathrm{EA} \\ & + \lambda_6 \ln \mathrm{LE} + \lambda_7 \ln \mathrm{CPD} + \lambda_8 \ln \mathrm{UR} + \gamma \ln T + \mu \end{aligned} \tag{4-2}$$

$$\begin{aligned}\ln \mathrm{TFP} = {} & \ln A(t) + \lambda_1 \ln \mathrm{PGR} + \lambda_2 \ln \mathrm{MR} + \lambda_3 \ln \mathrm{LF} + \lambda_4 \ln \mathrm{PAP} + \lambda_5 \ln \mathrm{EA} \\ & + \lambda_6 \ln \mathrm{LE} + \lambda_7 \ln \mathrm{CPD} + \lambda_8 \ln \mathrm{UR} + \gamma \ln T + \mu \end{aligned} \tag{4-3}$$

其中，人口变量包括表示人口总量变动的总人口增长率（PGR）和迁移率（MR）；表示人口年龄结构的劳动年龄人口比重（LF）和老年人口比重（PAP）；表示人口质量的教育素养（EA）和人均预期寿命（LE）；表示人

口分布的比较人口密度（CPD）和城镇化率（UR）。

式（4-1）是在传统柯布-道格拉斯生产函数基础上引入所考察的人口各因素变量的扩展柯布-道格拉斯生产函数，考虑到 OECD 国家之间的对外贸易为统一的市场，因而在式（4-1）中控制了贸易开放程度（T）变量，以检验人口各因素在控制资本和劳动投入基础上对经济增长的影响。由于劳动要素和资本要素对经济结构（SAR）和经济发展质量（TFP）没有直接影响，因此在模型式（4-2）和式（4-3）不纳入劳动和资本，只纳入贸易开放程度（T）作为控制变量，进一步检验人口变量对经济结构（SAR）和经济发展质量（TFP）所表征的经济发展方式的净影响。

（二）变量界定、含义和测量

1. 经济发展变量指标

本节选取经济发展变量指标作为研究的被解释变量，从经济增长、经济结构和经济发展质量等三个方面进行表征。①经济增长。GDP 反映一个国家经济生产能力和产出，本节采用扣除价格因素后的 GDP 作为经济增长的指标[①]。②经济结构。服务业增加值占 GDP 的比重是反映一个国家产业结构优化升级的指标，本节采用与国际标准产业分类体系[②]第 50～99 类相对应的有关服务产业增加值占 GDP 的比重来表示经济结构。③经济发展质量。TFP 是指各种要素（资本、劳动投入、资源等）投入以外，由技术进步、科技创新、社会经济制度等因素所带来的产出增加，以 2010 年为基期的 TFP 表征经济发展质量[③]。

---

① GDP 数据采用 2010 年官方汇率（从国内货币换算成美元），对于官方汇率不能很好反映实际外汇交易中有效汇率的少数国家，则采用的是替代换算因子进行转换。

② 国际标准产业分类体系由联合国统计委员会构建制定，旨在提供一个产业体系分类框架，使各国的产业数据具有可比性。

③ 本书采用的以 2010 年为基期的 TFP，是利用欧盟委员会经济和金融事务司数据库中以 2010 年为基底的实际 GDP、实际净资本存量和总就业人数等数据，以 TFP 指数（2010=100）为基础，计算得到 TFP。

2. 人口发展变量指标

本节的解释变量包括人口增长、人口年龄结构、人口质量和人口分布四个方面。①人口增长。本节选用总人口增长率（PGR）和迁移率（MR）来作为人口增长指标的代理变量。②人口年龄结构。本节选用 15～64 岁（劳动年龄）人口占总人口的比重（即劳动年龄人口比重，LF）和 65 岁及以上老年人口占总人口的比重（即老年人口比重，PAP）来作为人口年龄结构变量的指标，反映一个国家现有劳动力资源和人口老龄化程度。③人口质量。本节从教育素养水平和健康水平两个方面对人口质量指标进行衡量，选用 15 岁以上人口的平均受教育年限和出生时的平均预期寿命分别作为教育素养（EA）和人均预期寿命（LE）的代理变量[①]。④人口分布。本节以农用土地面积为基础，计算了单位农用土地上的人口数，即比较人口密度（CPD）来作为人口分布指标的变量之一，表示一个国家或地区内人口分布的经济特征。此外，城镇化水平也是表示人口城乡分布的重要指标，可以反映出一定时期内人口向城市集聚的程度。本节选用的城镇化率（UR）作为人口分布的另一指标。

3. 其他控制变量指标

本节主要选用资本投入要素（K）、劳动投入要素（L）和贸易开放程度（T）等变量作为研究的控制变量。其中，资本投入要素变量指标以 2010 年不变价格的净资本存量来表示，计算公式为

$$K_t = K_{t-1} + [k_t - (c_t / p_t) \times 100] \tag{4-4}$$

其中，K_t 表示 t 时期内的净资本存量；k_t 表示 t 时期内的不变价固定资本形成总额；c_t 表示 t 时期的现价固定资本消费额；p_t 则为 t 时期内固定资本形成额的价格指数。此外，本节选取了劳动力总数作为劳动投入要素的指标变量，即所有年满 15 岁且符合国际劳工组织标准的群体数量。这些劳动力人员既包括就业者，也包括失业者。

① 本书采用的 15 岁以上人口的平均受教育年限，以 Barro-Lee 教育成就数据库中以 5 年为一间隔期的平均受教育年限为基础，采用线性内插的方法计算得到。其中，2014～2016 年的平均受教育年限是该数据库中的预测数据。

由于全球化进程中各个国家间的贸易促进了国家之间的产业分工，减少了人口规模对本国生产分工的限制。因此，我们需要控制贸易因素对人口与经济发展关系的影响。贸易开放程度指标则主要选用了对外贸易依存度进行表征，即一国货物和服务的进出口额在 GDP 中的份额。表 4-5 给出了各变量的描述统计特征，其中，经济发展类指标变量、资本投入要素和劳动投入要素变量均为进行对数变换后的数值。

表 4-5 各个变量的描述性统计

变量		均值	标准差	最小值	最大值
经济增长（lnGDP）	总体	（27.060）	1.239	24.410	30.458
	组间		1.180	25.612	29.730
	组内		0.470	25.619	27.942
经济结构（lnSAR）	总体	（4.225）	0.092	3.917	4.395
	组间		0.067	4.108	4.345
	组内		0.064	3.992	4.370
经济发展质量（lnTFP）	总体	（–1.733）	0.957	–3.527	0.909
	组间		0.961	–2.755	0.612
	组内		0.211	2.566	1.335
总人口增长率（PGR）	总体	（0.637）	0.525	0.897	3.800
	组间		0.352	0.270	1.543
	组内		0.399	0.551	4.168
迁移率（MR）	总体	（0.214）	0.394	1.954	2.900
	组间		0.193	0.179	0.692
	组内		0.347	1.562	3.293
劳动年龄人口比重（LF）	总体	（65.412）	2.137	58.449	69.784
	组间		0.825	64.200	67.213
	组内		1.981	57.687	68.792
老年人口比重（PAP）	总体	（13.716）	3.328	5.621	26.565
	组间		1.568	10.892	16.330
	组内		2.960	6.254	27.198

续表

变量		均值	标准差	最小值	最大值
教育素养（EA）	总体	（8.990）	2.226	2.280	13.296
	组间		1.553	5.493	11.929
	组内		1.637	5.120	13.029
人均预期寿命（LE）	总体	（75.869）	3.890	62.809	83.985
	组间		1.189	72.844	77.568
	组内		3.715	65.834	84.152
比较人口密度（CPD）	总体	（3.599）	5.041	0.023	28.270
	组间		5.003	0.037	21.289
	组内		1.251	4.337	10.579
城镇化率（UR）	总体	（74.412）	11.476	34.955	97.919
	组间		10.325	48.061	95.780
	组内		5.591	53.596	93.700
资本投入要素（ln*K*）	总体	（7.672）	1.891	4.526	14.237
	组间		1.881	5.508	13.569
	组内		0.491	6.275	8.611
劳动投入要素（ln*L*）	总体	（6.956）	1.167	5.366	9.698
	组间		1.199	5.494	9.598
	组内		0.076	6.724	7.172
贸易开放程度（*T*）	总体	（56.891）	29.033	8.930	164.710
	组间		26.403	19.141	116.928
	组内		13.642	16.264	104.691

注：括号内数据为均值

（三）数据来源

由于本节涉及国家较多，时间跨度较长，因此考虑到数据的可得性和指标的连续性，书中选取了 17 个 OECD 国家[①]的 1960～2016 年的数据进行研

① 本节选取的 OECD 国家包括奥地利、澳大利亚、葡萄牙、希腊、荷兰、日本、芬兰、意大利、挪威、比利时、英国、加拿大、西班牙、瑞典、美国、法国和丹麦等 17 个国家。

究。其中，TFP 和资本存量的数据通过欧盟委员会经济和金融事务司数据库获得，总人口增长率、劳动年龄人口比重、老年人口比重、人均预期寿命、城镇化率等数据来自世界银行数据库，比较人口密度和迁移率的数据根据世界银行数据库的数据计算而来，教育素养数据来自 Barro-Lee 教育成就数据库数据。

二、模型回归检验方法

本节主要采用 LLC、IPS、Fisher-ADF 和 Fisher-PP 等四种单位根检验方法所得的结果来判断前文所述变量是否为平稳的时间序列①。结果显示，每个模型中的变量均通过了单位根检验，这些变量在时间序列上是平稳的。为了判断各变量之间是否存在协整关系，在这里进行了 Kao 检验（Kao，1999）、Pedroni 检验（Pedroni，1999；2004）和 Westerlund 检验（Westerlund，2005），结果均在 5%的显著水平上拒绝原假设，表明各经济变量之间存在长期均衡的稳定关系②。

通过建立实证模型来分析 17 个 OECD 国家人口各因素的变动对经济发展方式转变的影响。面板数据模型可以表达为

$$y_{it} = x_{it}'\beta_k + u_i + \varepsilon_{it} \quad (i = 1, \cdots, N; t = 1, \cdots, T) \tag{4-5}$$

其中，N 表示截面成员个数，即 17 个 OECD 国家；T 表示每个截面成员的总的观测时期数，即 57 年；被解释变量为 y_{it}，在各模型中分别表示经济增长、经济结构和经济发展质量；解释变量为 x_{it}，表示人口增长、人口年龄

① 由于本节的样本数据为长面板数据，为此根据渐近理论检验的前提条件采用 LLC、IPS、Fisher-ADF 和 Fisher-PP 这四种检验方法。但这四种检验均存在一定的不足和差异，理论上每一种方法各有特点，但是不能够解决所有问题。例如，LLC 检验假设各面板单位的自回归系数相同，即有共同根，且要求面板数据为平衡面板，而其他三种检验则允许面板有不同的自回归系数，并允许面板数据为非平衡面板。因而，通常使用四种检验方法，只有同时通过检验才可表明使用的面板数据回归没有不必要的偏差。

② 同上，在对面板数据中各变量之间是否存在长期均衡关系进行检验时，Kao 检验、Pedroni 检验和 Westerlund 检验各有优势和不足，可以互补，因而通常同时使用，以便尽可能排除一些干扰因素。

结构、人口质量和人口分布等人口发展变量及其他控制变量指标向量；β_k表示解释变量向量对应的维系数向量，其中 k 表示解释变量的个数；u_i 表示个体异质性的截距项；ε_{it} 为随机误差项。

由于本节选用的面板数据为长面板数据，即时间维度 T 相对截面维数 N 较大，对于可能存在的个体固定效应，选用加入个体虚拟变量的方法进行估计。同时考虑到扰动项 ε_{it} 可能存在组间异方差和组间同期相关，本节对面板模型进行了组间异方差的沃德检验和组间同期相关的 Breusch-Pagan 检验，结果强烈拒绝同方差和无组间同期相关的原假设。因此，采用了两种方法对此问题进行处理。一是通过使用 LSDV（least squares dummy variable，最小二乘虚拟变量）法来估计系数，再选用面板校正标准误差（panel corrected standard errors，PCSE）模型对标准误差进行校正。二是先对面板数据中扰动项可能存在的异方差的条件方差函数形式进行假设和修正，再使用可行广义最小二乘法（feasible generalized least squares，FGLS）[①]进行回归检验和估计。

三、模型检验和实证结果

本节旨在探索人口变动对经济发展方式转变的影响，因此将包含人口规模、人口年龄结构、人口质量、人口分布等方面的人口发展因素指标分别对表征经济发展类指标中的经济增长（lnGDP）、经济结构（lnSAR）和经济发展质量（lnTFP）等方面的变量进行回归结果分析。针对每一个被解释变量，均选用了 PCSE 和 FGLS 法依次对仅含有人口发展因素的模型及加入了控制变量后的模型进行估计，以检验回归结果的稳健性。

（一）人口变动因素对经济发展及其方式转变的影响

从表 4-6 人口发展因素对经济增长（GDP）的回归结果中可见，模型 3 和模型 4 中，OECD 国家总人口增长率对经济增长有显著的负向影响，迁移

---

① 由于本节的面板数据为非平衡面板数据，因而在采用全面的 FGLS 法时只假定了不同个体的扰动项允许有异方差。

率则对 GDP 有显著正向影响[①]。这表明，伴随着出生率、死亡率的持续降低，总人口的增长率速度减缓甚至出现了负增长，与经济发展方向呈反向变动；而人口迁移率越高，越有利于人才集聚，促进 GDP 的增加，从而推动经济增长。这表明 OECD 国家在现有经济发展方式下对人口规模仍存在增加的需求，并非人口减少会促进经济发展。从人口年龄结构来看，在加入了控制变量后，劳动年龄人口比重对经济增长的促进作用有所减弱。在模型 2 和模型 4 中表现为劳动力占比每增加 1 个百分点，GDP 分别增加 0.016 和 0.015，表明劳动年龄人口比重的增加为经济增长提供了充足的劳动力，通过改变劳动力的供给来保障 GDP 稳步提升。老年人口比重与 GDP 呈显著的负相关关系。随着人口老龄化程度的加深，老年人口抚养比将上升，由劳动力人口减少带来的劳动力成本将会增加，从而减少了劳动力的活跃度、降低了经济产出效率，使经济总量出现下滑。

从人口质量来看，除模型 2 外，其余模型中教育素养对经济增长显著产生正向影响，这说明高等的人力资本积累对发达国家经济具有巨大的推动作用。在未加入控制变量的模型 1 和模型 3 中，人均预期寿命的提高对 GDP 产生显著的正向影响，人均预期寿命每提高 1 岁，GDP 将分别增加 0.095 和 0.092。健康资本水平的提高可以通过延长工作时间（年限）、提高劳动生产效率、增加教育人力资本对经济增长产生促进效应。当加入控制变量后，教育素养和人均预期寿命等人口质量因素将以人力资本水平的形式作用于劳动力中对经济增长产生影响，因而没有表现出直接的显著影响。从人口分布来看，人口集聚在经济增长中的作用和优势凸显。除模型 2 外，其他模型中比较人口密度的增加都对 GDP 产生正向影响。同样，城镇化水平的提高也促进了经济增长。随着人口的不断集聚，劳动效率的提高可以通过细化劳动分工，增加专业化水平来刺激经济增长，进一步促进工业化和城市化水平提高，降低交易成本，带动经济发展。此外，资本投入要素、劳动投入要素和贸易开放程度在模型 2 和模型 4 中都与 GDP 显著正相关。所有面板模型中都加入了各个国家的个体虚拟变量进行检验，且 p 值显著，表明人口发展因素对经济增长的影响在不同国家间存在差异，即存在显著的个体效应。

① 由于全面的 FGLS 相比较 PCSE 更有效率，我们依 FGLS 的估计结果进行分析。

表 4-6　人口变动对经济增长的影响实证结果

变量	被解释变量：国内生产总值（lnGDP）			
	模型 1（PCSE）	模型 2（PCSE）	模型 3（FGLS）	模型 4（FGLS）
总人口增长率	−0.148***	0.061	−0.213***	−0.104***
（PGR）	(0.044)	(0.049)	(0.021)	(0.027)
迁移率	0.182***	0.104*	0.230***	0.142***
（MR）	(0.052)	(0.051)	(0.024)	(0.031)
劳动年龄人口比重	0.025***	0.016**	0.025***	0.015***
（LF）	(0.005)	(0.005)	(0.002)	(0.004)
老年人口比重	−0.038***	−0.015**	−0.036***	−0.024***
（PAP）	(0.007)	(0.005)	(0.004)	(0.004)
教育素养	0.034***	0.007	0.041***	0.023***
（EA）	(0.007)	(0.006)	(0.006)	(0.006)
人均预期寿命	0.095***	0.009	0.092***	0.002
（LE）	(0.006)	(0.007)	(0.003)	(0.005)
比较人口密度	0.030***	0.016	0.025***	0.021***
（CPD）	(0.004)	(0.009)	(0.003)	(0.006)
城镇化率	0.012***	0.002	0.011***	0.003***
（UR）	(0.001)	(0.001)	(0.001)	(0.001)
资本投入要素		0.624***		0.696***
（ln$K$）		(0.074)		(0.057)
劳动投入要素		0.238**		0.222**
（ln$L$）		(0.090)		(0.085)
贸易开放程度		0.003***		0.003***
（T）		(0.000)		(0.000)
常数项	16.500***	17.814***	16.778***	17.810***
	(0.247)	(0.481)	(0.190)	(0.313)
R^2	0.992	0.998		
观测数	896	432	896	432

注：括号中的值为稳健标准误

***、**、*分别表示在 1%、5%、10%的水平上显著

从表 4-7 人口发展因素对经济结构（服务业增加值占 GDP 的比重）的回归结果看，模型 5 和模型 6 中，总人口增长率将对产业结构中第三产业比重的提升有显著的正向影响，而迁移率的提高将会对第三产业比重的增加产生负向影响。人口增长变量指标对经济结构的变动，也就是服务业增加值

占 GDP 的比重在 FGLS 估计量下没有显著影响，且人口增长对经济结构的影响也明显被削弱。由于在大样本理论中，全面的 FGLS 比面板校正标准误下的 PCSE 估计更有效率。对 OECD 国家而言，在人口增长速度逐渐减缓时，人口规模的变动将不再是产业结构调整和改变的直接影响因素，而是通过改变人口内部结构和环境，如人口年龄结构、质量和分布等因素对其产生作用和影响。从人口年龄结构来看，利用 FGLS 估计量得到的模型 7 和模型 8 的结果显示，劳动年龄人口比重每增加 1%，服务业增加值占 GDP 的比重将会显著提高 0.3 左右。而这种促进作用在 PCSE 模型中却没有显著影响。所有模型中的老年人口比重的增加，都将会提高服务业增加值占 GDP 的比重。从人口质量来看，模型 7 和模型 8 中人均预期寿命的提高，将会显著提高服务业增加值在 GDP 中的比重。以模型 8 为例，人均预期寿命每提高 1%，服务业增加值占 GDP 的比重将提高 1.279。随着老年人口数量的增加和全球健康老龄化战略的实施，发达国家相继进入了人口老龄化社会，由此对老龄产业的市场需求不断加大，尤其是促进了健康服务产业的发展，从而带动了第三产业产值的增加。从人口的分布来看，所有模型中比较人口密度与服务业增加值占 GDP 的比重在 10%的显著水平上呈正相关。城镇化率在 FGLS 估计量下的模型 7 和模型 8 中与服务业增加值占 GDP 比重呈现显著的正向相关关系，表现为城镇化水平每增加 1%，服务业增加值占比上升 0.2 左右。模型 7 和模型 8 中，比较人口密度和城镇化率对服务业增加值占 GDP 比重提升的显著正向影响，是由于国际的人口流动与集聚产生了溢出效应，促进了产业结构的优化升级。通过引入各个国家的个体虚拟变量，结果显示所有模型中都存在显著的个体效应。

表 4-7　人口变动对经济结构的影响实证结果（*N*=461）

变量	被解释变量：服务业增加值占 GDP 的比重（lnSAR）			
	模型 5（PCSE）	模型 6（PCSE）	模型 7（FGLS）	模型 8（FGLS）
总人口增长率	0.007***	0.008***	0.001	0.000
（lnPGR）	(0.002)	(0.002)	(0.002)	(0.002)

续表

变量	被解释变量：服务业增加值占 GDP 的比重（lnSAR）			
	模型 5（PCSE）	模型 6（PCSE）	模型 7（FGLS）	模型 8（FGLS）
迁移率	−0.009***	−0.009***	−0.002	−0.002
（lnMR）	(0.003)	(0.003)	(0.002)	(0.002)
劳动年龄人口	0.134	0.161	0.334***	0.326***
比重（lnLF）	(0.087)	(0.087)	(0.074)	(0.076)
老年人口比重	0.264***	0.250***	0.077**	0.096***
（lnPAP）	(0.053)	(0.054)	(0.027)	(0.029)
教育素养	0.127***	0.123***	0.031	0.039
（lnEA）	(0.019)	(0.019)	(0.020)	(0.020)
人均预期寿命	−0.023	−0.101	1.099***	1.279***
（lnLE）	(0.240)	(0.269)	(0.134)	(0.149)
比较人口密度	0.162*	0.148*	0.075*	0.069*
（lnCPD）	(0.063)	(0.058)	(0.032)	(0.033)
城镇化率	0.003	0.021	0.211***	0.202***
（lnUR）	(0.037)	(0.035)	(0.037)	(0.038)
贸易开放程度		0.033		−0.044***
（ln*T*）		(0.022)		(0.013)
常数项	2.664*	2.726*	−3.166***	−3.751***
	(1.117)	(1.137)	(0.653)	(0.686)
R^2	0.868	0.869		

注：括号中的值为稳健标准误

***、**、*分别表示在 1%、5%、10%的水平上显著

从表 4-8 人口发展因素对经济发展质量（即 TFP）的回归结果来看，模型 9 至模型 12 中的总人口增长率与 TFP 呈显著负相关关系，即人口数量规模的增加与 TFP 呈负相关关系。在 OECD 国家经济发展过程中，随着经济发展方式由粗放型向集约型转变，TFP 水平不断提高，但总人口增长速度的降低，使得其与逐年提升的 TFP 呈现出负向相关关系。在采用 FGLS 估计得到的模型 11 和模型 12 中，迁移率的提高，即人口的机械增长却显著提高了经济发展质量水平。这是由于在持续降低的人口增长环境下，国际的人口迁移和流动将会扩大一个国家或地区的人口数量规模，尤其是高质量人力资本流动和增加将会带来技术的进步、劳动生产效率的提高，从而对经济发展

质量的提升产生正向影响。

表 4-8 人口变动对经济发展质量的影响实证结果（N=710）

变量	被解释变量：全要素生产率（lnTFP）			
	模型 9（PCSE）	模型 10（PCSE）	模型 11（FGLS）	模型 12（FGLS）
总人口增长率（lnPGR）	−0.016***	−0.016***	−0.019***	−0.018***
	(0.004)	(0.004)	(0.004)	(0.004)
迁移率（lnMR）	0.005	0.005	0.010***	0.010***
	(0.003)	(0.003)	(0.003)	(0.003)
劳动年龄人口比重（lnLF）	0.155	0.155	0.380***	0.369***
	(0.140)	(0.140)	(0.083)	(0.083)
老年人口比重（lnPAP）	−0.214***	−0.213***	−0.352***	−0.336***
	(0.037)	(0.039)	(0.034)	(0.034)
教育素养（lnEA）	0.220***	0.219***	0.278***	0.275***
	(0.025)	(0.025)	(0.029)	(0.029)
人均预期寿命（lnLE）	2.373***	2.365***	2.113***	1.922***
	(0.238)	(0.244)	(0.192)	(0.203)
比较人口密度（lnCPD）	0.178***	0.176***	0.253***	0.233***
	(0.047)	(0.052)	(0.036)	(0.036)
城镇化率（lnUR）	0.463***	0.464***	0.537***	0.525***
	(0.034)	(0.034)	(0.049)	(0.049)
贸易开放程度（ln$T$）		0.003		0.047**
		(0.019)		(0.016)
常数项	−13.794***	−13.775***	−13.734***	−13.034***
	(0.972)	(0.978)	(0.859)	(0.891)
R^2	0.996	0.996		

注：括号中的值为稳健标准误

***、**分别表示在 1%、5%的水平上显著

从人口年龄结构来看，用 FGLS 方法估计的模型 11 和模型 12 中的劳动年龄人口比重对 TFP 的提高有显著的正向影响，而老年人口比重过高则显著抑制了 TFP 的增长。人口年龄结构的变化使人口对经济发展质量提升过程中的生产效率有所不同，当劳动年龄人口数量不断减少而老年人口数量持续攀升时，总人口的生产力效率将会降低。换而言之，随着 OECD 国家的

人口老龄化程度进一步加深，人口红利将会消失，会抑制 TFP 的提高。从人口质量来看，加入了控制变量后的模型 10 和模型 12 中教育素养对 TFP 有显著正向效应，与未加入控制变量的模型 9 和模型 11 相比没有明显变化，表现为 15 岁及以上人口的平均受教育年限每提高 1%，模型 10 与模型 12 中 TFP 分别提高 0.219 和 0.275。高级人力资本的增加，可通过资本、劳动或二者同时起作用来促进 TFP 的增加，从而改变经济发展方式，促进经济发展质量的提升。同时，所有模型中人均预期寿命的提高会对经济发展质量产生显著的正向影响。这是由于在人口转变过程中，随着人均预期寿命的延长，健康人力资本显著提升了人口的生产能力，增加了教育投资和物质资本积累，从而提高了 TFP，促进了经济发展质量的提升。从人口的分布来看，所有模型中的比较人口密度的增加和城镇化率的提高将会对 TFP 的提高在 1%的显著水平下产生正向影响。比较人口密度的不断提高，将会增加国家的人口承载力，进而加快城市化发展进程，这种人口集聚将提高要素的配置效率和规模效率，优化资源配置，从而促进 TFP 的增加。在所有模型中都存在显著的个体效应。

（二）人口综合发展因素对经济发展的影响

基于前文各人口发展因素对经济发展的影响分析，可以发现人口增长、人口年龄结构、人口质量和人口分布等因素对经济增长、经济结构和经济发展质量的影响有着不同程度及不同方向的影响。因此，人口的变动和发展对经济发展的影响不是由某一单一人口因素产生的作用，而是由各人口发展因素相互作用而形成的一个整体。为此我们通过构建人口发展综合因素变量，来探索人口变动和综合发展是否对经济发展及其方式的转变依然存在明显影响和作用。

首先，本节在人口发展因素作为独立要素指标模型的基础上，利用各人口发展变量指标的回归系数来作为构建人口综合发展因素指标的权重，可以表达为

$$S = \lambda_1 \mathrm{PGR} + \lambda_2 \mathrm{MR} + \lambda_3 \mathrm{LF} + \lambda_4 \mathrm{PAP} + \lambda_5 \mathrm{EA} + \lambda_6 \mathrm{LE} + \lambda_7 \mathrm{CPD} + \lambda_8 \mathrm{UR} \quad (4\text{-}6)$$

或

$$S = \mathrm{PGR}^{\lambda_1} \times \mathrm{MR}^{\lambda_2} \times \mathrm{LF}^{\lambda_3} \times \mathrm{PAP}^{\lambda_4} \times \mathrm{EA}^{\lambda_5} \times \mathrm{LE}^{\lambda_6} \times \mathrm{CPD}^{\lambda_7} \times \mathrm{UR}^{\lambda_8} \quad (4\text{-}7)$$

其中，S 表示人口综合发展因素；λ_1，$\lambda_2,\cdots,\lambda_8$ 表示模型 1、模型 3、模型 5、模型 7、模型 9 和模型 11 中各人口发展因素指标变量的回归系数。对于人口发展因素与经济增长（lnGDP）之间的线性关系，本书研究选择采用线性组合方法，即式（4-6）来构建人口综合发展因素指标。而对于人口发展因素与经济结构（lnSAR）和经济发展质量（lnTFP）之间存在的非线性关系，则选用指数型组合方法来构建人口综合发展因素指标，如式（4-7）所示。并在此基础上，引入资本投入要素（K）、劳动投入要素（L）和贸易开放程度（T）等控制变量，通过加入时间趋势项 t[①]，并采用双固定效应模型进行回归分析。用以解决面板数据模型中可能存在不随个体或时间变化的遗漏变量，消除可能由此产生的内生性问题。模型 13、模型 15 和模型 17 采用了 PCSE 回归方法，其他模型则采用了 FGLS 回归方法，结果如表 4-9 所示。

表 4-9 人口综合发展因素对经济发展的影响实证结果

变量	被解释变量					
	国内生产总值（lnGDP）		服务业增加值占 GDP 比重（lnSAR）		全要素生产率（lnTFP）	
	模型 13（PCSE）	模型 14（FGLS）	模型 15（PCSE）	模型 16（FGLS）	模型 17（PCSE）	模型 18（FGLS）
人口综合发展因素（S）	0.153**	0.224***	1.097***	0.750***	0.535***	0.463***
	(0.050)	(0.041)	(0.118)	(0.070)	(0.056)	(0.054)
资本投入要素（ln$K$）	0.348***	0.376***				
	(0.074)	(0.054)				
劳动投入要素（ln$L$）	0.547***	0.578***				
	(0.073)	(0.077)				
贸易开放程度（T）	0.002*	0.001***	0.031	−0.030*	−0.030	−0.012
	(0.001)	(0.000)	(0.020)	(0.013)	(0.018)	(0.014)

① 由于本书所用数据的时间跨度较大，利用 LSDV 法同时引入个体和时间效应变量，会损失较多样本容量，因此选用时间趋势项 t 来作为双固定效应模型的时间效应变量。t 在 1960 年为 1，1961 年为 2，依次类推。

续表

变量	被解释变量					
	国内生产总值（lnGDP）		服务业增加值占 GDP 比重（lnSAR）		全要素生产率（lnTFP）	
	模型 13（PCSE）	模型 14（FGLS）	模型 15（PCSE）	模型 16（FGLS）	模型 17（PCSE）	模型 18（FGLS）
时间趋势项（t）	0.003	0.001	0.001	0.002***	0.005***	0.006***
	(0.002)	(0.001)	(0.001)	(0.000)	(0.001)	(0.001)
常数项	18.656***	17.718***	2.406***	3.132***	−7.795***	−6.951***
	(0.540)	(0.350)	(0.203)	(0.104)	(0.722)	(0.690)
R^2	0.998		0.870		0.996	
观测数	432	432	461	461	710	710

注：括号中的值为稳健标准误

***、**、*分别表示在 1%、5%、10%的水平上显著

从表 4-9 人口综合发展因素对经济发展影响的实证结果来看，人口综合发展因素对经济增长、经济结构和经济发展质量等经济发展因素存在显著的正向影响。从人口综合发展因素对经济增长（lnGDP）的影响来看，利用 FGLS 估计量得到的模型 14 中，人口综合发展因素对经济增长的影响明显高于 PCSE 估计量下的模型 13。在两个模型中，劳动投入要素产出弹性系数要高于资本投入要素的产出弹性系数，由此可以看出增加对劳动要素的投入量会获得更高的经济产出回报。贸易开放程度在两个模型中并没有明显的变化，对经济增长存在显著的正向影响。而时间趋势项在模型 13 和模型 14 中并无显著的影响，这充分表明，当利用这些变量构成人口综合发展因素且得到控制时，时间趋势对经济增长的影响会被人口发展综合因素所吸收。从人口综合发展因素对经济结构（lnSAR）的影响来看，PCSE 估计量下的模型 15 与 FGLS 估计量下的模型 16 相比，模型 16 中人口综合发展因素对经济结构调整的显著影响被削弱。而只有在 FGLS 估计量下得到的模型 16 中，贸易开放程度对经济结构的调整在 10%的显著水平下有负向影响，且存在显著的时间效应。从人口综合发展因素对经济发展质量（lnTFP）的影响结果来看，人口综合发展因素对经济发展质量的提高在模型 17 和模型 18 中都呈现出显著的正向影响作用，表现为人口发展综合因素每提高 1%，

TFP 将会分别提高 0.535 和 0.463。并且两个模型都存在显著的时间效应，即 TFP 会随着时间推移有明显的提高。

人口综合发展因素在经济增长、经济结构升级、经济发展质量提升中均具有显著的积极作用这一检验结果，表明 OECD 国家人口整体发展促使经济发展方式实现转变。比照前文对人口各因素分析，我们得到人口各因素的变动是通过内生的相互作用而形成一个综合性整体力量来促进经济增长和发展方式转变的，而单一人口因素的变动可能会与经济增长和发展方向背离，使其不能够在计量模型中显示出真实的作用。在人口增长趋向低速度甚至出现负增长的情况下，一定的人口迁移、人力资本水平提升能够促使人口相对聚集和城市化，形成综合力量，保证经济持续的增长和发展。当然，经济发展方式应该与之相适应而实现转变。

四、模型结果的理论认知

以上研究结果表明，在 OECD 国家的经济增长和发展及发展方式转变中人口规模与增长、以教育和健康水平为表征的人口质量提升、迁移增加及人口集聚、年龄结构的转型与老龄化等都发挥了显著作用。

第一，从人口总量及其变动来看，虽然呈显著性的模型中总人口增长率对经济增长（GDP）有负向影响，但迁移率（人口的机械增长）对经济增长有显著促进作用，这充分表明 OECD 国家在低生育率下人口老龄化和人口增长放缓使得自身劳动力供给出现不足，而在现有经济发展方式下需要有一定的国际人口迁移满足经济增长对劳动力的需求。这也表明，人口规模的增长对经济增长的影响在不同条件下方向会发生转换。换言之，人口负增长或者低速增长并不能够促进经济增长，而很大可能是在人口自然增长率非常低甚至负增长下，需要人口（劳动力）迁移增加保持一定的人口规模、优化年龄结构。

第二，从人口年龄结构转型来看，FGLS 方法下，劳动年龄人口比重增加对经济增长和经济发展质量的提高产生了显著正向影响，老年人口比重的增加引发并促进了服务业增加值在 GDP 中比重的增加，促进了经济结构升级优化。因而，在 OECD 国家低生育率下劳动力比重下降和人口老龄化促使经济发展方式发生转变，促进经济发展质量的提升。

第三，从人口质量及人力资本来看，呈显著性模型中教育素养的提高和人均预期寿命的增加对经济增长、经济结构优化和发展质量提升产生显著的正向影响。教育素养提升提高了人力资本，为 OECD 国家的经济增长和经济发展方式转变提供了内生动力；寿命延长下的健康人力资本提升则提升了消费层级，促进了经济结构的优化升级。

第四，从人口的城镇化和人口集聚来看，FGLS 法下，比较人口密度和城镇化率的提高，将对经济增长、经济结构调整和发展质量及方式转变均有显著的积极作用。因此，适度的人口集聚和城市化、城市分工带动的人口流动是经济发展方式转变重要推动力。

第五，从人口发展各个方面综合起来看，人口发展的各个方面对经济增长和发展及其方式转变分别产生不同的作用，进一步将各个因素综合起来纳入模型检验，结果显示，人口发展的各个方面相互关联、相互作用形成合力对经济增长、经济结构优化和经济发展质量提升及方式转变产生积极的综合性作用和影响。即使控制了个体效应和时间效应，人口发展的综合性作用依然显著，特别是对于反映经济发展质量和方式转变的 TFP 的提升而言，更是与时间趋势所代表的时变因素共同形成正向的推进作用。因此，人口与经济、人口转变与经济发展方式转变之关系中，人口单一因素的作用将随时间的推移发生变化，而人口各因素综合起来便成为经济发展方式转变的内生稳定推动力。

小　结

随着人口规模和数量的减少，人口老龄化和高龄化趋势日益明显，势必加剧劳动供需之间的矛盾，使原有依赖劳动密集型产业和粗放型的经济增长方式不再适应现阶段的经济发展模式。在这个关键时期，能否实现经济发展方式的转变关系着中国未来的经济能否沿着增长轨道持续发展。因此，通过对 OECD 国家的人口和经济之间的关系的研究，得到以下几个方面的启示。

第一，人口需要适度增长，人口规模应保持稳定。人口过快增长和较大的人口规模将会给经济增长带来压力和阻力。虽然人口的增加有助于增加劳动生产要素的投入，进而继续实现外延式的粗放型经济增长，但这与我们转变经济发展方式的初衷背道而驰。从 OECD 国家的实证结果可以看出，随着社会经济水平的发展，总人口增长率的变动趋于稳定，经济发展方式将不再依靠总人口数量的增加，甚至总人口增长率还会带来负向影响。因此，需要依靠生产率提高和技术创新带动以寻求经济发展方式的转变。在放开生育限制的条件下，使生育率能够维持适度水平，防止人口过快增长或大幅度减少，使得人口规模保持适当的稳定状态，为实现经济发展方式的转变创造一个良好的人口环境。

第二，适应人口老龄化、提升居民消费层级，促进产业结构升级优化。随着生育水平的降低和人口老龄化趋势的发展，人口年龄结构的转型变化对消费、经济结构等产生着深远影响。从 OECD 国家的发展结果来看，老年人口比重的增加，刺激了人口消费，扩大了内需，能够带动经济结构优化升级。目前，中国由传统消费模式和人口的“未富先老”状态向现代消费模式和“即富即老”的状态转变中，需要抓住机遇在满足居民对健康需求、文化需求和康养旅游需求等方面促进消费层级提升，从而促进产业结构和经济结构的升级优化，为人口负增长下的经济发展注入新的动力。

第三，提高人口质量，促进人力资本水平提升。从 OECD 国家的发展经验来看，教育和健康作为人力资本要素的重要组成部分，对经济增长、经济结构的调整和经济发展质量的提升有着重要的作用。中国的人口数量众多，但人口质量普遍偏低，充足的人力资源将变成制约经济发展方式转变的负担。如果人口质量提高，那么充足的人力资源则会转化成人力资本，成为促进经济发展的新动力。因此，需要加强对教育和健康的投入，以提高人力资本的积累和发展水平，既可以推动经济发展，又可以提高人民生活水平和质量。

第四，促进人口的合理流动和集聚。本章对 OECD 国家的研究结果表明，在低生育率、低死亡率和低人口增长率的发展阶段，人口的迁移和流动有利于促进人力资本的集聚，从而实现资源的优化配置，促进经济发展。中国区域间的经济发展水平也存在很大差异，因此需要利用城市群和城镇化建设，促进人口在区域间的合理流动，防止人口过度集聚，以保证经济的均衡发展。

第五，发挥人口发展的综合性作用，促进经济发展。面对未来中国人口低速增长甚至负增长，需要在未来经济发展中充分发挥人口规模大有利于分工细化优势，加大教育和健康投资提升人力资本，促进人口迁移流动顺利实现聚集和高质量城市化发展等，实现经济发展方式的顺利转变，以应对人口老龄化和人口负增长对经济发展的负面影响。

综上所述，通过对 OECD 国家人口变动对经济发展方式转变的研究可以发现，在不同的人口变动阶段，经济发展的原动力是不一样的。因此，经济的发展方式也应该和不同时期的人口变动相适应。当经济发展中的人口条件发生改变时，就必须根据人口变动在经济发展的作用机制和途径上，寻找新的经济增长动力和源泉，实现经济发展方式的转变。中国要想实现经济发展的转变，既要借鉴 OECD 国家的发展经验，又要结合中国自身的特点，充分发挥人口回旋的优势，并建立和完善与之相适应的经济发展政策支持体系。

第五章
中国人口与经济发展的轨迹和方式转变实践

根据第三章的理论分析，尽管人口与经济发展之间的关系存在着争论，然而人口因素是经济发展的基础性、全局性和战略性因素，人口因素对于经济增长与发展具有积极的作用是主流观点和理论内核。第四章利用 OECD 的部分国家数据，对人口发展状况对经济发展方式的选择进行了实证检验，表明了发达国家人口与经济发展方式转变关系。中国是一个地域广阔、人口规模巨大的发展中国家，人口与经济增长的关系、人口与经济发展方式之间的关系具有典型性，并具有独特性。本章利用中国的相关数据，采用统计和计量方法对前述的理论进一步予以验证。

第一节 中国人口发展历史轨迹

新中国成立以来，中国人口经历了巨大的发展和转变。本节将从人口规模扩张、人口结构转变、生育水平变化和人口流动活跃四个方面来对中国的人口转变实际进行详细阐述。

一、人口规模扩张

（一）人口快速增长阶段（1949～1957 年）

新中国成立后，社会发展环境逐步稳定，经济发展百废待兴，居民生活水平低下，在物质资源和劳动力资源丰富的情况下，国民经济得到快速增长和发展，居民生活水平及医疗卫生水平逐渐提高。在社会与经济快速发展的背景下，中国的人口发展呈现出前所未有的特征及变化趋势。首先是人口死亡率不断降低，特别是婴幼儿死亡率大幅度降低，而出生率仍然维持在较高水平，人口自然增长率较高，年出生人口规模不断增加，形成了新中国成立后的“第一次人口出生高峰”和人口增长高峰，总人口由 1949 年的 54 167 万增长到 1957 年的 6.42 亿，人口规模呈现出快速增长的变动趋势，如表 5-1 所示。本小节的数据均来自表 5-1。

表 5-1 1949~2019 年的人口和各指标分布情况

年份	总人口/万	出生率‰	死亡率‰	自然增长率‰	年份	总人口/万	出生率‰	死亡率‰	自然增长率‰
1949	54 167	36.00	20.00	16.00	1987	109 300	23.33	6.72	16.61
1950	55 196	37.00	18.00	19.00	1988	111 026	22.37	6.64	15.73
1951	56 300	37.80	17.80	20.00	1989	112 704	21.58	6.54	15.04
1955	61 465	32.18	12.28	19.90	1990	114 333	21.06	6.67	14.39
1960	66 207	20.86	25.41	–4.55	1991	115 823	19.68	6.70	12.98
1965	72 538	38.42	9.50	28.92	1992	117 171	18.24	6.64	11.60
1970	82 992	35.07	7.60	27.47	1993	118 517	18.09	6.64	11.45
1971	85 229	34.42	7.32	27.10	1994	119 850	17.70	6.49	11.21
1972	87 177	30.59	7.61	22.98	1995	121 121	17.12	6.57	10.55
1973	89 211	30.49	7.04	23.45	1996	122 389	16.98	6.56	10.42
1974	90 859	25.91	7.34	18.57	1997	123 626	16.57	6.51	10.06
1975	92 420	24.59	7.32	17.27	1998	124 761	15.64	6.50	9.14
1976	93 717	21.35	7.25	14.10	1999	125 786	14.64	6.46	8.18
1977	94 974	23.03	6.87	16.16	2000	126 743	14.03	6.45	7.58
1978	96 259	18.25	6.25	12.00	2001	127 627	13.38	6.43	6.95
1979	97 542	20.59	6.21	14.38	2002	128 453	12.86	6.41	6.45
1980	98 705	18.21	6.34	11.87	2003	129 227	12.41	6.40	6.01
1981	100 072	20.91	6.36	14.55	2004	129 988	12.29	6.42	5.87
1982	101 654	22.28	6.60	15.68	2005	130 756	12.40	6.51	5.89
1983	103 008	20.19	6.90	13.29	2006	131 448	12.09	6.81	5.28
1984	104 357	19.90	6.82	13.08	2007	132 129	12.10	6.93	5.17
1985	105 851	21.04	6.78	14.26	2008	132 802	12.14	7.06	5.08
1986	107 507	22.43	6.86	15.57	2009	133 450	11.95	7.08	4.87

续表

年份	总人口/万	出生率‰	死亡率‰	自然增长率‰	年份	总人口/万	出生率‰	死亡率‰	自然增长率‰
2010	134 091	11.90	7.11	4.79	2015	137 462	12.07	7.11	4.96
2011	134 735	11.93	7.14	4.79	2016	138 271	12.95	7.09	5.86
2012	135 404	12.10	7.15	4.95	2017	139 008	12.43	7.11	5.32
2013	136 072	12.08	7.16	4.92	2018	139 538	10.94	7.13	3.81
2014	136 782	12.37	7.16	5.21	2019	140 005	10.48	7.14	3.34

资料来源：《中国统计年鉴》

（二）人口增长暂缓阶段（1958～1961 年）

1959～1961 年，中国的经济发展出现了波折和困难，经济增长停滞不前，人民生活水平降低。在此阶段，人口转变进入了新的阶段，人口死亡率激增，出生率急速下降，从而暂缓了新中国成立后人口规模快速增长的趋势。1959 年人口死亡率上升到了 14.59‰，1960 年进一步上升到 25.41‰，而人口出生率只有 20.86‰，人口自然增长率大幅度下降，甚至出现了负增长。

（三）人口激增阶段（1962～1970 年）

三年困难时期过后，经过调整期和“三五”时期建设，中国的经济发展得到了明显改善。人口转变出现了新的特征，暂缓期过后，人口的补偿性生育使人口出生率迅速回升，人口增长进入了“第二次人口出生高峰”，并一直持续到 20 世纪 70 年代初。1962 年，中国的人口出生率迅速上升到 37‰以上，1963 年更是陡增到新中国成立以来的最高水平 43.37‰。每年出生人数在 1962 年后约达到 2700 万人，最高时达到 2954 万人（1963 年），年平均净增人数也高达 2000 万以上①。这一时期的死亡率再次下降到 10‰以下，并逐年稳步下降，1970 年降到 7.60‰，这个时期高出生率、低死亡率、高自然增长率的特点使其成为新中国成立后人口增长最为迅猛的时期。

① 此处数据可参见王胜今等发表的《科学认识中国人口和计划生育事业取得的伟大成就——纪念〈公开信〉发表 30 周年》（发表于《社会科学战线》2010 年第 12 期），此外，从《中国统计年鉴》的历年人口数据中也不难获得。

（四）人口增长放慢阶段（1971～1980 年）

考虑人口转变特征及社会经济发展的双重变动趋势，20 世纪 70 年代执行计划生育政策，由此带来中国人口发展的根本性转变。在计划生育政策和工作的有力推动下，人口出生率从 1970 年的 35.07‰降到 1979 年的 20.59‰；人口自然增长率从 1970 年的 27.47‰下降到 1979 年的 14.38‰；1970 年全国年净增人口 2144 万，1979 年则降为 1125 万。中国人口变动从这一时期开始，受政府生育政策影响明显，妇女生育意愿出现一定程度的转变，逐渐形成生育意愿较低与政策干预双重影响的人口转变背景，人口规模扩张及与人口转变相关的人口变动具有明显的地区特征。

（五）人口回升与波动阶段（1981～1990 年）

进入 20 世纪 80 年代后，随着第二次人口出生高峰的人口进入婚育年龄，以及中国计划生育政策的调整，人口出现了回转式上涨趋势。中国的人口出生率从 1984 年的 19.90‰迅速回升到 1987 年的 23.33‰，自然增长率也对应的从 1984 年的 13.08‰上升到 1987 年的 16.61‰。这一时期在人口出生高峰波动作用下，实现了较低生育率下的人口较快增长，出现了第三次人口出生高峰。

（六）人口增长稳步下降阶段（1991～2019 年）

20 世纪 90 年代初，妇女总和生育率下降至更替水平以下，人口规模增长进入稳步下降的阶段。中国的人口出生率从 1990 年的 21.06‰下降到 2000 年的 14.03‰，到 2015 年底下降到 12.07‰；自然增长率也相应从 1990 年的 14.39‰下降到 2000 年的 7.58‰，到 2015 年底下降到 4.96‰。而随着 2016 年实施“全面两孩”政策，2016 年中国的人口出生率和自然增长率与 2015 年相比又开始缓慢提高，之后人口出生率从 2016 年的 12.95‰下降到 2019 年的 10.48‰，自然增长率从 2016 年的 5.86‰下降到 2019 年的 3.34‰。这一时期由于人口惯性的作用，在低生育率和内在自然增长率为负的情况下，人口维持了较低速度的增长。但是，人口规模已经呈现增长乏力、增长速度放缓的趋势。20 世纪 90 年代初期，中国人口增长已经出现了人口负增长惯性，人口负增长惯性越强，人口出现负增长越快。这一阶段的人口规模扩张虽然呈现出表面的正增长，但是已出现负增长的潜在变动趋势。

二、人口结构转变

本部分将从人口再生产类型的角度出发，通过抚养比及人口年龄结构变动详细阐述新中国成立后，中国人口转变在结构性方向所呈现的特征及变动趋势。

（一）人口再生产类型的转变

迄今为止，人类经历了三个阶段人口再生产类型的转变，分别是高出生率、高死亡率和低自然增长率的原始人口再生产类型；高出生率、低死亡率和高自然增长率的传统人口再生产类型；低出生率、低死亡率和低自然增长率的现代人口再生产类型。关于中国的人口转变阶段说法并不统一，新中国成立之后，中国人口再生产类型的转变特点并不明显，初显传统人口再生产类型的方式。尤其是随着经济发展和医疗卫生水平的提高，中国的人口死亡率迅速下降，传统人口再生产类型较为明显。直到 20 世纪 90 年代，在长期的生育政策严格控制下，中国的人口出生率下降，中国的人口再生产类型明显转变为现代人口再生产类型。虽然 20 世纪 90 年代后，生育政策始终在发挥作用，且之后又进行了调整，但是中国人口发展始终处于现代人口再生产类型阶段。

（二）人口年龄结构及抚养比的转变

表 5-2 展示了 1949~2019 年中国人口年龄结构及抚养比的变化情况。整体上，1949~2019 年 0～14 岁少儿人数占总人口的比重出现了先上升后下降的过程；65 岁及以上老年人数占总人口的比重基本呈上升趋势，劳动力人口（15~64 岁）的比重则基本呈现先下降后上升，于 2010 年前后达到高峰，之后再继续降低的过程。人口总抚养比整体上是在波动中下降，进入 2010 年以后，总抚养比不断提升，劳动年龄人口的抚养压力不断增大。20

世纪 80 年代初少儿抚养比呈现出下降的趋势，到 2010 年后老年抚养比上升的速度大于少儿抚养比下降的速度，劳动年龄人口开始承担更多的“赡养老人”压力。改革开放以来，中国人口年龄结构已经从年轻型快速经由成年型而转变为老年型，而且老龄化趋势在不断加强。

表 5-2 1949~2019 年人口年龄结构及抚养比变化情况

年份	0～14 岁/%	15～64 岁/%	65 岁及以上/%	总抚养比/%	少儿抚养比/%	老年抚养比/%
1949	34.34	61.16	4.51	63.52	56.14	7.37
1950	34.56	60.99	4.45	63.96	56.67	7.29
1951	34.99	60.60	4.41	65.02	57.74	7.28
1952	35.89	59.73	4.38	67.41	60.08	7.33
1953	36.27	59.31	4.41	68.60	61.16	7.44
1954	38.30	58.70	3.00	70.35	65.25	5.11
1955	39.05	58.00	2.96	72.43	67.33	5.10
1956	39.46	57.58	2.96	73.67	68.54	5.13
1957	39.88	57.13	2.99	75.05	69.81	5.24
1958	40.45	56.49	3.06	77.02	71.61	5.41
1959	40.33	56.51	3.15	76.95	71.37	5.58
1960	40.10	56.61	3.29	76.65	70.84	5.81
1961	39.45	57.14	3.41	75.02	69.05	5.97
1962	39.08	57.41	3.51	74.19	68.08	6.11
1963	40.05	56.40	3.54	77.30	71.02	6.28
1964	40.67	55.76	3.58	79.35	72.94	6.41
1965	40.82	55.57	3.61	79.95	73.45	6.50
1966	40.87	55.41	3.72	80.49	73.77	6.71
1967	40.60	55.54	3.86	80.04	73.09	6.95
1968	40.43	55.60	3.96	79.85	72.72	7.13
1969	40.15	55.79	4.07	79.26	71.97	7.29
1970	39.74	56.10	4.16	78.26	70.85	7.41
1971	40.00	56.49	3.51	77.02	70.81	6.21
1972	39.70	56.69	3.61	76.40	70.03	6.37
1973	39.35	56.94	3.72	75.63	69.10	6.53
1974	39.53	56.63	3.85	76.60	69.81	6.79
1975	39.55	56.48	3.97	77.06	70.03	7.03

续表

年份	0～14岁/%	15～64岁/%	65岁及以上/%	总抚养比/%	少儿抚养比/%	老年抚养比/%
1976	39.88	56.03	4.09	78.49	71.19	7.30
1977	39.62	56.18	4.20	77.99	70.52	7.47
1978	38.07	57.60	4.32	73.60	66.09	7.51
1979	36.88	58.63	4.49	70.56	62.90	7.66
1980	35.70	59.67	4.63	67.58	59.83	7.75
1981	34.37	60.86	4.77	64.31	56.47	7.84
1982	33.59	61.50	4.91	62.60	54.62	7.98
1987	28.68	65.86	5.40	51.84	43.55	8.29
1990	27.69	66.74	5.57	49.84	41.49	8.35
1991	27.71	66.30	5.99	50.83	41.79	9.03
1992	27.60	66.24	6.16	50.97	41.67	9.30
1993	27.15	66.70	6.15	49.93	40.70	9.22
1994	27.00	66.64	6.36	50.06	40.52	9.54
1995	26.60	67.20	6.20	48.81	39.58	9.23
1996	26.39	67.20	6.41	48.81	39.27	9.54
1997	25.96	67.50	6.54	48.15	38.46	9.69
1998	25.70	67.60	6.70	47.93	38.02	9.91
1999	25.40	67.70	6.90	47.72	37.52	10.20
2000	22.89	70.10	6.96	42.56	32.64	9.92
2001	22.50	70.40	7.10	42.05	31.96	10.09
2002	22.40	70.30	7.30	42.25	31.86	10.38
2003	22.10	70.40	7.50	42.05	31.39	10.65
2004	21.50	70.90	7.60	41.01	30.32	10.69
2005	20.30	72.00	7.70	38.81	28.14	10.67
2006	19.80	72.30	7.90	38.27	27.31	10.96
2007	19.40	72.50	8.10	37.87	26.78	11.10
2008	19.00	72.70	8.30	37.36	26.03	11.33
2009	18.50	73.00	8.50	36.89	25.30	11.60
2010	16.60	74.50	8.90	34.20	22.30	11.90
2011	16.50	74.40	9.10	34.35	22.10	12.25
2012	16.50	74.10	9.40	34.86	22.20	12.66
2013	16.40	73.90	9.70	35.28	22.20	13.08
2014	16.50	73.40	10.10	36.20	22.45	13.69

续表

年份	0～14 岁/%	15～64 岁/%	65 岁及以上/%	总抚养比/%	少儿抚养比/%	老年抚养比/%
2015	16.52	73.01	10.47	36.97	22.63	14.33
2016	16.70	72.50	10.80	37.90	22.90	15.00
2017	17.80	71.80	11.40	39.20	23.40	15.90
2018	16.90	71.20	11.90	40.40	23.70	16.80
2019	16.80	70.60	12.60	41.50	23.80	17.80

资料来源：历年《中国统计年鉴》

注：数据经过四舍五入，相加与 100%有误差

三、生育水平变化

一个国家的生育水平高低决定着该国人口出生数量的多少和生育率的高低，而人口的转变过程中生育水平的变动是一个关键。新中国成立后，生育水平发生了巨大的转变①，如表 5-3 所示。

表 5-3　中国历年总和生育率

年份	总和生育率	年份	总和生育率
1950	5.81	1990	2.31
1955	6.26	1995	1.75
1960	4.02	2000	1.72
1965	6.08	2005	1.70
1970	5.81	2010	1.52
1975	3.57	2015	1.51
1980	2.31	2016	1.70
1985	2.20		

资料来源：根据历年《中国统计年鉴》及文献王金营（2013）测算

整体来看，中国妇女总和生育率的变动趋势大致分为四个阶段：第一阶段（1949～1970 年），除 1959～1961 年三年困难时期外，其余年份的总和生育率都保持在高水平，总和生育率年均在 6.0 左右；第二阶段（1971～

① 1990 年以来生育水平的统计数据通常被人们怀疑，为此学界对中国的总和生育率经过多方位、多方法的探讨，得出了重要的研究成果，但至今尚未对中国 20 世纪 90 年代以来的总和生育率水平及其变动趋势达成共识。本部分笔者在考虑普查数据的人口出生和死亡漏报情况的条件下，经过测算得出的 1990 年以来的总和生育率变动。

1980 年），这一阶段全国开始全面严格施行控制人口增长的计划生育政策，外力控制下，总和生育率迅速下降至 2.7 左右；第三阶段是波动时期（1981～1990 年），这一时期仍然执行严格的生育政策，在人口增长的惯性条件下，人口变动进入第三次生育高峰（育龄妇女高峰时期），使得这一时期妇女生育水平出现波动，维持在 2.2～2.8；第四阶段（1991～2016 年），进入到 20 世纪 90 年代后，生育政策进一步调整，加之社会经济快速发展，人民生活水平得到较大提高，妇女受教育水平提高和劳动力就业参与度大幅提升，妇女生育意愿大幅度降低，自觉控制生育的程度越来越高，致使妇女总和生育率持续降低。中国人口的妇女总和生育率 1992 年开始降到更替水平以下，2010 年“第六次全国人口普查”过后总和生育率一直在 1.50 左右徘徊，2016 年中国实行了“全面两孩”政策，总和生育率提升至 1.70 左右。目前，中国妇女生育呈现出低生育意愿和婚育年龄推迟的状态及阶段。

四、人口流动活跃

改革开放以后，中国的流动人口规模发展和变化主要经历了三个阶段。第一时期（1978～1990 年）开启了人口的流动格局，1984 年政府发布的《关于农民进入集镇落户问题的通知》放宽了人口从农村流入中小城镇的限制，促进了劳动力从农村向城镇的转移，中国形成了人口从农村向中小城市流动的格局；第二时期（1991～2010 年）进入了流动人口的快速扩张阶段，流动人口在规模上保持快速增长的趋势，从 1990 年的 2135 万人增加至 2010 年的 22 143 万人，年均增长约 12%；第三时期（2011～2019 年）稳定了流动人口的增长态势。这一期间的劳动力流动在规模和数量上保持了相对稳定的变动，并且流动人口整体增速呈下降趋势。国家统计局公布的数据显示，2015 年全国流动人口规模比 2014 年下降了 568 万，之后每年均在前一年的基础上下降 100 万～200 万人，截止到 2019 年，全国流动人口规模为 2.36 亿人，人户分离人口为 2.80 亿人[①]。2000～2019 年中国流动人口规模

① 有关中国人口流动或者流动人口的分析可参见段成荣团队的分析，这里的流动人口数据均引自吕立丹等的《对我国流动人口规模变动的分析和讨论》（已发表于《南方人口》2018 年第 1 期）和段成荣等《当前我国人口流动形势及其影响因素研究》（已发表于《山东社会科学》2017 年第 9 期）。

如图 5-1 所示。

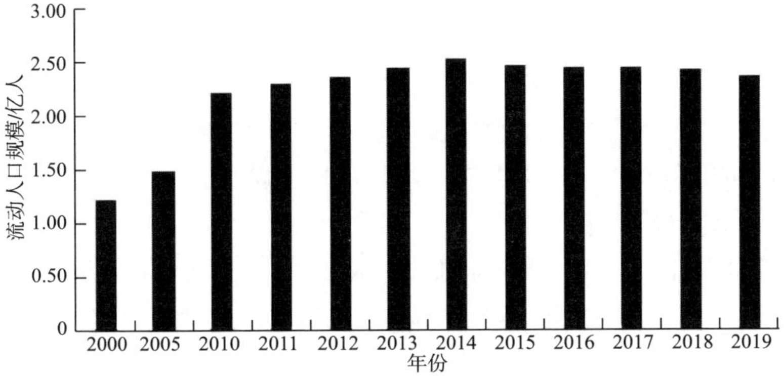

图 5-1　2000～2019 年中国流动人口规模

资料来源：历年《中国统计年鉴》

新时代下，中国流动人口的变动趋势呈现出以下特点：流动人口规模持续维持在 2.3 亿～2.5 亿的水平；东南沿海地区仍是跨省区市流动的主要目的地；人口回流和城-城流动的增长将带动人口流动空间模式的多元化和城市规模体系的重构；人口流动整体趋于稳定化、家庭化；流动人口的城市定居意愿普遍增强；新生代和老生代流动人口的相对规模持续提高；大规模国际移民时代可能到来，我国处于一个人口流动活跃时期（段成荣等，2017）。

第二节　中国的经济增长、经济发展及其方式转变

改革开放以来，我国人口发生了重要转变，经济也取得了令人瞩目的发展成就。2010 年，我国 GDP 超越日本，成为世界第二大经济体。本节旨在探索中国自改革开放以来经济增长及发展状况，从 GDP、人均 GDP、国家发展战略和基础设施建设等方面进行分析。

一、中国 GDP 和人均 GDP 增幅较为明显

中国自 1978 年改革开放以来，经济发展取得了巨大的成就。GDP 从 1978 年的 3678.7 亿元增长到 2019 年的 990 865.1 亿元，提高了 268 倍；与此同时，居民生活水平得到显著提高，其中人均 GDP 从 1978 年的 385 元提高到 2019 年的 70 892 元。根据国家统计局发布数据，1979～2012 年，中国经济快速增长，GDP 年平均增长率达到 15.9%，高于世界经济平均增长率，也高于世界各主要经济体同期平均水平。2013～2018 年，中国经济持续较快增长，GDP 年均增长率为 9.1%，明显高于世界经济平均增长率。从 2012 年以后，中国经济增长速度放缓，增长速度的下降和趋缓是经济增长方式转变的体现，表明中国经济由高速增长进入新常态下的中高速稳定增长时期，中国的经济增长正在向着高质量经济发展道路转变，1978～2019 年我国 GDP 与人均 GDP 如表 5-4 和表 5-5 所示。

表 5-4　1978～2019 年中国 GDP　　单位：亿元

年份	GDP	年份	GDP	年份	GDP	年份	GDP
1978	3 678.7	1989	17 179.7	2000	100 280.1	2011	489 300.6
1979	4 100.5	1990	18 872.9	2001	110 863.1	2012	540 367.4
1980	4 587.6	1991	22 005.6	2002	121 717.4	2013	595 244.4
1981	4 935.8	1992	27 194.5	2003	137 422.0	2014	643 974.0
1982	5 373.4	1993	35 673.2	2004	161 840.2	2015	689 052.1
1983	6 020.9	1994	48 637.5	2005	187 318.9	2016	744 127.2
1984	7 278.5	1995	61 339.9	2006	219 438.5	2017	827 122.0
1985	9 098.9	1996	71 813.6	2007	270 232.3	2018	919 281.1
1986	10 376.2	1997	79 715.0	2008	319 515.5	2019	990 865.1
1987	12 174.6	1998	85 195.5	2009	349 081.4		
1988	15 180.4	1999	90 564.4	2010	413 030.3		

资料来源：历年《中国统计年鉴》

表 5-5　1978～2019 年人均 GDP　　单位：元

年份	人均 GDP	年份	人均 GDP	年份	人均 GDP	年份	人均 GDP
1978	385	1979	423	1980	468	1981	497

续表

年份	人均 GDP	年份	人均 GDP	年份	人均 GDP	年份	人均 GDP
1982	533	1992	2 334	2002	9 506	2012	40 007
1983	588	1993	3 027	2003	10 666	2013	43 852
1984	702	1994	4 081	2004	12 487	2014	47 203
1985	866	1995	5 091	2005	14 368	2015	50 251
1986	973	1996	5 898	2006	16 738	2016	53 980
1987	1 123	1997	6 481	2007	20 505	2017	59 660
1988	1 378	1998	6 860	2008	24 121	2018	66 006
1989	1 536	1999	7 229	2009	26 222	2019	70 892
1990	1 663	2000	7 942	2010	30 876		
1991	1 912	2001	8 717	2011	36 403		

资料来源：历年《中国统计年鉴》

二、中国的国家发展战略和发展理念

（一）1949～1978 年中国经济发展的战略和发展理念

新中国成立之初，国家经济发展水平偏低，初始经济发展水平与人民生活需求不匹配，人口与社会发展体现为“人口规模大，经济发展水平低”的基本特征，1978 年之前中国的经济发展以公有制和计划经济为主。1949～1978 年，中国经济发展战略大致分为四个阶段：①一五战略阶段，即“一五计划”时期的均衡重工业优先战略；②“大跃进”赶超战略阶段，即“大跃进”时期的畸形重工业优先战略；③备战战略阶段，即备战时期的特殊重工业优先战略；④过渡阶段，即 1976～1978 年的极端重工业优先战略[①]（任志江，2007）。

无论处于经济发展的哪个阶段，新中国成立后的三十年，经济发展建立在自然资源禀赋基础上，采取追赶和重工业优先发展的战略，目的是改变中国工业落后、资本积累薄弱的面貌，集中力量进行工业化建设，加快推进各

① 关于 1949~1978 年我国发展战略阶段的划分并没有官方文献予以研究分析，这里主要参考了任志江的《对 1949—1978 年中国经济发展战略理论依据的解析》（发表于《社会科学家》2007 年第 5 期）中的结论。

经济领域的社会主义改造，为后期的经济快速发展奠定了坚实的基础。社会主义建设道路上，采取翻番和赶超战略，发展理念坚持以工业化为中心，采用计划经济手段，全国统筹集中财力和人力发展重工业，实施工农业剪刀差的策略。这一时期受到“大跃进”“三年困难时期”和“文化大革命”等影响，经济发展有波动且增长缓慢。

（二）1979～2012 年中国经济发展的战略和理念

1979 年，中国的总人口规模已经接近 10 亿大关，落后生产力的状况急需改善。为了适应人口发展形势和促进经济快速发展，国家实行改革开放，确定从 1980 年至 2000 年 GDP 翻两番，2020 年实现全面建成小康社会的目标。20 世纪 70 年代末农村实行家庭联产承包责任制，激发了农民的劳动积极性，同时也释放了大量劳动力。20 世纪 80 年代以乡镇企业为主的乡村工业获得发展，一方面为农村带来经济增长，另一方面也吸收了大量的剩余劳动力。但是，乡镇企业的发展也带来了低效、无序、高耗和严重污染等问题。20 世纪 80 年代后期，中国开始推进城市改革，加快城市经济和城镇化发展。20 世纪 90 年代初，中国确立了经济体制改革的目标，即建立社会主义市场经济体制，积极与世界接轨，走出一条有中国特色的社会主义市场经济的发展道路。国家发展经济特区，允许一部分人先富起来，先富带后富。国家大力发展劳动密集型产业和轻工业经济，同时加大基础设施建设，加快城镇化发展。中国的经济发展方式取得了显著的成效，1979～2012 年，我国经济实现了高速增长的目标。这一时期的手段是实施改革开放、推进市场经济改革，投资推动，以城镇化为中心，通过市场化机制及行政引导方式改变劳动力及物质资本的分配比例，以求资源匹配实现最优，实现经济增长大幅度提高。这一时期也经历了 1997 年、2008 年的两次金融危机①，中国经济行稳致远，得益于改革开放和完善的国民产业体系，更重要的是中国共产党的坚强领导和坚定的发展理念。

---

① 两次金融危机是指 1997 年的亚洲金融危机和 2008 年由美国次贷危机引发的全球金融危机。

（三）2012年之后中国经济发展的战略和理念

这一时期中国经济发展是由高速增长向中高速增长的转变阶段，经济增长速度由10%以上转变到6%～7%，发展战略是转变经济发展方式，实现高质量的发展。十八大报告提出“加快完善社会主义市场经济体制和加快转变经济发展方式”①，十九大报告指出“我国经济已由高速增长阶段转向高质量发展阶段，正处在转变发展方式、优化经济结构、转换增长动力的攻关期”②，发展的理念已经转变到以创新、协调、绿色、开放、共享为引领的新发展理念，是以人民为中心，发展为了人民，发展依靠人民的经济高质量发展的理念③。

中国经济经历了长期的增速达两位数的增长阶段，随后进入中高速经济增长阶段，经济高速增长目标继而转为经济高质量发展。同时，在长期低生育率背景下，人口老龄化程度日益深化，劳动年龄人口占总人口比重也在2010年达到高峰期后开始呈下降态势，根据联合国及本书和中国有关学者多来源人口预测，未来中国的总人口规模将在2025～2030年进入负增长状态。在人口转变进入新的状态后，经济发展战略和理念理应随之转变。党的十八大报告指出，必须“不断解放和发展社会生产力”④，解放和发展社会生产力是中国特色社会主义的根本任务。要坚持以经济建设为中心，以科学发展为主题，全面推进经济建设、政治建设、文化建设、社会建设、生态文明建设，实现以人为本、全面协调可持续的科学发展。党的十九大报告明确判断“我国经济已由高速增长阶段转向高质量发展阶段，正处在转变发展方式、优化经济结构、转换增长动力的攻关期，建设现代化经济体系是跨越关

---

① 《胡锦涛在中国共产党第十八次全国代表大会上的报告》，http://cpc.people.com.cn/n/2012/1118/c64094-19612151.html[2021-03-31]。

② 《习近平：决胜全面建成小康社会 夺取新时代中国特色社会主义伟大胜利——在中国共产党第十九次全国代表大会上的报告》，http://www.gov.cn/zhuanti/2017-10/27/content_5234876.htm[2021-03-31]。

③ 发展理念的阐述参见：《习近平这样阐释新发展理念》，http://www.xinhuanet.com/politics/xxjxs/2019-10/24/c_1125144509.htm，[2021-03-31]。

④ 《胡锦涛在中国共产党第十八次全国代表大会上的报告》，http://cpc.people.com.cn/n/2012/1118/c64094-19612151.html[2021-03-31]。

口的迫切要求和我国发展的战略目标。必须坚持质量第一、效益优先，以供给侧结构性改革为主线，推动经济发展质量变革、效率变革、动力变革，提高全要素生产率，着力加快建设实体经济、科技创新、现代金融、人力资源协同发展的产业体系，着力构建市场机制有效、微观主体有活力、宏观调控有度的经济体制，不断增强我国经济创新力和竞争力”①。因此，在人口转变带来的规模性负增长与结构性老龄化后果到来的背景下，经济发展战略和理念也随之转变，目的是使人口发展与经济发展相协调。

三、中国基础设施建设情况

（一）固定资产投资逐年增加

在 1978 年之前，中国的固定资产投资额从 1952 年的 43.60 亿元持续增长到 1978 年的 668.70 亿元，并且固定资产投资年均增长率受国家发展战略的影响出现较大的波动。改革开放后，中国经济实现了腾飞，固定资产投资不断创造新高，到 2019 年固定资产投资额已达到 560 874.00 亿元（表 5-6）。从固定资产投资额的年增长率来看，2019 年与以往年份相比有所下降，为−13.13%。之所以出现这样的变动趋势，与国内、国外经济环境的多重综合因素影响有关，主要原因是全球经济下行压力和中国内部在转型升级过程当中各种深层次矛盾、困难、问题集中叠加综合作用于固定资产投资额。

表 5-6　1949～2019 年中国固定资产投资额及年增长率

年份	固定资产投资额/亿元	年增长率/%	年份	固定资产投资额/亿元	年增长率/%
1952	43.60		1980	910.90	36.08
1957	151.20		1981	961.00	5.50
1978	668.70		1982	1 230.40	28.03
1979	669.40	0.10	1983	1 430.10	16.23

① 《习近平：决胜全面建成小康社会 夺取新时代中国特色社会主义伟大胜利——在中国共产党第十九次全国代表大会上的报告》，http://www.gov.cn/zhuanti/2017-10/27/content_5234876.htm[2021-03-31]。

续表

年份	固定资产投资额/亿元	年增长率/%	年份	固定资产投资额/亿元	年增长率/%
1984	1 832.90	28.17	2002	43 499.90	16.89
1985	2 543.20	38.75	2003	55 566.60	27.74
1986	3 120.60	22.70	2004	70 477.40	26.83
1987	3 791.70	21.51	2005	88 773.60	25.96
1988	4 753.80	25.37	2006	109 998.20	23.91
1989	4 410.40	−7.22	2007	137 323.90	24.84
1990	4 517.00	2.42	2008	172 828.40	25.85
1991	5 594.50	23.85	2009	224 598.80	29.95
1992	8 080.10	44.43	2010	251 683.80	12.06
1993	13 072.30	61.78	2011	311 485.10	23.76
1994	17 042.10	30.37	2012	374 675.70	20.29
1995	20 019.30	17.47	2013	446 294.10	19.11
1996	22 913.50	14.46	2014	512 020.70	14.73
1997	24 941.10	8.85	2015	562 000.00	9.76
1998	28 406.20	13.89	2016	606 466.00	7.91
1999	29 854.70	5.10	2017	641 238.00	5.73
2000	32 917.70	10.26	2018	645 675.00	0.69
2001	37 213.50	13.05	2019	560 874.00	−13.13

资料来源：历年《中国统计年鉴》

（二）基础设施建设力度不断加大

1. 基础设施建设缓慢阶段（1949～1978 年）：工业投资增长迅速

20 世纪 50 年代初期，中国经济发展落后，历经三年恢复时期，实施了“一五计划”。在此期间，中国经济有了大幅度提升，最主要的是进行了大规模的基础产业与基础设施建设。

1978 年以前，经济建设最鲜明的特点是基础产业和基础设施中工业投资增长速度远高于其他行业的增长速度。国家统计局数据显示，1954～1977 年，工业基本建设投资为 1183 亿元，年均增长 12.1%，比同期农业投资增幅高 3.6 个百分点，比同期交通、教育、文化等第三产业投资增幅高出了

5.6 个百分点[①]。工业投资的增长速度与重工业的发展政策息息相关，“一五”计划（1953～1957 年）期间，重工业作为经济建设的重心，使得重工业如煤炭、石油、电力等的投资增长速度远高于其他产业。“二五”计划及五年经济调整（1958～1965 年）时期，经过了三年困难时期，1961 年开始经济调整，依然重视工业。当然，调整期对农业的投入相比之前大了一些。“三五”计划（1966～1970 年）时期正处于“文化大革命”高潮时期，国民经济受到冲击。“四五”计划（1971～1975 年）时期经济平均年增长为 5.9%，比“三五计划”期间还低了一个百分点。基础设施建设有了改进和进展，但是受到“文化大革命”的干扰，发展较缓慢。

2. 基础设施建设的起步阶段（1979～1989 年）：重点行业加大投入

改革开放早期，中国整体经济建设投资规模较小，基础产业和基础设施建设依旧薄弱。1979～1989 年，为改变基础设施薄弱的发展短板，国家将有限的资金投入重点行业中，基础产业和基础设施建设累计完成投资 5479 亿元。国家曾建设一批能源、交通等国家重点项目来缓解能源、原材料、交通运输等发展过程中的瓶颈制约，以此促进中国基础设施建设。1982~1989 年，中国的建设项目中有 319 个重点项目，有 261 个为基础设施项目，涉及行业包括能源、基础原材料工业和交通运输等。1978～1989 年，第一产业的比重在基础产业和基础设施投资中较高，农林牧渔业累计完成投资 509 亿元，占全部基础产业和基础设施投资的 8.9%。与此同时，科教文卫体的投资额快速发展，比同期基础产业和基础设施投资增幅高 15.1 个百分点[②]。

3. 基础设施建设迅猛发展阶段（1990～2002 年）：国债投资作用突出

1990 年以后，《中华人民共和国国民经济和社会发展十年规划和第八个五年计划纲要》中，对于农业、水利、能源、交通、邮电通信、原材料等行业的发展有了明确的部署，基础产业和基础设施投资迅速增长，为更好地实现现代化建设的第二步战略目标打下了基础。1990～2002 年，国债投资

① 《系列报告之七：基础产业和基础设施建设取得辉煌成就》，http://www.stats.gov.cn/ztjc/ztfx/qzxzgcl60zn/200909/ t20090915_68639.html[2020-12-29]。

② 《改革开放 30 年我国基础产业基础设施建设成绩斐然》，http://www.gov.cn/gzdt/2008-10/30/content_1135672.htm[2020-12-29]。

对经济建设，尤其是基础产业和基础设施投资的促进作用尤为显著。20 世纪 90 年代后期，由于国际国内经济萧条，为拉动内需，政府开始实行积极的财政政策，1998～2002 年 5 年内共发行 6600 亿元特别国债，用于基础产业和基础设施投资[①]。发行的国债资金重点用于农业、水利、交通、通信、城市基础设施、城乡电网改造、中央储备粮库等基础设施项目，并且将部分国债资金用于基础产业技术的改进。国债资金的大规模投入，吸引了大量社会资本，使基础设施投资快速增长，由此进一步促进社会投资和社会经济的平衡增长。

4. 基础设施建设全面快速发展阶段（2003 年至今）：能源和基础原材料投资快速增长

自 2003 年以来，中国基础设施建设进入了全面快速发展阶段。政府一方面加大对经济建设的投入尤其是基础产业和基础设施建设；另一方面发动外资和民营资本，鼓励其对基础产业及基础设施项目投资，外资和民营资本的介入使中国基础产业和基础设施水平整体上得到大幅度改善，改善了人民的生活水平和城乡居住环境[②]。新时代背景下，2018 年 12 月，中央经济工作会议将基础设施建设进行重新定义，将 5G、人工智能、工业互联网、物联网定义为新型基础设施建设。随后国家提出在信息网络、制造业绿色制造、公共卫生服务等领域进行新型基础设施建设，为新时代背景下的产业发展奠定了数字基础。2020 年 5 月，国务院政府工作报告提出重点支持“两新一重”，新型基础设施建设位列其中。新基建时代，基础设施建设突破传统的基建范畴，为数字经济时代的发展奠定了发展基础。

四、中国城镇化进程加快

伴随着中国经济的不断发展，中国的城镇规模不断扩大。国家统计局数据显示，2019 年中国常住人口城镇化率达到 60.60%，比 1978 年提高了

① 《系列报告之七：基础产业和基础设施建设取得辉煌成就》，http://www.stats.gov.cn/ztjc/ ztfx/ qzxzgcl60zn/200909/ t20090915_68639.html[2020-12-29]。

② 《改革开放 30 年我国基础产业基础设施建设成绩斐然》，http://www.gov.cn/gzdt/2008-10/30/content_1135672.htm[2020-12-29]。

42.68 个百分点。1949～2018 年，中国的城镇化进程发展较快，大致可分为四个阶段，如图 5-2 所示。

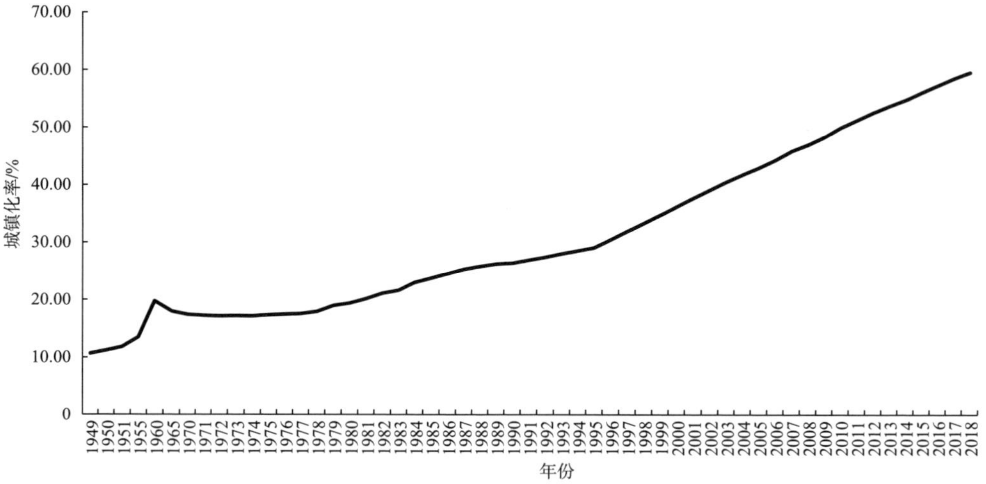

图 5-2　1949～2018 年中国的城镇化率

资料来源：国家统计局

（一）第一阶段（1949～1977 年）：城镇化波折发展阶段

新中国成立以后，社会发展面临全新的格局与选择，这一时间段的农村与城市二元经济发展差异导致农村出现了较大规模的过剩劳动力，无论是受社会政策推动影响，还是受劳动力主观的流动能动性影响，劳动力出现从农村向城市的扩散现象使得城镇化快速发展。但与此同时，在这一阶段，人口管理机制及政府人口管理导向，在个别年份出现了城镇化的波折变动。整体来看，改革开放前，中国城镇化虽然在波折中发展，但是为后续城镇化的快速发展奠定了坚实的基础。

（二）第二阶段（1978～1985 年）：城镇化起步阶段

这一时期的城镇人口规模扩张主要表现在以下三个方面：一是“上山下乡”的知识青年和干部返回城市；二是国家允许商品自由买卖后，涌现了大批的城镇暂住人口；三是乡镇企业带领着小城镇迅速发展。这一时期的城镇化率由 1978 年的 17.92%上升到 1985 年的 23.71%。

（三）第三阶段（1986～1995 年）：城镇化缓慢增长阶段

这一时期城镇人口增加主要受到工业化发展尤其是轻工业发展的影响。随着改革开放的推进，劳动密集型的轻工业迅速发展，越来越多的劳动力进城务工，进一步推进了中国的城镇化进程。但是受“城乡二元”体制的影响，大多数流动人口“离土不离乡”，城镇化进程明显低于工业化发展速度。到 1995 年底，城镇化率上升到 29.04%，是中国城镇化进程发展最缓慢的阶段。

（四）第三阶段（1996～2018 年）：城镇化加速发展阶段

这一阶段中国城镇化进程加快，主要受到两方面的影响和促进。一是国家大力推进城镇化发展，二是受工业结构升级特点的影响，农村向城市的流动人口转移数量巨大，城镇化率 2018 年达到 59.58%，较 1995 年相比上升了 30.54 个百分点。这两方面因素有力地推动了中国城镇化进程的快速发展，城市规模不断扩大，城市发展也进入新的阶段，以“创新、协调、绿色、开放、共享”五大发展理念的新型城市化迅速推进，城市蓬勃发展。

五、经济增长方式不断改变

（一）第一产业、第二产业的行业贡献率不断降低，第三产业的贡献率不断提高

从 1978 年到 2019 年，伴随着 GDP 总量的增长，中国的产业结构不断发生改变。最明显的特点是第三产业产值对 GDP 的贡献率呈增长趋势，由 1978 年的 28.4%上升至 2019 年的 59.4%，而第一产业和第二产业产值对 GDP 的行业贡献率则呈下降趋势，如表 5-7 所示。值得注意的是，2015 年开始，第三产业对 GDP 的贡献超过 50%，打破了中国工业主导经济发展的格局，产业结构向服务化、高级化方向转型。三大产业的产值在 GDP 中相对规模的变动，体现出中国经济结构格局正在从传统经济发展方式向着现代经济发展方式进行转变。

表 5-7 1978～2019 年三次产业的行业贡献率

年份	第一产业/%	第二产业/%	第三产业/%	年份	第一产业/%	第二产业/%	第三产业/%
1978	9.8	61.8	28.4	1999	5.6	56.9	37.4
1979	20.9	53.6	25.6	2000	4.1	59.6	36.2
1980	–4.8	85.6	19.2	2001	4.6	46.4	49.0
1981	40.5	17.7	41.8	2002	4.1	49.4	46.5
1982	38.6	28.8	32.6	2003	3.1	57.9	39.0
1983	23.9	43.5	32.7	2004	7.3	51.8	40.8
1984	25.6	42.7	31.7	2005	5.2	50.5	44.3
1985	4.1	61.2	34.8	2006	4.4	49.7	45.9
1986	9.8	53.2	36.9	2007	2.7	50.1	47.3
1987	10.2	55.0	34.8	2008	5.2	48.6	46.2
1988	5.4	61.3	33.4	2009	4.0	52.3	43.7
1989	15.9	44.0	40.1	2010	3.6	57.4	39.0
1990	40.2	39.8	20.0	2011	4.1	52.0	43.9
1991	6.8	61.1	32.2	2012	5.0	50.0	45.0
1992	8.1	63.2	28.7	2013	4.2	48.5	47.2
1993	7.6	64.4	28.0	2014	4.5	45.6	49.9
1994	6.3	66.3	27.4	2015	4.4	39.7	55.9
1995	8.7	62.8	28.5	2016	4.0	36.0	60.0
1996	9.3	62.2	28.5	2017	4.6	34.2	61.1
1997	6.5	59.0	34.5	2018	4.1	34.4	61.5
1998	7.2	59.7	33.0	2019	3.8	36.8	59.4

资料来源：历年《中国统计年鉴》

（二）重工业与轻工业、外向型经济的发展和转变

1978 年以前，国家经济发展受计划经济、苏联和历史积弱积贫的影响，经济百废待兴，经济发展偏向重工业而忽视了轻工业，甚至出现了“以钢为纲”的“大跃进”和“跑步进入共产主义”的错误发展理念，居民生活水平虽有所改善，但是绝大多数人口仍处于温饱线以下。1978 年以后，国家逐步调整了经济发展方向，在国内需求增长和外向型经济发展模式支持下，劳动密集型的轻工业产业不断发展，这一转变对提高居民生活水平起到了较大的推动作用。2010 年之后，随着国内人口形势的变化，劳动力供给

增量减少，劳动力供需匹配不均衡，劳动力工资水平不断提高，中国经济发展方式迫切需要向资本和技术密集型方向逐步转变。

（三）经济增长方式从粗放型向集约型转变

从 2014 年开始，中国实行全面深化改革，经济增长方式逐渐摒弃以污染环境为代价的经济增长方式，摒弃依靠投入资源实现经济增长的方式，向依靠提高生产要素质量和利用效率的高质量型发展方式转变，在经济中高速增长的常态化下，实现经济的高质量发展。习近平指出："我们既要绿水青山，也要金山银山。宁要绿水青山，不要金山银山，而且绿水青山就是金山银山。"[①]这正体现出全面深化改革中的经济增长方式由粗放型向集约型转变的明确方向。

（四）经济增长动力由投资、出口拉动转变为由消费、投资、出口协调拉动

经济增长方式转变的另一方式是指中国经济增长实现由主要依靠投资、出口拉动转向依靠消费、投资、出口协调拉动，伴随着科技的发展和技术的进步，更重要的是人民可支配收入水平的不断提高，消费作为拉动经济增长的"三驾马车"之一体现出越来越重要的作用。

第三节　中国人口在经济发展中的作用实证结果[②]

纵观中国人口发展的历史脉络，中国人口发展在不同的时期和不同的阶

① 《弘扬人民友谊 共同建设"丝绸之路经济带"习近平在哈萨克斯坦纳扎尔巴耶夫大学发表重要演讲》，http://cpc.people.com.cn/n/2013/0908/c64094-22843681.html[2020-12-29]。

② 本节主要内容来自课题组的三个阶段性研究成果，分别是：王金营和李竞博发表的《人口与经济增长关系的再检验——基于人口活跃度-经济模型的分析》（发表于《中国人口科学》2016 年第 3 期）；王金营等发表的《区域经济增长中贸易开放作用及空间差异分析——基于中国省级区域面板数据的分析》（发表于《河北经贸大学学报》2017 年第 4 期）和在王金营指导下王琳的毕业论文《国际贸易开放度在经济增长中的作用研究》中的一些观点。

段呈现出不同的特征和趋势。尤其是改革开放以来，中国经济保持了几十年的持续高速增长，实现了经济快速发展和社会迅速转型。中国人口也相应地发生了巨大变化，表现出低出生率、低死亡率和低增长率的特点。进入21世纪以来，中国人口面临着生育率持续降低，老龄化和高龄化趋势明显等问题，人口负增长即将到来，流动人口数量逐年递增，这将会对中国社会和经济发展产生深远的影响。本节通过选用中国省级层面相关人口和经济数据，试图将人口发展中各方面的因素进行综合，并以此来构建人口-经济产出模型。通过对比分析各要素投入产出弹性变化和技术进步变化来进一步探究人口在经济增长中的作用及其对经济发展方式转变的影响。

一、理论基础：人口在经济发展中的作用机制

人口与经济增长和发展的关系理论一直是经济学领域中的热议话题。除了新老马尔萨斯主义者把人口增长视为经济增长的制约因素外，更多的学者从理论上揭示出人口因素对经济增长的积极作用。换言之，对人口与经济增长之间是否存在相互作用关系，存在怎样的关系，学界一直存有争论。就人口因素对经济增长影响的观点可以分为三条主线：一是人口质量、人力资本与经济增长理论，把人口质量特别是人力资本因素视为经济增长的重要源泉，且不断被验证[①]；二是年龄结构变迁与经济增长的理论，认为劳动力供给、劳动力负担等对经济增长速度及发展程度产生深远的影响（王金营和杨磊，2010；蔡昉和都阳，2011）[②]；三是人口流动与经济增长理论，重点关注人口流动的收敛效用，阐明流动人口对经济发展的贡献在于劳动资源和其他经济资源有效配置（王桂新等，2005；段平忠，2008；王金营等，2013；王金营和李竞博，2016）。

人口因素对于经济增长和发展的作用绝不仅仅来源于单一人口因素，但已有的人口因素对经济发展水平的影响的研究更多地只局限于单一人口因

① 这一条主线的文献非常多，代表性的文献可参见 Lucas（1988）、Barro and Lee（1993）、逯进和周惠民（2013）等。

② 第二条主线的文献国内学者借鉴人口红利理论并有所发展，如蔡昉和都阳（2011）。

素，缺乏对于人口综合因素的考虑。并且，以往的理论和研究往往过分强调人口某一方面的作用，忽略了人口质量、人口年龄结构和人口分布与迁移流动这三方面因素之间互动、互补作用的影响。一个国家或地区的某一时期的人口是人口质量、人口结构和人口分布与迁移流动状态综合起来所构成，在探究人口与经济增长及其增长方式转变关系时，需要从人口各个因素的综合整体考虑。为此，本节将人口质量、人口结构、人口分布与迁移流动等人口发展因素进行综合，通过构建多维度的人口综合指标，即人口活跃度，分析中国人口在经济增长中的作用及其对增长方式转变的影响，验证人口发展对经济增长的作用关系。

在做实证研究前，本节建立在已有学者对人口因素与经济增长、经济发展之间的关系研究基础上，本节拟定解决的命题依赖于以下假定。

1. 假设人口因素与区域经济增长之间存在长期稳定关系，而关系的确定依赖于单位根和协整检验

考察变量之间因果联系的基本前提必须是检验序列不存在单位根，即检验数据平稳；抑或检验序列非平稳（存在单位根），并且各序列同阶单整，通过 Granger 检验进一步确定变量之间是否存在协整关系，即是否存在长期均衡关系。从统计检验方法来看，协整检验可以提供有效的验证人口因素与区域经济增长之间长期稳定关系的方法，如序列数据若通过单位根协整检验，则推断二者之间长期均衡，反之亦然。

2. 假设人口因素主要以资本及劳动力为载体传导作用于经济增长

新古典经济增长理论将人口增长率作为经济增长的外生变量，认为更高的人口增长率降低了工人的资本和产出的稳态水平，进而趋于减少人均增长率。人口在区域组间的聚集与分散过程所产生的正经济效应主要决定于劳动年龄人口的迁移与分布，劳动力资源配置的空间转移对于城镇化及产业结构的牵动将导致区域经济发展格局不同；人口年龄结构决定了社会生产及综合产出效率，普遍认为在经济发展过程中，劳动年龄人口是最为活跃的因素，其比重决定了人口的活跃程度，继而决定了经济发展的活力。但是，中国人口年龄结构老化已是必然，“人口红利”消失殆尽，老龄化可能会削弱创新能力，降低劳动的单位产出率；劳动力人口质量决定了技术改革能带动的经济发展程度的高低，尤其是劳动年龄人口质量提高所集聚的人力资本是产业结构优化的最基本条件，从而也是经济增长的有效推动力。

3. 假设经济增长方式为外延式扩大再生产

经济增长方式，是一个国家或地区在一定时期内实现经济增长的过程、手段和方法，是指应用各种生产要素投入及其组合来实现经济总量的增加。本节考察经济增长方式采用《资本论》中提及的外延式扩大再生产，即通过增加生产要素的投入来实现生产规模的扩大和经济的增长。基于此，不同人口因素以生产资本为依托而实现的不同的 TFP 意味着作用途径也不尽相同，且昭示着经济增长方式的差异。

从理论上看，人口活跃度变量与单一因素诸如人力资本变量一样可以纳入新古典经济增长模型和内生经济增长模型中，只是所起的作用和效果可能会不一样，这还需要用实际数据进行实证予以检验和估计。

二、实证模型设定

根据前述的索洛模型和新古典经济增长理论，物质资本和劳动力是决定经济增长的基本要素，新经济增长理论把技术进步作为影响经济发展类型与空间的内生性变量。本节采用基本的柯布-道格拉斯生产函数形式，来刻画各要素投入与产出之间的关系（Cobb and Douglas，1928）。其传统函数模型为

$$Y = AK^{\alpha}L^{\beta} \tag{5-1}$$

其中，Y 表示社会产出；A 表示技术进步水平；K 表示资本投入；L 表示劳动投入；α、$\beta>0$，分别表示资本和劳动的产出弹性，即资本（劳动）投入的变化引起产值的变化的速率。然而，这一函数成立的条件较为严格，要求要素在既定技术条件下完全自由的市场配置。事实上，资本要素和劳动要素的配置不仅仅取决于技术条件，而且更多地取决于制度、资源环境及人口诸因素等。鉴于本节的目的是探索人口因素如何作用于经济增长，所以这里需要特别指出，人口因素中人口质量、人口分布、年龄结构不仅影响劳动效率，同时也影响资本要素配置。因此，在宏观经济增长模型中，就必须考虑人口发展因素。根据新经济增长理论，将人口质量、人口迁移流动与分布、

人口年龄结构三个方面综合因素构成的人口活跃度因素相继引入生产函数，其基本函数模型为

$$\text{人口活跃度劳动促进型模型：} Y = AK^{\alpha}\left(e^{T}L\right)^{\beta} \tag{5-2}$$

$$\text{人口活跃度资本促进型模型：} Y = A\left(e^{T}K\right)^{\alpha}L^{\beta} \tag{5-3}$$

$$\text{人口活跃度外部性模型：} Y = AK^{\alpha}L^{1-\alpha}\left(e^{T}\right)^{\lambda} \tag{5-4}$$

其中，T 表示人口活跃度因素的综合指数。式（5-2）和式（5-3）中分别将人口活跃度因素作为劳动要素或资本要素的内生变量纳入生产函数中，反映了人口活跃度的作用体现为提高劳动或资本要素的产出贡献。式（5-4）则将人口活跃度视为独立的生产要素纳入生产函数中，并假设规模报酬不变，表示人口活跃度具有外部性作用。

上述模型中，人口活跃度因素作为考量单位，既要深入分析中国省级区域之间经济增长差异的决定因素，又要揭示其随时间变动而发生变化的动力、途径。而面板数据正好同时具有空间性与时间性，既能在截面上建立变量之间的关系反映区域之间差异的决定因素，又能动态考察观测变量之间的变化趋势及关系，可以更好地解释经济变化的实质和作用途径。为此，本节选择采用省级面板数据来建立计量实证模型。一方面可以扩大数据样本量，增加数据自由度；另一方面能解决变量之间的共线性问题，实现对计量模型的无偏、有效性估计。通过将式（5-1）至式（5-4）的生产函数模型两边取对数，可得到如下线性待检验模型：

$$\ln Y_{it} = \ln A_{it} + \alpha_{it}\ln K_{it} + \beta_{it}\ln L_{it} + u_{it} \tag{5-5}$$

$$\ln Y_{it} = \ln A_{it} + \alpha_{it}\ln K_{it} + \beta_{it}\ln\left(e^{T_{it}}L_{it}\right) + u_{it} \tag{5-6}$$

$$\ln Y_{it} = \ln A_{it} + \alpha_{it}\ln\left(e^{T_{it}}K_{it}\right) + \beta_{it}\ln L_{it} + u_{it} \tag{5-7}$$

$$\ln Y_{it} - \ln L_{it} = \ln A_{it} + \alpha_{it}\ln\left(\ln K_{it} - \ln L_{it}\right) + \lambda_{it}T_{it} + u_{it} \tag{5-8}$$

其中，$i=1,2,\cdots,N$，表示 N 个省区市；$t=1,2,\cdots,T$，表示已知的 T 个时期；Y_{it}、K_{it}、L_{it} 和 T_{it} 分别为经济产出、资本、劳动和人口活跃度指标对于省区市 i 在 t 时期的观测值；$\ln A_{it}$、α_{it}、β_{it} 和 λ_{it} 表示待估计参数；u_{it} 表示随机误差项。

三、数据来源和变量指标

本节研究的基础数据均选自各省区市统计年鉴和《中国统计年鉴》、中国人口普查相关数据。考察期设定在 2000～2016 年，截面变量选定为中国 31 个省区市（不包含港、澳、台）作为样本数据。所有货币表达的数据均进行了价格指数平减，以克服价格因素的影响。

（一）经济产出

本节通过选用各省区市统计年鉴中各年度的名义 GDP，为了克服价格因素的影响，本节根据 GDP 指数进行价格平减，以 1978 年为不变价的实际 GDP 作为经济产出变量。

（二）资本投入

资本投入是经济产出和增长的重要因素，本节特别指以 1978 年为基期的不变价固定资本存量①。由于缺少关于固定资本存量的直接官方数据，因此需要自行核算②。在此本节采用永续盘存法：

$$K_{it}=\left(1-\delta\right)K_{it-1}+I_{it} \tag{5-9}$$

其中，I_{it} 表示 i 地区 t 时期的固定资本形成额；δ 表示不同时期的折旧率，1979～1985 年 δ 为 4.5%，1986～1990 年 δ 为 5%，1991～2016 年 δ 为

① 通过选取《新中国六十年统计资料汇编》中固定资本形成额和上年为 100 的固定资本形成额指数，以及《中国国内生产总值核算历史资料 1952—1995》中的以 1952 年为基底的固定资本形成额指数，进行核算得到以 1978 年为基底的不变价固定资本形成额。

② 由于年鉴资料中西藏地区数据有部分缺失，因此选用其他指标数据进行替代计算以保持数据完整性和连续性。

5.5%。本节的资本存量数据是对各省区市当年价格的固定资本形成额剔除价格变动的影响因素后得到的实际值再进行核算而获得的时间序列数据。

（三）劳动投入

在实际的统计过程中，一般依据年龄和劳动能力来衡量社会生产劳动力投入规模，本节采用全员人员从业人数来衡量劳动投入规模。

（四）人口活跃度

本节通过人口质量、人口分布与迁移流动和人口结构三方面因素来构建一个新的变量，即人口活跃度（T）。这是一个多维度相互关联的人口因素，相对于经济变量和人口其他因素而言是活跃因素的综合性变量。本节采用层次分析法获得各个因素的权重（王金营等，2013）①，并构建人口活跃度的测算方法及模型。根据人口活跃度递阶层级结构，测度模型可以简单表述为

$$T=\sum_{i=1}^{3}W_iB_i=\sum_{i=1}^{3}\sum_{j=1}^{m}W_iW_{ij}C_{ij} \tag{5-10}$$

其中，准则层综合因子 $B_i=\sum_{j=1}^{m}W_{ij}C_{ij}$；$T$ 表示人口活跃度；W_i 表示准则层第 i 项综合因子对应目标层的相对权重；B_i 表示第 i 项综合因子得分；W_{ij} 表示第 i 项因了中第 j 个指标的得分权重；C_{ij} 表示第 i 项因子中第 j 个指标以考察期的初始年份 2000 年为基期的标准化值。本节为了能够更好地反映各省级区域人口活跃度，按照目标层、准则层、方案层对指标体系进行了一定的改进，具体指标体系和权重，如图 5-3 所示。

需要指出的是，本节在核算人口活跃度的过程中，流动人口数据为估计得到的各省级区域当年人口净流动值；各区域人口平均预期寿命的估算参照王金营等（2013）的估计方法；第三产业从业人员占比仅考虑城镇人口中第三产业

① 具体指标体系构建和权重测算参见：王金营等的《人口活跃因素对区域经济增长影响的研究》（发表于《人口学刊》2013 年第 3 期）。

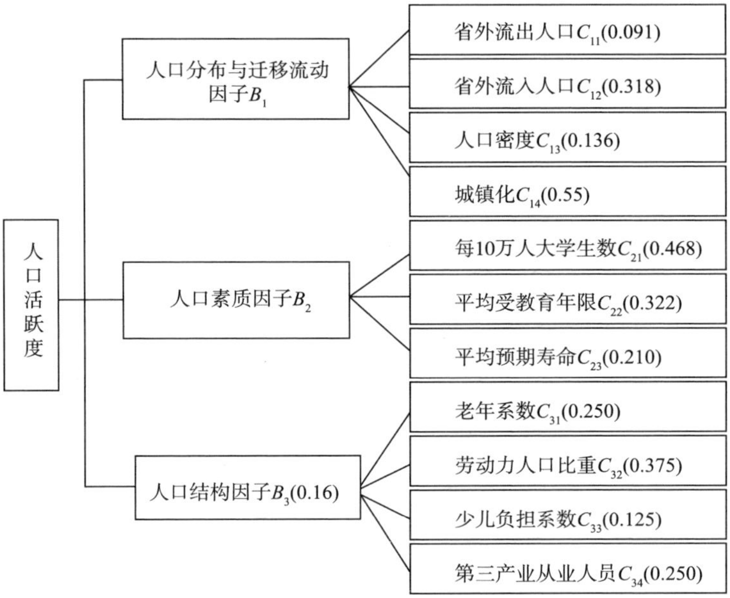

图 5-3 人口活跃度递阶层级结构

就业的占比情况，我们认为这样更能合理、有效地说明实际产业分布情况。

表 5-8 报告了人口-经济产出模型中主要变量的描述统计，其中经济产出、资本投入及劳动投入变量均为取对数形式后的变量指标。

表 5-8 主要变量的描述统计

变量		平均值	标准差	最小值	最大值	观测值
经济产出	总体	7.4315	1.1573	3.8801	9.8630	N=527
	组间		1.0288	4.8105	9.0379	n=31
	组内		0.5596	6.2378	8.4327	T=17
资本投入	总体	8.2117	1.2775	4.1798	11.1419	N=527
	组间		1.0659	5.3886	10.1306	n=31
	组内		0.7283	6.2891	9.6659	T=17
劳动投入	总体	7.4731	0.9145	4.8217	8.8137	N=527
	组间		0.9166	5.1160	8.7171	n=31
	组内		0.1314	6.9892	8.0006	T=17

续表

变量		平均值	标准差	最小值	最大值	观测值
人口活跃度	总体	0.3090	0.8509	0.1148	0.6319	N=527
	组间		0.0567	0.1918	0.4862	n=31
	组内		0.0642	0.1019	0.5547	T=17

在对式（5-5）至式（5-8）不同组合形式回归之前，首先对所使用的面板数据进行平稳性检验。本节通过相同单位根 LLC 检验，不同单位根 Fishe-ADF、Fisher-PP 等检验方法对面板数据进行检验。结果显示，在 5%的置信水平下，经济产出、资本投入、劳动投入及人口活跃度等变量序列为平稳序列，并且单阶协整，因此可做进一步的协整检验。本节利用 Kao、Pedroni 两种协整检验方法对式（5-2）至式（5-4）的生产函数进行面板协整检验。在 Kao 检验中，各模型均通过了协整检验；在 Pedroni 检验中，PanelADF-statistic、GroupPP-statistic 和 GroupADF-statistic 等统计量均通过了显著性检验。因此，我们可以判定经济产出变量与资本投入、劳动投入和人口活跃度因素等变量之间存在协整关系，即人口与经济增长之间存在长期稳定相互作用关系。由此确定所获得的面板数据可用于回归检验估计，所得结果可用于资本投入、劳动投入和人口活跃因素等解释变量对被解释变量，即经济产出变量的关系分析。

四、人口活跃因素对经济增长作用的实证结果[①]

根据 F 检验和 Hausman 统计量检验，本节采用固定效应模型来验证人口活跃因素对经济增长的作用。通过将人口活跃度及其他三个方面的综合因

① 有关人口活跃度与经济增长关系的模型检验和实证分析内容王金营和李竞博已经完成一个阶段成果——《人口与经济增长关系的再检验——基于人口活跃度-经济模型的分析》（发表于《中国人口科学》2016 年第 3 期），在课题结项（2017 年）和书稿初稿完成（2018 年）过程中为了使得书稿成果反映最新数据，这一部分将数据扩展到了 2016 年，模型检验和参数估计结果与发表的论文略有差异，而由检验和估计结果得出的基本结论是一致的。因此，文字改动不大。

素引入生产函数，利用省级面板数据对模型（5-5）至（5-7）进行回归及检验，发现人口活跃度和三个综合活跃因子通过资本促进、劳动促进等途径对经济增长产生作用和影响，而这些作用和影响的程度与模型显著性存在差异，经过比较模型的拟合优度和变量参数估计的显著性，最终筛选确定出用于分析的模型，如表 5-9 和表 5-10 所示。由此可以判定，本节所选用的计量模型较好地解释了人口活跃度及各综合因子对区域经济增长的影响途径和作用。

表 5-9 劳动促进型模型回归结果

指标	模型 1	模型 2	模型 3	模型 4
$\ln K$	0.677***	0.712***	0.698***	0.613***
	(0.017)	(0.012)	(0.021)	(0.027)
$\ln Le^{T}$	0.236***			
	(0.056)			
$\ln Le^{B_1}$		0.055***		
		(0.016)		
$\ln Le^{B_2}$			0.232**	
			(0.113)	
$\ln Le^{B_3}$				0.665***
				(0.134)
常数项	–0.189	0.342**	–0.594	–2.739***
	(0.230)	(0.144)	(0.637)	(0.694)
R^2	0.980	0.979	0.979	0.981
观测值	516	516	516	516

注：括号中的值为稳健标准误
***、**分别表示在 1%、5%的水平上显著

表 5-10 资本促进型模型回归结果

指标	模型 5	模型 6	模型 7	模型 8
$\ln Ke^{T}$	0.637***			
	(0.020)			
$\ln L$	0.579***	0.589***	0.565***	0.560***
	(0.135)	(0.135)	(0.140)	(0.139)

续表

指标	模型 5	模型 6	模型 7	模型 8
$\ln Ke^{B_1}$		0.641***		
		(0.020)		
$\ln Ke^{B_2}$			0.657***	
			(0.022)	
$\ln Ke^{B_3}$				0.655***
				(0.022)
常数项	−2.636***	−2.709***	−2.442***	−2.377***
	(0.759)	(0.758)	(0.780)	(0.774)
R^2	0.980	0.980	0.980	0.980
观测值	516	516	516	516

注：括号中的值为稳健标准误
***表示在 1%的水平上显著

从表 5-9、表 5-10 可以看出，回归模型显示人口活跃度、人口分布与迁移流动因子、人口质量因子与人口结构因子分别作为劳动促进型和资本促进型变量对经济增长产生影响。人口活跃度及各因子与生产要素结合的所有作用途径均通过显著性检验。也就是说，人口活跃因素及各部分活跃因子通过资本和劳动力途径对区域经济增长产生影响。

此外，为了清楚地反映人口活跃度因素在经济增长中的作用及途径，需要比较引入人口活跃度因素的外部性模型与传统生产模型估计检验结果之间的差异。为此，本节对传统生产模型及外部性模型进行回归估算检验，结果如表 5-11 所示。

表 5-11　传统生产模型及外部性模型回归结果

指标	(1)	(2)
	传统生产模型	外部性模型
$\ln K$	0.658***	0.642***
	(0.022)	(0.023)
$\ln L$	0.568***	0.569***
	(0.139)	(0.138)

续表

指标	(1)	(2)
	传统生产模型	外部性模型
T		0.154^{***}
		(0.045)
常数项	-2.445^{***}	-2.193^{***}
	(0.778)	(0.740)
R^2	0.980	0.980
观测值	516	516

注：括号中的值为稳健标准误
***表示在 1%的水平上显著

1. 人口活跃度及综合活跃因子具有劳动促进作用

比较表 5-9 中模型 1 至模型 4 的差异发现：在体现劳动促进方面，模型 1 人口活跃度对于经济增长的作用强度小于模型 4 中人口结构因子，表明人口活跃度因素作用于劳动力更多是通过人口结构因子提高劳动力的效率。可见，区域组间和区域组内人口结构因子的较高水平，人口再生产类型发生的转变使得区域资本收益开始收缩，而劳动力产出效应逐渐凸显。对比传统生产模型与劳动促进型模型可见，在传统生产模型中掩盖的人口活跃度因素具有促进经济增长的作用，通过模型 1 至模型 4 凸显出来。

因此，在给定社会经济环境及资源禀赋的情况下，提高区域人口活跃度，特别是提高人口结构因子活力可以促进劳动效率提高，从而促进区域经济增长。事实也是如此，在我国东部地区经济发展水平与人口结构较为年轻，尤其是高素质、高人力资本存量人口的流入使得区域人口结构呈高素质、年轻化趋势，同时，这样的人口结构更大程度地提升了经济效益。而欠发达地区受限于经济发展及资源禀赋的约束，人口呈现出净流出状态，人口结构老化，进而也就缺乏有效提升地区经济增长的原动力，不利于落后地区的经济增长。

2. 人口活跃度及综合活跃因子对资本效率提升具有促进作用

比较表 5-10 中四个模型结果，除模型 7 之外，模型 5、模型 6 和模型 8 中资本和劳动力的产出弹性与传统生产模型估计检验结果相比较均有明显的变动。具体体现在以下三个方面：①人口活跃度因素作为资本促进型变量的模型（模型 5）较之于作为劳动促进型变量的模型（模型 1），其资本弹性有明显的减小，而劳动力要素的产出贡献值增大将近 50%。从这点可以看出，劳动力对于经济增长的贡献有很大比例体现在资本的区域配置变动中，通过资本的配置继而促进劳动作用显现。这均表明考虑人口活跃因素对于要素效率的影响，能够显现资本和劳动要素的真实作用，人口活跃度及各综合因子通过资本促进作用，提升了劳动力的产出效率。②与传统生产模型相比，人口素质的引入使资本存量产出弹性减小，劳动力弹性增大。人口素质提高有利于人力资本积累，有利于人力资本得到有效、合理的配置，提高劳动产出效率。③相较于表 5-11 中传统生产模型而言，人口素质因子引入（模型 7）对资本与劳动的弹性并没有产生明显影响。

3. 人口活跃度对经济的外部性影响作用突出

通过对生产函数引入不同变量的回归结果可以看到，人口活跃度对于经济增长的作用可以通过资本促进与劳动促进的途径实现。根据 Lucas 外部性理论，人口活跃度可以通过外部性传导对经济增长产生影响，为了验证这种外部性的存在，本节把人口活跃度作为外部性变量直接引入变形的生产函数模型进行回归检验，具体回归结果如表 5-11 所示。

由生产函数式（5-8）估计检验得到的表 5-11 中外部性模型结果可见，调整拟合优度 R^2 与其他模型接近及与传统生产函数模型的拟合结果基本保持一致。表 5-11 显示，由于引入人口活跃度这一外部性变量，劳动产出弹性变得略大，这说明人口活跃度的影响将劳动力的产出作用更加凸显出来。换言之，在传统生产模型中，资本对经济增长的贡献率被高估。

总之，人口活跃度不仅可以直接影响区域经济增长，而且还会通过影响要素产出弹性和产出规模效率，拉动区域经济增长及产出效率。随着区域人口活跃度的不断增强和提升，劳动力实现优化配置的过程更是资本要素有效积累和配置的过程。

需要注意的是，与作者采用 2000～2011 年数据拟合的结果（王金营和李竞博，2016）存在部分偏差，在采用相同来源数据和模型的前提下，拟合结果的差异性主要存在于采用扩充到 2016 年的数据进行重新拟合，2011～

2016 年，无论从人口质量、人口结构、人口分布与迁移流动，还是从资本投资变动趋势而言，都产生了重大的变革。我国经济在走向高质量发展的过程中，经济增长方式、经济增长动力、技术创新等因素都出现了新的发展趋势。从人口因素通过部分因子分别作用于资本、劳动力途径影响经济增长，到扩展期内，人口因素全部因子均可通过资本、劳动力途径影响经济增长，从侧面反映了人口与经济因素之间的协同机制不断完善的事实。

由此可见，通过中国 2000～2016 年的数据也可以证明，人口与经济增长之间存在长期稳定关系，当然，这一关系中不是单一人口因素，而是人口多维度综合因素共同作用于经济增长和经济发展。这个作用可以通过资本促进、劳动促进和外部性而实现。因而，人口活跃度因素促进经济长期增长，是经济增长的内生动力源泉。

五、人口活跃度对经济发展方式转变的实证结果

（一）人口活跃度的引入真实反映生产要素贡献的变化

目前，现有大多数文献所采用的总量生产函数的系数都是固定参数。由于传统要素产出弹性不变的假设在实际中并非常态，只能反映整个研究时期的要素产出弹性的平均水平，因而无法更好地解释经济增长的变动趋势。不同省区市在相同时期或同一省区市在不同时期的产出弹性都会发生变化，为了进一步加深人口发展因素对经济增长方式的认识，本节采用可变参数生产模型估计资本及劳动力弹性随时间的动态变化。根据模型设定需要，本节选用面板随机系数模型进行估计，可表达为

$$y_{it} = x_{it}'\beta_t + u_i + \varepsilon_{it} = x_{it}'\left(\beta + v_t\right) + u_i + \varepsilon_{it} \tag{5-11}$$

其中，β_t 表示时期 t 所对应的系数，并假设 $\beta_t=\beta+v_t$，β 表示常数向量，表示不同年份中各回归系数的共同趋势特征，v_t 表示随机向量，且满足 $v_t \sim N\left(0,\Sigma_v\right)$，表示每一年份各系数的个体年份特征；$u_i$ 表示个体效应，表示个体异质性的截距项，即对于不同省区市有不同的截距项。该模型允许误差项 ε_{it} 在不同省区市之间存在异方差，因此 ε_{it} 是服从独立同分布的。本节首先对固定效应模型进行离差变换，以消除面板数据模型个体效应的影响，

再使用 FGLS 法对模型进行估计（Swamy，1970）[①]。值得注意的是，本节中的变系数模型与前一节中的固定效应模型有所不同，差异主要体现在以下两个方面：第一，变系数模型在体现不同的异质性特征时，主要表现为回归系数的变化，即每一个体的斜率不同；而固定效应模型在体现异质性特征时，主要表现为截距的变化，但斜率相同。第二，这一节的模型主要目的在于探索不同年份的时序差异，所估计的是同一年份中所有省区市各项生产要素的平均值，而固定效应模型在于探索各省区市的截面差异，所估计的是各省区市在所有年份中各项生产要素的平均值，因而所得回归结果会有本质的不同。之所以选用这一模型来进行分析，是为了更好地观察和探索全国各省区市平均水平下的劳动、资本或人口要素随时间变化的趋势和特征，回归结果如表 5-12 所示。

表 5-12　不同模型下各生产要素的共同趋势系数（β）的估计值

变量	传统生产模型	劳动促进型模型	资本促进型模型	外部性模型
资本	0.225***	0.188***	0.240***	0.085***
	(0.0305)	(0.0279)	(0.0299)	(0.0212)
劳动	0.813***	0.857***	0.804***	0.915***
	(0.0414)	(0.0380)	(0.0409)	(0.0212)
人口活跃度				6.159***
				(0.7877)
参数稳定性检验				
chi2(#)	165.81	184.03	157.26	524.64
Prob> chi2	0.0000	0.0000	0.0000	0.0000

注：括号中的值为稳健标准误；chi2（#）表示卡方统计值；Prob＞chi2 表示卡方统计量 p 值
***表示在 1%的水平上显著

表 5-12 显示了各模型关于资本和劳动共同产出弹性的系数，即常数向量 β 的估计值，由此可以看出各年份资本和劳动力产出弹性的基本趋势。与传统生产模型相比，其他模型中人口活跃度的引入提高了劳动要素的产出效率，因此传统生产函数模型可能掩盖了人口活跃度因素对经济增长的促进

① 此方法借鉴论文 Swamy（1970）提出的估计方法。

作用。在给定的社会资源和环境中，通过提高人口质量，优化人口结构分布，合理配置区域内的劳动力以提高人口活跃度，从而促进经济发展。在资本促进型模型中，人口活跃度因素作为资本促进型变量的资本产出弹性系数较传统模型相比明显增加。通过推动人口活跃度对资本效率的促进，进而促进区域经济增长。而在外部性模型中，劳动产出弹性明显变得略大一些，这说明由于人口活跃度的影响使劳动的产出作用更加明显。换言之，在传统生产模型中，资本对经济增长的促进作用被高估了。综合对比不同模型下的人口活跃度因素对经济增长的促进作用，可以看出人口发展中的多维度因素更能客观准确反映出资本和劳动要素在经济增长中的作用和贡献，同时能更好地反映出人口综合要素对经济增长的促进作用，澄清单一人口因素对经济增长的影响，强化人口多维度因素之间的相互替代和补充的综合作用。各模型均通过了参数稳定性检验，即认为应使用变系数模型来进行分年份的回归估计。

根据表 5-13、表 5-14，在不考虑其他因素的前提下，传统生产模型、劳动促进型模型和资本促进型模型资本要素产出弹性呈现出下降趋势，而劳动要素产出弹性则呈现出增加趋势。与传统生产模型相比，在人口活跃因素作用下的资本促进型或劳动促进型要素产出弹性随时间不断变化，人口对资本或劳动力的经济产出拉动作用迅速提升，并保持增长态势。而外部性模型的资本和劳动产出弹性随时间的变化幅度较小，保持相对稳定的发展态势。这说明人口活跃度因素的外部性作用与内生于其他生产要素的作用相比，其对经济产出的贡献份额将大部分被剥离出来。从另一个侧面来看，经济增长方式正在经历着从资本拉动型向劳动力推动型的转变，这也验证了人口发展是经济增长的内生动力，对经济发展方式转变起到了重要的作用。

表 5-13　不同模型下各生产要素的时变系数（β_t）的估计值（一）

年份	传统生产模型		劳动促进型模型	
	资本	劳动	资本	劳动
2000	0.330***	0.649***	0.269***	0.722***
	(0.030)	(0.040)	(0.028)	(0.038)
2001	0.320***	0.664***	0.263***	0.732***
	(0.030)	(0.041)	(0.028)	(0.038)

续表

年份	传统生产模型		劳动促进型模型	
	资本	劳动	资本	劳动
2002	0.309***	0.681***	0.255***	0.744***
	(0.030)	(0.041)	(0.028)	(0.038)
2003	0.297***	0.700***	0.247***	0.758***
	(0.031)	(0.042)	(0.029)	(0.039)
2004	0.283***	0.721***	0.236***	0.776***
	(0.031)	(0.043)	(0.029)	(0.039)
2005	0.270***	0.743***	0.221***	0.801***
	(0.031)	(0.043)	(0.029)	(0.039)
2006	0.255***	0.765***	0.212***	0.816***
	(0.032)	(0.043)	(0.029)	(0.039)
2007	0.238***	0.792***	0.198***	0.839***
	(0.032)	(0.044)	(0.029)	(0.039)
2008	0.224***	0.814***	0.188***	0.857***
	(0.032)	(0.044)	(0.029)	(0.039)
2009	0.212***	0.833***	0.178***	0.872***
	(0.032)	(0.044)	(0.029)	(0.0389)
2010	0.194***	0.861***	0.171***	0.883***
	(0.032)	(0.044)	(0.029)	(0.0393)
2011	0.178***	0.886***	0.166***	0.894***
	(0.032)	(0.044)	(0.030)	(0.040)
2012	0.163***	0.910***	0.137***	0.944***
	(0.033)	(0.044)	(0.030)	(0.041)
2013	0.149***	0.931***	0.126***	0.961***
	(0.033)	(0.044)	(0.030)	(0.041)
2014	0.135***	0.952***	0.115***	0.979***
	(0.033)	(0.044)	(0.030)	(0.041)
2015	0.122***	0.973***	0.105***	0.996***
	(0.033)	(0.045)	(0.031)	(0.041)
2016	0.141***	0.949***	0.112***	0.993***
	(0.031)	(0.047)	(0.031)	(0.042)

***表示在 1%的水平下显著

表 5-14　不同模型下各生产要素的时变系数（β_t）的估计值（二）

年份	资本促进型模型		外部性模型		
	资本	劳动	资本	劳动	人口活跃度
2000	0.342***	0.647***	0.081**	0.919**	7.429***
	(0.029)	(0.040)	(0.026)	(0.026)	(1.010)
2001	0.333***	0.660***	0.099***	0.901***	5.288***
	(0.030)	(0.041)	(0.025)	(0.025)	(0.982)
2002	0.324***	0.675***	0.102***	0.898***	3.755***
	(0.030)	(0.041)	(0.025)	(0.025)	(0.805)
2003	0.312***	0.692***	0.099***	0.901***	4.312***
	(0.031)	(0.042)	(0.025)	(0.025)	(0.808)
2004	0.299***	0.712***	0.096***	0.904***	4.329***
	(0.031)	(0.042)	(0.025)	(0.025)	(0.756)
2005	0.285***	0.735***	0.081**	0.919**	5.417***
	(0.031)	(0.043)	(0.026)	(0.026)	(0.768)
2006	0.272***	0.754***	0.083**	0.917**	4.673***
	(0.031)	(0.043)	(0.027)	(0.027)	(0.653)
2007	0.255***	0.780***	0.083**	0.917**	4.653***
	(0.032)	(0.044)	(0.027)	(0.027)	(0.628)
2008	0.241***	0.802***	0.083**	0.917**	4.820***
	(0.032)	(0.044)	(0.027)	(0.027)	(0.612)
2009	0.229***	0.821***	0.081**	0.919**	4.508***
	(0.032)	(0.044)	(0.028)	(0.028)	(0.578)
2010	0.212***	0.846***	0.075**	0.925**	4.964***
	(0.032)	(0.044)	(0.028)	(0.028)	(0.529)
2011	0.197***	0.869***	0.101***	0.899***	3.870***
	(0.033)	(0.045)	(0.027)	(0.027)	(0.499)
2012	0.176***	0.903***	0.077**	0.923**	8.200***
	(0.033)	(0.045)	(0.028)	(0.028)	(0.789)
2013	0.162***	0.924***	0.075**	0.925**	8.197***
	(0.033)	(0.045)	(0.029)	(0.029)	(0.772)
2014	0.148***	0.945***	0.073***	0.927***	8.240***
	(0.033)	(0.044)	(0.028)	(0.028)	(0.766)
2015	0.135***	0.966***	0.070**	0.930**	8.435***

续表

年份	资本促进型模型		外部性模型		
	资本	劳动	资本	劳动	人口活跃度
2015	(0.033)	(0.045)	(0.028)	(0.028)	(0.753)
2016	0.153***	0.944***	0.082**	0.918**	13.619***
	(0.034)	(0.047)	(0.028)	(0.028)	(1.180)

***、**分别表示在1%、5%的水平下的显著

横向比较时变的资本及劳动力产出弹性，人口活跃度因素作为资本的内生变量作用于经济增长（资本促进型模型）而带来的资本产出弹性高于其他作用途径下的资本要素产出弹性。从劳动要素产出弹性来看，人口活跃度因素作为外生变量（外部性模型）2000~2011 年所带来的劳动产出弹性高于其他途径下的劳动产出弹性；而自 2012 年之后，人口活跃度因素作为劳动的内生变量（劳动促进型模型）作用于经济增长而带来的劳动产出弹性高于其他途径。纵向比较资本及劳动弹性的动态变化，资本产出弹性基本呈现下降的趋势，反之劳动产出弹性却呈现明显的增长态势。其中，以人口活跃度作用于资本要素（资本促进型模型）而带来的资本产出弹性变化较为明显，资本弹性在十多年间由 2000 年的 0.342 减少至 2016 年的 0.153。而人口活跃度作用于劳动要素（劳动促进型模型）所带来的劳动产出弹性的增长速度明显高于其他途径，由 2000 年的 0.722 上升至 2016 年的 0.993。这就是说，人口活跃度推动资本或劳动投入的贡献使各生产要素在推动经济发展中的作用逐渐凸显。同时，劳动产出弹性始终大于资本产出弹性验证了中国经济发展方式正在转变的过程中。从二者的变化趋势可以看出，在经济增长方式转变的过程中，人口发展因素将发挥更加重要的作用。通过资本及劳动力投入配比结构的改变而优化资本配置是实现经济增长方式转变的关键。由此可见，无论人口活跃度因子作为生产投入要素的内生变量或是外部性生产投入要素变量，对资本和劳动的经济产出弹性都有明显影响。这种影响会随着时间的变化来促进经济增长方式转变，继而促进经济增长。这再次证明人口活跃度对经济增长的促进作用和人口与经济之间存在的长期稳定关系。

（二）人口活跃度是决定 TFP 变化的内在因素

经济实现长期均衡发展的主要源泉是资本增加、劳动力增长和技术进步。因此，实现经济增长的方式主要表现为资本拉动、劳动力拉动和内生技术进步促进三个方面，也就是说经济增长主要依赖生产要素投入量的增加和生产要素的投入效率提升来实现。国家统计局发布的《中华人民共和国2019 年国民经济和社会发展统计公报》显示，近几年来 GDP 的增长速度维持在 7%左右。随着资本边际收益的不断递减，如果依赖增加生产要素的投入来促进经济增长，显然是无法持续的。那么，人口因素能否通过提升生产要素的投入效率来促进经济增长，进而实现经济可持续性发展的转变呢？由于把人口活跃度因子纳入柯布-道格拉斯生产函数模型中，因此本节采用索洛模型测算综合要素生产率，核算公式为

$$\mathrm{TFP}_t=\frac{\Delta A}{A}=\frac{\Delta Y}{Y}-\beta_{1t}\frac{\Delta K}{K}-\beta_{2t}\frac{\Delta L}{L} \tag{5-12}$$

其中，TFP_i 表示 TFP 的增长率；β_{1t} 和 β_{2t} 分别表示时变的资本和劳动产出弹性。根据本节前述，分别利用索洛余值及相关数据可计算得到不同模型下的 TFP 的增长率及其对经济增长的贡献率，如表 5-15 所示。

表 5-15　不同模型下 TFP 的增长率及贡献率

年份	传统生产模型		劳动促进型模型		资本促进型模型		外部性模型	
	TFP 增长率	贡献率	TFP 增长率	贡献率	TFP 增长率	贡献率	TFP 增长率	贡献率
2000	0.044	0.521	0.049	0.587	0.043	0.507	0.067	0.795
2001	0.041	0.492	0.046	0.554	0.040	0.477	0.061	0.734
2002	0.050	0.547	0.055	0.607	0.048	0.530	0.071	0.778
2003	0.057	0.565	0.062	0.622	0.055	0.547	0.079	0.793
2004	0.057	0.567	0.063	0.621	0.055	0.548	0.079	0.786
2005	0.075	0.650	0.081	0.699	0.073	0.635	0.098	0.845
2006	0.089	0.698	0.094	0.738	0.087	0.681	0.110	0.861
2007	0.104	0.734	0.109	0.769	0.102	0.719	0.124	0.873
2008	0.062	0.643	0.067	0.689	0.060	0.620	0.080	0.827
2009	0.080	0.849	0.086	0.911	0.077	0.818	0.101	1.077

续表

年份	传统生产模型		劳动促进型模型		资本促进型模型		外部性模型	
	TFP 增长率	贡献率	TFP 增长率	贡献率	TFP 增长率	贡献率	TFP 增长率	贡献率
2010	0.074	0.697	0.077	0.728	0.071	0.671	0.092	0.863
2011	0.066	0.695	0.068	0.714	0.064	0.667	0.077	0.809
2012	0.053	0.677	0.057	0.720	0.051	0.654	0.065	0.824
2013	0.055	0.707	0.058	0.744	0.053	0.686	0.064	0.831
2014	0.053	0.731	0.056	0.763	0.052	0.711	0.061	0.835
2015	0.053	0.769	0.055	0.795	0.052	0.750	0.059	0.854
2016	0.050	0.754	0.053	0.798	0.049	0.736	0.057	0.847

首先，从横向 TFP 增长率变动发现，引入人口活跃因素的生产模型的 TFP 增长率大多高于传统生产模型，特别是劳动促进型模型和外部性模型。这表明，以不含人口活跃度因素模型计算得到的 TFP 的增长率被低估，而以含人口活跃度的模型核算得到的 TFP 能更好地体现人口因素对经济增长和要素效率的影响，表明人口活跃度因素是决定 TFP 变动的内在因素之一。同样，从 TFP 对经济增长贡献率的变动来看，不同模型所带来的经济贡献有所不同。人口活跃因素对经济增长方式转变的作用不仅体现在推动力上，也能凸显出其间接的决定要素。人口活跃度通过外部性模型，将人口发展因素对促进经济增长的外部性作用较好地体现出来，从而使得 TFP 对经济产出的贡献率提高。人口活跃度因素通过对劳动效率促进传导的作用所带来的技术进步的贡献率比其作用于资本效率促进途径所显现的贡献率更高。是因为当人口活跃度因素是隐含在资本投入要素中时，人口质量、人口结构和人口分布与迁移流动等不同人口因素对经济增长的促进作用无法更好体现出来，从而抑制了要素投入对经济增长的贡献。

其次，从纵向动态发展来看，TFP 增长率呈阶段性增长特征，表明了在中国经济发展过程中人口活跃因素促进了技术水平提高和制度创新效率的显现，促进了增长方式逐步由粗放扩张型向集约技术型转变。通过比较各模型下核算的 TFP 的增长率及其贡献率的结果，人口活跃度因素在不同作用途径下对 TFP 的作用和对经济增长的贡献率变动趋势一致。从 2000 年开始，经济发展势头良好，TFP 的增长率呈上升趋势。而 2007 年美国金融危机之后，中国经济也受到了冲击和影响，致使 TFP 的增长率下降。而 2008 年后，中国对经济发展做出了一系列调整，一是加大了产业结构调整的力度，更加重视经济发展的质量；二是加大了人力资本投入和技术创新，提高基础教育水平及社会职业培训，提高劳动力素质；三是深化改革，促进生产要素自由流动和优化配置，城镇化、农民工市民化进程加快。这些宏观政策的实施充分调动了人口活跃度在经济增长方式向“集约技术型”转变过程中的正向推动作用，从而使得 TFP 对经济增长的贡献率有所提升。

小　结[①]

为了检验中国人口与经济发展之间的关系，本章通过对人口发展历史脉络的梳理，以及改革开放之后宏观经济增长发展方式转型的背景，试图探索人口对经济发展的影响轨迹及促进经济发展方式转变的动因。基于对中国 2000～2016 年 31 个省区市（不包含港、澳、台）的面板数据分析，得到以下结论。

第一，人口与经济增长之间存在长期稳定关系，这一关系中不是单一人口因素，而是人口多维度综合因素共同作用。人口活跃度因素促进经济长期增长，是经济增长的内生动力源泉。因此，实现中国经济长期稳定增长的人口政策或者战略重点应该放在加大健康和教育投资上，以此提高人口质量、优化年龄结构、促进人口合理分布和城镇化发展等，而不能仅强调某一方面或者单一因素。

第二，人口活跃度对经济发展具有很强的外部性作用，对产出变量及要素贡献解释度较高；人口活跃因素的不同作用路径使资本和劳动的要素产出弹性存在差异，表现为劳动要素在经济增长中的贡献份额大于资本要素的贡献份额。人口活跃因素的作用主要是通过促进劳动要素效率和外部性影响因

① 本节小结主要内容来自王金营和李竞博的《人口与经济增长关系的再检验——基于人口活跃度-经济模型的分析》（发表于《中国人口科学》2016 年第 3 期）。

素两个途径作用于经济增长。从中国的实际情况看，初次收入分配没有充分考虑劳动力的贡献，劳动收入份额过低，限制了人口活跃度因素的发挥。因此，未来初次收入分配应提高劳动力所占份额，促进劳动效率提高和人口各个活跃因素提升或优化。

第三，人口活跃度的要素配置和外部性作用，使 TFP 呈阶段性增长态势，表明人口活跃因素促进了技术进步和制度创新效率发挥，提高了 TFP 对经济增长的贡献，促使经济增长方式逐步由粗放扩张型向集约技术型转变，逐步由资本拉动型向劳动拉动型转变。未来中国将面临人口老龄化深化、人口迁移流动趋于稳定、人口负增长等状况，这必将使人口活跃度降低，而仅依靠人口质量提高和人力资本投资也不能长期维持人口处于较高的活跃程度。因此，未来的经济增长方式和经济发展方式，必须适应人口发展的这一转变趋势，大力推进区域发展的创新驱动和区域非均衡发展，在不断加大人力资本投资、优化人口年龄结构的同时，促进人口特别是劳动要素流动配置和人口的合理分布，促进未来经济保持中高速增长。

第 六 章

中国人口未来发展：规模、结构、素质①

本书的研究目的：一是清晰并严谨地阐明人口对于经济增长及经济发展方式选择的影响，在一般意义上阐明经济增长方式及经济发展方式如何才能适应人口发展变化；二是面对中国这样一个巨大人口规模国家的经济发展，如何适应未来的人口发展？特别是人口从增长转变为负增长。为此，需要对中国未来人口发展的态势有一个准确、清晰的预测、判断。本章在充分掌握预测所需数据和各参数的基础上，考虑到生育政策调整，对未来人口做出多方案预测，为各人口经济系统模拟提供基础数据。

第一节 中国人口寿命水平和死亡模式未来变动②

人口预测最重要的参数是确定分性别、分年龄的死亡概率模式和未来寿

① 本章主要内容来自王金营《1990 年以来中国人口寿命水平和死亡模式的再估计》已发表于《人口研究》2013 年第 4 期及王金营和戈艳霞《全面二孩政策实施下的中国人口发展态势》已发表于《人口研究》2016 年第 6 期，是本课题阶段性研究成果。在项目结项后，我们观察到“全面两孩”政策实施以来，2016～2019 年的孩子出生数并不像预期想象的那样，在后续修改时根据 2016～2019 年实际出生人口规模进行了打靶调整，生育率调低后对未来的人口进行了重新预测。

② 本节主要内容来自王金营《1990 年以来中国人口寿命水平和死亡模式的再估计》，是本课题阶段性研究成果，已发表于《人口研究》2013 年第 4 期。

命的变动趋势，对这一参数要求是需要非常精准的。为此，本节首先对1990年以来历次人口普查的人口死亡模式进行评估，对普查中漏报、重报的情况进行修正。

一、老年人口死亡漏报判定

在通常情况下，成年年龄段不会发生高报死亡情况（死亡登记是非常严格的），已有的研究和各国关于成年年龄段死亡统计的实践证明，成年年龄段的死亡统计中多报（重报）或者漏报等带来的误差很小。也就是说，普查得到的死亡数据除少儿外，死亡高报的可能性极小，经验表明死亡漏报更为可能，存在着有意或者无意地延报、漏报死亡现象。基于这一判断我们认为成年年龄段不存在死亡重报、高报，或者这种可能性微乎其微。在这一前提下，我们可以将某一次人口普查的死亡数据所得年龄别留存概率作为参照，估计下一次人口普查时的年龄别留存概率，这是一个单向判定。例如，我们以2000年人口普查的死亡数据所获得的年龄别留存概率作为参照，估计2010年年龄别留存概率，由于2000年普查不存在高报死亡，因此估计得到的2010年的年龄别留存概率就不会被低估，而死亡概率就不会被高估，这样我们就可以判断2010年的死亡数据是否存在漏报。

根据已有的研究结果，1982年第三次全国人口普查的死亡数据质量较高，基本上不经调整可以直接应用于分析研究（游允中，1984；蒋正华等，1984；张二力和路磊，1992；孙福滨等，1993；李树茁，1994；翟振武，1989）。本节以1982年以来的历次人口普查数据为基础，采用列克西斯队列法推算普查时点的人口留存概率和死亡概率，并将推算数据与普查数据做比较，以此判断是否存在死亡漏报。

第一，根据历次人口普查的分年龄死亡数据，采用寇尔-德曼法和UN法计算得到分年龄别概率$q^c(t,x)$和$q^c(t+m,x+m-1)$。其中上标c特指由普查时点的死亡数据而获得的指标，$t,t+m$分别表示相邻两次人口普查的时间，x为年龄。第二，根据两次人口普查之间同一队列人口数计算两次普查时点同一队列人口的留存概率。这里假设全国人口分年龄数据是准确的（20岁及以上年龄人口应该是这样），且期间迁移国外数可以忽略不计。第三，根据计算得到的队列留存概率，再根据分年龄留存概率随年龄增长递减的规律，可以计算得到 $t+m$ 年（普查年）$x+m-1$ 岁及以上分年龄的死亡概率 $q^s(t+m,x+m-1)$，这里上标 s 特指按两次普查之间队列人口留存概率法计算得到分年龄别死亡概率。第四，将 $q^c(t+m,x+m-1)$ 与 $q^s(t+m,x+m-1)$ 进行比较，如果 $q^s(t+m,x+m-1)>q^c(t+m,x+m-1)$，表明 $t+m$ 年的普查存在死亡漏报。否则不会存在死亡漏报。

第一步，$t+m$ 年 $x+m-1$ 岁死亡概率 $q^s(t+m,x+m-1)$ 的估计。

现在我们利用 t 年和 $t+m$ 年两次人口普查时有关分年龄人口数据、分年龄死亡数据来评估 $t+m$ 年人口普查时死亡数据的准确性，或者判断 $t+m$ 年人口普查是否存在死亡漏报。这就需要利用两次人口普查的分年龄人口数计算得到 $q^s(t+m,x+m-1)$。具体步骤如下。

设 $P(t,x)$ 表示 t 年人口普查时 x 岁人口数，$P(t+m,x+m)$ 表示 $t+m$ 年人口普查时 $x+m$ 岁人口数。这两个数据是同一队列人口数。在不存在漏报、瞒报等情况下，数据是准确的，则 $P(t+m,x+m)<P(t,x)$。

（1）计算 t 年 x 岁人口到 $t+m$ 年 $x+m-1$ 岁的留存概率

$$_m p(x)=\frac{P(t+m,x+m)}{P(t,x)} \tag{6-1}$$

又因为

$$_m p(x)={}_1 p(x)\cdot{}_1 p(x+1)\cdots{}_1 p(x+m-1) \tag{6-2}$$

其中，t 年 x 岁未来 1 年的留存概率 $_1 p(x)$，可以根据 t 年人口普查时的死亡数据采用寇尔-德曼法或 UN 法计算得到分年龄死亡概率后再用 $_1 p(x)=1-q^c(t,x)$ 计算得到。$t+i$ 年 $x+i$ 岁未来 1 年的留存概率 $_1 p(x+i)$ 是未知的，可以采用特定方法求出。

（2）$t+i$ 年 $x+i$ 岁未来 1 年的留存概率 $_1 p(x+i)$ 的计算如下。

令 $_1 p(x+i)={}_1 p(x+i-1)\cdot \mathrm{e}^{-r(x,i)}$，这里的 $r(x,i)$ 是待计算参数，$r(x,i)$ 值的大小与估算起点年龄 x 有关，同时随着年龄的增长 i，$r(x,i)$ 也会增大；当然，$r(x,i)$ 也与时期 t 有关，同一年龄随着时期推延 $r(x,i)$ 会减小。

根据联合国发展中国家生命表一般模式，我们假设当预期寿命达到 65

岁之后，出生预期寿命将以每 10 年 2 岁左右的幅度增加，则可计算得到由 x 岁增长到 x+10 岁留存概率的变化率，继而可以计算得到，随着预期寿命的增长，平均每增加 1 岁留存概率降低幅度。计算结果是，35 岁后，年龄每增长 1 岁 x 岁的留存概率降低幅度是 x–1 岁留存概率降低幅度的 1.1 倍。从而有

$$ {}_1p(x+i) = {}_1p(x+i-1)\cdot \mathrm{e}^{-1.1\cdot r} \tag{6-3}$$

继而，

$$\begin{aligned} {}_mp(x) &= {}_1p(x)\cdot {}_1p(x+1)\cdots {}_1p(x+m-1) \\ &= [{}_1p(x)]^m \cdot \mathrm{e}^{-\left[m+(m-1)\times 1.1+\cdots+2\times 1.1^{m-1}+1.1^m\right]r} \end{aligned} \tag{6-4}$$

由于 ${}_mp(x)$, ${}_1p(x)$ 是已知的（前面已经计算得到），所以，可利用式（6-4）计算得到参数 r，从而可以利用公式 ${}_1p(x+m-1) = {}_1p(x)\mathrm{e}^{-1.1^{(m-1)}\cdot r}$ 计算得到 t+m 年初 x+m–1 岁人口的留存概率 ${}_1p(x+m-1)$。

（3）t+m 年初 x+m–1 岁人口的死亡概率 $q^s(t+m, x+m-1)$ 计算如下。

根据上面计算得到的 ${}_1p(x+m-1)$，我们可以利用留存概率与死亡概率的关系，计算得到 t+m 年初 x+m–1 岁人口的死亡概率，即

$$q^s(t+m, x+m-1) = 1 - {}_1p(x+m-1) \tag{6-5}$$

第二步，t+m 年 x+m–1 岁人口死亡漏报的初步判断。

根据上面计算得到的 $q^s(t+m, x+m-1)$ 与直接利用 t+m 年人口普查时死亡数据计算得到的死亡概率 $q^c(t+m, x+m-1)$ 进行比较。当 $q^s(t+m, x+m-1) > q^c(t+m, x+m-1)$ 时，我们即可判定 t+m 年的人口普查存在死亡漏报问题。而每个年龄死亡人数的漏报率（dor）可以根据式（6-6）计算得出。

$$\mathrm{dor}(x+m-1) = \frac{q^s(t+m, x+m-1) - q^c(t+m, x+m-1)}{q^s(t+m, x+m-1)} \tag{6-6}$$

二、测算结果和判断

1. 初步判断

根据 1982 年、1990 年、2000 年和 2010 年四次全国人口普查公布的相

应年份分性别、分年龄死亡人口数据[①]，采用寇尔-德曼法与 UN 法联合可计算得到分年龄别概率 $q^c(t,x)$ 。计算结果见图 6-1。从四次全国人口普查获得的相应年份分性别、分年龄死亡概率来看，婴幼儿（0～4 岁）死亡概率和老年人（60 岁及以上）死亡概率表现极其不稳定。

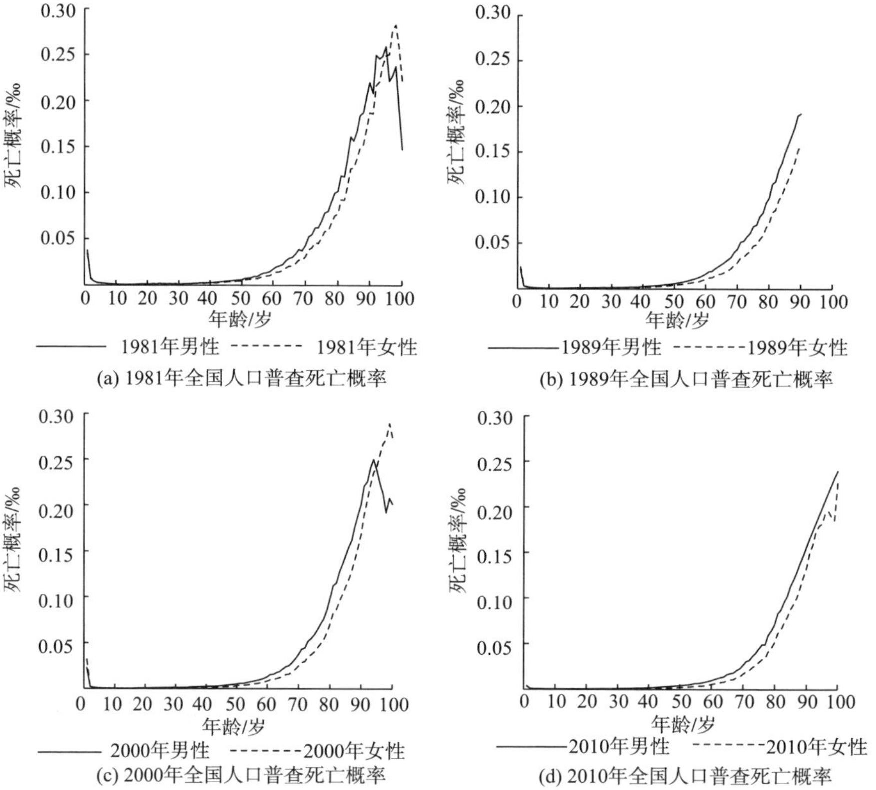

图 6-1　四次全国人口普查死亡数据直接计算得到的死亡概率

1989 年的分性别、分年龄死亡概率由于普查公布的数据年龄截止到 90 岁，因此只能反映 0～89 岁各年龄死亡概率的变化。另外，1982 年和 1990 年的全国人口普查时点为当年的 7 月 1 日（或者是 6 月 30 日 24 时），死亡数据分别为 1981 年全年和 1989 年全年及 1990 年上半年。因而，图中死亡概率曲线标的是 1981 年和 1989 年

首先，我们以婴儿死亡概率这一指标检验历次普查死亡数据质量。根据

① 本书的主要数据来自历次全国人口普查资料和历年中国统计年鉴，即《2010 年全国人口普查资料》（2012 年出版）；《1990 年全国人口普查资料》（1992 年出版）；《2000 年全国人口普查资料》（2002 年出版）。

以往研究我们可以确定 1981 年死亡数据最为可靠，这样从图 6-2 所显示的四次人口普查时相应年份婴儿死亡概率可以判定，1990 年、2000 年和 2010 年三次人口普查的婴儿死亡数据极其不准确。如果 1989 年的数据准确，那么 2000 年所获得的死亡数据就大大高出正常水平，甚至存在死亡多报；如果说 2000 年的数据准确，则 2010 年婴儿死亡概率就显得过小。即使不用 2000 年作为参照，事实上或者经验上都表明婴儿死亡概率肯定过低，大大低于实际情况。表明 2010 年婴儿存在较为严重的死亡漏报。

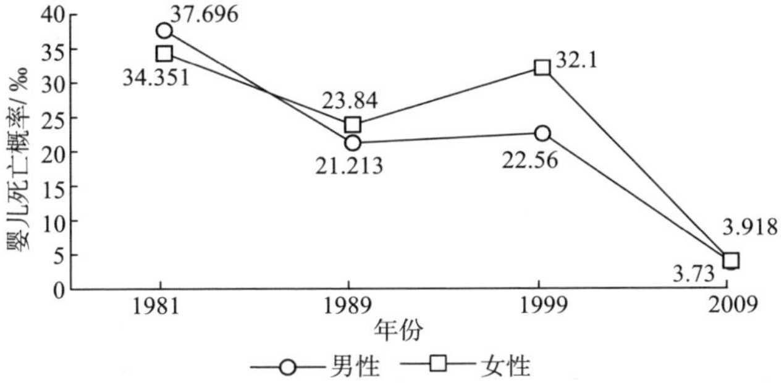

图 6-2 人口普查死亡数据显示的婴儿死亡概率

从 60 岁及以上老年人死亡概率来看，如图 6-3 所示，对比 1981 年的数据，无法判定 1989 年和 2000 年的数据存在问题，但是 2010 年人口普查获得的 60 岁及以上人口死亡概率大大降低，而且 90 岁及以上人口的死亡模式也与 1981 年和 2000 年大不相同。一种可能是由于医疗卫生和健康水平大幅

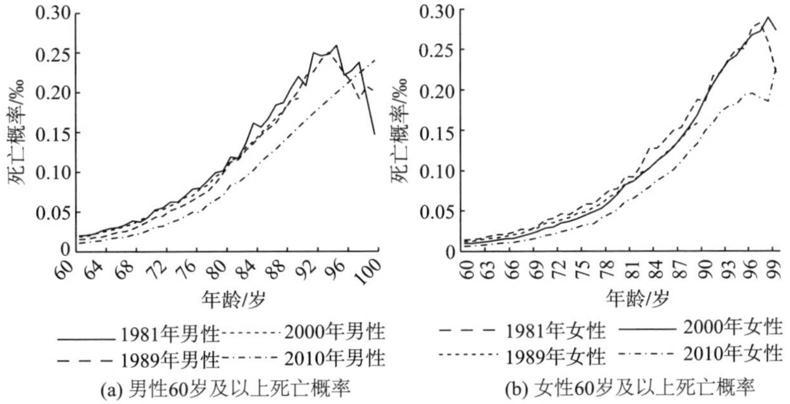

图 6-3 根据全国人口普查获得的死亡数据计算得到的 60 岁及以上人口各年龄死亡概率

度提高，60 岁及以上人口死亡概率大幅下降，另一种可能是老年人口死亡数据存在较大的漏报。因此，本节用上文的方法进一步对此进行测定。

2. 老年人死亡漏报分析

根据以往研究和实际情况，普查所获得的青壮年人口死亡数据相对比较准确，而婴幼儿和老年人的死亡数据质量经常会存在问题。又由于全国人口普查中 0～14 岁人口存在漏报以及 15～30 岁现役军人的年龄数据没有在 1982 年的普查中显示，以及 2000 年和 2010 年在 15～34 岁出国留学或移民国外的人口增加，队列分析无法判定这些年龄人口留存或死亡数据准确与否。因此，这里我们仅仅对 60 岁及以上老年人的死亡数据进行评估。因此，下文的队列对比中我们选择数据相对准确、稳定的 35 岁及以上人口数据作为基础来评价 1990 年、2000 年和 2010 年三次全国人口普查时的老年人死亡数据。

首先，根据式（6-1）～式（6-5），利用 1982 年和 1990 年全国人口普查所获得的分性别、分年龄的人口数据和 1981 年分性别和分年龄的死亡概率，估算得到了 1989 年的全国分性别、分年龄的死亡概率①，如图 6-4 所示。

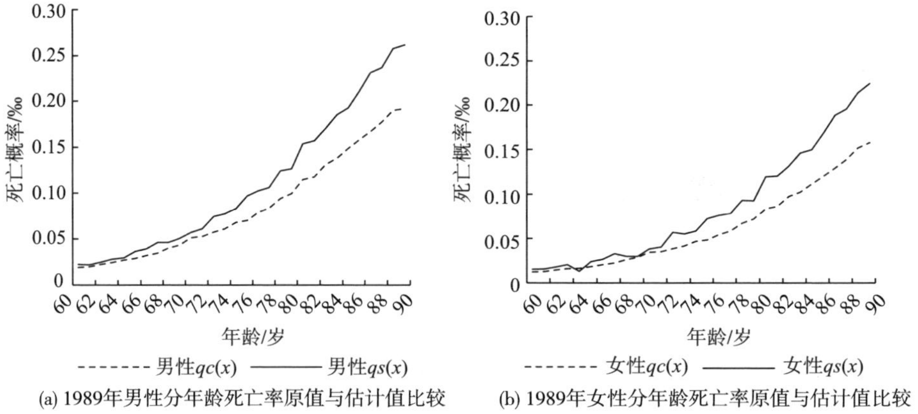

图 6-4　1989 年全国分年龄、分性别的死亡概率原值与估计值比较

① 特别说明，这里所说的 1989 年死亡概率是指 1989 年 7 月 1 日至 1990 年 6 月 30 日期间的死亡发生概率。下文出现的 2000 年死亡概率是指 1999 年 11 月 1 日至 2000 年 10 月 31 日期间的死亡发生概率；2010 年死亡概率是指 2009 年 11 月 1 日至 2010 年 10 月 31 日期间的死亡发生概率。

将估算得到的 1989 年死亡概率 $q^s(1989,x)$ [图中 $qs(x)$曲线代表的]与依据 1990 年普查死亡数据计算得到的 1989 年死亡概率 $q^c(1989,x)$（图中 $qc(x)$ 曲线代表的）进行比较可见，无论是男性人口还是女性人口，利用队列人口留存法估计得到的 1989 年 60 岁及以上人口的死亡概率都大大高于依据普查死亡数据计算得到的死亡概率，可以判定，1990 年全国人口普查所获得的 1989 年老年人死亡数据存在漏报。并且，与低龄人口死亡漏报相比较，随着年龄的增大，老年人的死亡漏报愈加严重。根据式（6-6）可计算得到 1989 年 60 岁及以上人口死亡漏报率，如图 6-5 所示。无论男性还是女性，75 岁及以上人口的死亡漏报率都在 20%以上，女性漏报率高于男性。

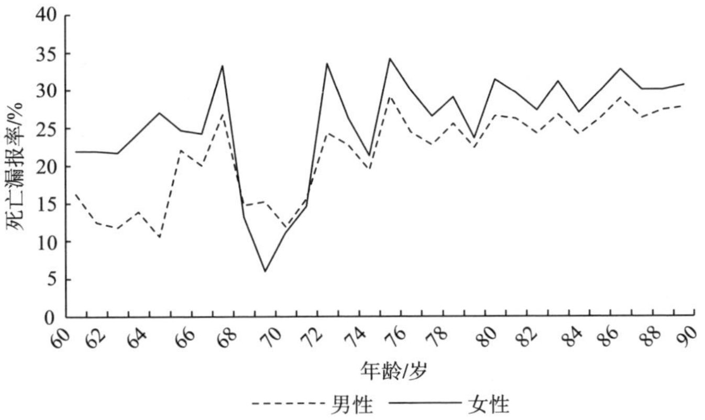

图 6-5　1989 年 60 岁及以上人口死亡漏报率

同理，我们以 2000 年和 2010 年全国人口普查的分性别、分年龄人口数据，以及 2000 年的分性别、分年龄的死亡概率为基础数据，估算得到 2010 年全国分性别、分年龄的死亡概率原值与估计值比较结果，如图 6-6 所示。

将估算得到的 2010 年死亡概率 $q^s(2010,x)$（图中 $qs(x)$曲线代表的）与依据 2010 年普查死亡数据计算得到的 2010 年死亡概率 $q^c(2010,x)$（图中 $qc(x)$曲线代表的）进行比较可见，无论是男性人口还是女性人口，利用队列人口留存法估计得到的 2010 年 60 岁及以上人口的死亡概率都大大高于依据普查死亡数据计算得到的死亡概率，可以判定，2010 年人口普查所获得的 2009 年的老年人死亡数据存在漏报。同样，我们根据式（6-6）可计算得

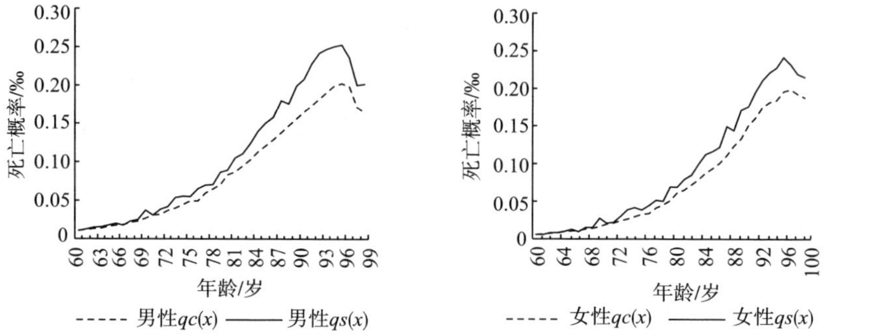

(a) 2010年男性分年龄死亡率原值与估计值比较 (b) 2010年女性分年龄死亡率原值与估计值比较

图 6-6 2010 年全国分性别、分年龄的死亡概率原值与估计值比较

到 2009 年 60 岁及以上人口死亡漏报率如图 6-7 所示，72 岁及以上人口的死亡漏报率除少数年龄别外，大多在 10%～25%，70～90 岁女性漏报率高于男性，90 岁及以上年龄的人口男性死亡漏报率高于女性。这与 1989 年的情况略有不同。

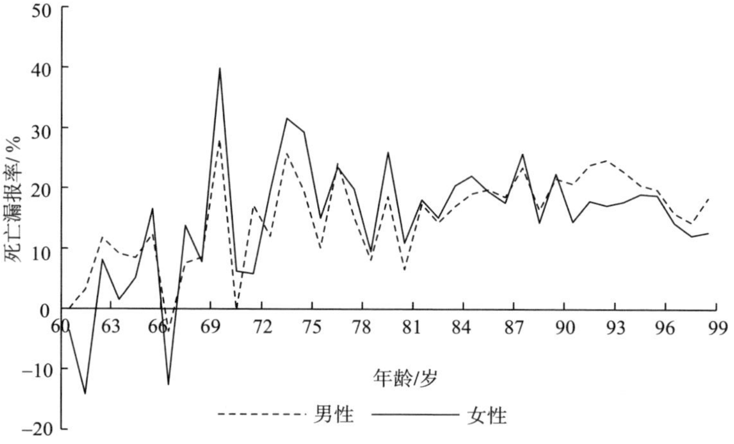

图 6-7 2009 年 60 岁及以上人口死亡漏报率

综上可见，利用队列留存法估计得到的 60 岁及以上老年人死亡数据存在漏报，但是将估算得到的 1989 年分性别、分年龄死亡概率与 1981 年的相比，1989 年的死亡概率还要高于 1981 年，这显然不符合客观规律。也就是说，队列留存法高估了 1989 年老年人的死亡水平，其主要原因就是 1989 年

普查时老年人口存在一定程度的漏报。如此，仅仅用队列留存方法估计老年人口的死亡概率可能会有所偏误。因此，下面我们还需要采用布拉斯罗吉特相关生命表法进行估计。

三、历次普查年份分年龄死亡概率再估计

以上比较结果表明，1990 年和 2010 年人口普查得到 1989 年和 2010 年的死亡数均存在一定程度的死亡漏报[①]，尤其是 70 岁及以上老年人的死亡漏报程度较为严重。那么，直接用普查所获得的死亡数据建立生命表将会大大低估死亡水平或者高估寿命水平。另外，婴幼儿和青少年的死亡数据质量也无法通过上述队列方法进行评估。因此，本节采用布拉斯罗吉特相关生命表系统方法，修正 1989 年、2000 年和 2010 年的 0～4 岁学龄前儿童和 60 岁及以上人口的死亡概率，并重新构建死亡表。

1. 布拉斯罗吉特相关生命表系统方法及其参数估计结果

布拉斯罗吉特相关生命表系统方法是通过罗吉特转换，用标准生命表的死亡概率和生命表对所要修正死亡概率和生命表进行修正的一种有效方法。布拉斯于 1966 年发现不同生命表年龄别死亡概率在经过罗吉特转换之后存在着线性关系。设所要研究某一年份人口 x 岁死亡概率为 $q(x)$，标准生命表 x 岁的死亡概率为 $q^s(x)$，则罗吉特转换为[②]

$$\mathrm{Logit}\left[q(x)\right]=\frac{1}{2}\ln\left[\frac{q(x)}{1-q(x)}\right]=y(x)，\quad \mathrm{Logit}\left[q^s(x)\right]=\frac{1}{2}\ln\left[\frac{q^s(x)}{1-q^s(x)}\right]=y^s(x)$$

理论推理与经验性研究均证明以下关系成立。

---

① 这里由于 1990 年人口普查时点为 7 月 1 日而 2000 年的普查时点为 11 月 1 日，不能够直接采用队列法估计留存概率。因此，本书不采用此方法评估 2000 年普查得到 1999 年 11 月 1 日至 2010 年 10 月 31 日的死亡数据的准确性。

② 这里采用死亡概率进行罗吉特转换而没有采用留存概率转换，其原因在于死亡概率只限于某一年龄的数据，若采用 0 到 x 岁的留存概率 $L(x)$进行罗吉特转换，则受到低龄人口死亡概率的影响，而低龄人口特别是 0～x 岁人口的死亡数据质量不高，因而通常不选择 0～x 岁的留存概率 $L(x)$进行罗吉特转换。另外，采用不同指标，参数 β 和 α 的含义和反映的结果就不同了，这需要读者注意。

$$y(x) = \alpha + \beta y_s(x) \tag{6-7}$$

应用布拉斯罗吉特相关生命表系统的步骤如下。

（1）分别对观测或者估算得到的若干年龄的存活概率 $l(x)$ 以及标准生命表相对应的年龄存活概率 $l_s(x)$ 作罗吉特转换，即求出 $y(x)$ 与 $y_s(x)$。

（2）在坐标轴上，以 $y(x)$ 和 $y_s(x)$ 为横、纵坐标描点，如果所描出的各点大致在一条直线上，则进而求出回归直线的斜率 β 和截距 α。如果描出的各点分布散落，则需要检查使用数据的可信度。

以往的研究和经验均表明，1982 年普查的死亡数据准确度非常高，因此本节以 1981 年全国分性别和分年龄的生命表作为标准生命表，采用布拉斯罗吉特相关生命表系统，利用 1989 年、1999 年和 2009 年 5～59 岁年龄段的死亡概率数据分阶段建立布拉斯罗吉特相关生命表，分别对 1990 年、2000 年和 2010 年的男（女）性 0～4 岁学龄前儿童和 60 岁及以上人口的死亡概率进行修正。

我们采用最小二乘法估计模型式（6-7）的参数 α 和 β，自变量数据采用 1981 年分性别 5～49 岁各年龄死亡概率进行布拉斯罗吉特转换获得，因变量数据采用 1989 年、2000 年、2010 年分性别 5～59 岁各年龄死亡概率的布拉斯罗吉特转换获得。回归结果见表 6-1。这里需特别注意，利用最小二乘法进行参数估计时，参数 α 不为 0 时均没有通过显著性检验。因此，回归模型的截距项应均为 0，是通过原点的线性模型，进而模型回归的拟合优度 R^2 均大于 0.999，显著性高，表明线性关系非常强。这里截距项 α 为 0 表明 1989 年、2000 年、2010 年的死亡模式与 1981 年的相同，其变化仅仅取决于斜率项 β，若 β >0，则死亡概率低于标准生命表中的死亡概率。

表 6-1　模型式（6-7）的回归结果

模型时期	男性模型系数 β	t 检验值	显著水平 Sig.	女性模型系数 β	t 检验值	显著水平 Sig.
1989 年	1.021	162.343	0.000	1.043	184.637	0.000
2000 年	1.053	140.521	0.000	1.104	250.127	0.000
2010 年	1.121	119.966	0.000	1.202	142.581	0.000

2. 以 1981 年为标准的布拉斯罗吉特相关生命表法估计得到的低龄人口死亡概率

根据表 6-1 中参数 β 值，以 1981 年的死亡概率作为标准，可以估计得到 1989 年、2000 年、2010 年分性别 0～4 岁各年龄人口的死亡概率。如图 6-8 所示。

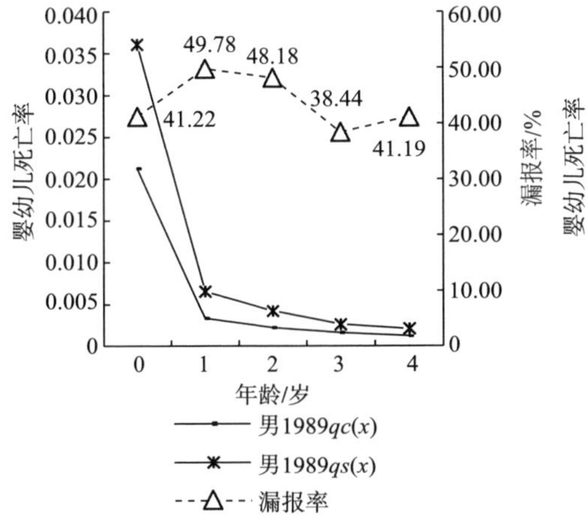

(a) 1989年0～4岁男性婴幼儿死亡率和漏报率

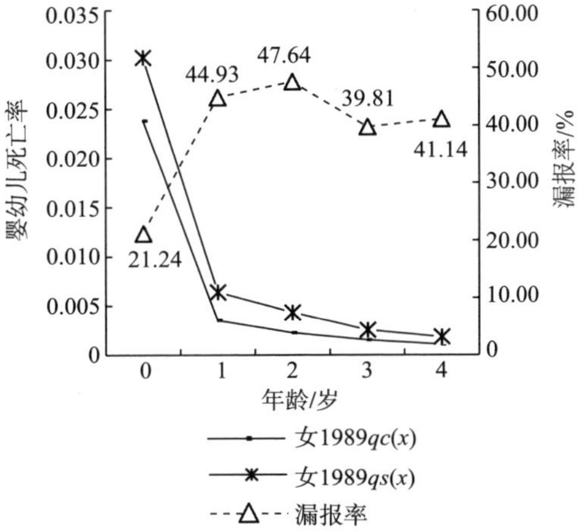

(b) 1989年0～4岁女性婴幼儿死亡率和漏报率

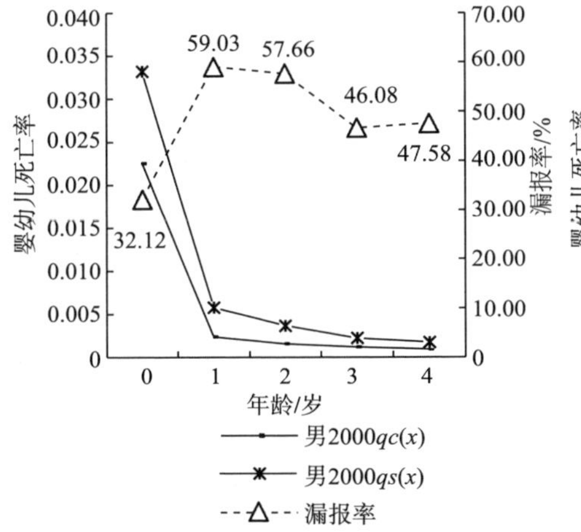

(c) 2000年0～4岁男性婴幼儿死亡率和漏报率

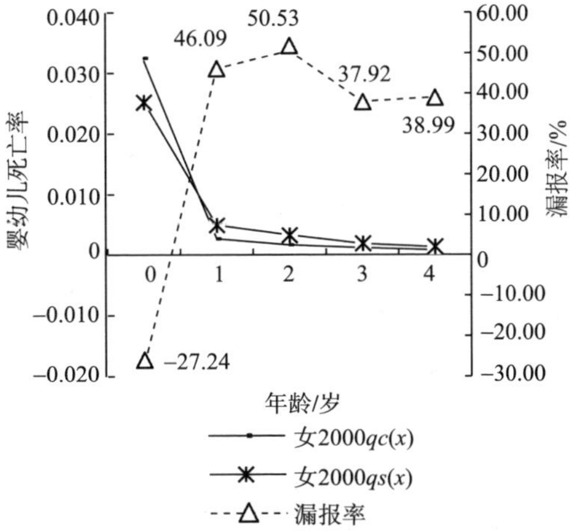

(d) 2000年0～4岁女性婴幼儿死亡率和漏报率

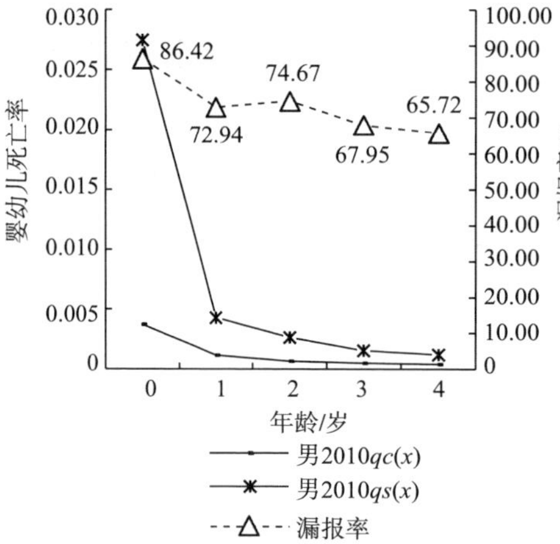

(e) 2010年0～4岁男性婴幼儿死亡率和漏报率

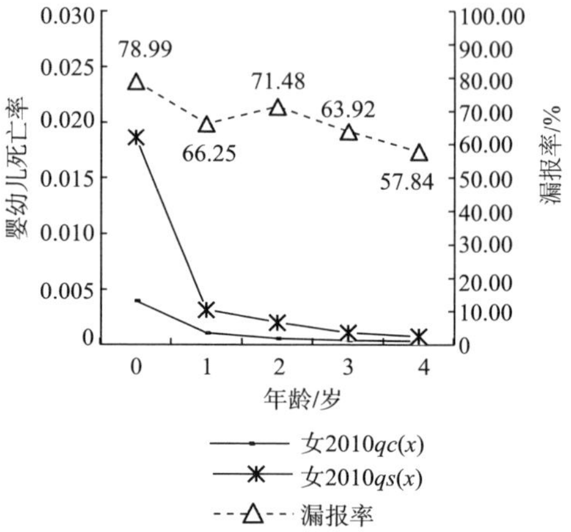

(f) 2010年0～4岁女性婴幼儿死亡率和漏报率

图 6-8 1989 年、2000 年和 2010 年婴幼儿死亡概率评估

由此可见，除 2000 年人口普查获得的女婴死亡数据外，1990 年、2000 年、2010 年三次人口普查所获得的婴幼儿（0～4 岁）死亡数据均存在较大的漏报。特别是，2010 年婴儿死亡漏报更为严重，普查得到的男婴死亡概率只有 3.73‰，女婴死亡概率只有 3.92‰，以 1981 年死亡模式作为标准，男婴死亡概率应在 25.81‰，女婴死亡概率应为 17.82‰。

比较来看，男性婴幼儿死亡数据的漏报情况比女性婴幼儿的要严重一些；从这三次普查来看，2000 年全国人口普查所获得的死亡数据质量要高于 1990 年和 2010 年两次人口普查。

此外，2000 年女婴的死亡概率远远高于利用布拉斯罗吉特相关生命表法估计得到的值。这里，如果不存在女婴死亡多报或者谎报（女婴出生后报为死亡以获得再生育指标），那么女婴死亡率却如此高，将是一个非常严重的问题，女婴出生后受到的照看、医疗等方面不及男婴的情况就会存在，但是这一结论又得不到严谨的或者事实的证明。事实上，可能存在死亡多报或者谎报情况，从而使得 2000 年的女婴死亡率虚高。由此我们注意到，自 1990 年第四次全国人口普查以来，中国死亡模式中女婴死亡概率要高于男婴。由于死亡数据存在严重漏报问题，女婴死亡率高于男婴的可能性就会受到质疑，我们就有理由认为，女婴死亡数据除了存在一定程度的漏报外，相比较男婴而言会有谎报、多报的可能，致使女婴死亡率接近甚至超过男婴的死亡率。

3. 以 1981 年为标准的布拉斯罗吉特相关生命表法估计得到的老年人口死亡概率

我们将 1981 年的死亡概率作为标准，选择 30～59 岁年龄段的死亡概率作为稳定可靠数据，对式（6-6）或者式（6-7）的参数进行估计，模型拟合优度均大于 0.999，参数的 t 检验非常显著，这反映了运用该模型可以很好地估计或者平滑其他年龄别的死亡概率。参数估计结果如表 6-2 所示。

表 6-2　模型式（6-6）的回归结果（老年人口死亡概率估计）

模型时期	男性模型系数 β	t 检验值	显著水平 Sig.	女性模型系数 β	t 检验值	显著水平 Sig.
1989 年	1.00 636	453.031	0.000	1.03 517	598.296	0.000
2000 年	1.02 855	227.503	0.000	1.08 520	486.303	0.000
2010 年	1.08 120	206.194	0.000	1.17 095	330.086	0.000

根据表 6-2 所显示的参数可以估计得到 1989 年、2000 年、2010 年分性别 60 岁及以上各年龄人口的死亡概率，如图 6-9 所示。图 6-9 给出了 1989 年、2000 年和 2010 年全国分性别 60 岁及以上老年人口各年龄的死亡概率普查数据原值与布拉斯罗吉特相关生命表法修正值。

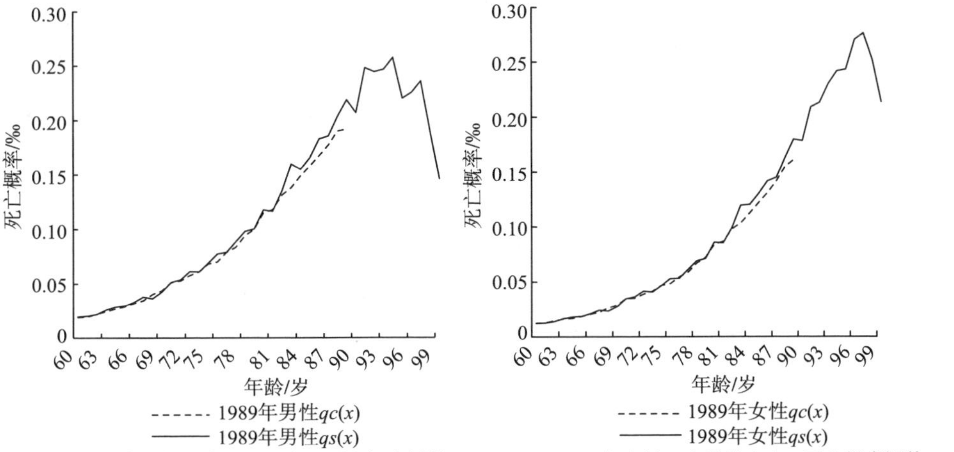

(a) 1989年男性60岁及以上人口死亡概率评估　(b) 1989年女性60岁及以上人口死亡概率评估

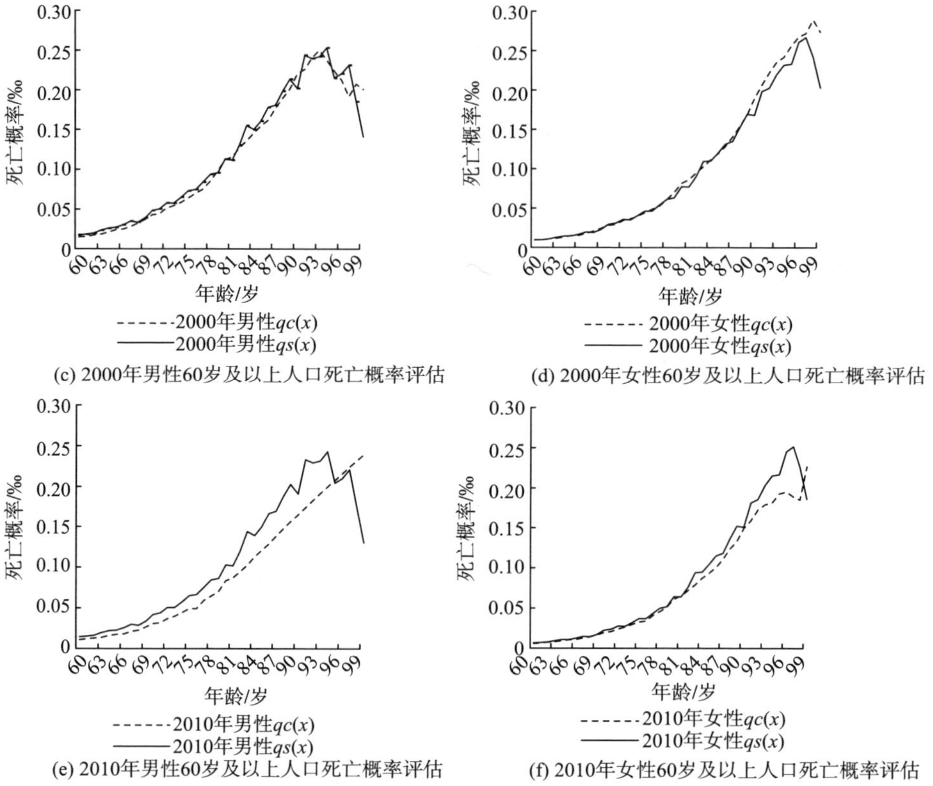

图 6-9 1989 年、2000 年和 2010 年 60 岁及以上人口死亡概率评估

通过比较可以看到，1989 年修正值和原值存在一定差异，表明 60 岁及以上老年人口的死亡漏报确实存在，大部分年龄的漏报率在 2%至 5%，个别年龄超过 8%。值得注意的是，在高年龄组，随着年龄增长，死亡漏报问题越来越严重。说明老年人口的死亡数据确实存在漏报。

然而，这与利用队列留存方法估算的情况相差较大。因为队列留存方法估计得到的老年人口死亡概率超过了 1982 年普查所得到的老年人口死亡概率，显然不符合规律，因而利用布拉斯罗吉特相关生命表法估计得到的 1989 年老年人口死亡概率会更加准确。这说明 1989 年老年人口死亡漏报率并没有达到图 6-5 所显示的水平。

通过比较可以看到，2000 年全国分年龄、分性别的死亡概率原值与修正值存在较小差异。说明 2000 年的死亡漏报并不十分严重，死亡人口数据质量较好，死亡概率准确性较高。不过，从男性死亡概率和女性死亡概率的原值与修正值比较看，2000 年男性人口 65～80 岁的死亡漏报现象比女性要明显很多。值得注意的是，无论是男性人口还是女性人口，90 岁以上死亡人口可能存在多报现象。

从 2010 年全国分年龄、分性别的死亡概率的原值与修正值的差异可以看到，60 岁以上人口死亡概率的修正值大于原值的程度比较明显。说明 2010 年老年人口的死亡漏报现象比较严重，60～90 岁男性老年人口的死亡漏报率超过 20%，平均为 23%，95 岁及以上人口的死亡漏报机会不存在，这与队列留存方法获得的结果相近；女性老年人口的死亡漏报率低于男性，但是 60～90 岁女性老年人口的漏报率大多超过 5%，平均为 8%。从而证明，普查数据中的死亡人口数据质量相对较差，直接计算的死亡概率准确性不高，必须对其进行修正，提高其准确度。

综上所述，从以 1981 年死亡概率为标准修正后的 1989 年、2000 年和 2010 年的 0～4 岁和 60 岁及以上人口分性别、分年龄的死亡概率来看，近 30 多年来，中国中间年龄人口的死亡概率变化不大，0～5 岁学龄前儿童和 60 岁及以上人口，尤其是高龄人口的死亡概率表现出较大幅度下降的趋势。随着生活水平的提高，社会保障特别是医疗保障的普及，死亡概率逐年下降，人口预期寿命有较大提高。中国近 20 年来女性死亡水平低于男性的趋势在愈加明显，这与任强等（2005）的研究结论是一致的。

四、分城乡、分性别死亡模式的变动分析

根据布拉斯罗吉特相关生命表系统的修正方法，以 1981 年城镇和乡村分性别、分年龄的留存概率作为标准，分别对 1989 年、2000 年和 2010 年城镇和乡村分年龄、分性别的 0～4 岁人口和 60 岁及以上人口的死亡概率进行了修正并重新构建了生命表。

图 6-10 给出了修正后的 1989～2010 年三次全国人口普查分城乡、分性别人口的死亡概率。从图中可以看到，1981 年、1989 年和 2000 年城镇男性人口分年龄的死亡概率非常接近，死亡模式极其相似。而与 1981 年、1989 年

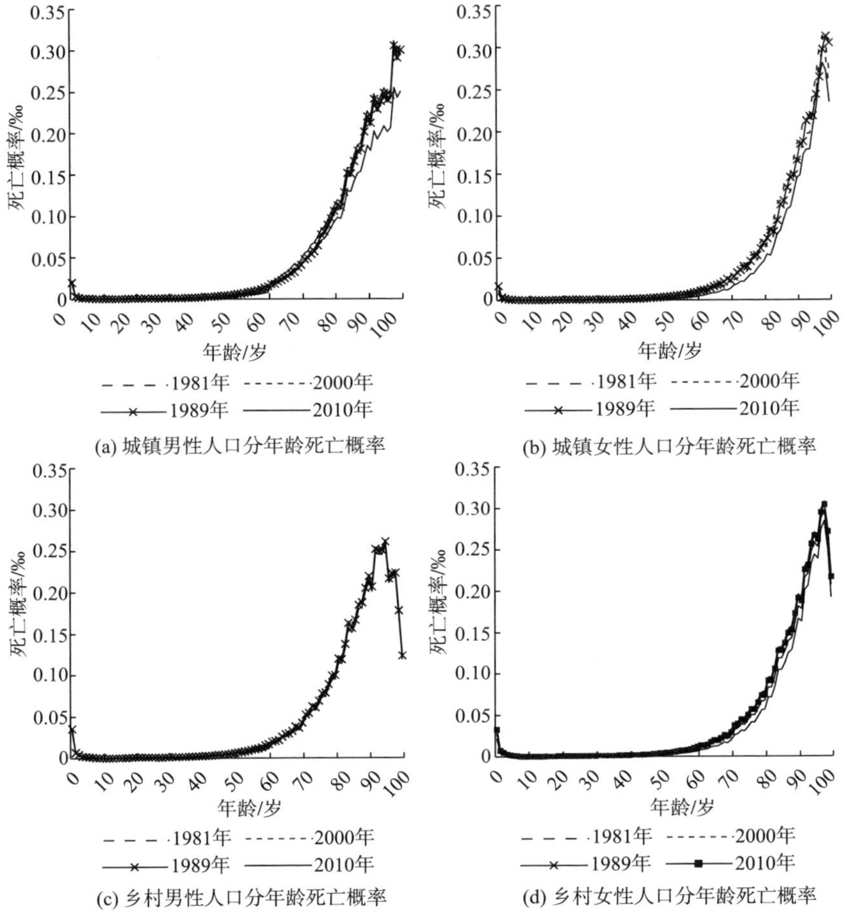

(a) 城镇男性人口分年龄死亡概率　(b) 城镇女性人口分年龄死亡概率

(c) 乡村男性人口分年龄死亡概率　(d) 乡村女性人口分年龄死亡概率

图 6-10　历次普查年份的分城乡、分性别人口死亡概率修正值

和 2000 年相比，2010 年城镇男性人口分年龄的死亡概率明显偏低，尤其是 60 岁及以上的男性老年人口的死亡概率明显低于前三次全国人口普查的死亡概率。1981 年、1989 年、2000 年和 2010 年城镇女性人口分年龄的死亡概率逐渐下降，尤其是 60 岁及以上的女性老年人口的死亡概率逐渐下降趋势明显。

从图 6-10 中可以看到，1981 年、1989 年、2000 年和 2010 年的乡村男性人口分年龄死亡概率非常接近，死亡模式极其相似。每次人口普查与上次相比，乡村男性人口分年龄的死亡概率都略有下降，但不显著。1981 年和

1989 年乡村女性人口分年龄的死亡概率非常接近，死亡模式也极其相似。而与 1981 年、1989 年相比，2000 年乡村女性人口分年龄的死亡概率略有下降。而与 1981 年、1989 年和 2000 年相比，2010 年乡村女性人口分年龄的死亡概率下降较为显著。

五、寿命水平变动

在对 1989 年、2000 年和 2010 年全国分城乡、分性别、分年龄的死亡概率重新估计的基础上，利用构建生命表的方法构建得到这三个年份的分性别以及分城乡分性别的生命表。由此可以分析出中国 1981 年至 2010 年近 30 年的时间里死亡水平、死亡模式及男女死亡性别差的变化及发展趋势。

1. 死亡水平的变化

根据修正后的全国男性及女性生命表可以得到各时期的预期寿命，如表 6-3 所示。从 1981 年至 2010 年，中国男性人口平均预期寿命从 66.97 岁提高到 71.58 岁，增加了 4.61 岁，平均每年增加约 0.159 岁；女性预期寿命提高的速度更快一些，而且 2000～2010 年提高的幅度更大。从 1981 年到 2010 年女性预期寿命从 69.82 岁提高到 78.26 岁，增加了 8.44 岁，平均每年提高 0.291 岁。从 2000 年到 2010 年提高了 3.79 岁，平均每年提高 0.379 岁。

表 6-3　历次全国人口普查人口预期寿命　　单位：岁

项目	1981 年	1989 年		2000 年		2010 年	
全国男性	66.97	67.33	（68.97）	68.76	（70.61）	71.58	（75.64）
全国女性	69.82	71.70	（72.84）	74.47	（74.21）	78.26	（80.41）
城镇男性	70.06	69.47	（70.17）	69.65	（74.00）	72.17	（78.67）
城镇女性	73.51	74.30	（74.21）	78.07	（78.28）	81.37	（82.87）
乡村男性	66.22	66.56	（67.93）	67.03	（68.94）	68.36	（73.19）
乡村女性	68.98	70.12	（71.24）	72.69	（72.22）	76.08	（78.51）

注：本表给出了由修正后的死亡概率和生命表计算的人口预期寿命，括号内为根据普查登记死亡人口和年中人口计算得到的人口预期寿命，以做对比

从城镇男性及女性人口的预期寿命来看，从 1981 年至 2010 年，中国城

镇男性人口平均预期寿命从 70.06 岁提高到 72.17 岁，增加了 2.11 岁，平均每年增加约 0.07 岁；女性预期寿命提高的速度快于男性，从 73.51 岁提高到 81.37 岁，增加了 6.6 岁，平均每年增加 0.23 岁。

从乡村男性及女性人口的预期寿命来看，从 1981 年至 2010 年，中国乡村男性人口平均预期寿命从 66.22 岁提高到 68.36 岁，增加了 2.14 岁，平均每年增加约 0.10 岁；女性预期寿命提高的速度更快一些，从 68.98 岁提高到 76.08 岁，增加了 7.16 岁，平均每年增加 0.25 岁。

平均预期寿命提高的速度与平均预期寿命的水平有关，平均寿命越高，平均寿命提高的速度越慢。中国平均预期寿命在 20 世纪 50 年代和 60 年代经历了迅速上升的过程，每年约增加 1 岁，而从 1973 年至 1981 年，平均预期寿命提高速度明显减慢。1981～2010 年出生人口平均预期寿命的年均增长幅度均未超过 0.5 岁。而与 1981～1989 年相比，1989～2000 年和 2000～2010 年的人口平均预期寿命的年均增长幅度均较大。

2. 死亡模式的变化

为了观察死亡模式的变化，用 1990 年人口普查时的 1989 年分年龄死亡概率 q_x 除以 1982 年人口普查时 1981 年的死亡概率 q_x，可以得到 1981～1989 年分性别的死亡模式变化。同理，也可得到 1989～2000 年和 2000～2010 年分性别的死亡模式变化。如图 6-11 所示。

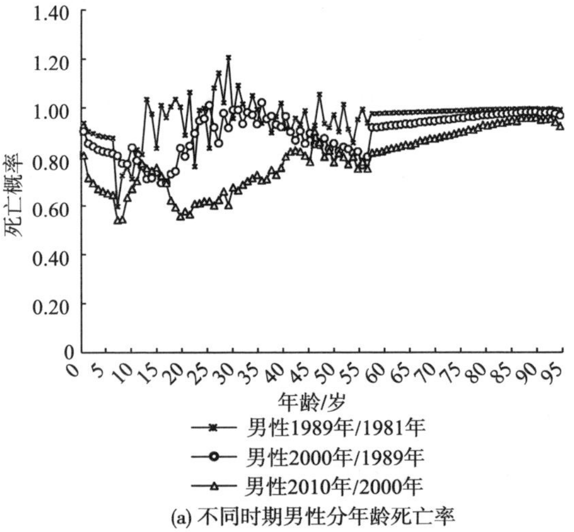

(a) 不同时期男性分年龄死亡率

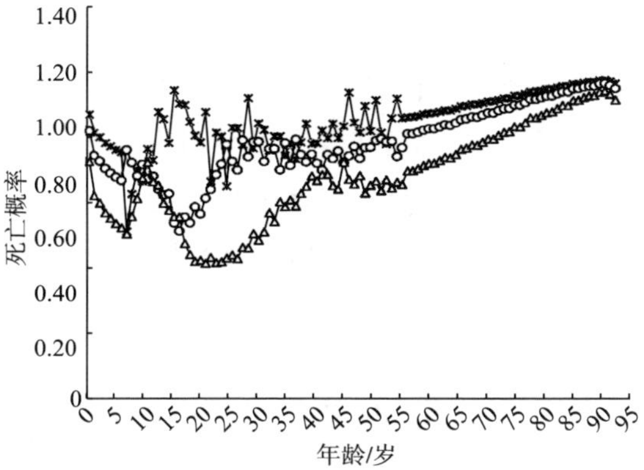

(b) 不同时期女性分年龄死亡率

图 6-11　全国不同时期分性别、分年龄的死亡概率比较

由此我们可以看到，1981 年到 1989 年男性死亡模式变化（概率比值），除低龄人口外，其他年龄大多接近于 1，说明 1989 年的死亡模式与 1981 年相比较，婴幼儿死亡概率下降较大而其他年龄死亡概率变化不大，模式保持相对稳定；由 1989～2000 年以及 2000～2010 年的死亡概率比值可以看到，男性婴幼儿以及青壮年死亡概率下降较大，相对而言老年人口死亡概率下降较小，表明这 20 年里中国男性死亡模式已经发生较大变化。

图 6-11 给出了全国女性人口 1981～1989 年、1989～2000 年和 2000～2010 年的死亡模式变化。表明自 20 世纪 80 年代初到 2010 年中国女性死亡概率下降幅度大于男性，而且女性青壮年和老年人口的死亡概率下降幅度更大。

无论男性还是女性，死亡概率曲线转折点的年龄向高年龄推延，90 岁及以上人口死亡概率模式呈倒“U”形态势向后推延，这也说明随着寿命的延长，死亡模式均发生了较大变动。

3. 死亡率的性别差

1981 年时，全国男女平均预期寿命之差为 2.85 岁；1989 年该差距为 4.37 岁；2000 年该差距为 5.71 岁；2010 年该差距扩大到 6.68 岁。可以看到，全国男、女平均预期寿命的差距在逐渐扩大。从城镇男女平均预期寿命之差来看，1981 年该差距为 3.45 岁，到 2010 年该差距扩大到了 9.2 岁。而乡村男女平均预期寿命之差由 1981 年的 2.76 岁扩大到了 2010 年的 7.72 岁。城镇男女平均预期寿命差距的扩大幅度要大于乡村男女平均预期寿命差距的扩大幅度。这主要是因为女性预期寿命提高速度快于男性。女性速度快于男性的趋势可能会持续很长一段时间。因此，今后男女预期寿命的差别会继续扩大。

第二节　生育水平、生育模式变动①

一、“全面两孩”政策下目标人群的测算原理

单独一孩家庭的数量测算。即使在政策调整之前，农村地区和少数民族地区符合生育政策的单独一孩家庭也是被允许生育第二个孩子的，他们并不在单独二孩政策的目标人群之列。因此，政策调整对二孩出生人数的影响 $\Delta G\left[B^{2,1}(t)\right]$ 等于政策调整下目标家庭的单独二孩出生人数 $G\left[B^{2,1}(t)\right]$ 扣除政策未调整情形下目标家庭的政策外二孩出生人数 $\bar{G}\left[B^{2,1}(t)\right]$，用式（6-8）表达为

$$\Delta G\left[B^{2,1}(t)\right]=G\left[B^{2,1}(t)\right]-\bar{G}\left[B^{2,1}(t)\right] \tag{6-8}$$

其中，政策调整下目标家庭的单独二孩出生人数可根据目标家庭的再生育意愿的比例及计划完成时间进行估算。用矩阵 $E^{2,1}(t)$ 表示目标育龄妇女有再生育意愿的比例，用矩阵 $\tau^{2,1}(t)$ 表示计划完成时间，那么政策调整下目标家庭的单独二孩出生人数 $G\left[B^{2,1}(t)\right]$ 可表示为

$$G\left[B^{2,1}(t)\right]=X_a^{f,1,1}(t)\times E^{2,1}(t)/\tau^{2,1}(t) \tag{6-9}$$

而生育政策未调整时目标家庭的政策外二孩生育人数可根据生育调查数据进行估算。从 2014 年前未放开单独二孩政策的生育情况看，单独一孩在

① 王金营和戈艳霞的文章《全面二孩政策实施下的中国人口发展态势》，发表于《人口研究》2016 年第 6 期，是本课题阶段性研究成果。

全部一孩中的比例不到 10%，单独二孩在全部二孩中的比例也远远低于10%。并且，由于拥有城市户口的汉族单独夫妇多为“70”“80”后的年轻人，不仅具有较高的教育水平和很低的二孩生育意愿，而且相当一部分人在体制内工作，受计划生育政策的约束较强，政策外生育的代价很高，导致生育二孩的可能性很低。此外，年轻人的适龄生育周期还很长，完全可以等到政策放开后再生育二孩。综合来讲，城市户口的非少数民族单独夫妇政策外生育二孩的可能性很低，因此可忽略不计。据此，单独二孩生育政策对二孩出生人数的影响即为生育政策调整后城市户口的非少数民族夫妇的二孩生育人数。

同样的道理，“全面两孩”政策的目标家庭也并不是全部的非独一孩家庭，而只是其中未被允许生育二孩的一部分非独一孩家庭。政策调整对二孩出生人数的影响 $\Delta G\left[B^{2,0}(t)\right]$ 等于政策调整下目标家庭的非独二孩出生人数 $G\left[B^{2,0}(t)\right]$ 扣除政策未调整情形下目标家庭的政策外二孩出生人数 $\bar{G}\left[B^{2,0}(t)\right]$，用公式表达为

$$\Delta G\left[B^{2,0}(t)\right]=G\left[B^{2,0}(t)\right]-\bar{G}\left[B^{2,0}(t)\right] \tag{6-10}$$

其中，政策调整情形下目标家庭的二孩生育人数可根据再生育意愿的比例及计划完成时间进行估算。如果以矩阵 $E^{2,0}(t)$ 表示非独育龄妇女有再生育意愿的比例，以矩阵 $\tau^{2,0}(t)$ 表示计划完成时间，那么政策调整情形下，非独育龄妇女的二孩生育人数 $G\left[B^{2,0}(t)\right]$ 可表示为

$$G\left[B^{2,0}(t)\right]=X_a^{f,1,0}(t)\times E^{2,0}(t)/\tau^{2,0}(t) \tag{6-11}$$

生育政策未调整情形下目标家庭的二孩出生人数 $\bar{G}\left[B^{2,0}(t)\right]$ 需要根据以往政策外二孩生育情况进行估计。显然，由于非独家庭多在农村和少数民族地区，非独夫妇的生育意愿本来就很高，而且这些地区的生育政策约束较弱，政策外的非独二孩出生人数并不像单独二孩那样低，相反还可能很高。对于这些目标非独一孩家庭在政策外生育的二孩人数，可以通过年龄别二孩递进生育率乘以年龄别目标非独一孩妇女人数的方法进行大致估算。

在此基础上，根据孩次递进生育率模型可以推算下一年度育龄妇女的孩

次状态。并且也可以在此基础上进一步计算政策调整情形下的二孩生育率和生育模式等生育指标。

二、目标人群测算结果及其生育意愿①

1. “全面两孩”生育政策的潜在目标群体和实际影响群体

按照家庭类型和存活子女数对年龄别育龄妇女进行分类，利用第六次全国人口普查数据汇总得到分城乡、分年龄别、分存活子女数育龄妇女②的比例结构，再结合普查获得的 12 个月内分存活子女数育龄妇女生育情况，估算 2010 年年底不同存活子女数的分年龄别育龄妇女人数，继而计算得到分孩次育龄妇女的孩次递进生育率。在此基础上，利用孩次递进生育率模型结合年龄别死亡概率推算到 2014 年、2015 年年底和预测期内分城乡不同存活孩子数的分年龄别育龄妇女人数（具体方法步骤受篇幅所限略）。其中，年龄别的非独一孩育龄妇女是“全面两孩”生育政策的潜在目标群体，其在 2016 年政策调整时点上的规模和结构如图 6-12 所示。

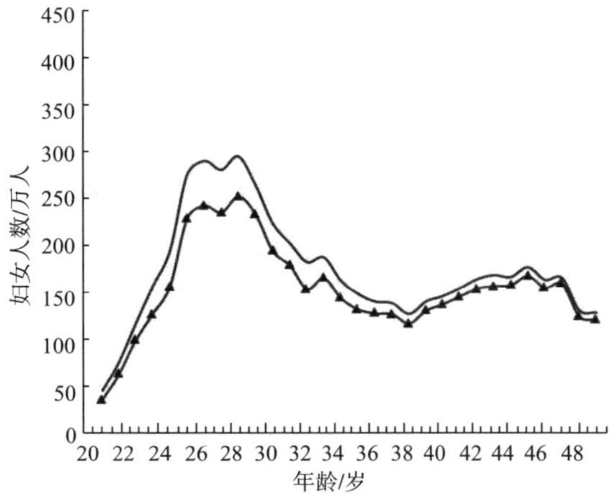

(a) 乡村妇女年龄分布

2016年乡村非独一孩育龄妇女　2016年乡村一孩育龄妇女

① 这一小节的内容是王金营和戈艳霞的文章《全面二孩政策实施下的中国人口发展态势》中的一部分内容，发表于《人口研究》2016 年第 6 期，此文章是本课题阶段性研究成果。

② 数据由国家统计局、国务院人口普查办公室协助汇总得到，特别感谢崔红艳女士的帮助。

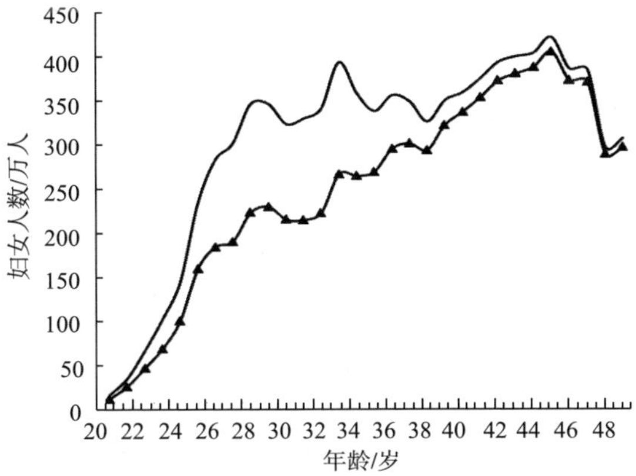

(b) 城镇妇女年龄分布

图 6-12　2016 年一孩育龄妇女和非独一孩育龄妇女的年龄分布

在不考虑双胞胎和多胞胎以及一年多胎的情况下，生育政策影响下新增非独二孩出生人数，扣除“无论政策允许与否都要生育二孩”的人数后，得到受政策调整影响而生育二孩的年龄别非独妇女人数，即受政策调整生育二孩的群体。图 6-13 给出了“全面两孩”生育政策的潜在目标群体和实际受益群体。

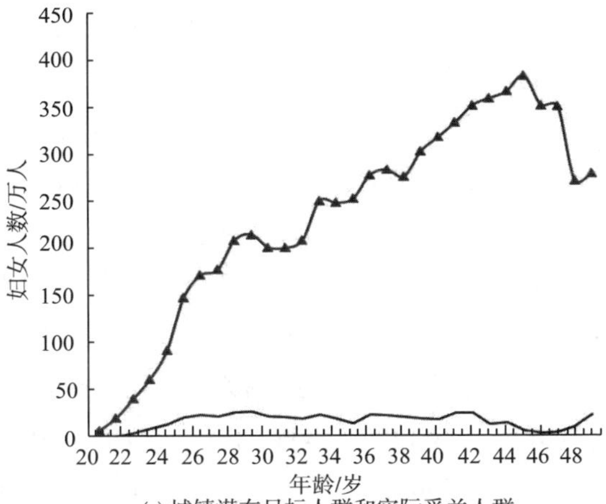

(a) 城镇潜在目标人群和实际受益人群

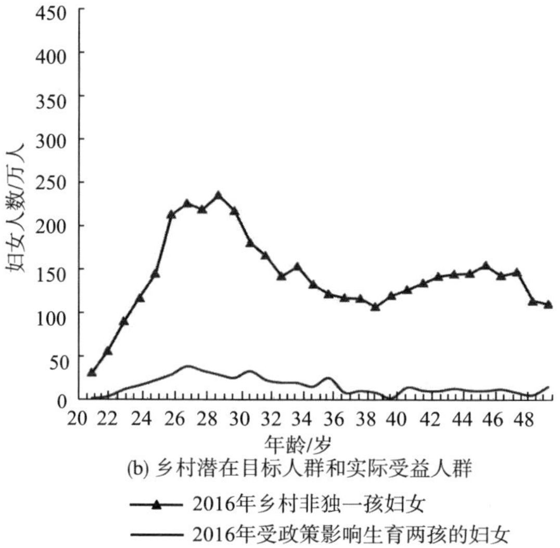

(b) 乡村潜在目标人群和实际受益人群

图 6-13 “全面两孩”生育政策的潜在目标群体和实际受益群体

在“全面两孩”生育政策启动当年，城镇地区受政策影响生育二孩的妇女规模为 584 万人，农村地区受政策影响生育二孩的妇女规模为 586 万人。而随着时间的推移，实际受益群体规模和新增二孩出生人口规模会逐渐缩减，并且缩减速度有加快趋势。其中，2016～2018 年，城镇实际受益群体减少 18 万人；农村实际受益群体减少 12 万人。在 2018～2020 年，城镇和农村实际受益群体规模都将减少 23 万人。

潜在目标群体和实际受益群体之间的规模差距很大。以 2016 年为例，城镇地区“全面两孩”政策调整的潜在目标群体（非独一孩妇女）规模约为 7503 万人，而政策调整的实际受益群体（受政策影响将生育二孩的非独一孩妇女）规模仅为 584 万人（约占 8%）。也就是说，城镇地区“全面两孩”生育政策的潜在目标群体中只有约 8%的妇女会生育二孩。同样地，农村地区政策调整的潜在目标群体（非独一孩妇女）规模约为 4511 万人，而政策调整的实际受益群体（受政策影响将生育二孩的非独一孩妇女）规模仅为 586 万人（13%）。也就是说，农村地区生育政策调整的潜在目标群体中只有 13%的妇女会生育二孩。就全国平均来讲，“全面两孩”生育政策下，非独一孩妇女中只有不到 10%的人会生育二孩。以往研究中直接采用潜在目标群体作为生育政策调整的受益群体确实会导致新增出生人口和妇女生育水平被严重高估。

2. “全面两孩”政策实施后二孩生育意愿及其时间控制

“全面两孩”生育政策下二孩总和生育率的水平决定了未来人口变化的趋势。下文将根据调查得到的不同年龄段育龄妇女的再生育计划，对实际影响群体在政策调整后的再生育计划和生育水平方案进行设定。从 2014 年育龄妇女再生育意愿调查数据看，有再生育意愿的育龄妇女基本上都计划在 5 年内完成二孩生育。那么，可以基本假设绝大部分政策实际影响群体的二孩生育计划在“全面两孩”政策放开后的 5 年内完成。但是，对于年龄较大的群体，二孩生育计划可能更为紧迫。尤其是对于 40 岁以上的高龄妇女，考虑到生理条件的限制，二孩生育计划会明显提前，因此，这部分妇女的二孩生育意愿完成时间可以适当缩短。2016～2017 年具体各年龄段的二孩生育意愿完成时间可设定如表 6-4 所示。2018～2020 年，40 岁及以上育龄妇女受政策影响而想生育的人群生育势能全部释放，新进入该年龄段的育龄妇女按正常的孩次递进生育状态生育。根据前文的方法，可以估计得到 2016～2020 年各年龄二孩递进生育率，进而得到二孩总和生育率，假设一孩和二孩的递进生育率保持不变，则可以得到分城乡总和生育率。

表 6-4　2016～2017 年二孩生育意愿完成时间表　　单位：年

生育水平方案	二孩生育意愿完成时间					
	20～24 岁	25～29 岁	30～34 岁	35～39 岁	40～44 岁	45 岁及以上
高	7、6、5、4、4	4	3	2.5	2	2
中高	7、6、5、4、4	4	3	2.5	2	2
中	7、6、5、4、4	4	3.5	3.5	3	2
中低	7、6、5、5、5	5	4.5	4	3	2
低	7、6、5、5、5	5	4.5	4	3	2

三、“全面两孩”政策下的生育水平

1. “全面两孩”政策实施情形下的二孩递进生育率

实施“全面两孩”政策后，一孩妇女的年龄别二孩递进比将因此提高。如图 6-14 所示，与未调整的情形相比，“单独二孩”生育政策下的年龄别

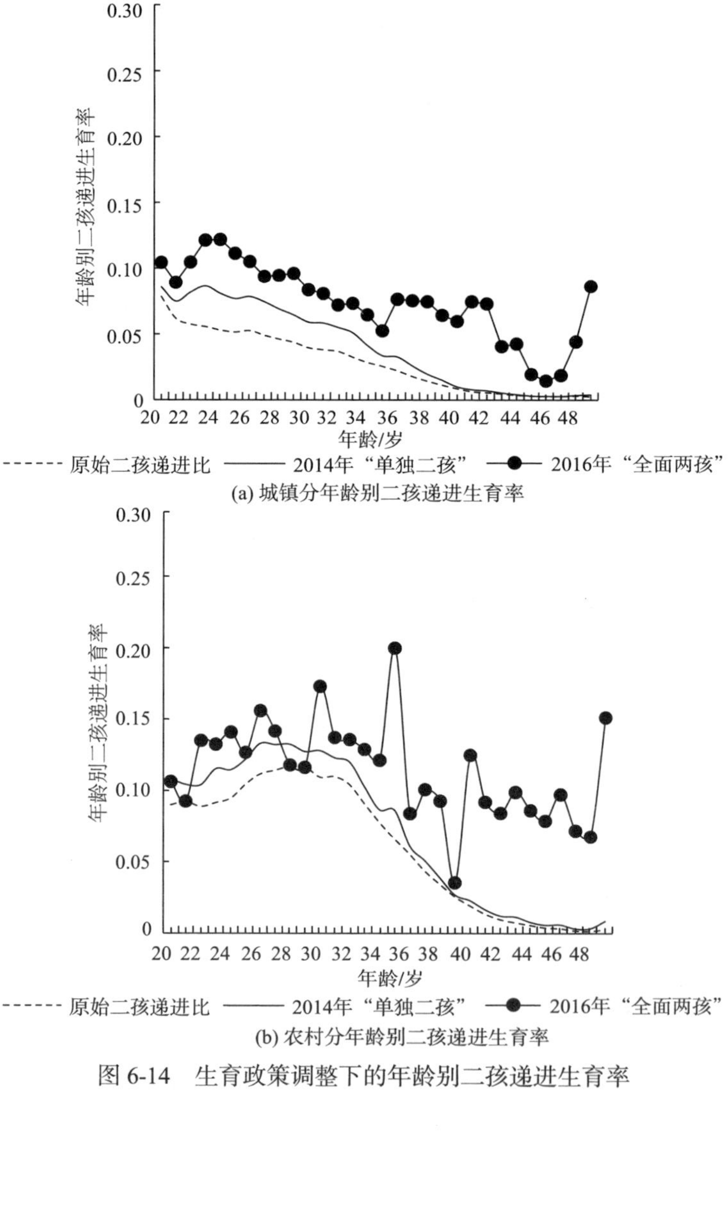

图 6-14 生育政策调整下的年龄别二孩递进生育率

二孩递进生育率和二孩总和递进生育率有明显提高，而“全面两孩”生育政策下的提高幅度更大。

在生育政策未调整时，城镇地区育龄妇女的二孩总和递进生育率仅为0.86。在“单独二孩”政策调整下，二孩总和递进生育率提高到了1.22，比未调整时提高0.36。而在“全面两孩”政策调整下，二孩总和递进生育率提高到了2.21～2.24，比未调整的情形提高1.4左右，比“单独二孩”的情形提高1左右。而且，各年龄二孩递进生育率的提高幅度都很大，尤其是35岁以后的二孩递进生育率提高幅度非常明显。

与城镇相比，农村育龄妇女的二孩递进生育率明显更高。在生育政策未调整时，农村地区育龄妇女的二孩总和递进生育率为1.81。在“单独二孩”政策调整下，二孩总和递进生育率提高到2.12，比未调整时提高0.31。而在“全面两孩”政策调整下，二孩总和递进生育率将提高到3.40～3.43，比未调整的情形提高1.6左右，比“单独二孩”的情形提高1.3左右。而且，各年龄二孩递进生育率的提高幅度都很大，尤其是40岁以后的提高幅度非常明显。

2. “全面两孩”生育政策调整下的二孩总和生育率和总和生育率

在“全面两孩”生育政策调整初期，城镇育龄妇女二孩总和生育率提高到了0.9～1.3，但随着潜在生育压力的逐渐释放，2016～2021年城镇妇女二孩总和生育率回落到了0.6～0.8。与此同时，城镇育龄妇女的总和生育率在政策启动的初始5年里提高到了1.8～2.2，随后下降到1.6～1.9。而在生育政策不做调整的情形下，2015～2100年城镇育龄妇女的二孩总和生育率将保持在0.4～0.5，总和生育率将保持在1.3～1.4。与未调整的情形相比，在“全面两孩”政策调整初期，城镇育龄妇女二孩总和生育率提高了0.5（约1倍），而总和生育率也将提高0.6（约0.5倍）。

政策调整初期，农村育龄妇女二孩总和生育率提高到了0.9～1.2，但随着潜在生育压力的逐渐释放，2016～2021年农村妇女二孩总和生育率回落到了0.7～0.9。与此同时，农村育龄妇女的总和生育率在政策启动的前5年提高到了2.0～2.3，随后下降到1.9～2.1。而在生育政策不调整的情况下，2015～2100年农村育龄妇女的二孩总和生育率将保持在0.7～0.8，总和生育率将保持在1.7～1.9。与政策未调整的情形相比，在“全面两孩”生育政策调整初期，农村育龄妇女二孩总和生育率提高了 0.3（约 0.4 倍），总和生育率也提高了 0.3（约 0.2 倍）。

四、“全面两孩”对二孩生育模式的影响①

图 6-15 分别给出了 2016 年城镇和农村地区“全面两孩”生育政策调整

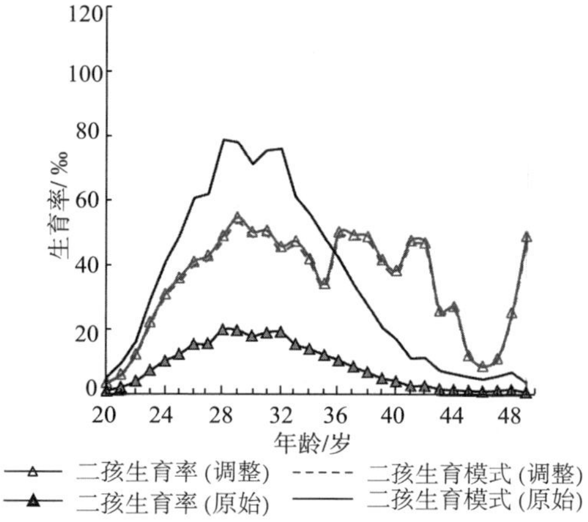

(a) 城镇二孩生育率和生育模式

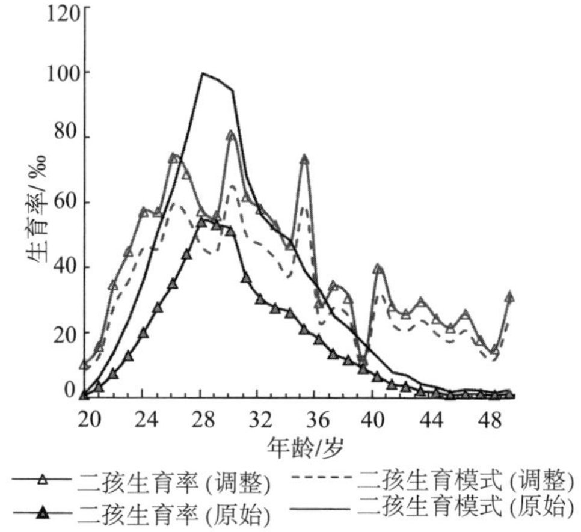

(b) 农村二孩生育率和生育模式

图 6-15 “全面两孩”生育政策下的二孩生育率和标准化生育模式

---

① 这一小节的内容是王金营和戈艳霞的文章《全面二孩政策实施下的中国人口发展态势》中的一部分内容，发表于《人口研究》2016 年第 6 期，此文是本课题阶段性研究成果。

与未调整情形下的育龄妇女二孩生育率和标准化生育模式。可以发现，不同情形下的二孩生育率以及标准化生育模式均存在明显差异。

图 6-15（a）给出的是城镇育龄妇女的二孩生育率和生育模式。在生育政策未调整的情况下，城镇育龄妇女的二孩总和生育率为 0.26，二孩生育行为主要集中于 26.71 岁（1/4 位生育年龄）和 33.98 岁（3/4 位生育年龄）之间的 7.27 年，中位生育年龄为 30.14 岁。而在生育政策调整的情况下，城镇育龄妇女的二孩总和生育率提高到 1.03，二孩生育行为主要集中于 27.27 岁和 39.78 岁之间的 12.51 年，中位生育年龄为 33.78 岁。比较发现，“全面两孩”生育政策调整将导致中间年龄段城镇育龄妇女二孩生育率明显提高，并且二孩生育模式曲线明显向后推移，且右侧大幅提升，高峰生育期向后延长 5 年左右。

图 6-15（b）给出的是农村育龄妇女的二孩生育率和生育模式。在生育政策未调整的情况下，农村育龄妇女的二孩总和生育率为 0.54，二孩生育行为主要集中于 26.56 岁和 32.77 岁之间的 6 年，中位生育年龄为 29.13 岁。而在生育政策调整的情况下，育龄妇女的二孩总和生育率提高到 1.2，二孩生育行为主要集中于 26.15 岁和 36.97 岁之间的 11 年，中位生育年龄为 30.84 岁。比较发现，“全面两孩”生育政策调整导致中间年龄段农村育龄妇女二孩生育率明显提高，并且二孩生育模式曲线右侧大幅提升，高峰生育期向后延长 4 年。

第三节　人口城镇化及其转移模式和教育水平及架构[①]

一、人口城镇化及其乡-城人口转移模式

（一）人口城镇化水平

中国实行改革开放以来，流动人口的规模不断扩大，尤其是由乡村向城

① 本节主要内容来自王金营和戈艳霞的文章《全面两孩政策实施下的中国人口发展态势》，已发表于《人口研究》2016 年第 6 期，是本课题阶段性研究成果；部分内容来自王金营的《利用人口普查数据编制教育生命表的技术处理》，发表于《中国人口科学》2005 年 S1 期。

镇流入的人口不断增加，中国的城镇规模不断扩大，城镇常住人口由 1978 年的 1.71 亿人增加到 2016 年的 8.13 亿人，城镇化水平不断提高，由 1980 年的 19.39%提高到 2000 年的 36.22%，到 2017 年底中国的城镇化水平已经提高到 58.52%。按城市化的一般理论，当人均 GDP 达到 1000 美元左右时，人口城镇化的速度将加快。而到 2003 年中国人均 GDP 已经达到 1000 美元左右，因而 2010～2030 年将是中国人口城镇化加速发展的时期。然而，城镇化水平并不会一直提高，根据发达国家的城镇化发展规律，设定我国城镇化水平的上限为 80%，并结合 2000～2010 年中国人口城镇化趋势，估算 2010～2100 年历年的城镇化水平。结果显示，在 2000～2100 年，中国城镇化水平将从 2010 年的 49.50%快速提高到 2030 年的 72.59%，然后减速提高到 2050 年的 80.00%和 2100 年的 80.30%。其中，主要年份的城镇化水平如表 6-5 所示。

表 6-5　城镇化水平估计值　　单位：%

年份	城镇人口比例	年份	城镇人口比例
2010	49.50	2060	80.10
2020	61.77	2070	80.15
2030	72.59	2080	80.20
2040	78.67	2090	80.25
2050	80.00	2100	80.30

（二）乡-城人口转移模式

在估算出未来各年中国城镇化水平的基础上，进一步推算历年乡-城净迁移人口的规模和结构。首先，利用 2010 年第六次全国人口普查数据估计得到乡-城转移人口的年龄模式。假设在预测期内迁移人口的性别、年龄结构不变，那么 2010 年乡-城转移模式可大致作为预测期内乡-城转移人口的年龄模式。再根据乡-城净迁移人口总量即可估计出历年分性别、分年龄的乡-城迁移人数。其中，乡-城转移人口的年龄模式如图 6-16 所示。

可以发现，中国男性人口和女性人口的乡-城转移模式非常相似，表现出一大一小两个转移高峰和一个低谷。大峰值位于 15～30 岁，反映了农村青壮年由于求职的原因而转移率很高。小峰值位于 30～45 岁，反映了农村青壮年婚后外出打工的现象。迁移低谷位于 27～33 岁，该年龄段正是农村青年的婚育高峰期，农村青壮年开始陆续返乡结婚生子，乡-城净转移率开始下降。虽然，在婚育高峰期后仍有部分农村青年外出打工，在 30～45 岁表现出一个次级转移高峰，但是显然，该年龄段的转移率要明显低于 15～30 岁时的转移率。

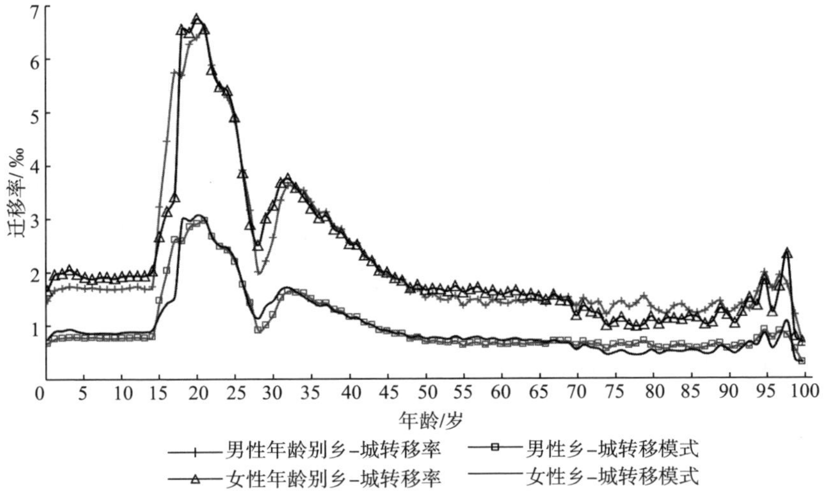

图 6-16　分性别的乡-城转移人口的年龄模式

二、教育生命表及其受教育结构[①]

（一）教育生命表的编制

通过编制全国教育生命表，能够对教育状况进行分析，并能通过各级升学率的变动观察毛入学率的变动，从而为毛入学率提供可靠方案，对教育需求做出科学预测（王金营和王绍杰，2006）。本节数据主要来源于 2010 年第六次全国人口普查资料中 10%的抽样数据，对升（入）学率、辍学率等

① 此小节主要内容参考王金营《利用人口普查数据编制教育生命表的技术处理》，发表于《中国人口科学》2005 年第 S1 期，在已有研究基础上进行了修改完善。

指标进行计算；分年龄别的死亡概率数据来自笔者运用布拉斯模型生命表方法重新估算得到2010年不分性别的年龄别死亡概率（王金营，2013）。

学龄人口退出受教育状态的途径主要有：死亡、辍学、毕业。死亡概率可由死亡率推算得到，下面仅对辍学率和升学率进行具体计算。

根据2010年全国人口普查资料1/10的抽样数据，可以计算得到年龄别辍学人口。但该数据为统计时已经辍学的人口，即累计辍学人口，这一人口具体的辍学年龄仍是未知数，不能直接计算辍学率。因此可以先计算累计辍学率，利用年龄别辍学率与累计辍学率的关系对累计辍学率进行分离，得到年龄别辍学率。

根据人口普查中有关各级教育层次完成情况的数据可知，被访问者在回答自己教育完成情况时，回答辍学者自然算作肄业，还有一些6～15岁被访者回答是肄业。根据中国九年义务教育制度可知，如果6～15岁被访者回答自己是小学或初中肄业状态，也应算作辍学。因此，辍学人数应由两部分组成：一是回答辍学者，二是回答肄业者。另外，被访问者在回答自己的教育完成情况时，所说的辍学或肄业是指现时的状态，所有辍学或肄业者是之前几年里累计的状态。例如，12岁的人口中有 p 人回答为小学辍学，指他们是在小学的某年级辍学，是在小学的六年义务教育过程中累计的辍学人数，但是回答初中某年级辍学，则只是初中某年级辍学，其累计不包含小学六年义务教育过程中的累计辍学人数。因此，我们首先计算累计辍学率，然后利用计算得到的一年级辍学率推出各年级的辍学率。计算公式为

$$\text{小学}x\text{年级累计辍学率}=\frac{6+(x-1)\text{岁的辍学人数}+6+(x-1)\text{岁的肄业人数}}{6+(x-1)\text{岁在校人数}+\text{辍学人数}+\text{肄业人数}}$$

$$\begin{aligned}&\text{小学}x\text{年级辍学率}\\&=\left\{1-\left[1-(x-1)\text{年级累计辍学率}\right]\Big/\prod_{i=1}^{(x-1)-1}(1-i\text{年级累计辍学率})\right\}\end{aligned}$$

$$\text{初中}x\text{年级累计辍学率}=\frac{12+(x-1)\text{岁的辍学人数}+12+(x-1)\text{岁的肄业人数}}{12+(x-1)\text{岁在校人数}+\text{辍学人数}+\text{肄业人数}}$$

初中x年级辍学率

$$=\left\{1-\left[1-(x-1)\text{年级累计辍学率}\right]\Big/\prod_{i=1}^{(x-1)-1}(1-i\text{年级累计辍学率})\right\}$$

上式中，x 的范围应该大于或者等于 2。另外，大学的辍学率可以忽略不计[①]。

由于在计算高中毕业生大学升学率时没有分大专和本科，所以需要考虑大专毕业的情况，根据中国高等教育的实际情况，我们假设大专生在校学习的时间为 3 年，比大学本科生毕业的时间提前 1 年。因此，需要将 19 岁进入大学学习的人口在 21 岁分流，一部分大专毕业，另一部分大学本科毕业。首先计算大专及以上在校学生在第三年（大专）毕业的比例，我们设计的计算方法根据普查数据中大专与本科在校学生的比例进行计算。实际上入学时总的大学入学人口中已经确定了大专生和大学本科生的比例，但是普查资料中无法获得这样的数据，我们假设大专及以上在校学生中大专在校学生数的 1/3 为大专入学规模，大学本科在校学生数的 1/4 为大学本科入学规模；再假设入学时大专学生占总的高等教育入学规模的比例为大学在校学生 21 岁时大专毕业的比例。则 21 岁时大专毕业的比例为

$$\text{大专毕业比例}=\frac{\text{大专在校学生数}/3}{\text{大专在校学生数}/3+\text{大学本科在校学生数}/4}$$

升（入）学率的估计。现代学校教育，主要有小学、初中、高中、大学、研究生教育等，形成了一个完整的学校教育结构体系。假设标准的受教育年龄为小学（6～11 岁），初中（12～14 岁），高中（15～17 岁），大学（18～21 岁），研究生（22～24 岁）。下面对各教育阶段的升（入）学率做出估计（王金营和王绍杰，2006）。

小学入学率可以表示为 6～12 岁小学在校生占该年龄组总人口的比重。考虑到进入小学教育的年龄有的提前，有的推迟，用公式表示为

---

① 辍学率、入学率等各种指标的计算详情参见王金营《利用人口普查数据编制教育生命表》，发表于《中国人口科学》2005 年第 S1 期，这里为了叙述的完整性，以便读者直接了解免除查阅过去文献的麻烦，特将计算公式列出。

$$小学入学率=\frac{6\sim12岁小学在校学生数+6\sim12岁初中在校学生数}{6\sim12岁人口数}$$

计算小学升学率时，我们考虑 11～16 岁的人口接受初中教育的情况。因为这一年龄段中初中、高中、中专的在校生与毕业生均历经小学升学的教育事实，我们将其作为升学率的分子。年龄别的小学毕业生为该年龄的总人数减去小学在校人数，作为分母（王金营和王绍杰，2006）。用数学公式表示为

$$\begin{aligned}&小学升学率\\&=\frac{11\sim16岁初中、高中学历在校人数+11\sim16岁初中毕业未升入高中数}{11\sim16岁小学毕业生人数}\end{aligned}$$

$$11\sim16岁小学毕业生人数=11\sim16岁总人数-11\sim16岁小学在校人数$$

基于同样的考虑，我们计算初中、高中、大学升学率的数学公式如下：

$$\begin{aligned}&初中升学率\\&=\frac{14\sim20岁高中及以上学历在校人数+14\sim20岁高中毕业未升入大学数}{14\sim20岁初中毕业生人数}\end{aligned}$$

$$\begin{aligned}&14\sim20岁初中毕业生人数\\&=14\sim20岁总人数-14\sim20岁初中在校人数\\&\quad-14\sim20岁小学在校人数-14\sim20岁小学毕业未升入初中人数\end{aligned}$$

$$\begin{aligned}&高中升学率\\&=\frac{16\sim24岁大专及以上在校学生数+22岁以下大专及以上毕业生数}{16\sim22岁高中毕业生人数}\end{aligned}$$

$$\begin{aligned}16\sim22岁高中毕业生人数=&16\sim22岁总人数-16\sim22岁高中在校人数\\&-初中在校人数-初中毕业未升入高中人数\\&-小学毕业人数\end{aligned}$$

$$大学升学率=\frac{22\sim30岁研究生（在校生+毕业生）总人数}{20\sim30岁大学毕业生总人数}$$

20～30岁大学毕业生总人数=20～30岁总人数

−20～30岁大学及以下在校人数

−20～30岁高中以下毕业未升学人数

大专毕业率的估计（王金营和王绍杰，2006）。大学教育包括大专教育和本科教育，假设大专教育为3年，则进入大学教育的人口在第三年会有一部分大专生毕业，从而退出大学教育。大专毕业率可以表示为

$$大专毕业率=\frac{大专生在校人数/3}{大专生在校人数/3+本科生在校人数/4}$$

在校人数的计算。教育生命表中 x 岁在校人数计算公式如下所示，要注意升学年份不同，公式也应有所不同。

$$x岁在校人数=(x-1)岁留存人数-(x-1)岁辍学人数-(x-1)岁死亡人数$$

x=12 岁、15 岁、18 岁时，

$$x岁在校人数=(x-1)岁留存人数\times升学率-(x-1)岁辍学人数-(x-1)岁死亡人数$$

x=22 岁时，公式略有不同，不考虑大学存在辍学情况：

$$22岁在校人数=(21岁留存人数+20岁大专毕业人数)\times升学率-21岁死亡人数$$

将死亡概率、辍学率、升（入）学率列入表格对应列中，构建多递减教育生命表，利用生命表的编制原理可以得到教育生命表。

（二）教育生命表分析

利用人口普查数据资料可计算得到2010年中国小学入学率为98.73%，小学升学率为95.81%，初中升学率为66.97%，高中毕业生进入高等院校的升学率已经达到65.88%，随着高等院校的扩大招生，这一比例将会进一步提高。在此基础上可以编制2010年全国教育生命表，详见表6-6。

2010 年教育生命表反映全国在这一时期的人口教育状况，由该表我们可以做出以下全国各级教育状况的分析：如果同一批人（出生人口队列）按

表 6-6 2010 年全国教育生命表

级别	年龄/岁	文盲、半文盲	死亡概率	留存人数	在校人数	辍学率	新(返)入学	死亡退出	辍学退出	受教育人年	累计受教育人年	人均预期受教育年限	条件人均预期受教育年限
小学	6	100 000	0.000 550	100 000	98 735	0.000 0	0.987 3	54	0	98 707.44	1 112 397.05	11.124 0	11.266 5
	7	1 265	0.000 279	99 945	98 680	0.001 2		28	120	98 606.32	1 013 689.61	10.142 5	10.272 5
	8	1 386	0.000 277	99 917	98 532	0.000 0		27	1	98 518.19	915 083.29	9.158 4	9.287 1
	9	1 387	0.000 275	99 889	98 504	0.001 0		27	96	98 538.56	816 565.10	8.174 7	8.289 7
	10	1 291	0.000 299	99 862	98 573	0.002 4		29	232	98 674.57	718 026.54	7.190 2	7.284 2
	11	1 058	0.000 287	99 832	98 776	0.003 4		28	336	94 790.41	619 351.97	6.203 9	6.270 3
初中	12	722	0.000 295	99 804	94 944	0.004 8	0.958 1	28	456	95 158.45	524 561.57	5.255 9	5.524 9
	13	721	0.000 289	99 774	95 373	0.004 7		28	452	95 133.02	429 403.12	4.303 8	4.502 4
	14	721	0.000 298	99 745	94 893	0.004 6		28	441	63 468.61	334 270.10	3.351 2	3.522 6
高中	15	721	0.000 338	99 716	63 234	0.004 5	0.669 7	21	287	63 079.80	270 801.49	2.715 7	4.282 5
	16	721	0.000 345	99 682	62 925	0.039 7		22	2 497	61 667.19	207 721.69	2.083 8	3.301 1
	17	720	0.000 384	99 647	60 408	0.050 1		23	3 025	39 314.75	146 054.50	1.465 7	2.417 8
大专、本科	18	720	0.000 407	99 609	37 791	0.080 1	0.658 8	15	3 027	36 269.32	106 739.75	1.071 6	2.824 5
	19	720	0.000 422	99 569	34 748	0.000 0		15	0	34 740.76	70 470.43	0.707 8	2.028 0
	20	720	0.000 463	99 527	34 733	0.351 7		16	12 215	28 617.95	35 729.67	0.359 0	1.028 7
	21	719	0.000 470	99 481	22 502	0.000 0		11	0	1 782.93	7 111.72	0.071 5	0.316 0
研究生	22	719	0.000 495	99 434	1 778	0.000 0	0.051 5	1	0	1 777.20	5 328.79	0.053 6	2.997 7
	23	718	0.000 536	99 385	1 777	0.000 0		1	0	1 776.28	3 551.59	0.035 7	1.998 9
	24	718	0.000 561	99 331	1 776	0.000 0		1	0	1 775.31	1 775.31	0.017 9	0.999 7

注：本表中 21 岁对应的辍学（毕业比例）数据是指 18 岁大学入学的学生在 20 岁大专毕业的比例；同样，20 岁对应辍学退出列的数据是大专毕业退出大学教育的人数

2010 年普查时点的小学入学率入学、其他各级教育的升学率升学以及不同年龄的辍学率、死亡率、毕业率退出在校学习而经过一生，其预期平均受教育年限为 11.124 年；到 18 岁时平均受教育年限预期为 1.072 年，该批人口到 25～29 岁时文盲率将为 0.77%，而大专及以上受教育者所占比重将达到 37.16%；受中等教育者仍然是主体，占 57.97%。

高中升学率的水平高低直接决定了高中教育的普及程度高低和人均预期受教育年限的长短。在初中升学率和大学升学率保持不变的前提下，将高中升学率提高到 80%，则入学时的人均预期受教育年限将提高到 11.43 年，比 2010 年的水平 11.124 年增加 0.306 年，提高 2.75%。若高中阶段教育普及程度能达到 90%，则人均预期受教育年限将提高到 11.65 年，比 2010 年增加 0.526 年，提高 4.73%（王金营和王绍杰，2006）。

（三）2010 年中国 25 岁及以上人口受教育结构

首先使用第六次全国人口普查数据长表中年龄别 25～64 岁受教育完成情况人口数据，去除在校规模。其次计算各级教育非在校人口规模占比：找出短表中的年龄别文盲占比，乘以长表年龄别人口后得到长表中的文盲规模，分别计算长表中小学、初中、高中、大专、本科、研究生、文盲的 25 岁及以上人口占比，得到受教育结构，如表 6-7 所示。

表 6-7　2010 年 25 岁及以上人口受教育结构　　单位：%

小学	初中	高中	大专	本科	研究生	文盲
28.86	42.87	13.1	5.28	3.32	0.34	6.21

此结构是 2010 年 25 岁及以上人口的真实受教育结构，不同于教育生命表中假想队列的 25 岁及以上受教育结构，在计算未来某年平均受教育年限时，既应考虑已经完成教育的人口受教育结构，也应当考虑该年份相对于 2010 年新进人口的受教育结构。

第四节 预测模型、估算方法和参数确定[①]

一、基本预测模型

本节以分城乡离散型人口发展方程作为未来人口发展趋势的基础模型，并运用分年龄孩次递进生育率模型对出生人口预测方程进行改进来捕捉生育政策调整对出生人数和未来人口发展趋势的影响。

一般而言，分城乡离散型人口发展方程可表达为

$$\begin{cases} X_a^s(t+1) = H_a^s(t)X_a^s(t) + [10\cdots0]'\eta_{OA}(t)y_a^s(0)_t + (-1)^a W_a^s(t)X_a^s(t) \\ y_a^s(0)_t = \beta_a(t)S_a^s(t)F_a^{\mathrm{T}}(t)X_a^f(t) \end{cases} \quad (6\text{-}12)$$

式（6-12）表示非 0 岁人口的预测方法，式（6-13）表示 0 岁人口的预测方法。上标 s 和下标 a 分别表示性别和城乡，$s=m$ 表示男性，$s=f$ 表示女性；$a=1$ 表示乡村，$a=2$ 表示城镇。矩阵 $X_a^s(t)$ 表示人口年龄状态向量；矩阵 $W_a^s(t)$ 表示乡-城转移人口年龄别率向量；矩阵 $H_a^s(t)$ 表示人口留存率矩阵；矩阵 $F_a^{\mathrm{T}}(t)$ 表示生育模式向量；$\beta_a(t)$ 表示 t 年的总和生育率；$S_a^s(t)$ 表示出生性别比例；$\eta_{OA}(t)$ 表示 t 年婴儿当年留存率；$y_a^s(0)_t$ 表示 t 年分性别出生婴儿数。

中国生育政策调整的目标人群是不同家庭类型[②]和孩次的育龄妇女，传统的出生人口预测方程已经不能精确捕捉和反映政策调整的目标人群和出生人数的变动情况，需要采用区分家庭类型的分年龄孩次递进生育率模型对出生人数预测方程进行改进，因此得到式（6-13）：

$$y_a^s(0)_t = \sum\nolimits_{i=1}^{3}\sum\nolimits_{h=0}^{2} S_a^{i,h}(t)P_a^{i,h}(t)X_a^{f,i-1,h}(t) \quad (6\text{-}13)$$

---

① 本小节主要内容来自王金营和戈艳霞的文章《全面两孩政策实施下的中国人口发展态势》，已发表于《人口研究》2016 年第 6 期，是本课题阶段性研究成果。

② 这里所说的家庭类型是指单独家庭、双独家庭、非独家庭，以及进一步以孩子数量划分的家庭。

其中，上标 i 表示孩次，一般取值为 1、2、3，$i=1$ 表示只有一孩，$i=2$ 表示有两个孩子，$i=3$ 表示有三个孩子及以上；上标 h 表示家庭类型，一般取值为 0、1、2，分别表示非独家庭、单独家庭、双独家庭。据此，$P_a^{i,h}(t)$ 表示分孩次和家庭类型的孩次递进生育率矩阵，$X_a^{f,i,h}(t)$ 表示分孩次和家庭类型的已婚妇女人数，$S_a^{i,h}(t)$ 表示分孩次和家庭类型的出生性别比例。

当前生育政策调整主要影响目标育龄妇女的二孩生育模式和水平，对一孩和三孩的影响极小，因此，此处重点讨论二孩出生人数的预测方法，一孩和三孩出生人数仍按原方法预测。

首先，二孩出生人数的预测方程可表示为

$$y_a^{s,2}(0)_t = S_a^{2,h}(t)P_a^{2,h}(t)X_a^{f,1,h}(t)y_a^s \tag{6-14}$$

按照政策目标家庭和非政策目标家庭对式（6-14）进行分解，得到

$$y_a^{s,2}(0)_t = S_a^{2,g}(t)P_a^{2,g}(t)X_a^{f,1,g}(t) + S_a^{2,\bar{g}}(t)P_a^{2,\bar{g}}(t)X_a^{f,1,\bar{g}}(t) \tag{6-15}$$

其中，g 表示政策目标家庭，$\bar{g}$ 表示非政策目标家庭，那么，$P_a^{2,g}(t)\cdot X_a^{f,i-1,g}(t)$ 表示的是政策目标育龄妇女的生育人数，$P_a^{i,\bar{g}}(t)X_a^{f,i-1,\bar{g}}(t)$ 表示的是非政策目标育龄妇女的生育人数。

政策调整对非政策目标人群二孩生育数量的影响可以忽略不计，对目标人群二孩生育数量的影响则用政策调整与未调整情景下的生育数量的差值来表示。虽然在“全面两孩”生育政策调整之前，城市非独家庭和部分农村家庭生育二孩都属于违法的，但实际调查发现政策外生育二孩的行为也是存在的，因此生育政策调整对目标群体二孩生育数量的实际影响不能简单地以调整后的生育数量来表示，而必须扣除政策未调整的情形下存在的政策外二孩生育数量。同时，由于单独夫妇和非独夫妇具有明显不同的二孩生育意愿和行为，下面分别对“单独二孩”和“全面两孩”政策进行讨论。

二、基年人口及控制参数估计[①]

1. 预测基年分城乡、性别和年龄的人口

基础人口数据来自 2010 年第六次全国人口普查、2011～2015 年实际出生数据和 2014 年育龄妇女生育意愿调查中育龄妇女的再生育意愿和预计完成时间的数据。首先以 2010 年人口普查数据为基础，将 2011～2015 年实际出生数据作为靶标，采用分城乡人口发展模型推算并预测了基年 2015 年年底的人口分城乡、分性别、分年龄的状况。在推算和预测的过程中，注意控制了 2013 年启动的“单独二孩”生育政策对 2014 年二孩生育水平和模式的影响，并对这一影响进行评估。然后，以 2015 年年底为基年，对 2016～2100 年的人口发展趋势进行预测。

2. 参数估计确定

预测期内的死亡参数、迁移参数和生育参数设定情况如下所述。

1）死亡参数说明

通常将出生时平均预期寿命作为人口预测中死亡水平的控制变量。根据 2010 年第六次全国人口普查资料计算，2010 年中国城镇男性和女性的平均出生预期寿命分别为 77.64 岁和 82.41 岁，农村男性和女性的平均出生预期寿命分别为 71.39 岁和 76.82 岁（王金营，2013）。根据联合国预期寿命步长法的测算规律，在人口出生预期寿命达到 70 岁后，10 年内寿命增长幅度应该不会超过 1 岁，80 岁后 10 年内的寿命增长幅度应该不会超过 0.5 岁，本节假设 2010～2100 年出生预期寿命是线性变化的，通过线性插值获得期间城乡分性别的出生预期寿命。具体而言，当平均出生预期寿命位于 70～75 岁时，预期寿命的年增长幅度设定为 0.15 岁；76～80 岁时每年增长幅度设定为 0.1 岁，80 岁及以上时每年增长幅度设定为 0.06 岁。2010～2100 年中国分城乡男女平均出生预期寿命的最终估算结果如表 6-8 所示。

① 本节内容引自王金营和戈艳霞发表的文章《全面两孩政策实施下的中国人口发展态势》，已发表于《人口研究》2016 年第 6 期，该文是本课题阶段性研究成果。

表 6-8　2010～2100 年中国人口平均出生预期寿命预测　　单位：岁

项目	2010 年	2020 年	2030 年	2040 年	2050 年	2060 年	2070 年	2080 年	2090 年	2100 年
城镇男性	77.64	78.44	79.20	79.6	80.72	81.12	81.52	81.92	82.32	82.72
城镇女性	82.41	83.01	83.61	84.21	84.81	85.41	86.01	86.61	87.21	87.81
农村男性	71.39	72.89	74.39	75.84	76.84	77.84	78.44	79.04	79.54	80.04
农村女性	76.82	78.00	79.00	80.00	81.00	82.00	82.80	83.60	84.10	84.60

在 2010～2100 年，城镇男性人口的平均出生预期寿命将从 2010 年的 77.64 岁提高到 2100 年的 82.72 岁，增长 5.08 岁；城镇女性人口平均出生预期寿命将从 82.41 岁提高到 87.81 岁，增长 5.40 岁。而农村男性人口平均出生预期寿命将从 71.39 岁提高到 2100 年的 80.04 岁，增长 8.65 岁；农村女性人口平均出生预期寿命将从 76.82 岁提高到 84.60 岁，增长 7.78 岁。在此基础上，进一步根据年龄别死亡概率与预期寿命之间的经验关系（李建民等，2000）①，求得每年相应期望寿命下的年龄别死亡概率。

2）乡-城迁移参数设定

根据发达国家的城镇化发展规律，设定中国城镇化水平的上限为 80%，并结合 2000～2010 年中国人口城镇化趋势，估算 2010～2100 年历年的城镇化水平。结果显示，在 2010～2100 年，中国城镇化水平将从 2010 年的 49.50%快速提高到 2030 年的 72.59%，然后减速提高到 2050 年的 80.00%和 2100 年的 80.30%。其中，主要年份的城镇化水平如表 6-5 所示。

在此基础上，进一步推算历年乡-城净转移人口的规模和结构。首先利用 2010 年第六次全国人口普查数据估计得到乡-城转移人口的年龄模式。假设在预测期内转移人口的性别、年龄结构不变，那么 2010 年乡-城转移模式可作为预测期内乡-城转移人口的年龄模式。再根据乡-城净转移人口总量即可估计出历年分性别、分年龄的乡-城转移人数。其中，乡-城转移人口的年龄模式如图 6-17 所示。

① 在李建民、原新、王金营的《持续的挑战——21 世纪中国人口形势、问题与对策》中第 40 页提出了未来死亡概率计算公式和方法，本书即采用此方法计算未来分城乡的年龄别死亡概率。

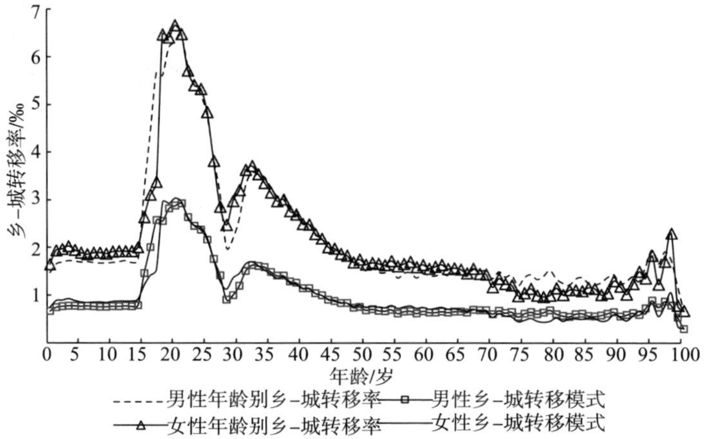

图 6-17 乡-城转移人口的年龄模式

3）未来生育水平变动可能性及方案设计和生育模式确定①

a. 未来生育水平变动可能性及方案设定

为了观察政策调整对未来人口发展趋势的影响，本节选用生育政策未调整的情形作为基本参照方案，根据 20～29 岁育龄妇女意愿孩次递进生育率水平，对未来生育水平的变动给出可能的变动方案，结果详见图 6-18。

2016～2019 年的生育水平根据实际情况计算得到。2020 年之后，考虑到“全面两孩”政策使得受原生育政策积压的生育势能得到释放后，生育将恢复到常态水平，而生育水平的高低取决于人们的生育意愿及其公共政策变动对于生育意愿的影响。2020 年后，若保持 2010～2016 年期间的生育意愿水平②，未来的生育水平与 2010～2016 年的生育水平相近。我们假设 2020 年后生育水平与 2010～2016 年期间的生育水平接近，2030 年后城镇妇女总和生育率保持在 1.364，农村妇女总和生育率保持在 1.725，将该方案设定为参照方案。当然，如果将来公共政策、经济环境和社会环境有利于二孩生

① 本小节主要内容来自王金营和戈艳霞的文章《全面两孩政策实施下的中国人口发展态势》，已发表于《人口研究》2016 年第 6 期，是本课题阶段性研究成果。后又根据 2016～2019 年的实际情况对未来的生育水平方案做了进一步调整，并对未来人口重新进行了预测。

② 本书中有关人口预测的完成时间是 2016 年。尽管在 2016 年到 2019 年之间略有调整，但是在涉及预测方案时，起始点依然是 2016 年。下文同此。

育，那么生育率在 2020 年后会比 2016～2019 年有所回升。基于这样的考虑，我们设定以下 5 个生育水平变动方案。

高方案：假设 2020 年之后，其他公共政策及其他政策不断改变并相互衔接，社会处于生育友好，对生育产生激励作用，能够非常有利于生育水平

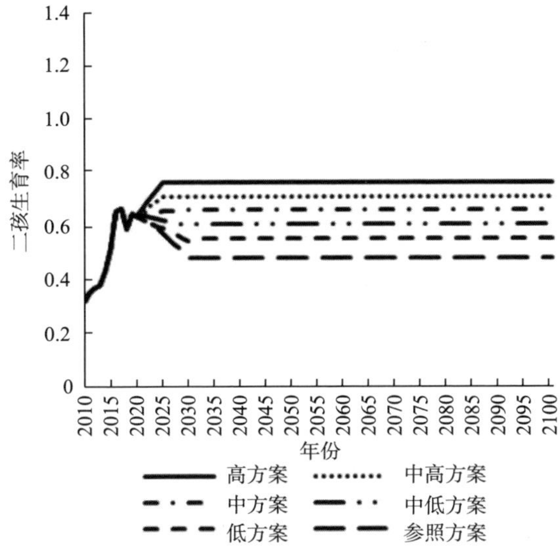

(a) 城镇二孩生育率

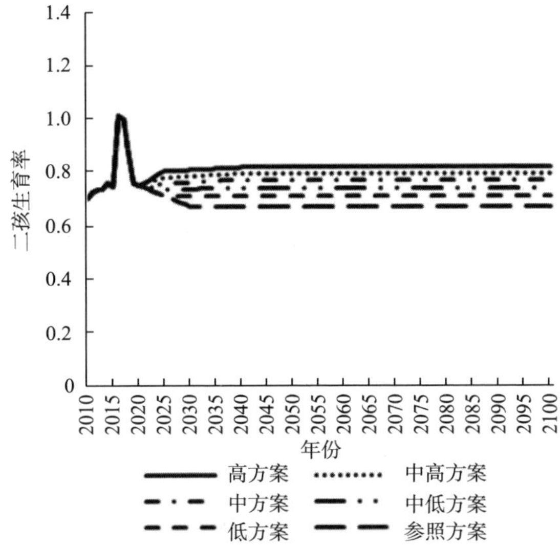

(b) 农村二孩生育率

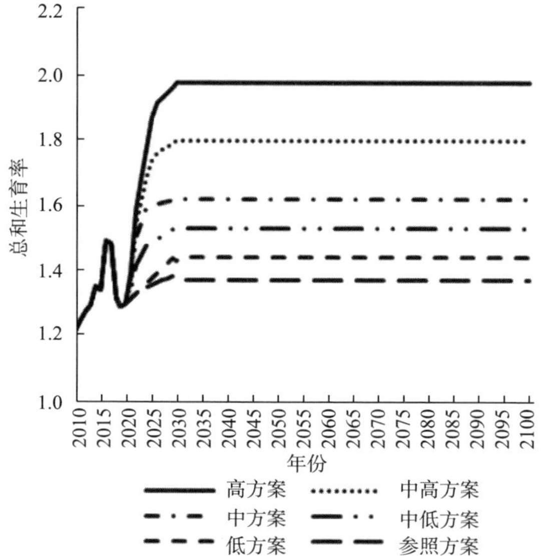

(c) 城镇总和生育率

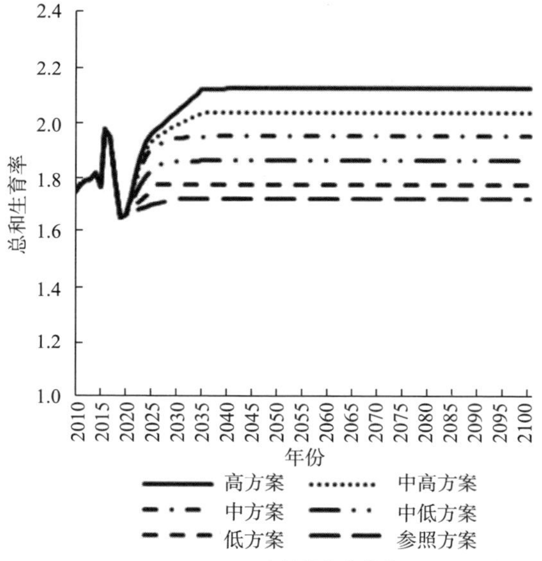

(d) 农村总和生育率

图 6-18　2010～2100 年二孩生育率和总和生育率

的持续回升，2030 年之后乡村妇女总和生育率保持 2.128，城镇妇女总和生育率保持 1.974，全部育龄妇女总和生育率达到 2.0 左右。

中高方案：假设 2020 年之后，其他公共政策及其他政策不断改变并相互衔接，社会处于生育友好，对生育产生激励作用，能够比较有利于生育水平的持续提高，2030 年之后乡村妇女总和生育率保持 2.043，城镇妇女总和生育率保持 1.795。

中方案：假设 2020 年之后，其他公共政策及其他政策不断改变并相互衔接，社会处于生育友好，家庭选择二孩生育愿望增大，能够有利于生育水平的持续提高，2030 年之后乡村妇女总和生育率保持 1.957，城镇妇女总和生育率保持 1.616。

中低方案：假设 2020 年之后，其他公共政策及其他政策有所改变，社会逐步趋于生育友好，能够有利于生育水平的持续提高，2030 年之后乡村妇女总和生育率保持 1.868，城镇妇女总和生育率保持 1.525。

低方案：假设 2020 年之后，其他公共政策及其他政策不断有一定改变，但生育成本依然比较高，能够有利于生育水平的持续提高，2030 年之后乡村妇女总和生育率保持 1.778，城镇妇女总和生育率保持 1.435。

b. 生育模式的设定

在生育模式取舍上，由于“全面两孩”政策实施初期，高龄一孩育龄妇女将会在近期安排生育第二个孩子，这样会对这一时期的二孩生育模式产生较大影响。因此，在预测过程中，2016～2020 年生育模式我们采用政策调整后出生堆积情境下的生育模式。当政策实施后随着生育堆积势能得到充分释放，2020 年之后人们将在政策条件下，按照自己的生育意愿和模式安排生育，因此 2021 年及其以后分胎次的生育模式设定，我们采用 2010 年人口普查时各胎次生育模式并保持不变。当然，2020 年之后的分胎次生育模式还有可能有微弱变化，鉴于中国目前一孩生育年龄已经较晚，与二孩生育间隔已经较大且比较稳定，因此，设定未来分胎次生育模式不变所带来的出生误差将很小，可以忽略不计。

3. 年龄别教育结构参数

在编制 2010 年全国教育生命表的基础上，依据人均预期受教育年限变化规律，将其未来将要实现的水平作为教育生命表参数控制的标准，根据此目标设定升学率变动方案，并以已经实现的教育水平及未来升学率、毛入学率以及在校生规模的目标做参考，就可以得到 2010～2050 年多张教育生命表，其中假定 2035～2050 年教育生命表相同，2035 年后中国的教育升学率、毛入学率已经达到了较高的水平。据此可以得到各年份教育生命表假想队列在 25 岁完成教育时的学历结构，如表 6-9 所示。

表 6-9　教育生命表假想队列完成教育时的学历结构　　单位：%

年份	小学	初中	高中	大专	本科	研究生	文盲
2010	4.09	33.80	24.17	13.08	22.18	1.90	0.77
2015	0.03	27.25	25.70	16.50	27.58	2.80	0.14
2020	0.03	11.43	26.98	21.62	34.91	4.90	0.14
2025	0.03	9.31	23.16	23.71	36.93	6.72	0.14
2030	0.03	6.06	19.33	26.20	39.32	8.91	0.14
2035	0.03	2.77	17.10	28.15	39.84	11.97	0.14
2040	0.03	2.77	17.10	28.15	39.84	11.97	0.14
2045	0.03	2.77	17.10	28.15	39.84	11.97	0.14
2050	0.03	2.77	17.10	28.15	39.84	11.97	0.14

教育生命表中的队列按照既定的教育模式接受教育，但实际教育结构应当包含已经完成教育的人口学历情况。由于各年教育发展情况不同，未来的教育结构可能情况较为复杂。如表 6-10 所示，25～64 岁底纹样式相同的是同一批人，其学历结构是相同的。以 2030 年为例，2030 年的 25～29 岁完成的是 2025 年的教育模式，因此其结构是 2025 年的假想队列教育结构，同理 30～34 岁对应的是 2020 年的假想队列受教育结构，35～39 岁对应的是 2015 年的假想队列受教育结构，40～44 岁对应的是 2010 年的假想队列受教育结构。45～64 岁人口受教育情况同 2010 年的 25～44 岁受教育结构，此结构可由第六次全国人口普查数据计算得到，是真实的受教育结构。而 15～24 岁在教育生命表中属于学龄人口，包含在校生和毕业生等，可分别计算各级在校生、各级毕业生、文盲半文盲规模的比例，即得到 15～24 岁的受教育结构。已知各年龄段受教育结

构、未来年龄别人口规模，可知各级受教育人口规模，结合各级教育受教育年限，可计算得到 2030 年 15～64 岁平均受教育年限为 11.09 年，2035 年 15～64 岁平均受教育年限为 11.75 年。

表 6-10　历年实际学历结构变化示意图　　单位：岁

2010 年	2015 年	2020 年	2025 年	2030 年	2035 年	2040 年	2045 年	2050 年
15～24	15～24	15～24	15～24	15～24	15～24	15～24	15～24	15～24
25～29	25～29	25～29	25～29	25～29	25～29	25～29	25～29	25～29
30～34	30～34	30～34	30～34	30～34	30～34	30～34	30～34	30～34
35～39	35～39	35～39	35～39	35～39	35～39	35～39	35～39	35～39
40～44	40～44	40～44	40～44	40～44	40～44	40～44	40～44	40～44
45～49	45～49	45～49	45～49	45～49	45～49	45～49	45～49	45～49
50～54	50～54	50～54	50～54	50～54	50～54	50～54	50～54	50～54
55～59	55～59	55～59	55～59	55～59	55～59	55～59	55～59	55～59
60～64	60～64	60～64	60～64	60～64	60～64	60～64	60～64	60～64

注：相同阴影为同一队列在不同年份的年龄

第五节　中国未来人口发展：规模变动和结构转换

一、人口自然变动和人口规模变动[①]

（一）出生人口规模及人口出生率变化趋势

2010～2100 年的出生人口规模和人口出生率的预测结果如图 6-19 所示。可以发现，无论采用哪种方案都不能改变中国出生人口快速减少的趋

① 本节主要部分来源于王金营和戈艳霞的论文《全面二孩政策实施下的中国人口发展态势》发表于《人口研究》2016 年第 6 期，此文章是本课题阶段性研究成果。根据 2016～2019 年出生人口的实际变动，对预测参数进行了调整，并重新进行人口预测，文中的人口数据进行了更新。教育生命表的相关参数借鉴了王金营和王绍杰（2006）的方法。

势。但是，与单独二孩生育政策的情形（参照方案）相比，实施“全面两孩”生育政策能够有效增加出生人口，减缓下降速度。尤其是补偿生育期（政策实施的前 5 年）内，出生人口规模将增长到 1400～1800 万人，人口出生率提高到 10‰～13‰。

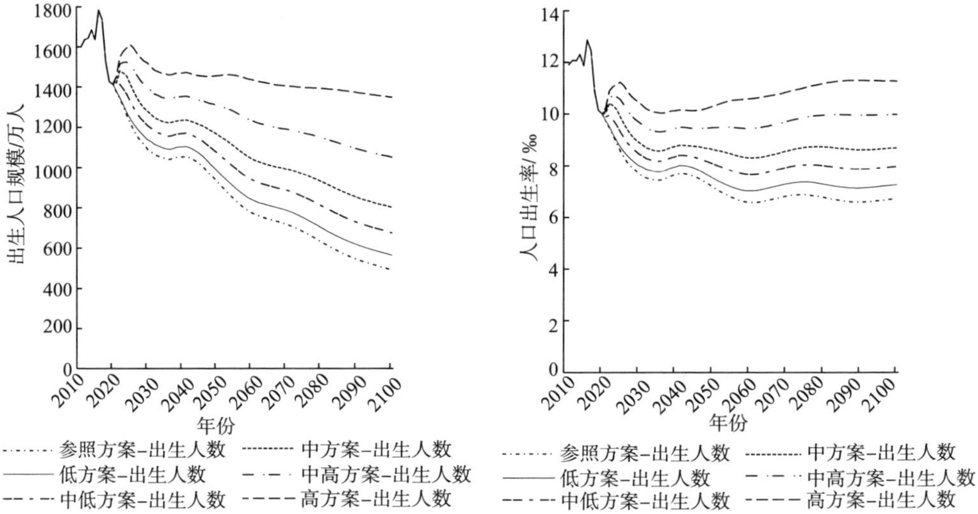

(a) 出生人口规模　　(b) 人口出生率

图 6-19　2010～2100 年的出生人口规模和人口出生率

从长期发展趋势看，出生人口规模和人口出生率都将回落到正常趋势水平，并将继续保持波动下降的趋势。预计未来出生人口规模也将从 2020 年的 1400 万人持续波动下降到 2100 年的 491 万～1350 万人，而人口出生率也将从 2020 年的 10.0‰波动下降到 2030 年的 7.45‰～10.06‰，然后波动幅度明显减小，逐渐趋于稳定。

（二）总人口规模及人口增长率的变化趋势

在 2016 年实施“全面两孩”生育政策的影响下，若城乡总和生育率能够达到高方案的水平，即人们生育意愿充分发挥，生育水平达到“全面两孩”生育政策下的最高水平，则中国总人口规模预计将在 2035 年左右达到峰值，约为 14.6 亿人，然后开始下降，逐渐减少到 2050 年的 14.1 亿人和 2100 年的 12.0 亿人，如图 6-20 所示。这应该是我们愿意看到的，也是理想的状态。可以发现，即使是在高生育水平方案下，未来中国总人口规模仍然将会持续减少，且人口规模峰值不会超过 15 亿人。若生育意愿不能够得到充分发挥，生育水平不能够提高到更替水平附近，仅仅能够维持在中方案水平，那么，中国人口规模的峰值在 2030 年将达到 14.36 亿人，到 2100 年人口将减少到 9.19 亿人。

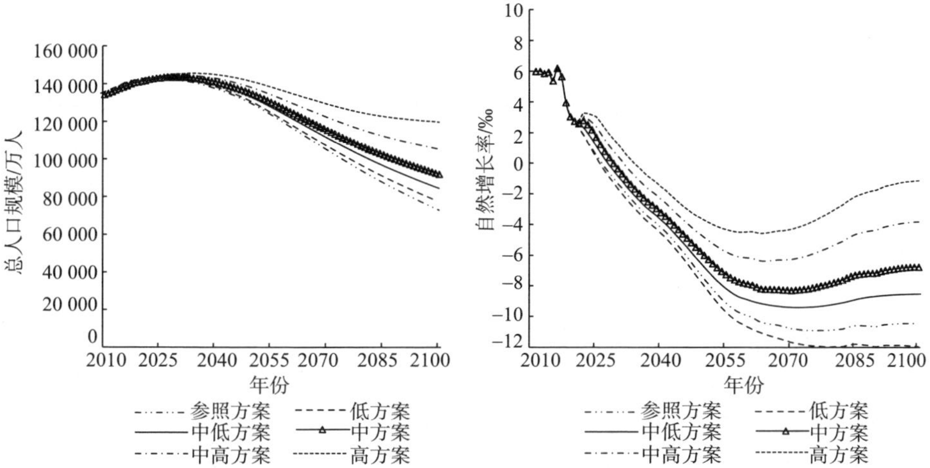

图 6-20　2010～2100 年总人口规模和人口自然增长率

如若生育意愿被各种因素所制约而不能够释放，生育水平只比 2016～2019 年平均水平略高一些，即低方案情况下，那么将于 2027 年达到人口峰值，为 14.25 亿人，此后人口快速减少，到 2050 年人口减少到 13.06 亿人，到 2100 年减少到 7.73 亿人。

以中方案为例，在 2020～2035 年，中国总人口规模将从 14.14 亿人增长到 2030 年的 14.36 亿人，然后减少到 2035 年的 14.28 亿人。在 2035～2050 年，中国总人口规模将从 14.28 亿人减少到 13.47 亿人。2050 年以后，中国总人口规模将从 13.47 亿人逐年减少到 2100 年的 9.19 亿人。

从人口自然增长率看，启动“全面两孩”生育政策后，人口自然增长率曲线向上提升，然后恢复到常态化水平。以中方案为例，人口负增长时点将推迟到 2030 年，2050 年人口自然增长率为–5.99‰，而 2060 年以后人口自然增长率将稳定在–7‰左右。其中，在 2020～2035 年，中国人口自然增长率将从 2.75‰减少到 2030 年的零增长，然后减少到 2035 年的–1.97‰。在 2035～

2050 年，中国人口自然增长率将从–1.97‰减少到–5.99‰。2050 年以后，中国人口自然增长率将从–5.99‰逐年减少到 2100 年的–6.75‰。

二、人口城乡和年龄结构变动趋势

（一）城乡人口结构变动

在经过几十年的高速发展后，中国城市发展开始由高速增长阶段进入高质量发展阶段。特别是近年来，人口由农村向城镇的迁移出现了速度减缓的趋势，城镇化率的提高速度逐渐放缓。预计未来几十年，伴随着乡村振兴与城乡融合发展，中国城镇化率的增长速度还将继续放缓，城镇化率将缓慢提高到 80%左右。

分阶段判断，未来的城镇化率将大致经历三个发展阶段。第一阶段，城镇化率将以略低于 2000～2019 年的速度发展，从 2020 年的 61.77%逐步提高到 2030 年的 72.59%左右。第二阶段，城镇化率的提高速度将明显放缓，从 2030 年的 72.59%左右缓慢提高到 2040 年的 78.67%和 2050 年的 80.00%左右。第三阶段，2050 年以后城镇化水平基本维持在 80%左右，不再有明显增长，如表 6-11 所示。

表 6-11　2020～2100 年城镇化率发展趋势　　单位：%

年份	城镇化率	年份	城镇化率	年份	城镇化率
2020	61.77	2032	74.75	2044	79.20
2021	62.85	2033	75.84	2045	79.33
2022	63.93	2034	76.92	2046	79.47
2023	65.01	2035	78.00	2047	79.60
2024	66.10	2036	78.13	2048	79.73
2025	67.18	2037	78.27	2049	79.87
2026	68.26	2038	78.40	2050	80.00
2027	69.34	2039	78.53	2051	80.01
2028	70.42	2040	78.67	2052	80.02
2029	71.51	2041	78.80	2053	80.03
2030	72.59	2042	78.93	2054	80.04
2031	73.67	2043	79.07	2055	80.05

续表

年份	城镇化率	年份	城镇化率	年份	城镇化率
2056	80.06	2071	80.16	2086	80.23
2057	80.07	2072	80.16	2087	80.23
2058	80.08	2073	80.17	2088	80.24
2059	80.09	2074	80.17	2089	80.24
2060	80.10	2075	80.18	2090	80.25
2061	80.11	2076	80.18	2091	80.25
2062	80.11	2077	80.19	2092	80.26
2063	80.12	2078	80.19	2093	80.26
2064	80.12	2079	80.20	2094	80.27
2065	80.13	2080	80.20	2095	80.27
2066	80.13	2081	80.21	2096	80.28
2067	80.14	2082	80.21	2097	80.28
2068	80.14	2083	80.21	2098	80.29
2069	80.15	2084	80.22	2099	80.29
2070	80.15	2085	80.22	2100	80.30

预计未来几十年，伴随着人口增长率的持续下降和乡-城迁移率的变化，城镇人口将经历先增长后减少的变化过程，而农村人口在快速减少一段时间后减少速度将明显放缓。

预计城镇人口将从 2010 年的 6.70 亿人继续增长到 2035 年的 11.13 亿人，之后开始逐渐减少到 2050 年的 10.78 亿人和 2100 年的 7.38 亿人。预计农村人口将从 2010 年的 6.71 亿人继续减少到 2035 年的 3.12 亿人，之后缓慢减少到 2050 年的 2.70 亿人和 2100 年的 1.81 亿人，如图 6-21 所示。

（二）年龄结构变动

长远来看，中国人口的老化程度将逐渐加重。图 6-22 分别给出了生育政策未调整以及“全面两孩”生育政策中方案下，2020 年、2050 年和 2100 年的人口性别、年龄结构金字塔。可以发现，在未调整生育政策的情形下，中国人口金字塔的底部将明显收缩，少年儿童的比例将从 2010 年的 17%减少到 16%、 12% 和 11%；顶部将明显增宽，65 岁及以上老年人口比例

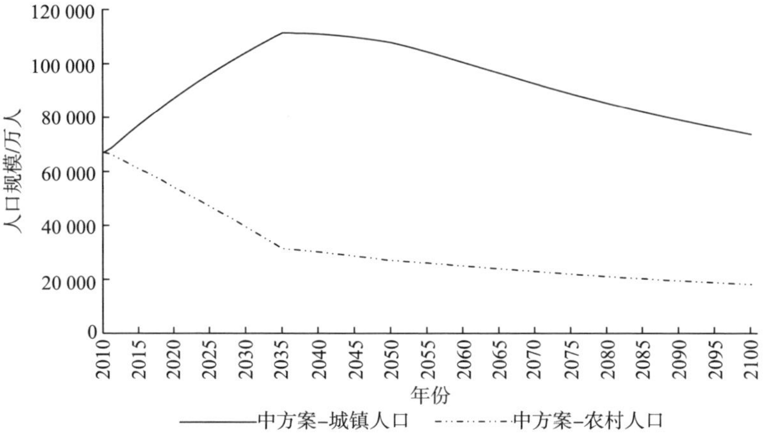

图 6-21　2010～2100 年城镇人口和农村人口变化趋势

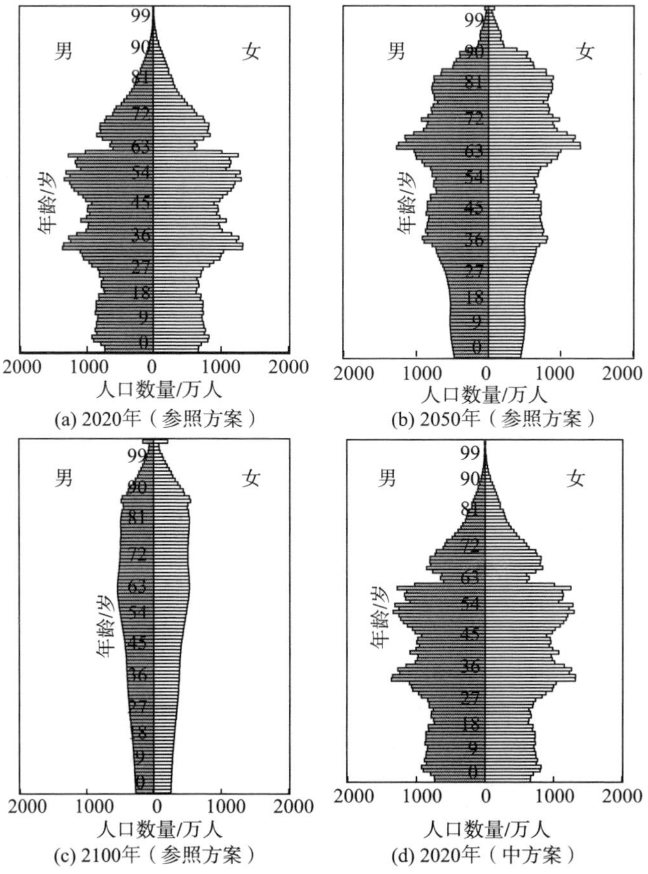

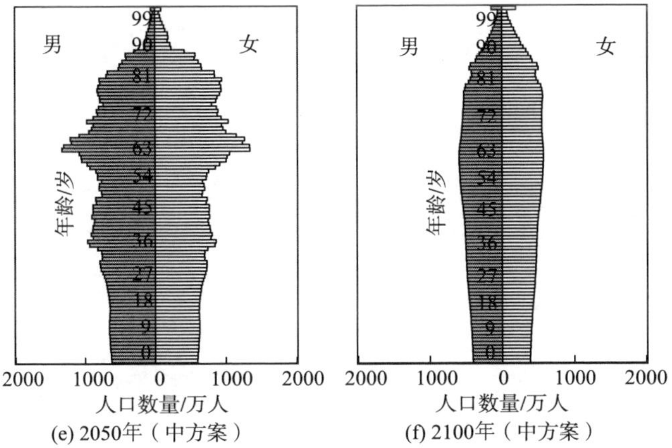

图 6-22　2020 年、2050 年中国人口的年龄结构金字塔

将从 2010 年的 9%增加到 14%、29%和 34%，人口老化程度快速加重。

在“全面两孩”生育政策实施的情形下，人口老化速度将明显放缓。在中方案下，2020 年少年儿童比例为 17%，然后下降到 2030 年的 15%、2050 年的 13%和 2100 年的 14%。较生育政策未调整的情形，少年儿童比例下降速度明显放缓。同时，65 岁及以上老年人口比例将从 2020 年的 14%逐渐上升到 2030 年 19%、2050 年的 28%和 2100 年的 30%。较之生育政策未调整的情形，老年人口比例的上升速度明显放缓。

对比可以发现，在全面放开两孩生育政策的中方案下，随着生育水平的稳定和预期寿命增长的稳定，2080 年后，中国人口金字塔将保持一个稳定状态，各年龄组人口的比重处于均衡，少年儿童比重没有大幅度减少，老年人口比重尚在可接受范围之内。

三、劳动力供给及老化和负担趋势

（一）劳动年龄人口变动趋势

生育政策调整能够显著提高未来劳动力的供给规模及比重。尤其在 2030 年以后，随着新增出生队列陆续进入劳动年龄阶段，劳动力的供给规模相比参照方案开始快速扩大，所占比重将在 2060 年后稳步下降，如图 6-23 所示。

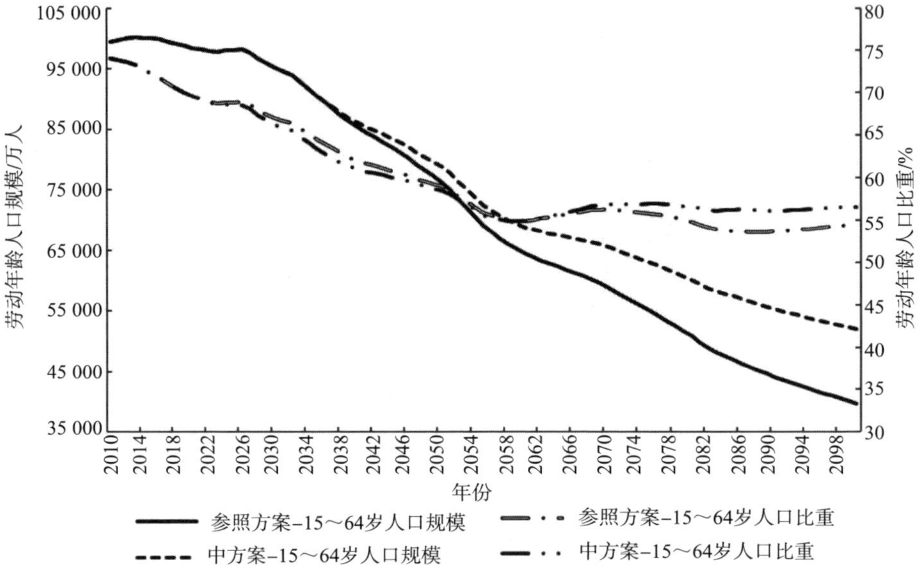

图 6-23 2010～2100 年劳动年龄人口的规模及比重

在生育政策未调整的低生育水平方案情形下，未来中国 15～64 岁劳动年龄人口规模将从 2015 年的 10 亿人左右减少到 2100 年的 3.96 亿人，规模总量减少 6 亿人左右。所占比重将从 74%下降到 55%，并在 2060 年后维持在相对稳定的水平。在“全面两孩”生育政策下生育水平处于中方案，未来中国劳动年龄人口规模将从 2015 年的 10 亿人减少到 2100 年的 5.20 亿人左右，约减少 4.80 亿人。所占比重将从 74%下降到 2060 年及以后的 57%左右。与生育政策未调整的情形相比，“全面两孩”生育政策的调整将显著提高未来劳动年龄人口的供给量。以 2100 年为例，“全面两孩”生育政策将使劳动年龄人口规模增加 1.24 亿人。

（二）劳动年龄人口的老化趋势

随着人口自然增长率的不断下降，未来劳动力人口也表现出明显的老化趋势。假设不放开“全面两孩”生育政策，随着人口自然增长率的不断下降，未来低龄劳动人口比重将不断下降，高龄劳动人口不断上升。尤其在 2050 年之前，劳动力人口的老化速度很快。如果将劳动力人口按年龄分为

“15～29 岁”低龄组、“30～44 岁”中龄组和“45～64 岁”高龄组，那么，劳动力的年龄结构将从 2010 年的“三四三”结构快速转变为 2050 年及以后的“二三五”结构。其中，低龄组的比重从 33%下降到 22%；高龄组的比重则从 33%上升到 47%。

在放开“全面两孩”生育政策的中方案情形下，2030 年以后，随着政策调整后新出生队列不断进入劳动年龄阶段，低龄组比重将明显提高，高龄组比重将明显下降，劳动力老化趋势开始明显好转。预计低龄组比重将从 24%提高到 2050 年的 25%；中龄组比重将从 31%下降到 30%；45～64 岁；高龄组比重将从 44%上升到 45%。较生育政策未调整的情形，政策调整情形下的低龄组比重提高了 3 个百分点，高龄组比重下降了 2 个百分点，劳动力人口的结构老化问题有所缓解。并且在 2050 年后，劳动力人口的年龄结构表现出水平波动的变化趋势，老化趋势得到基本遏制。

（三）劳动力抚养负担的变化趋势

2010～2100 年，中国的劳动力抚养负担将快速上升，如图 6-24 所示。在生育政策未调整的情形下，中国劳动力抚养系数将从 2010 年的 35%快速上升到 2060 年的 82%，随后在 77%～84%波动。在“全面两孩”生育政策中方案下，中国劳动力抚养系数将从 2010 年的 35%直线上升到 2060 年的 80%，随后在 75%～80%波动。与未调整的情形相比，虽然在 2016～2033 年劳动抚养比略有上升，但是长期来看，劳动抚养比明显下降，尤其是在 2060 年以后。

四、人口老龄化趋势及老年人口高龄化趋势[①]

虽然生育政策调整将导致 65 岁以上的老年人口规模略微增长，但是也将有效减缓人口老龄化的速度，如图 6-25 所示。生育对人口老化程度的影

① 本小节内容如前面各节一样，主要内容来自王金营和戈艳霞发表的阶段性成果《全面二孩政策实施下的中国人口发展态势》，已发表于《人口研究》2016 年第 6 期。这里根据 2016～2019 年的新情况进行了参数调整，重新进行了人口预测，并根据最新预测数据进行了更新。

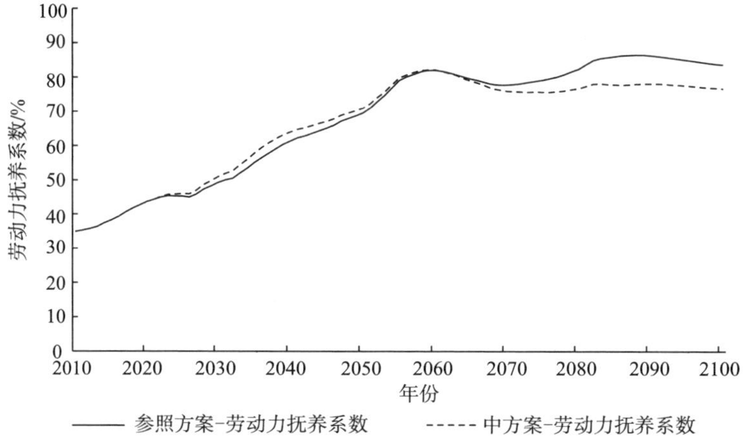

图 6-24　2010～2100 年的劳动力抚养系数

响在时间上具有滞后性，因此，在短时期内，中国老年人口的规模和比重仍将保持快速增长的趋势。如果生育政策未调整，中国老年人口规模将从 2015 年约 1.5 亿人快速增长到 2056 年的峰值，约 4 亿人，随后才逐渐下降到 2100 年的 2.5 亿人。所占比重也将从 2015 年的 11%快速增长到 2060 年及以后的 34%。

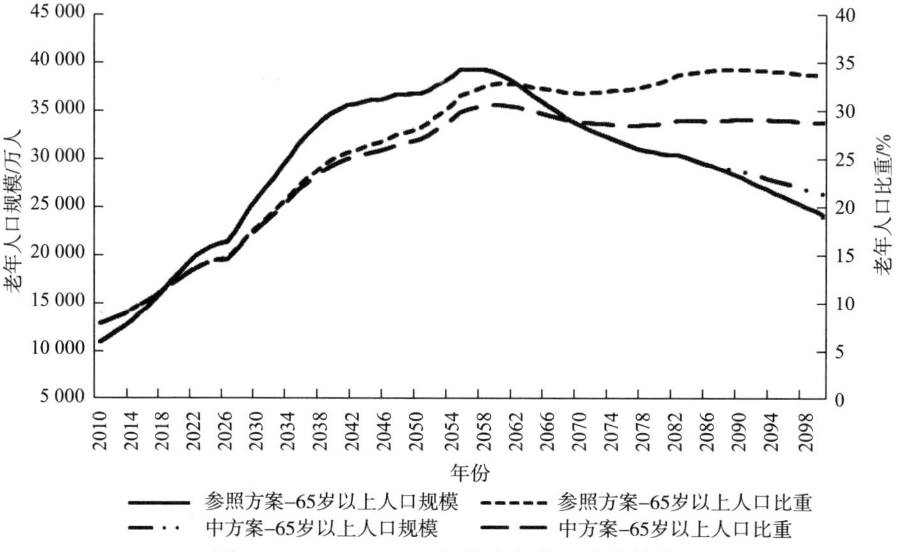

图 6-25　2010～2100 年的老年人口变化趋势

在“全面两孩”生育政策中方案影响下，未来中国老年人口规模将从2015年的1.5亿人继续增加到2060年的4亿人，随后开始减少到2100年的2.7亿人。同时，比重将从11%增长到2055年的30%左右，随后稳定在该水平。与未调整的情形相比，老年人口规模并无明显变化，但比重在2030年后有明显下降，说明生育政策完善在一定程度上缓解了人口老龄化的问题。

同时，由于存在时滞性，“全面两孩”生育政策调整对缓解人口老龄化的积极影响主要体现在2080年及以后。在2080年及以后，老年人口规模和比重才开始产生明显的差异。例如，在2100年，“全面两孩”生育政策将导致老年人口规模增加0.2亿人，但所占比重将下降5个百分点。这说明“全面两孩”生育政策对人口老龄化的长期趋势具有重要影响，并且时间越长，影响越大。

利用分家庭类型的年龄孩次递进生育率模型可以测算得到政策实施下城乡育龄妇女分年龄的新增二孩生育人数，继而测算得到“全面两孩”政策实施初期（5年内）二孩生育状况，以及分年龄、分性别的出生人口，从而可以准确测算出在政策调整初期分胎次别生育水平、出生堆积规模和生育模式变动的影响。这是该节在方法上有别于其他研究的创新之处，提高了预测精度。

测算结果显示，政策调整将直接通过提高二孩生育水平和改变二孩生育模式来影响出生规模及总人口发展趋势，二孩生育水平和总的生育水平会有所提高。而政策实施5年后，堆积影响的生育水平和生育模式将会回落或者回归正常。根据调查所获得的意愿递进生育率判断，在其他公共政策不变的情况下，2020～2030年的生育水平将保持在1.7左右，比“全面两孩”政策实施前略高一些。

人口发展趋势的预测结果显示，即使在“全面两孩”生育政策下，未来中国总人口规模仍将持续减少，但人口增长率曲线向上提升，人口负增长时点推迟到2030年，人口规模的峰值也不会超过14.4亿人。长远来看，虽然人口老化速度有所放缓，但是人口老化形势依然严峻。65岁及以上老年人口比重将从2010年的9%逐渐上升到2055年及以后的30%左右。

总体来讲，“全面两孩”生育政策实施虽不能从根本上改变中国人口的基本发展趋势，但是能适度增加出生人口，在一定程度上放缓总人口的减少速度和人口年龄结构的老化速度，达到优化人口结构的目的。由于实际生育行为往往低于生育意愿，根据再生育意愿估计政策放开后的新增二孩出生人数存在高估的可能，也就是说，政策放开后的出生人数预测结果存在高估，实际出生人数很可能比本书估计值还要低一些，未来劳动力人口总量的减少速度和老化速度可能更快，老化形势更加严峻。因此，建议尽早完善生育政策，甚至需要采取适度激励措施使得未来的生育水平提高到更替水平附近，人口规模和结构能够实现一个相对均衡的稳定发展态势。

第六节　人口教育结构和人力资本变动

一、未来的人口发展变动及学龄人口变动趋势

未来人口的发展决定了未来学龄人口的变动趋势。自 2016 年 1 月 1 日起，“全面两孩”政策正式开始实施，未来人口发展将受到该政策的影响。因此，需要对未来人口发展做出适合政策变化和居民生育意愿的预测。本节利用笔者根据 1982 年、2000 年、2010 年全国人口普查，特别是 2010 年全国人口普查数据，在对死亡概率模式、分胎次生育模型、孩次递进生育率模型、城镇化等参数控制的基础上，根据“全面两孩”政策的影响和未来可能的生育水平变动，完成了中国未来 80 年的人口预测。本节利用人口预测结果对中国各级学龄人口变动趋势进行描述分析。

1. 1982～2010 年学龄人口变动及各级在校学生数

1982～2010 年学龄人口变动如图 6-26 所示。从学龄总人口数来看，1982 年学龄人口（6～29 岁）总人数是 51 541.88 万人，随着计划生育政策的开展，2000 年下降到 51 382.23 万人，减少了 159.65 万人；到 2010 年学龄人口下降到 45 937.34 万人，较 2000 年减少 5444.89 万人，下降了 10.60%，而较 1982 年下降 10.87%。

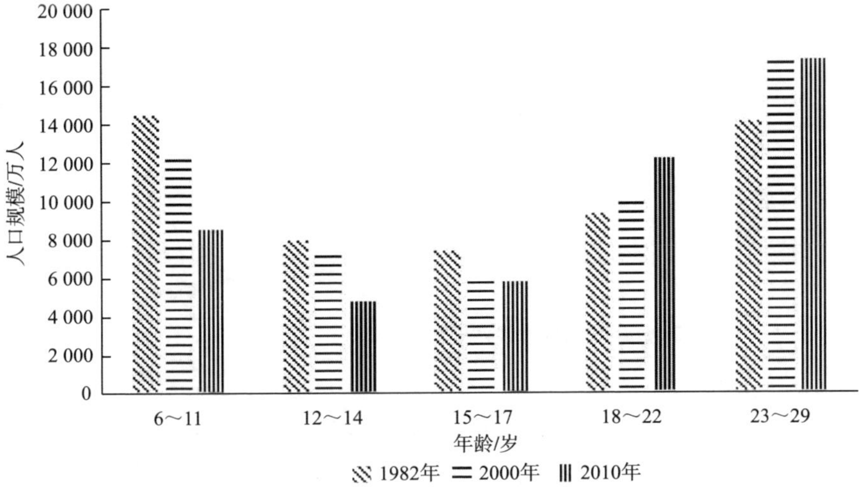

图 6-26　中国各阶段学龄人口变动

从各阶段学龄人口在校生规模来看，小学阶段学龄人口在校生数量呈现下降趋势，由 1982 年的 13 972 万人，到 2000 年下降到 13 013.25 万人，到 2010 年下降到 9940.7 万人，28 年共下降 4031.3 万人；初中阶段在校生规模先升后降，由 1982 年的 4000 万人左右上升到 2003 年的 6100 万人左右，后下降到 2010 年的 5300 多万人；高中阶段在校生规模持续上升，2006 年之后处于平稳状态。可以看到计划生育政策、生育率下降导致了学龄人口的减少。如图 6-27 所示。

2. 2010～2100 年学龄人口变动

根据预测结果，2010～2100 年中国学龄人口（6～22 岁，包含小学、中学、大学）变动如图 6-28 所示。

第一下降阶段是指 2010～2018 年，2010 年是未来 90 年中学龄总人口最多的年份，人数达到 31 030 万人。自 2010 年起，学龄人口总数呈现迅速下降趋势，到 2018 年达到第一个波谷，为 25 824 万人，在 8 年内学龄总人口减少 5206 万人，平均每年减少约 650 万人。

略微回升阶段是指 2019～2026 年，此段时间内同比增速为正。2026 年学龄人口达到 26 694 万人，较 2019 年增加 844 万人，平均每年增加 120 万人。

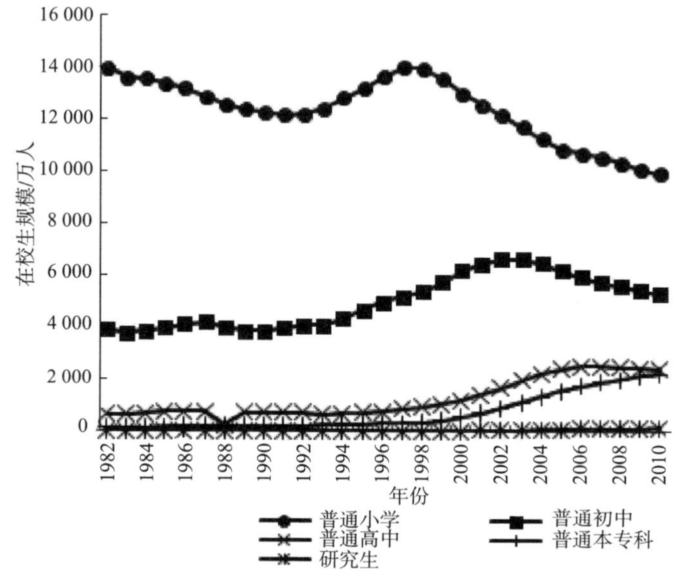

图 6-27 1982～2010 年中国各级教育在校生规模变动

资料来源：《中国教育统计年鉴》

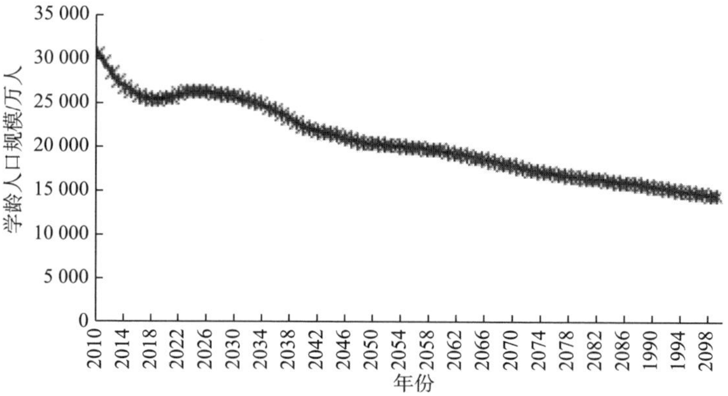

图 6-28 2010～2100 年中国学龄人口（6～22 岁）变动情况

持续下降阶段是指 2027～2100 年，此段时间内同比增速始终为负。2027 年开始学龄人口规模不断下降，2100 年规模减小到 14 862 万人，至此学龄总人口数量达到最低，平均每年减少 160 万人。2027～2040 年学龄人口减少近 3800 万人；2041～2100 年，学龄人口减少近 7600 万人。

数据表明，“全面两孩”政策从 2022 年开始使学龄人口出现了 5 年的阶段性微增长，但是仍难以扭转学龄总人口在未来下降的趋势。

各级学龄人口变动趋势形状类似，只是达到波峰、波谷的时间存在学制年限的时间的差别，下面以高等教育阶段学龄人口规模变动为例进行阐述。

大学阶段人口变化趋势主要分为持续下降阶段、缓慢回升阶段、快速上升阶段、第二持续下降阶段，其波动同其他阶段学龄人口波动的趋势类似。2010～2021 年持续下降，由 12 112.37 万人下降到 7063.00 万人，达到 2010～2100 年的第一次波谷，平均每年下降 459 万人；到 2035 年又缓慢回升到 8279.84 万人，达到小波峰，此后持续下降，到 2050 年达到 6286.25 万人，到 2100 年下降到 4598.93 万人，已不足 2010 年大学学龄人口的一半。如图 6-29 所示。

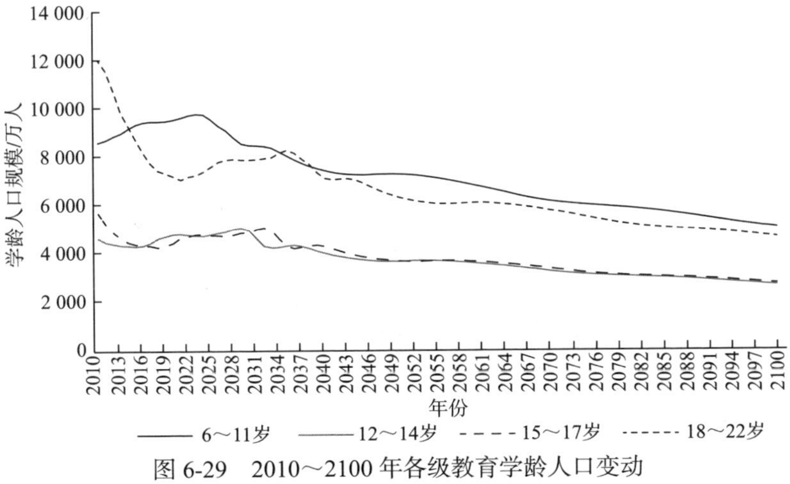

图 6-29　2010～2100 年各级教育学龄人口变动

二、未来人口受教育层次预测

1. 人口受教育层次预测方案选择

“预期受教育年限”是假设未来某一人口的队列的升（入）学率或者在校率等于某一时期分年龄别目前的升（入）学率或者在校率，平均一个人孩子未来期获得的教育年限，即一名学龄儿童在特定年龄入学率线性模式保持不变的条件下，预计将接受的教育年限（联合国开发计划署发布的《2014年人类发展报告》）。该指标有别于“平均受教育年限”。从2010年全国人口普查数据中可获得6岁孩子的人均预期受教育年限是11.12年。如果人均预期受教育年限为12年，则未来完成高中教育甚至高等教育的学龄人口比例会更高，平均来看未来接受教育的学龄人口均可以完成高中教育；如果人均预期受教育年限是14年，那么平均来看未来接受教育的所有人可以在完成高中教育后还能接受两年的教育，这样受教育水平会非常高，未完成高中以下教育的人比例会降低。

由图6-30可知，平均预期受教育年限的增加速度在A阶段（中国教育将在未来一定时期内处于A阶段）高于平均受教育年限增长速度，同时低于没有考虑死亡、辍学等因素的预期受教育年限的增长速度，联合国人类发展报告中1990～2015年的平均受教育年限每年增速是0.112年，预期受教育年限的每年增速是0.188年，因此平均预期受教育年限每年增加0.112～0.188年。

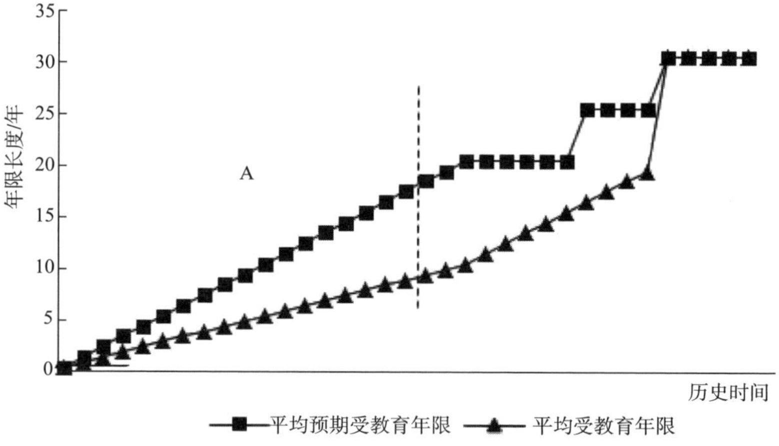

图6-30 平均预期受教育年限与平均受教育年限变化关系示意图

根据上文分析，2020年和2030年平均预期受教育年限可根据增速计算。如表6-12所示，平均预期受教育年限增速在0.112～0.188/年，显然每年0.188年的增速对于中国教育发展来说属于高目标，因此这里选择增速下限计算结果作为方案1，增速中值计算结果作为方案2。以这两个方案作为教育生命表的参数控制标准，并据此目标，设定升学率变动方案，还要以已经实现的教育水平及未来升学率、毛入学率以及在校生规模的目标做参考进行调整。

表 6-12　平均预期受教育年限参数控制　　单位：年

方案	2010 年	2020 年	2030 年	2035 年	增速（每年）
方案 1	11.12	12.24	13.36	13.92	0.11
方案 2	11.12	12.62	14.12	14.87	0.15

目前国际国内竞争日益激烈，人才培养和竞争成为焦点，国内日益重视创新驱动，迫切需要培养人才。1999 年中国开始进行大学扩招，高等教育毛入学率快速上升，高等教育从精英教育阶段逐步进入大众化阶段。为推进教育质量全面提升，加快实现教育现代化，在控制受教育年限增长的条件下，设定学龄人口预测方案，其中为考虑教育分流的影响，平衡职业教育发展，大专分流比例调整至 50%进行预测。经过尝试后具体方案设定如下。

到 2035 年，保持 2010 年升学率水平不变，该方案作为对照方案。方案 1、方案 2 分别按表 6-12 中对应设定的平均受教育年限实施，则可计算得到具体升学率变动方案，如表 6-13 所示。根据表 6-13 中显示的入学率、升学率可计算得到未来不同方案下不同文化程度的人口比重和人均预期受教育年限，如表 6-14 所示。

表 6-13　各级教育学龄人口的升学率　　单位：%

教育阶段	对照方案				方案 1				方案 2			
	2010 年	2020 年	2030 年	2035 年	2010 年	2020 年	2030 年	2035 年	2010 年	2020 年	2030 年	2035 年
小学入学	98.73	98.73	98.73	98.73	98.73	100	100	100	98.73	100	100	100
小学升学	95.81	95.81	95.81	95.81	95.81	100	100	100	95.81	100	100	100
初中升学	66.97	66.97	66.97	66.97	66.97	80	90	95	66.97	85	98	100
高中升学	65.88	65.88	65.88	65.88	65.88	70	85	90	65.88	72	90	95
大学升学	5.15	5.15	5.15	5.15	5.15	8	12	15	5.15	10	15	25

表 6-14 不同文化程度的人口比重和人均预期受教育年限

项目	对照方案				方案 1				方案 2			
	2010 年	2020 年	2030 年	2035 年	2010 年	2020 年	2030 年	2035 年	2010 年	2020 年	2030 年	2035 年
小学/%	4.09	4.09	4.09	4.09	4.09	0.03	0.03	0.03	4.09	0.03	0.03	0.03
初中/%	33.80	33.80	33.80	33.80	33.80	22.02	11.51	6.09	33.80	16.75	2.77	0.56
高中/%	24.17	24.17	24.17	24.17	24.17	27.56	18.21	14.63	24.17	27.80	15.15	10.48
大专/%	13.08	13.08	13.08	13.08	13.08	25.15	35.08	39.58	13.08	27.66	40.98	44.42
本科/%	22.18	22.18	22.18	22.18	22.18	21.10	26.63	27.68	22.18	22.11	28.66	22.19
研究生/%	1.91	1.91	1.91	1.91	1.91	4.01	8.40	11.85	1.91	5.52	12.27	22.18
预期受教育年限/年	11.12	11.12	11.12	11.12	11.12	12.28	13.39	13.94	11.12	12.65	14.13	14.75

2. 毛入学率和教育结构预测

在大学毛入学率的计算中，教育统计是将 18～22 岁留存人数作为分母，但在生命表中以 18～21 岁留存人数作分母，得到的毛入学率略偏高，但不影响教育需求估计。根据表 6-13 和表 6-14 可计算得到各级教育的学龄人口毛入学率，如表 6-15 所示。

表 6-15 分流 50%的情况下，不同方案对应的各级教育的学龄人口毛入学率 单位：%

教育阶段	对照方案				方案 1				方案 2			
	2010 年	2020 年	2030 年	2035 年	2010 年	2020 年	2030 年	2035 年	2010 年	2020 年	2030 年	2035 年
小学	98.73	98.73	98.73	98.73	98.73	100	100	100	98.73	100	100	100
初中	95.81	95.81	95.81	95.81	95.81	100	100	100	95.81	100	100	100
高中	66.97	66.97	66.97	66.97	66.97	80.00	90.00	95.00	66.97	85.00	98.00	100
大学	32.59*	32.59	32.59	32.59	32.59	41.51	56.70	63.37	32.59	45.36	65.37	70.41

注：32.59%是表中 18～21 岁在校人数占 18～21 岁留存人口数的百分比，略高于 2010 年教育统计的毛入学率

方案 1、方案 2 对应的小学、初中毛入学率均符合实际，我国大力推广九年义务教育，各地区基本实现政策全覆盖。方案 2 较高于“十三五”规划的目标，其毛入学率目标有一定的挑战性，需要大学教育的扩招以及社会各

部门的充分协调，短期、中期内属于较高的目标任务，因此属于高方案，具有预期性质。而方案 1 的目标更具有约束性质，短期、中期内比较合适。

三、未来各级教育需求和劳动年龄人口平均受教育年限

2020 年到 2030 年再到 2035 年各级学龄人口数和各级教育在校生人数预测如表 6-16 所示。小学学龄人口和在校学生数将在未来 15 年（2020～2035 年）呈减少态势，将减少近 1520 万人；初中学龄人口和在校学生数先增后减，总体减少 490 万人左右；而高中学龄人口是先增后减，在校学生数也是先增后减；大学学龄人口和在校学生数都将较大幅度增加。从不同阶段的变动看，如表 6-17 所示，其中小学在校生规模方面，相较于 2016 年，2020 年、2030 年分别减少 417.11 万人和 1498.52 万人，其他学历在校生规模均有不同程度的扩大。其中研究生在校人数由上文方案 1 中的受教育结构比例推算得到，其余各级别教育在校人数由预测人口数和毛入学率计算得到。到 2030 年小学在校生规模较 2016 年减少近 1500 万人，初中及以上各阶段教育的在校生均有较大幅度的提升。高等教育需求将尤为突出，大学在校生规模将有大幅度增加，到 2030 年预计大学及以上（含研究生）在校学生规模将达到 4900 万人左右，到 2035 年将达到 5800 万人左右，相比 2016 年将增加 2700 万人左右。因此，未来高中及高等教育需求将会有较大变动，而小学和初中教育规模将会减少，这需要在教育资源配置方面应当进行更加深入的研究，以寻求更为公平的教育发展方案。

表 6-16　方案 1 下的各级学龄人口数和各级教育在校生人数预测　单位：万人

教育阶段	学龄人口			在校生人数		
	2020 年	2030 年	2035 年	2020 年	2030 年	2035 年
小学	9 579.17	8 497.76	8 059.97	9 579.17	8 497.76	8 059.97
初中	4 777.88	4 937.56	4 283.93	4 777.88	4 937.56	4 283.93
高中	4 409.18	4 846.74	4 273.49	3 527.35	4 362.07	4 059.82
大学	7 205.17	7 889.89	8 279.84	2 990.87	4 473.57	5 246.94
研究生	14 463.88	11 998.31	12 653.82	194.54	393.60	556.08

表 6-17 2020 年、2030 年、2035 年各级在校生规模变动 单位：万人

教育阶段	2016 年	2020 年减去 2016 年	2030 年减去 2016 年	2035 年减去 2016 年
小学	9996.28	–417.11	–1498.52	–1936.31
初中	4357.39	420.49	580.17	–73.46
高中	3970.06	–442.71	392.01	89.76
大学	2695.84	295.03	1777.73	2551.10
研究生	198.11	–3.57	195.49	357.97

注：小学是指初等教育，初中是指初中阶段教育，其他学历代指各阶段教育

随着高中教育的全面提升、高等教育的不断普及，中国人口中特别是成熟劳动年龄人口的受教育水平（平均受教育年限），即人力资本水平将有一个大幅度提高。16～59 岁劳动年龄人口平均受教育年限 2030 年将达到 11.09 年，2035 年将达到 11.75 年。而 25～44 岁的青壮年劳动年龄人口平均受教育年限在 2030 年和 2035 年将可能分别达到 13.40 年和 14.00 年。

小　结

本章主要是在生育政策调整的背景下，对未来人口变动做出预测，其中得到了平均预期寿命、生育水平与模式、人口规模和结构、教育与人力资本发展以及城镇化进程的未来变动情况，主要可以得出以下结论。

随着生活水平的提高，社会保障特别是医疗保障的普及，死亡概率的逐年下降，人均预期寿命有了较大的提高。1981～2010 年，中国男性人口平均出生预期寿命从 66.97 岁提高到 71.58 岁；女性预期寿命从 69.82 岁提高到 78.26 岁。通过测算可知在 2010～2100 年，城镇男性人口的平均出生预期寿命将从 2010 年的 77.64 岁提高到 2100 年的 82.72 岁；城镇女性人口将从 82.41 岁提高到 87.81 岁；农村男性将从 71.39 岁提高到 2100 年的 80.04 岁；农村女性人口将从 76.82 岁提高到 84.60 岁。

“全面两孩”政策能够明显提高城镇和农村中间年龄段妇女的总和生育

率，并能显著提高二孩生育水平。“全面两孩”的政策调整能够明显提高二孩生育水平，各年龄段二孩递进生育率的提高幅度都很大，尤其是 35 岁以后的提高幅度非常明显。

未来中国总人口规模将会持续减少。由于“全面两孩”政策的实施，人口规模将会在 2035 年前后达到峰值，即使高水平预测方案下，峰值也不会超过 15 亿人。当然，在“全面两孩”政策后生育堆积释放完成，受低生育水平固化的影响，中国出生人口规模仍会逐渐较少，因此总人口规模减小的趋势不会改变。

人口年龄结构方面，长远来看，中国人口的老化程度将逐渐加重，在全面放开二孩生育政策的情形下，人口年龄结构老化速度将明显放缓。随着生育水平和预期寿命增长的稳定，2080 年后，中国人口金字塔将保持在一个稳定状态，各年龄组人口的比重处于均衡状态。未来中国劳动年龄人口规模将从 2015 年的 10 亿人减少到 2100 年的 5.2 亿人左右，约减少 4.8 亿人，所占比重将从 72.32%下降到 2060 年及以后的 56.57%。在“全面两孩”生育政策下，未来劳动力的供给规模及比重能够显著提高，尤其是在 2030 年以后，随着新增出生队列陆续进入劳动年龄阶段，劳动力的供给规模开始快速增加，所占比重将在 2060 年后出现显著回升[①]。

预计在多种因素的综合影响下，未来中国劳动年龄人口的劳动参与率还将持续下降。全国劳动年龄人口的劳动参与率将从 2010 年的 76%持续下降到 2020 年的 73%左右和 2030 年及以后的 66%左右。

教育与人力资本水平发展方面，中国未来学龄人口规模下降的趋势不可逆，人口预测结果表明，虽然生育政策放开增加的人口达到各级学龄后使得未来各级学龄人口规模有所回升，但之后又会继续下降。到 2030 年、2035 年，中国高中阶段教育基本得到普及，高等教育有了长足发展，社会整体人力资本水平得到较大提升。经测算可知，2030 年 16～59 岁人口平均受教育年限是 11.09 年，2035 年可以达到 11.75 年，相比 2010 年人力资本水平有了很大提升。

---

① 王金营和戈艳霞的文章《全面二孩政策实施下的中国人口发展态势》，发表于《人口研究》2016 年第 6 期，此文章是本课题阶段性研究成果。

城镇化发展方面，2000～2100 年，中国城镇化水平将从 2010 年的 49.50%快速提高到 2030 年的 72.59%，然后减速提高到 2050 年的 80.00%和 2100 年的 80.30%。2010～2030 年是中国人口城镇化加速发展的时期。另外，对于城镇和农村人口规模变动方面，预计在未来几十年，伴随着人口增长率的持续下降和乡-城迁移率的变化，城镇人口将经历先增长、后减少的变化过程，而农村人口在快速减少一段时间后减少速度将明显放缓。

第　七　章

人口约束下未来经济发展方式转变的目标和动力

经济增长首先需要依靠要素扩张和要素投入拉动，进一步可以转变为依靠技术进步来提高效率和质量实现经济增长，这便表现为经济增长方式的转变。在此基础上，综合协调就业、分配、消费等一系列需求，并且通过产业结构调整、优化、升级和统筹城乡、区域发展，最终实现经济发展方式的转变（漆向东，2005；申田等，2018）。在之前的章节中，人口与经济之间的关系已然得到了阐明，在第三章、第四章、第五章分别从理论和实证上给予了证明。人口通过各个方面的因素综合起来作用于经济增长、经济发展以及增长或者发展方式的转变。第六章对中国人口未来发展做出翔实和多方案的预测，阐明了未来的人口发展将不同于我们所经历和积累下来的经验、理论。它将是一个规模巨大的人口开始启动负增长的时代，人口老龄化速度加快、程度加深，劳动力供给减少，劳动力抚养老年人口的负担加重，青少年比重低位运行，人口活力持续降低。在这样的人口环境和条件约束下，未来经济发展方式将如何适应？经济发展的目标、动力和途径将是什么？这些需要我们接下来予以研究和回答。本章将对人口约束下经济发展方式的目标转变和动力转换予以理论性的阐释。

第一节 未来经济发展方式转变的目标

中国当前的主要矛盾已经由过去的人民日益增长的物质文化需要同落后的社会生产之间的矛盾转变为人民日益增长的美好生活需要和不平衡不充分的发展之间的矛盾。从人均 GDP 来看，中国仍处于世界中等发达国家水平，中国的物质并不十分丰富，人民对于未来美好生活的向往继续保持增长的态势，并且当前还存在区域、城乡发展不平衡、资源耗竭的现象。在这种情况下，既要保持中国经济持续中高速发展，又要着力解决社会的主要矛盾，提升发展质量，转变发展理念，更好地满足人民在诸如政治、经济、文化、生态等方面的需要，这也是未来中国经济发展方式转变的最终目标。

未来经济发展方式的转变从本质上在于利益格局的重新调整。任何一种经济增长都是按照一定的方式进行的，经济增长方式将随着经济发展水平变化、人口与市场需求变动、资源环境约束而转变。未来经济发展方式转变需要满足各市场利益主体诸如居民、企业、政府之间关系格局的重新调整，市场利益主体之间的这种关系调整需要进行相应制度安排的变革，也需要通过制定相应政策加以推进和限制而实现。因而未来不同的经济发展方式是与不同的国家战略、发展理念和制度安排相对应的（申田等，2018），也要与人口发展的不同阶段、不同情况相适应。当然，我们必须要根据人口发展的趋势来制定国家战略、发展理念和制度安排。

在新时代，新的人口发展情境下，转变经济发展方式的目标应该包括质量提升、结构升级、区域协调、福利增进、效率提高、环境保护和资源节约等，实现可持续的高质量发展。

一、实现经济质量型增长

改革开放 40 年以来，中国创造了经济增长的奇迹，经济增长速度举世公认，经济规模已经达到世界第二，令世人瞩目。但是，在经济快速增长中还存在着经济发展过于粗放、资源环境消耗大、低收入人群占比偏高，经济增长的质量、效益不尽如人意等问题。随着中国经济发展进入中等水平，经济发展方式需要逐渐转变，经济发展中粗放、高耗、低效等问题亟须解决。《决胜全面建成小康社会 夺取新时代中国特色社会主义伟大胜利——在中国共产党第十九次全国代表大会上的报告》[①]明确指出"我国经济已由高速增长阶段转向高质量发展阶段，正处在转变发展方式、优化经济结构、转换增长动力的攻关期"，未来中国的经济发展将由粗放型经济发展方式转变为集约型经济发展方式。与此同时，中国人口条件在改革开放的 40 多年间，也发生了巨大变化。生育率持续保持低水平、预期寿命延长，从而劳动年龄人口减少，人口老龄化程度加深，人口总规模趋于稳定。伴随着中国的人口增长模式由增长转向减少，劳动力由扩张转向缩减，人口消费需求由温饱转向小康和现代化，原有粗放的、扩张的、投资拉动型的经济发展方式失去了前提条件和人口的支撑，必须向集约、内涵型、质量型、高效型发展的方式转变[②]。当前我们的任务是，将以往的经济增长方式转变为质量型、高效型的方式。使集约型发展方式成为新时代经济的主体发展方式，让经济质量型增长成为未来经济发展方式转变的目标。

二、促进产业结构优化

产业结构是指一个国家或地区的各种生产要素在各个产业部门、行业之间构成比例的关系。所谓产业结构优化，一方面是产业结构趋于合理（陈曦和穆怀中，2014），另一方面是产业结构更加高端（彭冲等，2013；何平等，2014）。这样的优化过程不是完全抛弃和淘汰过去传统的产业，而是在保留已有传统产业结构优势的基础上，通过要素之间的流动和生产率的提高、技术的改进，使得不同产业之间的供给比例趋于合理和均衡。同时，将

---

① 这是习近平总书记代表中共中央在中国共产党第十九次全国代表大会上所做的报告。习近平：决胜全面建成小康社会 夺取新时代中国特色社会主义伟大胜利——在中国共产党第十九次全国代表大会上的报告[EB/OL]. http://www.xinhuanet.com/politics/19cpcnc/2017-10/27/c_1121867529.htm[2017-10-27]。

② 有关质量型增长判断，笔者深度学习了党的十九大报告，领会其精神并结合相关理论给出了再认识。

产业发展的重心转向第三产业，在产品生产上，也由原先的生产低端产品和来料加工等转向生产中间产品甚至最终产品①。合理化和高级化是适应未来人口增长态势的产业结构的主要特征，产业结构合理化是经济增长的基础，而产业结构高级化则伴随经济发展方式质的变化（车明好等，2019）。中国经济在产业结构、服务业结构、增长动能结构、制造业结构、融资结构、城乡结构等方面是基于人口规模巨大这一现实前提形成的。中国人口由刚成立时的 5 亿多人快速增长到改革开放之初的 10 亿人，又经过 40 年增长到 2017 年接近 14 亿人，即使未来人口由增长转变为减少，到 21 世纪末保持 10 亿人口的规模是可能而且是必要的。那么，这样一个巨量人口的国家，人民要过上安全、稳定和富足的生活，粮食安全、产业安全、民生安全等都需要保障。因此，中国的农业必须保持足够强大、工业特别是涉及国计民生的制造业，其基础必须要足够雄厚，能够支撑住整体产业体系。中国在人口规模巨大的现实情况下，基础保障是农业、优先发展的是工业制造业，在此基础上大力发展服务业，特别是现代服务业和生产性服务业，优化产业结构，提升产业竞争力，使有限资源配到最有效率的产业中去，提升人民生活水平，服务于第一、二、三产业高质量发展。此外，中国人口老龄化程度不断加深，人口老龄化影响到消费需求、劳动力供给、人力资本积累等诸多方面。人口年龄结构的变化必然会引起消费需求的变化，从而要求产业结构优化发展，更好地匹配老年人口的消费习惯、偏好和消费能力。人口预期寿命延长使得教育收益增加，人力资本水平的提高也将使得产业结构的技术构成更多地由劳动密集型转向技术和知识密集型。鉴于中国 21 世纪末约 10 亿人口的巨量规模，在经济发展方式转变过程中应更加注重产业结构的合理和优化，防止产业空心化现象出现②。

---

① 关于产业结构升级变动合理化研究的文献较多，本书认为，刘伟和李绍荣在《产业结构与经济增长》中的表述更为准确、恰当，本书借鉴其观点并结合其他文献进行了论述。

② 对于 14 亿人口的大国，即便未来我国人口减少，人口也将维持在 10 亿人以上，产业不可空心化。这一观点得到了虞崇胜（2018）的印证，他的研究结论与本书的观点是相合的，只是本书更强调我国人口规模巨大这一国情的要求。

三、确保区域经济协调发展

中国地域广阔，拥有960多万平方公里的国土，不同区域不仅社会经济发展差异较大，资源环境禀赋也各不相同，人口分布不平衡。中国东部沿海地区经济发展水平与发达国家水平相近，中西部地区由于资源禀赋不足，人口数量较少，经济发展水平较低，与东部的经济发展水平差距显著。2016年，东部地区的人均收入为 28 223.3 元，中部地区的人均收入为 18 442.1 元，西部地区的人均收入仅为16 868.1元，中国的东部地区处于绝对的领先地位。以中国2005年、2010年、2015年东中西部的地区生产总值、人口总量分别占全国人口总量和 GDP 的比例为指标，测算中国东中西部的不均衡状态，同时用 E 来表示各地的不均衡指数，如表7-1所示。

表 7-1　2005 年、2010 年、2015 年中国东中西部不均衡指数

地区	2005年			2010年			2015年		
	地区生产总值比重/%	人口比重/%	E	地区生产总值比重/%	人口比重/%	E	地区生产总值比重/%	人口比重/%	E
东部	65.94	42.53	0.0404	63.6	44.48	0.0157	61.82	44.88	0.0147
中部	27.14	33.76	0.0301	28.57	33.37	0.0064	28.75	33.15	0.0059
西部	14.09	22.07	0.0191	14.71	21.62	0.0068	16.36	21.7	0.0056

资料来源：2006年、2011年、2016年《中国统计年鉴》，E 为不均衡指数

通过表7-1可以看出，这种向东聚集的态势虽有所减缓，但是分布不均衡的状况还在加剧。同时，东中西部经济发展不均衡的状况需要改变。此外，东中西部在交通、医疗、教育等公共服务和社会基础设施方面依然存在较大的差距。

党的十九大报告中明确提出“我国社会主要矛盾已经转化为人民日益增长的美好生活需要和不平衡不充分的发展之间的矛盾”①。中国当前社会的

① 习近平：决胜全面建成小康社会 夺取新时代中国特色社会主义伟大胜利——在中国共产党第十九次全国代表大会上的报告[EB/OL]. http://www.xinhuanet.com/politics/19cpcnc/2017-10/27/c_1121867529.htm[2017-10-27]。

主要矛盾既是经济发展中不成熟的表现，但同时又是促进未来经济进一步发展的动力。区域发展的不平衡，要求未来经济发展要实现协调发展，这也是未来经济发展方式转变的目标之一。未来缩小区域之间经济发展水平差距的重要途径就是经济协调发展，使协调发展成为推动中国经济发展的重要动力来源。在未来经济发展中，应由区域非平衡的发展或者东部沿海优先发展向东中西部协调发展，由非均衡达到均衡、协调，通过资源利用、要素聚集和科技创新打破旧有均衡，向更高水平的、新的区域均衡协调发展。同时，充分利用中国人口规模总量大、地域辽阔的优势，发挥人口和区域回旋空间效应，促进产业梯度转移升级和人口的再聚集、再分布，实现经济持续增长和发展方式的转变。

推动区域经济协调发展要统筹国内、国际两个层面。从国内层面来看，党的十九大报告指出"强化举措推进西部大开发形成新格局，深化改革加快东北等老工业基地振兴，发挥优势推动中部地区崛起，创新引领率先实现东部地区优化发展，建立更加有效的区域协调发展新机制"。这表明，未来要形成横向和纵向互补的经济带，铁路和公路沿线、沿江和沿海将把整个中国的经济从东、南、西、北、中五个方向串联起来，中西部地区与沿海地区经济发展水平的差距将明显缩小。"以城市群为主体构建大中小城市和小城镇协调发展的城镇格局，加快农业转移人口市民化"①。这说明未来的城镇化将以城市群为主，未来区域经济协调发展的重要抓手是"带、路、群"。未来经济发展方式的转变也将为这些目标的实现做出现实性、具体性的贡献。

从国际层面看，未来中国经济发展方式的转变也是为了协调中国与国际经济的一体化发展。为了满足区域合作的需要，打造人类命运共同体，推进"一带一路"建设。其中"丝绸之路经济带"的建设将从中国中西部地区出发，加强与中亚国家的经济贸易往来，促进中国和中亚地区共同发展，这也是中国中西部地区发展的一个契机。"一带一路"是沿线国家和地区互利共赢之路，相关国家之间加强经济合作，促进优势互补，有利于区域经

① 习近平:决胜全面建成小康社会 夺取新时代中国特色社会主义伟大胜利——在中国共产党第十九次全国代表大会上的报告[EB/OL]. http://www.xinhuanet.com/politics/19cpcnc/2017-10/27/c_1121867529.htm[2017-10-27]。

济一体化发展。

因此，转变未来经济发展方式将迎合发展中国家的战略要求，以缩小中国东中西部的差距，推进中国与其他国家经济的共同进步。

四、增进民生福祉和社会福利

“增进民生福祉是发展的根本目的。”[①]增进社会福利是经济发展方式转变的最终目标，其中社会福利包括就业、收入、教育、脱贫、养老、社会保障等相关民生问题。中国早在20世纪90年代末便进入了老龄化社会。截止到 2016 年，中国 60 岁及以上的老年人口超过了 2.3 亿，占总人口的16.7%；其中 65 岁及以上的老年人口超过了 1.5 亿人，占总人口的 10.8%，而且今后老年人口的比例还在不断上升，预计至 21 世纪 50 年代，中国 60 岁及以上的老年人口将会达到 5.0 亿人[②]。而且中国人口老龄化呈现出四大趋势：一是人口老龄化问题将延续21世纪始终；二是2020～2035年是人口老龄化加速时期，老年人口将在 2050～2060 年达到最高峰；三是超高年龄人口将会逐渐增加；四是中国将面临人口规模巨大和人口老龄化的双重压力[参见第六章内容，王金营和戈艳霞（2016）]。人口老龄化问题还会提高人口的抚养比，老年人作为被抚养的人口，其数量的增加必然导致现有劳动人口的负担加重。同时，人口老龄化还会改变劳动力的结构，即年轻劳动力比重会下降，而老年劳动力比重会提高，导致社会保障的费用急剧增长，财政负担日益沉重，对劳动生产率的提高和经济增长都会产生负面影响（王金营和顾瑶，2011b；童玉芬，2014；周祝平和刘海斌，2016）。同时，人口老龄化还会引起家庭结构和家庭规模的变化，家庭养老功能不断弱化。应对人口老龄化的社会压力，为老年人口的养老提供相应保障是未来经济发展方式转变的重要目的之一。

---

① 习近平. 决胜全面建成小康社会 夺取新时代中国特色社会主义伟大胜利——在中国共产党第十九次全国代表大会上的报告[EB/OL].http://www.xinhuanet.com/politics/19cpcnc/2017-10/27/c_1121867529.htm[2017-10-27]。

② 国家统计局数据以及《联合国：2019 年世界人口展望报告》和王金营等（2016）在本书第六章的预测结果。

此外，中国国土面积大，人口分布不均衡。虽然中国经济持续增长，但贫富差距大也是不争的事实。虽然脱贫攻坚战已经取得了全面胜利，但是未来经济发展方式转变的落脚点依然应该在于稳定相对落后地区劳动力就业水平，提高他们的人均收入，保证他们的生活水平稳步提高，防止新的贫困出现。截止到 2020 年中国现行标准下的农村人口已全部实现脱贫，所有贫困县已全部摘帽，区域之间贫困差距持续缩小，做到了真脱贫、脱真贫[①]。同时，未来经济发展方式的转变，还应该以基本公共服务均等化为目的。

五、提高生产效率，建立文明、和谐、美丽的社会

未来中国人口老龄化程度加深，将会出现劳动力特别是年轻劳动力供给不足的情况。因此，今后单纯依靠增加劳动力要素投入加快经济增长将难以为继，必须不断提高企业的生产效率，以达到增加企业产出、扩大社会总体经济规模、提升经济质量和水平的目标，即要实现经济的可持续发展，就要突破技术的瓶颈，提升生产的效率，使企业在不改变要素投入的前提下，实现产出和经济效益的增长。这就要求企业从效率的角度对发展方式加以调整。企业通过科技创新、制度改革等手段，提升生产要素的使用和产出效率，突破自然资源和环境约束对经济发展的制约，实现经济发展方式的转变[②]。

不容忽视的是，即使未来人口逐渐进入负增长状态，中国仍然是人口规模巨大的国家，人口众多、经济发展、生活水平提高所形成的对资源、环境的压力仍然是主要矛盾，尽管不能够通过大规模减少人口来解决矛盾，但是资源节约、环境保护也必须是经济发展的重要内容。党的十八届五中全会提出了创新、协调、绿色、开放、共享五大新的发展理念。绿色发展是在新常态下提出的发展理念，能够适应未来新的人口环境条件，以达到环境保护和建设资源节约型社会的目标。中国的绿色发展应建立在“资源能源合理利

① 这一目标到本书稿形成之时已经基本实现，这里的主要观点参考了：方匡南和章紫艺（2013）、杨继军和张二震（2013）、岳爱等（2013）的观点。

② 这一观点参考了很多文献，也是笔者近些年来对这一方面研究思考的结论，同时参考了王宏伟和李平（2015）、申田等（2018）的观点。

用，经济社会适度发展，损耗补偿互相平衡，人与自然和谐相处”的基础上（蒋南平和向仁康，2013）。今后，中国应全面树立珍惜及合理利用自然资源的理念，尽快制定资源能源补偿标准，避免资本统治力对生态的破坏，以科技手段来加速生态的修复及经济的发展。

未来经济发展方式的转变应从整体上推动社会形态的改变，以此来实现建立环境保护和资源节约型社会的目标，这也是适应经济发展新常态提出的要求。经济发展新常态的形成与资源环境约束强化和经济增速放缓后深层次矛盾凸显有关。过去资源环境回旋余地较大，但经济规模扩大后能源资源消耗增加，资源环境硬约束逐步强化，要求中国必须积极推进绿色发展、低碳发展、循环发展，形成资源节约型和环境保护型的产业结构与空间格局，必须把生态文明建设放在突出地位，融入中国特色社会主义建设的全过程（苏星鸿，2013）。

党的十九大报告中确立了社会主义现代化奋斗目标，从“富强民主文明和谐”拓展到“富强民主文明和谐美丽”，“美丽”一词正是环境保护和资源节约型社会的特征。党的十九大报告还提出，“建设生态文明是中华民族永续发展的千年大计”。这意味着党和国家将投入更多的精力、更大的物力财力来做生态环境保护工作，由此体现出该目标的重要性。在未来转变经济发展方式的过程中，也要坚定“绿水青山就是金山银山”的理念，时刻注重经济发展方式的转变给环境和资源带来的影响，要坚持发展，也不能忽视可持续。

第二节　未来经济发展方式转变中的动力转换

经过改革开放 40 多年的高速增长，中国经济水平得到巨大提高，在全球化背景下，后发优势得到体现，经济进入了一个新的发展阶段。与此同时，中国人口也进入了由低速增长向负增长的转换时期。

中国人口经过 20 世纪 50 年代到 80 年代近 30 年的高增长后，生育率快速下降，并于 20 世纪 90 年代初进入低生育率状态，生育高峰期的人口在未来会进入死亡高峰期。2000 年中国进入老龄化社会后，在低生育率和预期寿命延长的作用下，中国人口将进入深度老龄化和高死亡率的状态，人口将开启负增长。人口老龄化将造成社会压力加大，导致人口生育意愿进一步降低。在中国低生育水平的作用下，直接表现就是少年儿童数量减少，这必然导致未来劳动人口数量减少。人口老龄化程度加深，劳动力供给不足，资源、能源以及环境的约束越来越突出，过去依赖于投资拉动、对外贸易和低劳动成本竞争等方式已经难以为继，未来经济发展方式转变的动力需要转化。中国是一个发展中国家，经济水平、人民生活水平还处于较低状态（至多是中等发达水平），因此还需要不断实现经济增长下的发展，那么未来经济发展的动力在哪里？从大体上来看，经济发展方式转变的动力一是产业结构和区域结构调整动力、要素投入动力、收入分配结构调整的动力、公共服务优化的动力；二是与人口因素相关的城市化动力、消费结构升级动力、健康产业发展和健康投资动力、人力资本投入和教育投资动力、竞争及非均衡发展动力、资源禀赋优化配置动力；三是在新的人口环境和条件下的制度创新动力。中国处于中等发展阶段，人口动力与城市化动力不足，同样需要进行动力转化。

一、结构调整动力

结构调整是经济各个组成部分的地位和相互比例关系方向性的变动（王小鲁，2000；范剑勇和朱国林，2002；陆铭和陈钊，2004）。从理论上看，劳动和资本从生产率较低的部门向生产率较高的部门转移会加速经济的增长，即结构效应是经济增长的源泉。从实践上看，国家大力推行供给侧改革，意在推进经济结构调整，减少无效供给和低端供给，相反需要扩大有效供给和中高端供给，更要增强供给结构对需求变化的适应性和灵活性，使要素实现最优配置，从而为经济发展方式的转变提供强大动力。

产业结构、区域结构、要素投入结构、收入分配结构等是中国目前面临的主要结构性问题，并且这些结构性问题的作用效果既相对独立，又相互叠加，因而对其进行调整是未来经济发展方式转变的重要动力。

（一）产业结构调整的动力

中国在产业结构方面的问题主要包括：一是在产业结构中，低附加值、污染高、消耗大、排放量大的产业的比重较高，而附加值高、在国际上竞争力强、绿色低碳等产业比重仍然比较低。二是三次产业发展不协调，具体表现在：第一产业发展不稳，第二产业发展不强，第三产业发展不足。而且，各次产业内部结构不合理。中国在第一产业发展过程中，对农业基础设施方面的投入不足，造成了中国农业基础设施的薄弱（陈佳贵，2010，2011），经营单位规模小，经营分散，现代化农牧业比重小、水平低；在第二产业发展中，钢铁等行业存在产能严重过剩、传统产业技术水平低、高耗能产业发展过多、战略性高新技术产业发展慢的问题；第三产业的发展相对滞后，现代化服务业比重低，特别是生产性服务业的发展没有得到足够重视①。因此，对产业结构的调整不仅是加快经济发展方式转变的重要途径，同时也是强大的动力所在。根据产业经济学的经典理论，产业结构调整是经济增长的内在需求和主要推动力。由于部门之间的生产率和生产率的增长率存在显著差异，生产要素从低生产率或低生产率增长部门转移到高生产率或高生产率增长部门时所产生的结构红利是经济高速增长的重要源泉（Peneder，2003）。

（二）区域结构调整的动力

中国区域结构问题的突出表现为人口区域分布不合理。目前，中国城镇化率仍然偏低，特别在户籍人口城镇化率方面表现更为明显，而且户籍人口城镇化率和常住人口城镇化率相比更低。低城镇化率将导致区域经济之间发展不协调，影响了中国经济发展方式的转变。区域结构已经成为未来中国经济发展方式转变的动力之一。

城镇化就是一个国家或地区人们的生产方式、生活方式和居住方式由乡村模式向城镇模式转化的社会经济形态变化过程，由社会生产力水平提升、

① 这里吸收和参考了陈佳贵（2010）以及肖国安和张志彬（2012）的主要观点并加以综合。

城市经济的发展需要所引起，其本身就是经济发展方式的一种转变，也是经济发展的主要动力之一。产城互动、城乡统筹、城乡一体、生态宜居、节约集约、和谐发展为新型城镇化的基本特征。结合中国城镇化发展特点，国家指出了现阶段城镇化发展面临的机遇和挑战，提出确定城镇化发展的正确目标和方向是走出一条新路的关键，强调了这样一个十分关键的路口和正确的方向就是新型城镇化[①]。自 1978 年以后，中国城市空间扩大了 2～3 倍，城镇化率在 2019 年突破 60%。根据《世界城镇化展望（2014 版）》的预测，2050 年中国人口城镇化率将达到 75.8%。但是，空间城市化并没有相应产生人口城市化，还有 2.5 亿左右的流动人口在城市与乡村之间不断转化着身份，为城市发展贡献但不能够享受城市化成果。新型城镇化就需要改变这一状况，这便成为未来一段时间里城市发展特别是中小城市发展的动力。

中国城镇化水平与发达国家或地区（2018 年美国城镇化率达到 82%、日本达到 92%）相比仍有较大差距，而新型城镇化是中国经济发展方式转变过程中的重要动力，对聚集人口和生产要素、拉动增长、扩大内需、促进经济内涵发展具有重要作用。扩大内需则成为中国经济发展方式转变的必然要求，新型城镇化的过程，就是激发内生动力，弥补不平衡的过程，这是释放国内需求潜力，实现经济持续、快速、健康发展的客观要求。同时，十九届五中全会通过的《中共中央关于制定国民经济和社会发展第十四个五年规划和二〇三五年远景目标的建议》中提出，“推进以人为核心的新型城镇化”。这样才能缩小城乡区域差距，调整经济结构，释放经济发展潜力，实现经济发展方式的转变。

（三）要素投入动力

要素投入是经济发展的基础条件，也是经济发展方式的一个重要影响因素。生产的实现和经济的运行需要劳动、土地、技术、资本等各种要素的综合投入。不同的要素投入增加都能够带来生产能力的提高，但其效率却有着明显的差别，其中科技投入的效率要远高于劳动力、资源。中国在要素投入

---

① 这里吸收和参考了马凯（2012）以及张占仓等（2012）的主要观点并加以综合，https://www.miit.gov.cn/xwdt/szyw/art/2020/art_8189d94104404075baba9c2a45f98205.html。

结构方面还存在一些问题：经济的发展对一般性生产要素投入过度依赖，如资源、土地、劳动力等；高级要素投入比例偏低，如人才、技术、知识、信息等。这些问题会导致资源、能源消耗过多，中低端技术应用产业偏多。未来经济发展方式将更多由一般性生产要素向人才、技术、知识、信息等高级要素转变。因此，转变要素投入结构是当下经济转型的迫切需求。

1. 技术创新动力

技术创新是指对技术的创造和改进行为，也是未来中国转变经济发展方式的主要动力来源。技术创新动力的理论来源是新古典增长理论，该理论率先将技术因子引入经济增长模型，并推出了“技术进步论”，即在要素资源投入量一定、资源配置处于帕累托最优的情况下，技术进步是决定经济增长水平的关键因素。其中以索洛为代表，索洛指出在平衡增长路径上，人均产出的增长率与技术进步的变化率相等，因此，从长期来看，技术进步是经济增长的重要源泉（孔令池，2018）。从实践来看，党的十九大报告中提出了“突出关键共性技术、前沿引领技术、现代工程技术、颠覆性技术创新”，由此可见国家高度重视技术创新的发展[①]。

技术创新作为经济发展的重要因素，对未来中国经济发展方式的转变具有十分重要的影响。对于经济发展方式的转变而言，技术创新无疑将从根本上改变经济运行的要素投入结构。通过技术创新能力的提高，技术要素将以其更高的经济产出效率与利润水平替代劳动力、自然资源等其他要素，成为经济发展的主要要素投入。同时，这种影响是基础性、全局性的，也是经济发展方式转变的前提。总体来看，技术创新对于中国经济发展方式转变的动力主要体现在以下几个方面。

第一，技术创新能够为经济质量型增长提供直接动力。

技术创新是经济质量型增长的直接动力。从经济质量型增长的内容来看，生产的增加是经济质量型增长的主要来源，而生产的增加一方面依靠生产规模的扩大，另一方面依靠新产品的研发与生产。在企业的发展中，技术

① 习近平：决胜全面建成小康社会 夺取新时代中国特色社会主义伟大胜利——在中国共产党第十九次全国代表大会上的报告[EB/OL]. http://www.xinhuanet.com/politics/19cpcnc/2017-10/27/c_1121867529.htm[2017-10-27]。

是重要的生产要素，是企业能够顺利进行生产的前提条件。通过技术创新，企业可以按照市场需求开发出新的产品，而新产品意味着新的产出和新的扩张，这就从微观层面为经济的质量型增长提供了有力支撑。同时，技术创新也可以通过对生产技术的改进来降低成本，提高效益，促进规模与产出的增加，进而实现经济的质量型增长。

第二，技术创新能够改变经济发展的要素结构。

要素投入是经济发展的基础条件，也是经济发展方式的主要影响因素。提升科技在要素投入中的地位，是实现经济发展方式转变的必由之路和客观要求。经济运行和生产需要劳动、技术、资本、土地等各种要素的综合投入才能实现。由于各国在资源禀赋方面存在很大的差异性，不同国家经济发展的要素投入结构有着很大的区别。例如，以美国、德国为代表的发达国家，科技、资本要素在经济发展中占据主体地位；以泰国、印度为代表的发展中国家，资源与劳动力则成为经济发展的主要投入要素。虽然不同的要素投入都能够带来生产能力的提高，但其效率却有着明显的差别，其中科技投入的效率要远高于劳动力、资源。但由于技术本身的垄断性与掌握难度，部分国家不得不采用其他的要素投入结构来实现经济的发展。

对于经济发展方式的转变，技术创新将从根本上改变经济运行的要素投入结构。通过技术创新能力的提高，技术要素将以更高的经济产出效率替代劳动力、自然资源等其他要素，成为经济发展的主要要素投入。同时，技术要素比例的增加，还会带动资本要素、管理要素在经济发展要素投入中的比重上升，使整个经济发展方式向集约化转变，进而实现经济发展方式转变的目标。

第三，技术创新能够促进产业结构调整。

产业结构调整是经济发展方式转变中的重要内容，而技术创新则会在产业结构的调整中发挥关键性的作用。从中国经济发展方式转变的目标来看，产业结构的调整将主要向高端制造业、高新产业及高附加值产业发展，而这些产业的崛起无一不需要技术提供有效的支撑。而技术创新对于产业结构调整的推动主要通过两个途径来实现。一是技术创新本身，可以通过技术层面的突破，为高端产业的发展开辟市场，提供可能；二是通过技术创新所形成的产业链效应，带动资本、物流等其他要素向相关产业转移，进而推动整个产业结构的调整[①]。

需要指出的是，技术创新对经济发展方式的转变有着很强的促进作用，但这种作用并不会直接完全体现出来，而是会受到一些外在条件的影响和制约。

首先，技术创新对于经济发展方式转变的促进作用需要有效的技术转化体系来实现。对于经济发展而言，创新只是完成技术层面的突破与提升，为生产的扩大提供了要素来源，但要素能否真正投入到企业生产之中，需要良好的转化系统支撑，其中最为主要的就是技术交易市场的构建。缺乏良好的转化系统，不仅会严重阻碍创新成果的转化，也会对管理人员和研发人员的信心造成较大打击（张来武，2011；任保平和郭晗，2013）[②]。

其次，技术创新作用的实现需要健全的产权保护体系作为保障。企业之所以会通过技术创新来获得发展，其关键原因就在于技术创新本身所具有的相对排他优势，能够为企业生产的扩张提供市场或成本的收益空间。而如果技术创新的产权保护存在漏洞，则会导致企业创新成果被窃取，严重影响企业利益，进而导致企业正常的扩张活动受到制约，也影响了企业技术创新的积极性（李平等，2007；刘思明等，2015；吴超鹏和唐药，2016）[③]。

最后，技术创新作用的发挥需要其他要素投入的紧密配合。任何一种经济活动都不是一种生产要素所能独立完成的，都需要其他要素的配合才能实现。从经济发展的角度出发，技术创新作用的实现，需要其他多种要素的配合，特别是资本要素的投入对于技术创新成果的转化与应用有着极为重要的影响。

2. 新兴资本投入动力

资本决定论认为如果资本家愿意投入的资本增长与实际经济增长、人口

① 有关技术创新与产业结构、经济发展方式转变的相关论述很多，这里进行了综合分析，是一个高度简要的概括，主要参考了：李福柱和赵长林（2016）、赵文军和于津平（2014）、李福柱和厉梦泉（2013）以及赖德胜和纪雯雯（2015）的相关观点。

② 此观点主要参考了：张来武（2011）、任保平和郭晗（2013）等的观点。

③ 此观点主要参考了：李平等（2007）、刘思明等（2015）、吴超鹏和唐药（2016）等的观点。

增长率相等时，经济才能够处于稳定增长的状态，资本决定论强调了生产要素的贡献。先进的生产要素投入会改变产业投资方式，是企业保持竞争力优势的关键性因素。在市场中将技术、信息和知识等新生产要素进行交易，使其转化为技术资本、信息资本和知识资本等新要素资本。技术资本、知识资本、信息资本等是主要的新兴资本。其中，技术资本是中国技术创新水平长期持续提高的保证，是战略核心资本；知识资本可以提升企业的知识水平，进而缩小中国与其他国家的知识生产力差距；信息资本是中国通信能力提高的关键。加大对新兴资本的开发和投入力度，实现资本的转型与升级，未来中国必定会转变经济发展方式（赵蓓文，1999；储德银等，2016；陈洋林等，2019）。

（四）收入分配结构调整的动力

从长期来看，中国国民收入分配结构存在不合理现象，具体表现在居民收入差距大，且呈现不断扩大之势；居民收入在国民收入中的分配占比偏低，劳动报酬占初次分配的比重偏低；国民收入向企业、政府、垄断行业集中。国民收入向企业、政府、垄断行业集中导致前面所提到的两个占比不断降低，会继续拉大居民收入差距，居民收入差距不断扩大又使国民收入向企业、政府、垄断行业集中现象表现地更为突出。收入分配不合理阻碍经济的持续增长甚至关系到社会的和谐稳定，它既是社会发展的问题，又是经济发展的问题。因此促进经济发展方式转变的着力点应放在调整收入分配结构上。同时，调整收入分配结构也是未来经济发展方式转变的动力之一。分配的合理性是社会公平的重要体现，合理分配被看作跨越“中等收入陷阱”的根本方向，在当下以扩大内需来保持经济平稳较快增长的形势下合理分配具有现实性意义（蔡昉，2011、蔡昉和王美艳，2014）①。

综上所述，从国内发展要求看，加快推进经济结构战略性调整是大势所趋，为中国经济发展方式转变提供了强大的动力支持。

---

① 有关收入分配与跨越“中等收入陷阱”的观点参考了：蔡昉（2011）、蔡昉和王美艳（2014）。

（五）公共服务优化的动力

现阶段中国的经济增长模式出现了机会不均等现象，因此需要转变为包容性增长模式。包容性增长是指公平、合理地分享经济发展的成果，即提升社会中每个人的能力、收入、权利，以及改善低收入人群在公共服务方面的享有状况。公共服务具有消费和收入分配效应，可以改善内需结构失衡状况，从而拉动居民的消费需求（胡志平，2012；郭春燕等，2014）。中国整体劳动者素质的提升可以促进中国产业结构和要素结构转型升级。转变经济发展方式需要转变经济增长的动力，需要依靠公共服务来改变投资与消费的非均衡结构。所以经济发展方式转变的动力除了经济结构转变，还需重视以公共服务均等化为核心基础的机会均等增长模式。包容性增长模式以公共服务作为基础，该经济增长模式要求加大公共服务投资力度，即在医疗、教育等公共服务的基础设施方面的投资；缩减其他方面的投资，如行政事务等；减轻居民在公共服务消费方面存在的支出压力，使居民有动力和信心去消费（王金营等，2018b；孔凡河，2013）。

二、人口发展的动力因素

（一）消费结构升级的动力

1978 年以后，中国经济增长主要表现为出口和投资拉动需求，为粗放型的经济增长方式，由于资源和环境的约束，经济运行面临着巨大风险。这迫切需要向消费拉动型增长方式转换，但是考虑到中国属于发展中国家的国情，经济水平、人民生活水平还处于较低状态，加之人口形势的巨大转变，消费动力能否坚挺是个很大的难题。特别是人口将开启负增长态势，少年儿童减少，劳动力减少，消费和投资需求的动力需要转换，可能陷入发展动力不足的艰难处境。

如何保证经济增长下的发展，未来经济发展的动力在哪里呢？答案就是充分扩大国内市场需求，以提升人民幸福感为主要宗旨。需求是经济活动的起点，需求变化是消费结构变化的直接原因。不同年龄人口的消费数量、消费结构以及消费习惯均不相同。未来中国即将进入人口负增长阶段，人口老龄化程度加深，少年儿童数量减少，劳动年龄人口减少，从而必然引起消费结构的变化。在一个日益老化的经济中，消费结构升级或成为经济发展方式转变的重要动力。伴随着城乡居民消费能力提升，应逐渐扩大他们的消费需求规模，并推进更高品质、更高层次的消费结构。在经济发展新常态下的经济，需要着眼于人民生活水平的提高，中国 14 亿的人口将是巨大的消费市场，也是经济高质量发展的重要潜力所在。以消费结构升级为导向推进投资转型，实现供给结构调整，引导各类资本进入教育、健康、医疗以及新兴产业，减少对资源的不充分、不合理利用，改善居住环境和投资环境，减弱国际环境不断恶化的负面影响，使经济平稳、健康运行（刘东皇，2016）。

（二）健康产业发展和健康投资动力

国务院印发《关于促进健康服务业发展的若干意见》提出，“基本建立覆盖全生命周期、内涵丰富、结构合理的健康服务业体系”。大健康观念和医药模式正在发生深刻变革，大健康产业面临着前所未有的发展机遇，未来将成为中国最重要的支柱产业之一[①]。医疗健康产业在欧洲、北美等发达国家和地区已经被当作一个战略产业来进行经营，医疗健康产业在这些国家和地区中得到了大量人力和财力的支持，在部分发达国家和地区中医疗健康产业甚至已经成为最为活跃的科技创新领域。随着中国经济的不断发展，以及人们对于健康的不断关注和重视，医疗健康产业必将成为未来投资的热点。

未来，中国健康产业发展的领域空间不断扩大，涵盖生物医药产业、医疗服务产业、养老产业、健康休闲体育产业和互联网医疗等多方面。目前，随着中国医保覆盖面的提高和社会资本办医政策的出台，中国健康产业的投资环境将不断改善。同时，民间资本不断积累，机构投资者不断壮大，为中国健康投资提供了广阔的空间和平台。应运用金融、保险、信托、基金等多种金融工具和手段，重点引导资本市场加大对中国医疗健康产业的投资力度，解决医疗、药品、器械等企业融资难问题，不断扩大医疗健康产业的投资规模，实现健康中国战略，特别是实现健康老龄化的目标（蔡昉，

---

① 国务院关于促进健康服务业发展的若干意见[EB/OL].http://www.gov.cn/zwgk/2013-10/14/content_2506399.htm[2013-09-28]。

2012a；萧鸣政和陈小平，2012）。实际经验表明，健康投资是经济增长的重要动力，对经济增长具有显著的促进作用，但存在着明显的地区差异，呈现东中西部依次递减的趋势。因此，中国需要继续提高各地区的医疗健康投资水平，还需要向落后的中部和西部地区进行政策倾斜，从而在实现健康投资促进经济增长的同时，缩小地区经济增长和居民健康状况的差距。

（三）人力资本投入和教育投资动力

1. 人力资本投入动力

人力资本，即把人的能力作为一种生产要素。人力资本作为经济增长的重要推动力量，是科学技术创新、企业家资本积淀的关键因素。更是经济发展与方式转变的关键支点。人力资本投入有三个方面的含义：第一，是在数量上增加劳动力。通过鼓励就业创业，增加就业人员供给，为中国的经济注入劳动力，从而更好地进行生产，推动经济总量的增长。第二，是在质量上提升人的专业素质、身体素质和心理素质。通过教育提升个体和群体的文化程度，提升个人的知识水平，加强专业和技能培训可以提高就业者的专业水平和创新能力，促进经济质量的提高；通过人文关怀和开展心理健康咨询活动，有助于增强就业者的心理素质，以积极的姿态对待工作，提高工作效率。第三，结构上实现岗位与人力资本的高效配置。增强人力资本在区域之间、产业行业之间以及岗位之间的流动性，优化、高效的匹配人力资本的能力，可以使人力资本发挥出最大的能量。显然第一点在当下的人口形势下不易达到，第二和第三点是发展的关键。

人力资本论强调人力资源在经济发展中的重要作用，是经济发展的源泉。经济发展方式转变将人作为实施主体，在实现人充分发展的前提下完成中国经济的可持续发展。坚持“以人为本”的理念，加快经济发展方式转变的人本价值要求就是不断完善人力资本自身，促进其全面发展，这样才可以抓住经济发展方式转变的本质。

2. 教育投资动力

经济发展方式转变的核心是将人力资本作为实施主体，降低对资本投入、环境污染及资源消耗的依赖，依靠人力资本水平形成比较优势和竞争优势（李福柱和厉梦泉，2013），实现结构优化、质量提高，以及社会、经济、人与自然及人的全面、可持续发展。通过教育投资提升人力资本，对于推动经济发展方式转变的重要性不可忽视。因为教育不仅能通过其自身发展推动经济增长，而且能通过增加人力资本存量影响经济发展的方式（赖德胜和纪雯雯，2015）。并且人力资本的无限供给特征决定了它具有日益枯竭和稀缺的自然资源和物质资本所不具有的替代效用、资源整合效用和扩张效用，决定了它可以突破自然资源、物质资本和市场的制约（赵文军和于津平，2014），使经济发展具有不竭的动力和源泉（李福柱和赵长林，2016）。

然而，从现实生活中看，过往经济发展方式还是以传统的资源投资驱动模式为主，这更加突出了加快经济发展方式转变进程中进行教育提升和人力资本积累的紧迫性和重要性。这具体体现在以下几方面：一是在经济效益方面，通过教育，提升人力资本水平，在经济活动中主动节约资源和原材料，降低成本，提高质量，从而使利润额增加。创新竞争力增强对经济发展方式转变的贡献值也将越来越大。二是在环境效益方面，人力资本水平提升，可促进更多创新产品出现和技术进步，减少对资源的占用、消耗和破坏，降低污染程度，提高“三废”（废水、废气和固体废弃物）的综合利用率，找到合适的发展方式。三是在社会效益方面，通过教育，提升人力资本综合素养，促进人的全面发展。而这既是加快经济发展方式转变的出发点，也是落脚点，更是驱动力。这一驱动力，可引领创业创新的合理方向，从而实现结构优化和科技创新；可为加快经济发展方式转变进程提供精神生产力，有效避免不正当竞争，增强人力资本的爱岗、敬业、乐群精神，促进其积极主动地、创造性地参与经济活动（何菊莲等，2017）。因而，加大教育投入，提升教育质量，使教育适应人的全面发展，使教育能够为社会经济发展提供高质量的人力资本和人口素质。

（四）竞争及非均衡发展动力

经济全球化和区域经济一体化的背景下，区域经济发展进入了迅速发展的时代。区域竞争是指某一区域或地区在经济发展中，该区域或地区所采用的吸引资源和优化配置资源的方式，比竞争对手获得更多的财富与收益，并进一步向国内外市场扩张，保持该区域或地区经济持续增长态势的行为。区域合作指的是某个区域内两个或两个以上的地区或国家，为了维护其共同的经济利益和政治利益，为了进行产品交换和专业化分工，采取共同的经济政策或实行某种特有形式的经济联合或形成区域性经济共同体（茶洪旺，2013）。从当今世界发展形势来看，国际区域竞争与合作已经成为未来中国经济发展方式转变的不可小觑的力量。

1. 区域竞争对经济发展方式转变的影响动力

从20世纪80年代起，世界各个国家之间联系更加紧密，经济发展的相互渗透程度也不断加深。经济全球化和经济一体化的浪潮急速涌现。同时，我们以往的生产方式、思维方式和生活方式受到科技发展的影响而不断转变。在上述背景下，完全封闭的发展模式是无效率的，一个国家很难做到在一个完全封闭的发展模式中生存。当中国步入全球化经济发展浪潮时，经济发展的所有形式必然会发生质的变化。当把全球经济作为参考系规划经济发展时，保障经济长期立于不败之地的基本条件是提高本国的经济活动效率。当今世界，发达国家的科学技术发达、经济基础雄厚、市场也较为成熟，因而其经济竞争力更强。在发达国家强大的竞争压力下，发展中国家应该更加注重采用科学合理的经济发展方式。因此，中国紧跟经济全球化发展浪潮，在经济发展中感受到了国际经济竞争的压力，同时，这种压力能够不断转化成中国优化经济发展方式的动力（杨冬梅和徐开金，2010）。实现经济发展方式转变的途径也可从多角度分析。通过区域之间的合作，共同推动经济发展方式转变。单个国家或一个国家的局部地区在区域经济一体化和经济全球化推动下独立发展的速度非常缓慢。技术资源、货物资源、人力资源、资金资源、信息资源、管理资源、服务资源等已经在全球范围和全国范围内进行配置，要实现较快发展，就需要区域合作，结成利益共同体，获取转变经济发展方式所必需的各方面要素支撑、产业支撑、市场支撑，实现不同区域和不同国家之间的优势互补（张永庆，2004）。

2. 人口区域分布对经济发展方式转变的影响动力

由于资源禀赋、人文环境及产业基础的差异，一国内部总会或多或少地存在区域发展水平的差异。中国的区域发展差异尤其大，中国人口分布不均衡，随着经济发展，很多城市快速成长，吸引和聚集了更多的人口。如果各个地区的经济总量和人口占全国的份额相同，区域差距就不存在；反之，如果经济总量与人口分布不匹配，区域发展差异就大。因此，人口分布对经济发展方式转变来说是重要的动力。如果一个区域人口承载过多、产业聚集过少，或者产业聚集过多、人口承载过少，则区域经济发展不均衡，人口与经济就不协调、不匹配。因此，对人口聚集过多的区域，应该在引导人口流出的同时加快产业聚集和经济发展；而对于经济聚集程度偏高的地区，则应该主要通过加快人口聚集来实现经济发展。人口聚集和经济聚集背后的动力是人口流动和资本的流动，人口流动表现为大量外出农民工进城务工，而资本流动主要表现为产业转移。

3. 对外开放、国际分工和要素资源是经济发展方式转变的动力

对外开放战略及其措施的有效性对一个国家的经济发展方式转变具有重大意义。过去 40 多年，中国正是因为大力实施对外开放的基本国策，采取科学、有效的开放战略与举措，牢牢把握经济全球化带来的重大机遇，在经济全球化进程中获益颇多。通过对外开放，首先可以吸引资金和资源，增加生产要素的数量，尤其是丰富短缺的资源要素，可以尽可能实现生产要素的最优组合比例，提升生产效率。其次可以引进高质量人才、先进的生产技术、科学的管理方式，通过其对生产要素的能动作用，生产要素也会得到质量上的提高；在生产要素资源的量和质都得到提高的基础上，生产要素的配置也会更有效率，通过劳动力、资金等的转移能够促进产业结构的优化和生产效率的提高，加快经济发展方式转变。分工的水平和效率也会对一国的经济长期增长和发展起到关键性作用。参与国际劳动分工的方式和途径，决定着一个经济体在开放环境下的发展路径（华民，2007）。通过参与国际分工和贸易，接受或主动发起国际产业的转移，可以帮助该地区合理配置生产要素，并通过“干中学”来实现经济增长，大大提高劳动生产率。在比较利益基础上建立的专业化分工，不仅可以在既定的要素资源数量下实现生产效率最大化，还可以突破生产的可能性边界。随着中国进入经济新常态，中国的对外开放战略要更加充分利用国际分工和要素资源。首先是将外部要素与资源与国内的要素资源进行有机整合，促进创新、结构升级与价值链提升，提升国际竞争力。其次要通过国际分工促进国内生产方式变革，激发创新活力，释放发展潜力，促进产业结构升级，加快实现经济增长动力和发展方式的转变（隆国强，2016）。

（五）资源禀赋优化配置的动力

资源禀赋及空间分布结构通常是一个国家或地区经济发展的决定因素之一，而且是一个重要的决定因素。不同的国家或地区资源禀赋不同，差异较大。在经济增长和发展中，对于资源禀赋的开发利用方式、方法和技术水平及效率是决定经济发展方式的重要方面。从以往的经济发展现实，以及经济发展的理论分析可以知道，一个国家或地区的资源禀赋主要包括土地（耕地）、森林、草场、湖泊、河流、海洋、山地、矿藏、石油、煤炭、天然气、稀有金属以及人文历史资源和这些资源的空间分布。当然，更重要的资源禀赋是人力资源，有关人力资源的动力会在另外之处讨论。在经济发展中，土地、能源等是基础，矿藏资源如石油、煤炭、天然气等都是不可再生的可耗尽的资源。而且在这些资源开发利用中还会产生不利于环境的因素。其他禀赋的资源利用和配置等将是未来经济发展的动力。更重要的是通过人力资源与自然禀赋资源的耦合，发挥自身的比较优势提升效率，将成为经济发展的重要动力源泉，而为了实现资源禀赋结构优化和与人力资源的耦合，需要制度的保障和创新体制机制。同时，自然资源是决定或制约经济增长的物质基础。丰富的自然资源对于一个国家的原始积累至关重要，它为扩大本国投资乃至加快工业化进程提供了必要的资金支持。

资源禀赋的优化升级必须由市场在资源配置过程中起决定性作用，因为任何生产要素的流动、配置与重组都在市场中进行，只有在充分竞争的市场制度下，价格才能传递资源稀缺程度的信号（林毅夫，2011；刘修岩和何玉梅，2011；郑长德，2013）。对于人文历史的禀赋资源的充分开发利用，需要大力发展文化产业，这更需要政府的支持，从而促进经济高质量发展，进而为实现经济发展方式转变提供动力。

三、新的人口环境和条件下制度创新动力

（一）健康和人力资本动力

新的人口环境和社会条件会培育较强的制度创新动力，中国的人口基数大，通过延长退休年龄，推动老年人就业，有效利用和释放青年劳动力，提高人口的活跃度等，促进人口聚集和有序流动，以保持较高而稳定的劳动参与率，将中国人口的空间回旋优势充分转化为现实制度创新的动力。如何提升人力资本与健康水平，调动各种资源的劳动参与率，正是新的人口环境和条件下制度创新的动力源泉。

在人口红利不断减退的情况下，通过提高人口素质来代替人口绝对参与量的下降，维持和推动社会总产出的增加。这需要增加人力资本投入，提高单个劳动力的生产效率以弥补人力资本数量不足带来的损失。充分开发老年劳动力对于改善劳动力供给状况、缓解养老金支付压力、填补养老金缺口至关重要。由于人们健康水平的不断提高，平均预期寿命不断延长，生活条件的改善和传统观念的改变，老年人口中相当多的人具有较强的劳动能力，也具有参与有收入劳动的愿望①和较丰富的工作经验，因此应适时调整退休政策，制定老年人口劳动就业保障政策。

对于青年劳动力而言，当前中国存在大量的青年劳动力并未进入劳动力市场，由于学制的规定以及社会对人才的需求，青年劳动力走入市场还需要一定时间。2030 年前后中国将进入人口负增长阶段，鼓励生育的政策可能收效甚微，赡养老人的负担加重，而中国的发展需要越来越高水平的人力资本，因此会逐步普及高等教育并扩大研究生招生规模，青年人会在一个较长的时期内就读于学校，而无法投入到经济生产活动中。

（二）收入分配制度创新动力

随着中国人口增长速度逐渐降低，到 2030 年中国将进入人口负增长阶

---

① 此观点来源于韩国庆南大学金智美的《韩国人口结构老龄化及其课题》，文中资料来自韩国劳动研究院的“老龄化研究追踪调查”，分析认为，子女相对年轻或膝下子女较少的退休人员参与了“韩国国民年金”后，更愿意回到劳动力市场。

段，劳动力供给不足的问题将会愈加突出，就业压力会越来越小，新增人口的扩张性就业会越来越好。并且随着中国经济体制深化改革的不断推进，收入分配制度将会更加公平，人们感受到的来自制度的获得感增强，生活幸福指数提高。

从某种程度来说，收入分配既是经济增长的结果，又是决定经济增长的重要因素，收入差距的扩大不利于社会的稳定，会增强贫困人口的被剥夺感，造成社会动荡，调整和完善收入分配制度能够实现中国经济从机会均等到结果均等，缩小收入分配差距。有效缓解社会的矛盾和冲突，有利于收入分配更加公平，激发个人的人力资本和资源禀赋方面的潜力，调动人们生活和工作的积极性，促进经济的增长；有利于跨越中等收入陷阱，实现经济的再次增长，助力共同富裕和中国梦的实现。

（三）消费质量和市场容量提升动力

消费对经济发展的影响在前文已有叙述，尽管中国的社会保障覆盖范围不断扩大，但总体来看还处于较低层次。尤其是城乡贫富差距不断拉大，低收入群体依旧在总人口中占的比重较大，导致中国经济整体消费层次较低。较低的社会保障水平和低收入无法刺激消费需求层次由低到高的转变；反之，也正是由于消费者的整体购买能力和欲望较低，无法有效刺激生产领域向高层次转型升级，中国经济整体的生产结构不能得到有效的提升。

随着经济发展升级和资源优化配置的不断完善，人民的收入水平不断提升，消费领域由数量满足型向质量满足型方向转变，居民的公共消费品需求日益增加。通过较先进的消费文化和消费理念引导人们在消费领域的转型升级，提高享受资料和发展资料在消费领域中的比重，一方面有利于引导消费者提升消费质量，另一方面也有利于企业的转型升级。提升消费质量和消费层次，有利于促进消费者身心健康发展，提高消费力和生产力，从根本上促进经济的发展。

（四）人口空间回旋的动力

人口和资源的空间回旋是经济发展方式转变的动力。①人口规模的回旋。经济发展取决于市场，而市场又由分工、专业化、产业化等方面决定。人口规模越大则劳动力资源越丰富，从而有利于市场分工和专业化，也有利于区域的分工和专业化，促进经济增长。并且人口规模在分工深化、产业成长与价值链提升、创新与传统产业相容、参与国际竞争和全球化、人力资本投资积累和应对人口老龄化等方面也具有回旋空间和潜力（王金营和刘艳华，2020）。②区域空间的回旋。广袤的国土空间、不断完善的城市体系和各地区拥有的规模可观的人口，可以保证每个产业都有足够的劳动力投入，地区间产业的分布与产业体系完整，为承载产业的升级、分工和转移提供了足够的回旋空间。

改革开放以来，因受到地理因素、历史因素及政策因素等影响，中国东中西部在经济及产业的发展方面存在较大差异。人口分布方面，劳动人口向东部发达地区迁移。在劳动人口流动较为聚集的中国，人口空间回旋余地大。也就是说，可以通过政府创新性政策重新引导劳动人口流动方向，形成新的人口聚集模式，实现人口在空间方面的重新分布。产业结构方面，在资源禀赋存在地域差异的情况下，中国东中西部产业结构同样存在差异。在未来经济发展过程中，中国需要将东部产业结构及资本向中部及西部地区转移，实现产业结构及资本在空间上的合理分配。产业转移能够为流入的人才提供足够的就业空间，从而促使人才流动聚集，最终实现人口与资源的耦合，其中最为典型的是雄安新区的设立。资源空间回旋能够促进产业结构在地理空间上均衡化，实现区域相对聚集，促进中国东、中、西部地区经济均衡发展。而人是经济活动中的主要参与者，人口空间回旋能够实现人口流动聚集，促进中国经济发展。

小　结

人口通过各个方面的因素综合起来作用于经济发展以及经济发展方式的转变。未来中国将开启规模巨大的人口负增长时代，人口老龄化速度加快，老龄化程度加深，劳动力供给减少，劳动力老年负担加重，青少年比重低位运行，人口年龄活力持续降低。在这样的人口环境和条件约束下，未来经济发展方式将发生巨大转变。本章以此为切入口，阐述了人口约束下未来经济发展方式的转变，以及经济发展方式转变的目标和动力。

目前在中国不同区域及城乡之间发展不平衡、资源消耗大的情况下，既要保持中国经济持续中高速发展，又要着力于解决社会的主要矛盾，提升发展质量，转变发展理念，更好地满足人民在诸如政治、经济、文化、生态等方面的需要，这是未来中国经济发展方式转变的最终目标。具体来说，在新时代，新的人口发展情境下，转变经济发展方式的目标应该包括质量提升、结构升级、区域协调、福利增进、效率提高、环境保护和资源节约等，实现可持续的高质量发展。本章分别从经济规模、产业层面、区域层面、企业层面、国家层面和社会层面阐述经济发展方式转变的目的，并提出未来经济发展的动力在于：技术创新、结构调整、要素投入、收入分配和公共服务；与人口相关的城市化、消费结构升级、健康投资和新兴健康产业发展、人力资本投资和教育投资、区域人口分布优化与非均衡发展、资源禀赋优化配置；新的人口环境和条件下的制度创新。

第 八 章

人口约束下未来经济发展方式转变的系统模拟

如前面各章中，从理论到实证对经济发展方式转变中人口因素的影响均有较为充分的论证和阐述。特别是人口负增长将会对粗放的、单纯追求增长的，以及依赖投资扩张、劳动密集型、出口扩大的方式下的经济发展产生较强约束。目前来看，在不久的将来中国将会进入人口负增长的国家行列。人口已经呈负增长的国家中，日本是发达国家，而俄罗斯的经济处于中等水平阶段。人口减少对这些国家经济发展产生了许多困扰。人口进入负增长时中国将是一个拥有 14.5 亿人、经济处于中等水平的国家，经济总量增加的需求和愿望依然非常强烈和迫切，因而未来的经济增长和持续发展必须得到保障。那么，如何在人口负增长约束下实现经济高质量、可持续、中高速增长呢？在第三章和第七章给予了理论和定性分析。本章将采用系统动力学及仿真模拟方法，在人口负增长、人口老龄化加重、劳动力供给减少的条件下，用检验和模拟得到实现未来经济发展的方式、动力和途径。

第一节 人口与经济发展的系统动力学模型

改革开放以来，中国经济就保持着较高速度的发展趋势，实现了“中国速度”，取得了举世瞩目的成就。但是，不可否认中国仍然是一个发展中国家，按照人均 GDP 排位，在国际上也仅处于中等偏上收入国家行列。过去的高速增长，更多是建立在过度消耗资源、严重破坏生态环境的低质量之上，不仅导致了部分行业产能过剩，而且错过了科技创新与结构调整的有利时机。目前来看，数量型的发展方式和超高速的发展态势面对新的形势和条件都将无法维持，其背后付出的代价需要更长时间和更高成本去消弭。

党的十九大报告已经指出，“我国经济已由高速增长阶段转向高质量发展阶段，正处于转变发展方式、优化经济结构、转换增长动力的攻关期”。[①]当然，在这个转变过程中经济结构需要优化、发展方式需要转变、增长动力需要转换，在新的经济发展阶段和已经转变了的人口发展背景下建设现代化经济体系，转变经济发展途径是中国未来经济发展急迫需要解决的重要课题。经济发展方式的转变是经济增长的内在要求，也是促进经济增长的强大动力。因此，探索未来经济发展方式转变的途径至关重要。当经济向高质量发展转变时，需要贯彻落实新发展理念的要求，是新经济发展方式的必然体现，更是跨越中等收入陷阱，实现可持续发展的支撑。同时，我们还需要探寻中国未来经济发展方式转变的具体途径和具体措施。

中国在摒弃传统型只重视经济增长速度而忽视经济发展质量的模式，着手改善经济结构，形成可持续、稳增长的经济发展态势，适应经济新常态的经济发展理念。那么，新时代背景下中国经济发展的潜力在哪里？韧性是否足够好？回旋空间是否足够大？经济运行能否保持在合理区间？如何正确认识中国未来经济发展的新特征，如何研判未来经济发展方式转变的途径，这些都已成为当前理论和实证亟待解决的难题，也是政策制定者必须考虑如何应对和解决的问题。

为此，需要对人口与经济、人口发展与经济发展及其方式转变进行复杂系统仿真模拟。为什么需要系统动力学的系统仿真模拟呢？因为人口与经济发展及人口与经济发展方式转变是非常复杂的系统，包括人口子系统、资源环境子系统、经济发展子系统。经济发展是一个复杂的系统，与人口、资

---

① 习近平：决胜全面建成小康社会 夺取新时代中国特色社会主义伟大胜利——在中国共产党第十九次全国代表大会上的报告[EB/OL]. http://www.xinhuanet.com/politics/19cpcnc/2017-10/27/c_1121867529.htm[2017-10-27]。

源、环境、公共服务等系统关联密切。当然，本章的模拟不可能也不能够全部对这一复杂的系统进行面面俱到的非常庞大而精准的仿真，主要的目的是聚焦于人口发展约束下探寻经济发展方式的动力转变和途径转换以及这些转变所形成的可能经济效果和资源环境效果，为制定相应政策支持体系提供实证依据。

未来经济发展方式的转变必须依托于科学、准确、符合可持续发展理念和新发展理念的途径。为此，本节主要采用系统动力学进行建模，探讨并分析中国未来经济发展方式转变的可能途径。系统动力学是美国麻省理工学院福雷斯特教授创立的一门新兴学科[①]。它按照系统内部的微观联系建立系统的动态模型，并借助于数学和计算机编程进行仿真，以处理行为随时间变化的系统问题，其基础是通过实验方法认识系统的行为，为管理决策者提供决策的依据。系统动力学是系统理论与计算机仿真紧密结合的一门学科，主要以系统论、控制论、信息论等理论为基础，依据计算机技术，通过对系统的控制和信息反馈等环节来反映系统的动态机制，进行仿真实验，是对人口与经济、社会、产业、生态等方面发展情境进行展示的工具，其目的是认识和预测系统的结构，设计最佳参数，为制定合理的政策提供依据。

本节所建立的系统动力学模型包括人口、经济、科技、能源、环境五个简化版子系统，共建立了 1 个流位变量，即人口总量；2 个流率变量，分别是出生人口和死亡人口；74 个辅助变量；3 个常量；8 个因子，作为外生调节变量来处理，用于模拟不同情景下，其对经济、能源、环境的影响。整个仿真系统共建立 93 个方程。

一、人口子系统模型

人口子系统综合考虑人口城乡结构、人口年龄结构、人口就业水平、人口就业结构、人口教育结构等各方面因素。本系统中的出生率、死亡率、城镇化率、老年人口比重（老龄化水平）等参数均来自第六章的预测结果，以此作为输入变量，考察其对经济、能源和环境的影响。

---

① 关于系统动力学的理论和建模参见：福雷斯特 J W. 1986. 系统原理[M]. 王洪斌译. 北京：清华大学出版社。

从图 8-1 中可以看出人口总量与出生人口和死亡人口是密切相关的，出生人口对人口总量起着促进作用，而死亡人口对人口总量起着削减的作用。其中，人口总量中的城镇化率会影响城乡结构。青少年是决定人口年龄结构中 0～14 岁人口的关键指标；15～64 岁人口是劳动年龄人口，劳动参与率反映了劳动年龄人口的就业水平，它们共同决定着就业人口规模，从而也会对就业人口和就业结构产生影响；65 岁及以上人口所占总人口的比重决定着老龄化的程度和劳动力养老负担的大小。而在考虑受教育水平参数基础上可以从人口总量中分析出各个学历人口特别是大专及以上人口的比重，以此来分析未来人口的教育结构变动以及人力资本水平。

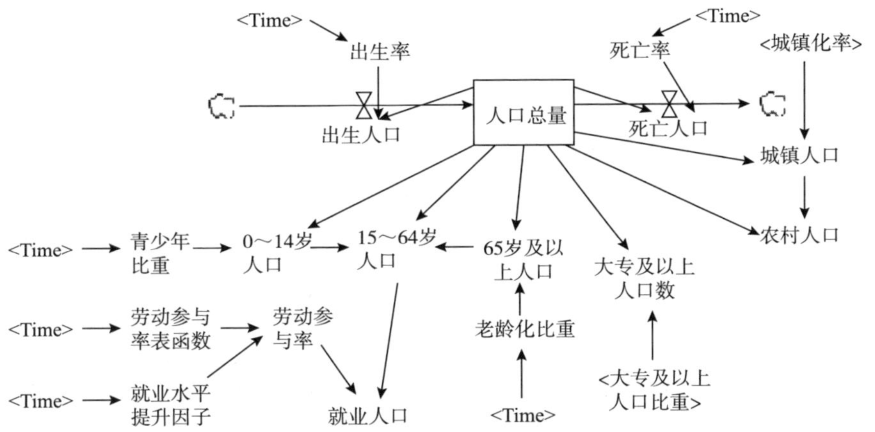

图 8-1　人口子系统

<Time>代表时间变量，对模型模拟的起始时间进行界定，是其所指向的变量的影响因素，下文同此

第六章利用人口发展的基本方程进行了多方案预测，本章将预测的主要结果（包括出生率、死亡率、城镇化率、年龄结构、受教育结构等）导入下列方程，组成动力系统的人口子系统的运行方程：

$$人口总量 = \text{INTEG}\left(出生人口-死亡人口,126\,743\right)$$

$$出生人口 = 人口总量 \times 出生率$$

$$死亡人口 = 人口总量 \times 死亡率$$

$$城镇人口 = 人口总量 \times 城镇化率$$

农村人口＝人口总量－城镇人口

0～14岁人口＝人口总量×青少年比重

15～64岁人口＝人口总量－0～14岁人口－65岁及以上人口

65岁及以上人口＝人口总量×老龄化比重

就业人口=15～64岁人口×劳动参与率

一产从业人员＝就业人口×一产从业人员占比

二产从业人员＝就业人口×二产从业人员占比

三产从业人员＝就业人口×三产从业人员占比

二、经济子系统模型

根据柯布-道格拉斯资本促进型总量生产函数，将从业人数、资本存量、技术进步（用 TFP 表征），人力资本（用大专及以上人口比重表征），纳入 GDP 的影响因素，分别建立一、二、三产业的总量生产函数，进而计算全国的 GDP。其中，根据对模型的计量分析和检验分析的结果，选择技术进步、人力资本因素均内生性作用于资本存量的模型，即资本促进型模型作为经济产出的基本模型。TFP 数据来自第五章表 5-11 的计算结果。根据测算，2018 年中国第三产业劳动生产率仅为美国的 15.7%[①]，将第三产业劳动生产率提升系数设为 1.04，即第三产业劳动生产率年增长率为 4%，到 2050 年可达到美国第三产业劳动生产率的 50%。

资本存量是投资积累形成的，而投资是消费引致的，因而资本存量大小与消费规模有着紧密联系，其决定因素设定为居民消费规模。尽管消费与投资在 GDP 核算中互为消减，但是从理论上看投资是消费引致的变量，消费规模的大小决定着产出规模（凯恩斯总需求决定总产出方程），进而决定着资本的积累和大小，因此二者具有高度的关联性。为此，我们在构建人口-经济仿真系统时，从供给侧将人口看作生产者，讨论劳动供给变动对经济增长和发展的影响；从需求侧将人口作为消费者，其消费会引致投资和资本积累，讨论其对经济发展的影响。我们需要改变以往研究消费与投资的互为消

① 中国数据来自中国国家统计局，美国数据来自美国商务部经济分析局。第三产业全员劳动生产率=第三产业 2018 年不变价美元 GDP/第三产业年均就业人员。

减的关系。在该经济子系统中，我们还考虑了三次产业的就业结构、投资结构及产值产业结构。

如图 8-2 所示，可以看出产业结构中的就业人口数以及资本存量的路径选择，都会对产值产业结构产生影响，从而也会成为 GDP 和人均 GDP 的影响因素。GDP 是判定一个国家产出能力的重要指标，该经济子系统将人口的就业结构和投资结构与 GDP 联系起来，动态分析其在总量生产函数下对产出 GDP 的影响。

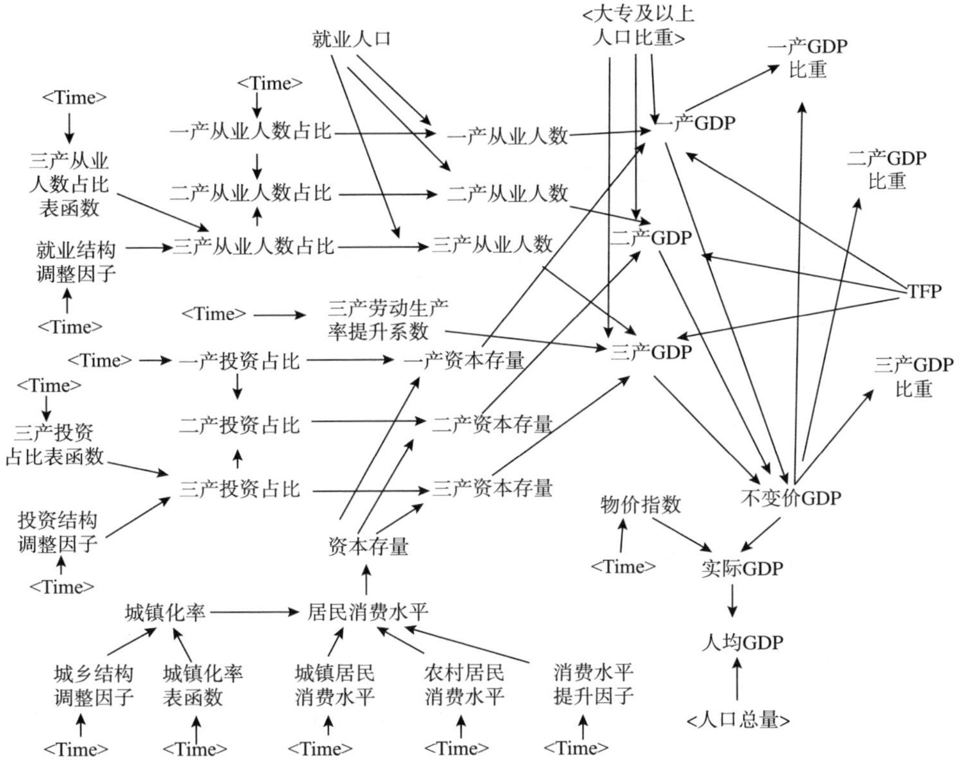

图 8-2　经济子系统

经济子系统主要方程式如下①：

① 经济子系统主要方程的参数检验和估计过程在这里省略，所有方程的参数估计和整体模型均通过显著性检验。

$$一产GDP = \exp(1.55508) \times 一产从业人数^{0.7289854} \times (TFP \times 大专及以上人口比重 \times 一产资本存量)^{0.2710146}$$

$$二产GDP = \exp(3.131889) \times 二产从业人数^{0.6446785} \times (TFP \times 大专及以上人口比重 \times 二产资本存量)^{0.3553215}$$

$$三产GDP = \exp(2.626764) \times 三产从业人数^{0.6664074} \times (TFP \times 大专及以上人口比重 \times 三产资本存量)^{0.3335926} \times 劳动生产率调整系数$$

$劳动生产率调整系数 = 1.04$

$不变价GDP = 一产GDP + 二产GDP + 三产GDP$

$实际GDP = 不变价GDP \times 物价指数$

$人均GDP = 实际GDP/人口总量$

$TFP = \exp(-3.070242) \times 发明专利授权量^{0.0250698}$

$资本存量 = -57592.72 + 28.77187 \times 居民消费水平$

$$居民消费水平 = [农村居民消费水平 \times (1-城镇化率) + 城镇居民消费水平 \times 城镇化率] \times 消费水平提升因子$$

$一产GDP比重 = 一产GDP/GDP$

$二产GDP比重 = 二产GDP/GDP$

$三产GDP比重 = 三产GDP/GDP$

三、能源子系统模型

能源消耗总量由生活性能源消耗量和生产性能源消耗量两部分构成，图 8-3 显示的是能源子系统的结构流图。生活性能源消耗量按城镇和农村分别计算，但也会受到城镇居民和农村居民消费水平的影响。生产性能源消耗量按照三大产业分别计算，但也会受到产业能源强度的影响。该能源子系统反映了人口城乡结构和经济产业结构对能源消耗的影响。

能源子系统主要方程式如下：

$一产能源消耗量 = 一产GDP \times 一产能源强度$

二产能源消耗量＝二产GDP×二产能源强度

三产能源消耗量＝三产GDP×三产能源强度

农村人均生活能源消耗＝54.581 67＋0.014 314 9×农村居民消费水平

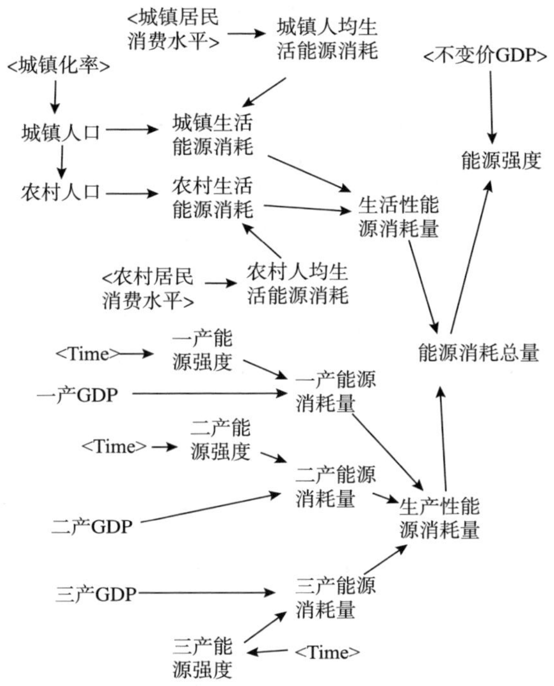

图 8-3　能源子系统

农村生活能源消耗＝农村人口×农村人均生活能源消耗/1000

生产性能源消耗量＝一产能源消耗量＋二产能源消耗量＋三产能源消耗量

生活性能源消耗量＝农村生活能源消耗＋城镇生活能源消耗

能源强度＝能源消耗总量/GDP

能源消耗总量＝生产性能源消耗量＋生活性能源消耗量

四、环境子系统模型

我们构建的环境子系统模型中碳排放总量按照煤炭、石油、天然气和非碳基能源四种能源种类分别计算，能源消耗总量是影响碳排放总量的主要因素。同时该环境子系统主要考虑了能源消费结构对碳排放的影响。图 8-4 显

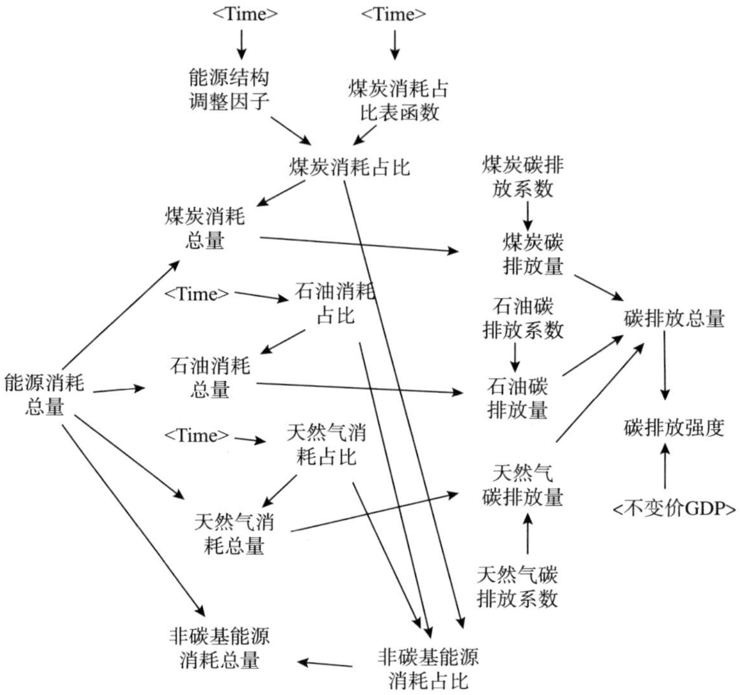

图 8-4 环境子系统

示的是环境子系统的结构流图。

环境子系统主要方程式如下：

煤炭消耗总量＝能源消耗总量×煤炭消耗占比

石油消耗总量＝能源消耗总量×石油消耗占比

天然气消耗总量＝能源消耗总量×天然气消耗占比

非碳基能源消耗总量＝能源消耗总量×非碳基能源消耗占比

非碳基能源消耗占比＝1−煤炭消耗占比−石油消耗占比−天然气消耗占比

碳排放强度＝碳排放总量/GDP

煤炭碳排放系数＝0.7559

石油碳排放系数＝0.5538

天然气碳排放系数＝0.409

煤炭碳排放量＝煤炭消耗总量×煤炭碳排放系数

石油碳排放量＝石油消耗总量×石油碳排放系数

天然气碳排放量＝天然气消耗总量×天然气碳排放系数

碳排放总量＝煤炭碳排放量＋石油碳排放量＋天然气碳排放量

五、科技子系统模型

该科技子系统将科研经费投入和大专及以上人口比重作为发明专利授权量的影响因素，其中科研经费投入受技术创新加强因子和科研经费投入表函数影响，大专及以上人口比重受教育经费的投入情况影响，如图 8-5 所示。此图反映了对技术创新的重视和人口素质的提升对技术进步的影响。

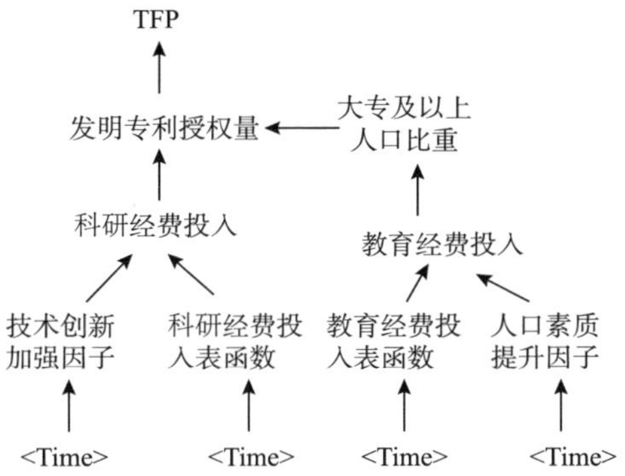

图 8-5　科技子系统

科技子系统主要方程式如下[①]：

$$发明专利授权量 = \exp(-0.235\,635\,9) \times 大专及以上人口比重^{0.103\,719\,3} \times 科研经费投入^{1.334\,246}$$

$$大专及以上人口比重 = 教育经费投入^{0.000\,002\,39} + 0.037\,433\,6$$

人口子系统与经济子系统通过就业人口变量、消费函数及资本积累相联系，经济子系统与科技子系统通过变量发明专利授权量相联系，经济子系统与能源子系统通过变量一产 GDP、二产 GDP、三产 GDP 相联系，人口子系统与能源子系统通过变量农村人口、城镇人口相联系，能源子系统与环境子系统通过变量能源消耗总量相联系。五个子系统相互联系，组成总系统如图 8-6 所示。

① 系统中的模型通过了显著性检验。这里受篇幅限制略去数据和检验过程。

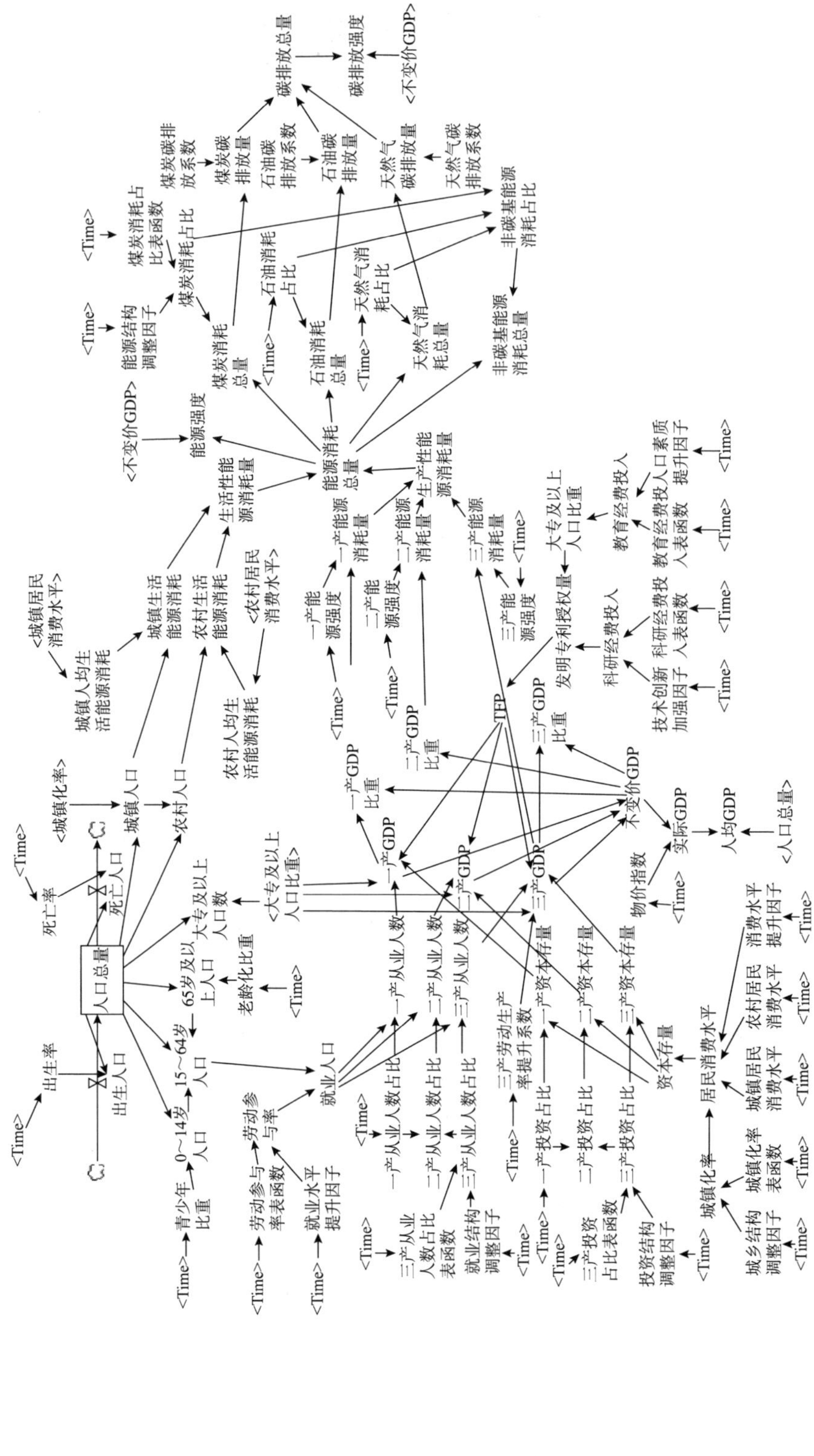

图8-6 人口-经济仿真系统总流图

人口子系统、经济子系统、能源子系统、环境子系统、科技子系统在人口-经济仿真系统中相互联系，互为影响。其中，人口的出生率和死亡率决定了人口总量规模，人口总量与人口年龄结构会影响劳动年龄人口，劳动年龄人口与就业率决定了就业人口总数，就业人口总数与人口就业结构决定了三大产业的从业人数，从而影响三大产业 GDP 结构，对经济产业结构产生影响。随着城镇化率的提高，居民消费水平不断提高，内需的扩大必然呼唤更多的投资，刺激资本存量的增长，资本存量与投资结构决定了三次产业的资本存量，从而影响三次产业 GDP 结构，对经济产业结构产生影响。三次产业的能源强度存在显著差异，第二产业能源强度最高。因此，通过产业结构的调整，提高第三产业的比重，必然会带来整体生产性能源消耗量的降低。城镇与农村人口也会在能源消耗水平上存在差异，因而城镇化率的提高，必然带来居民整体生活性能源消耗量的增加。随着科研经费和教育经费的投入，发明专利授权量将不断增加，其表征的技术进步将对 TFP 起到积极的促进作用，进而提高三次产业的增加值。技术进步也有利于能源强度的降低，从而降低生产性能源消耗量。生产性能源消耗量与生活性能源消耗量共同组成了能源消耗总量。能源消耗总量与能源结构决定了各类能源的消耗量，由于不同种类的能源碳排放系数不同，因此调整能源结构，降低化石能源消费比重，将有利于碳排放总量的减少。总之，各系统间相互联系，互为影响。

第二节 人口与经济系统模型检验

在系统动力学模型进行仿真运行之前，首先要进行系统拟合值检验，验证仿真模型的有效性。选取仿真系统 2000 年至 2019 年的拟合值与实际值进行比较，根据误差率的大小来判断模型的有效性。

一、人口总量的拟合值与实际值比较

对 2000～2019 年人口总量的拟合值与实际值进行比较，如表 8-1 所

示，可以发现系统仿真预测的人口总量和实际的人口总量数据整体发展趋势相同，均呈逐渐上升趋势，最大相对误差为 0.001 4，模拟结果较好，通过有效性检验。说明人口模型中的人口预测有效，符合人口问题的定性描述，仿真模型在预测未来总人口上具有一定的参考意义。

表 8-1　2000～2019 年人口总量的拟合值与实际值比较

年份	人口总量实际值/万人	人口总量拟合值/万人	绝对误差/万人	相对误差
2000	126 743	126 743	0	0.000 00
2001	127 627	127 667	−40	−0.000 31
2002	128 453	128 525	−72	−0.000 56
2003	129 227	129 329	−102	−0.000 79
2004	129 988	130 099	−111	−0.000 85
2005	130 756	130 866	−110	−0.000 84
2006	131 448	131 599	−151	−0.001 15
2007	132 129	132 289	−160	−0.001 21
2008	132 802	132 968	−166	−0.001 25
2009	133 450	133 632	−182	−0.001 36
2010	134 091	134 279	−188	−0.001 40
2011	134 735	134 923	−188	−0.001 40
2012	135 404	135 582	−178	−0.001 31
2013	136 072	136 253	−181	−0.001 33
2014	136 782	136 945	−163	−0.001 19
2015	137 462	137 643	−181	−0.001 32
2016	138 271	138 389	−118	−0.000 85
2017	139 008	139 022	−14	−0.000 10
2018	139 538	139 492	46	−0.000 33
2019	140 005	140 083	−78	−0.000 56

由图 8-7 可以看出，人口子系统仿真模型的拟合程度较好，通过有效性检验。可以用于人口-经济-资源-环境的系统仿真。

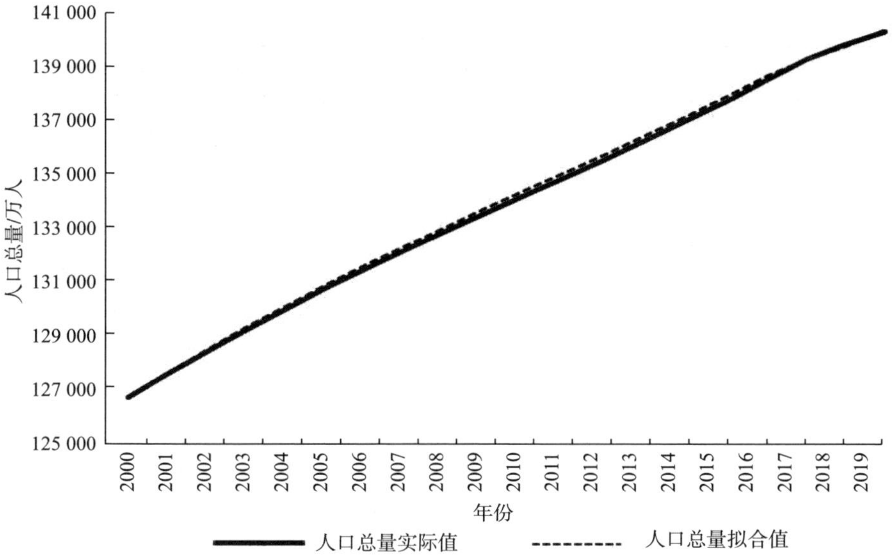

图 8-7　2000～2019 年人口总量的拟合值与实际值比较

二、GDP 的拟合值与实际值比较

对经济子系统中的 GDP 总量进行检验。将仿真模拟出的 2000～2019 年中国 GDP 数据与实际 GDP 数据进行比较，结果如表 8-2 所示。

表 8-2　2000～2019 年 GDP 的拟合值与实际值比较

年份	GDP 实际值/亿元	GDP 拟合值/亿元	绝对误差/亿元	相对误差
2000	100 280	100 033	247	0.002 5
2001	110 863	110 813	50	0.000 5
2002	121 717	123 328	−1 611	−0.013 1
2003	137 422	136 124	1 298	0.009 5
2004	161 840	160 788	1 052	0.006 5
2005	187 319	186 223	1 096	0.005 9
2006	219 439	218 542	897	0.004 1
2007	270 232	271 986	−1 754	−0.006 4
2008	319 516	314 373	5 143	0.016 4
2009	349 081	347 651	1 430	0.004 1

续表

年份	GDP 实际值/亿元	GDP 拟合值/亿元	绝对误差/亿元	相对误差
2010	413 030	411 968	1 062	0.002 6
2011	489 301	491 799	–2 498	–0.005 1
2012	540 367	544 478	–4 111	–0.007 5
2013	595 244	601 471	–6 227	–0.010 4
2014	643 974	646 851	–2 877	–0.004 4
2015	689 052	691 358	–2 306	–0.003 3
2016	743 586	752 433	–8 847	–0.011 8
2017	832 036	832 771	–735	–0.000 9
2018	919 281	916 239	3 042	0.003 3
2019	990 865	985 975	4 890	0.005 0

经济模型模拟的 GDP 数据和实际的 GDP 数据比较吻合，整体发展呈逐渐上升趋势，误差较小，最大相对误差为 0.0164，如图 8-8 所示。表明模型对于 2000～2019 年实际情况的模拟拟合程度较好，通过有效性检验；表明本章建立的人口-经济-资源-环境的简化动力系统可以用于未来的系统仿真，数据结果应该可信，并具有一定的参考价值。

根据误差分析，GDP 拟合值与实际值拟合程度较好，通过有效性检验。

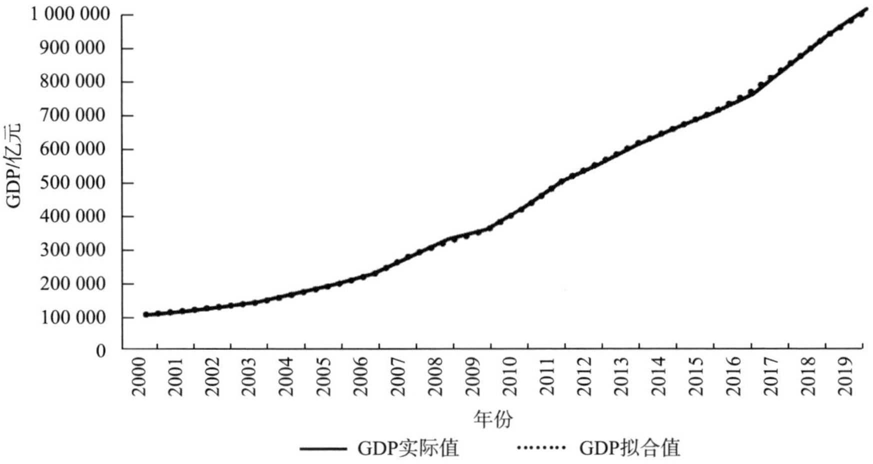

图 8-8　2000～2019 年 GDP 的拟合值与实际值比较

三、能源消费总量的拟合值与实际值比较

对能源子系统中的能源消费总量进行检验。将仿真模拟出的 2000～2019 年能源消费总量情况，与实际能源消费总量进行比较。结果如表 8-3 所示。

表 8-3　2000～2019 年能源消费总量的拟合值与实际值比较

年份	能源消费总量实际值/万吨	能源消费总量拟合值/万吨	绝对误差/万吨	相对误差
2000	146 964	146 352	–612	–0.004 2
2001	155 547	155 317	–230	–0.001 5
2002	169 577	170 298	721	0.004 3
2003	197 083	198 119	1 036	0.005 3
2004	230 281	231 553	1 272	0.005 5
2005	261 369	259 255	–2 114	–0.008 1
2006	286 467	285 661	–806	–0.002 8
2007	311 442	309 933	–1 509	–0.004 8
2008	320 611	320 104	–507	–0.001 6
2009	336 126	335 377	–749	–0.002 2
2010	360 648	358 708	–1 940	–0.005 4
2011	387 043	385 752	–1 291	–0.003 3
2012	402 138	401 203	–935	–0.002 3
2013	416 913	415 738	–1 175	–0.002 8
2014	425 806	426 232	426	0.001 0
2015	429 905	430 886	981	0.002 3
2016	435 819	436 426	607	0.001 4
2017	448 529	449 518	989	0.002 2
2018	464 000	468 882	4 882	0.010 5
2019	486 000	488 211	2 211	0.004 5

模型模拟的能源消费总量和实际的能源消费总量比较吻合，整体发展呈逐渐上升趋势，如图 8-9 所示。误差较小，最大相对误差为 0.0105，能源子系统仿真模型模拟拟合程度较好，通过有效性检验。仿真模型对能源消费总

量预测有效，预测数据具有一定的参考意义。

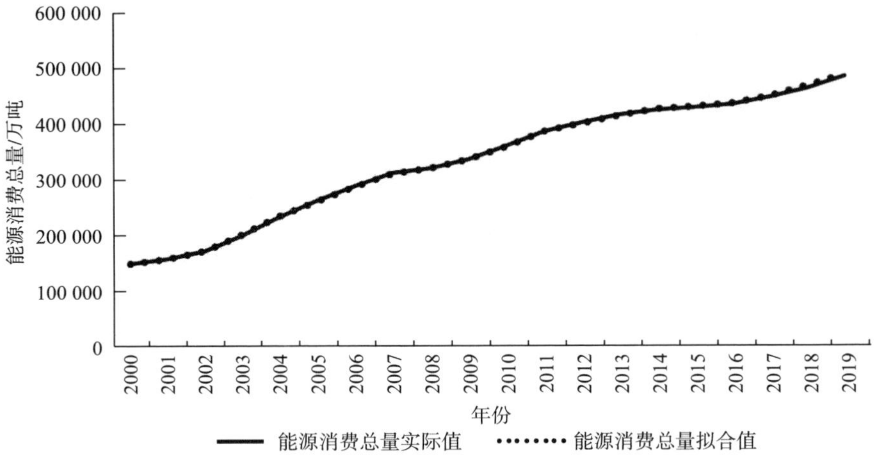

图 8-9　2000～2019 年能源消费总量的拟合值与实际值比较

根据误差分析，能源子系统仿真模型的拟合程度较好，通过有效性检验。

四、碳排放总量的拟合值与实际值比较

对环境子系统中的碳排放总量进行检验。将仿真模拟出的 2000～2019 年碳排放总量情况，与实际碳排放总量进行比较，结果如表 8-4 所示。

表 8-4　2000～2019 年碳排放总量的拟合值与实际值比较

年份	碳排放总量实际值/万吨	碳排放总量拟合值/万吨	绝对误差/万吨	相对误差
2000	95 324.6	95 723	–398	–0.004 2
2001	99 742.0	99 890	–148	–0.001 5
2002	109 122.2	108 660	462	0.004 2
2003	128 372.5	127 701	672	0.005 2
2004	149 741.4	148 919	822	0.005 5
2005	171 370.2	172 768	–1 398	–0.008 2
2006	187 701.7	188 231	–529	–0.002 8
2007	203 821.2	204 814	–993	–0.004 9
2008	207 390.1	207 719	–329	–0.001 6

续表

年份	碳排放总量实际值/万吨	碳排放总量拟合值/万吨	绝对误差/万吨	相对误差
2009	217 259.3	217 745	−486	−0.002 2
2010	229 301.4	230 542	−1 241	−0.005 4
2011	248 672.9	249 505	−832	−0.003 3
2012	253 978.1	254 570	−592	−0.002 3
2013	260 926.4	261 664	−738	−0.002 8
2014	262 102.6	261 841	262	0.001 0
2015	260 945.8	260 352	594	0.002 3
2016	259 952.5	259 591	362	0.001 4
2017	264 321.7	263 740	582	0.002 2
2018	270 303.8	267 489	2 815	0.010 5
2019	278 940.4	277 677	1 263	0.004 5

模型模拟的碳排放总量和实际的碳排放总量比较吻合，整体发展呈上升趋势，如图 8-10 所示。误差较小，最大相对误差为 0.0105，说明环境子系统仿真模型模拟拟合程度较好，通过有效性检验。仿真模型对碳排放总量预测有效，预测数据具有一定的参考意义。

根据误差分析，环境子系统仿真模型的拟合程度较好，通过有效性检验。

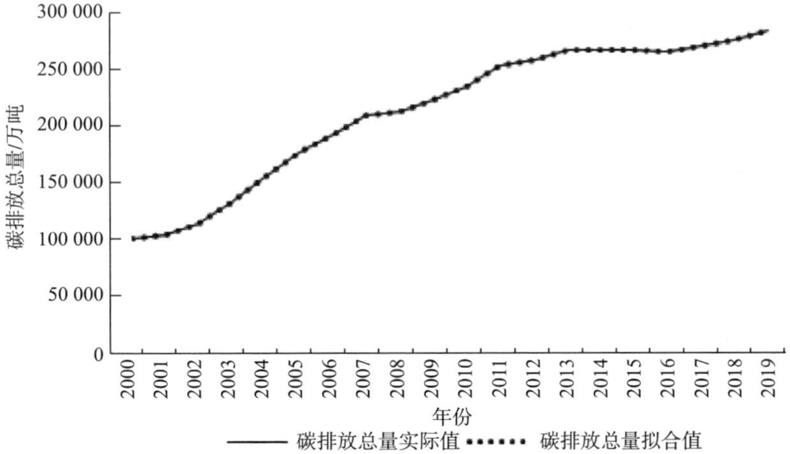

图 8-10　2000～2019 年碳排放总量的拟合值与实际值比较

第三节　保持 2000～2019 年经济发展方式转变态势的效果仿真

模型检验通过之后，即进行模型仿真，仿真运行时间为 2020 年至 2050 年。为了更好地反映出经济发展方式转变所带来的效果，本节假设在保持原有（2000～2019 年）经济发展方式转变态势的情况下，即在既定人口发展趋势、城镇化、产业结构、教育和人力资本水平、技术水平变动态势下，对未来可能的经济发展和资源环境效果进行仿真，其结果可作为比照经济发展方式发生较大转变下效果的参照方案。换言之，我们转变各项表征经济发展方式的指标，进行系统仿真模拟，获得各种输出结果，与本节所获得的结果进行比较，以显示出经济发展方式转变带来的经济总量、经济结构、资源消耗、环境改善等效果。

一、人口系统仿真结果

1. 人口总量

仿真模型对中国人口总量设置了三种方案：高人口方案、中人口方案和低人口方案。如图 8-11 所示，高人口方案在 2034 年达到峰值，最高人口达 145 598 万人，之后将进入人口负增长阶段，到 2050 年，全国人口总量将减少为 140 718 万人。中人口方案在 2029 年达到峰值，最高人口达 143 606 万人，之后将进入人口负增长阶段，到 2050 年，全国人口总量将减少为 134 338 万人。低人口方案在 2026 年达到峰值，最高人口达 142 598 万人，之后将进入人口负增长阶段，到 2050 年，全国人口总量将减少为 130 417 万人。

2. 人口城乡结构

根据仿真模型运行结果，中国城镇化率增长迅速，到 2030 年达到 64%，之后增长缓慢，到 2050 年达到 70%。随着城镇化进程的加快，城镇

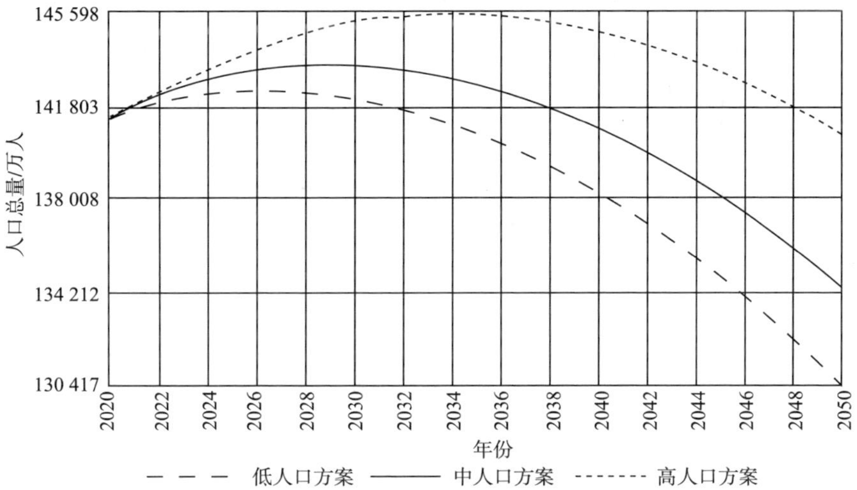

图 8-11 2020～2050 年人口总量仿真结果

由于纵轴数据进行过舍入修约，数值之间不严格等差，余同

人口总体呈增加趋势。如图 8-12 所示，高人口方案下，城镇人口逐年增加，到 2050 年将增至 98 502 万人。中人口方案下，城镇人口于 2044 年达到峰值，增至 94 562 万人，之后逐年减少，到 2050 年，城镇人口将减至 94 036 万人。低人口方案下，城镇人口于 2041 年达到峰值，增至 92 581 万人，之后逐年减少，到 2050 年，城镇人口将减至 91 292 万人。

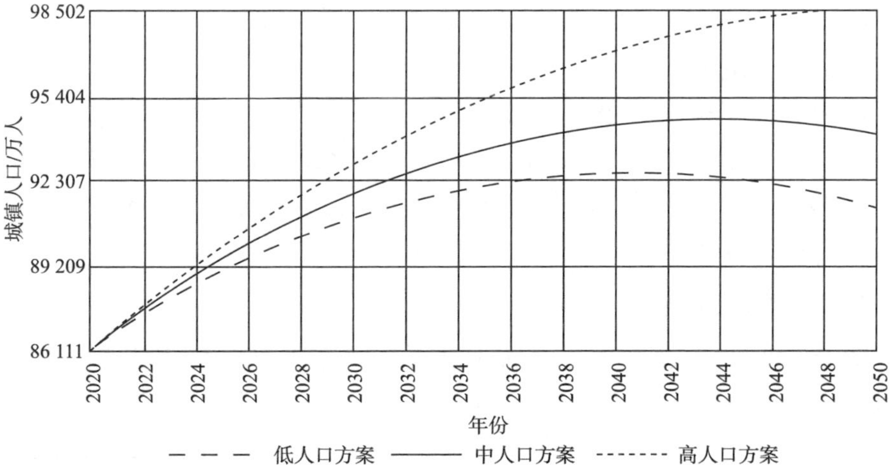

(a) 城镇人口

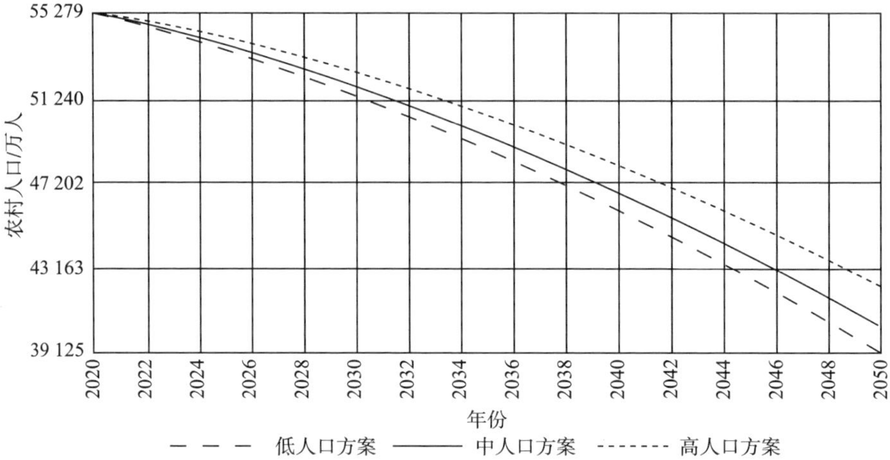

（b）农村人口

图 8-12　2020～2050 年人口城乡结构仿真结果

3. 人口年龄结构

随着出生率的持续走低，0～14 岁人口数不断减少，到 2050 年，高人口方案下，0～14 岁人口数将减至 21 542 万人；中人口方案下，0～14 岁人口数将减至 17 908 万人；低人口方案下，0～14 岁人口数将减至 15 804 万人。

中国 15～64 岁劳动年龄人口数呈现减少的趋势，人口红利逐渐消失。到 2050 年，高人口方案下，15～64 岁人口数将减至 81 343 万人。中人口方案下，15～64 岁人口数将减至 78 569 万人。低人口方案下，15～64 岁人口数将减至 76 678 万人。

随着老龄化程度的不断加深，65 岁及以上人口数不断增加，到 2050 年，高人口方案下，65 岁及以上人口数将增至 37 832 万人；中人口方案下，65 岁及以上人口数将增至 37 860 万人；低人口方案下，65 岁及以上人口数将增至 37 934 万人，如图 8-13 所示。

4. 人口就业结构

随着产业结构的调整，一产从业人数不断减少，高人口方案、中人口方案和低人口方案对一产从业人数影响不大，到 2050 年，一产从业人数减至 3806 万人左右；二产从业人数呈现先增长后减少的趋势，到 2050 年，高人口方案下，二产从业人数减至 18 087.5 万人左右；中人口方案下，二产从

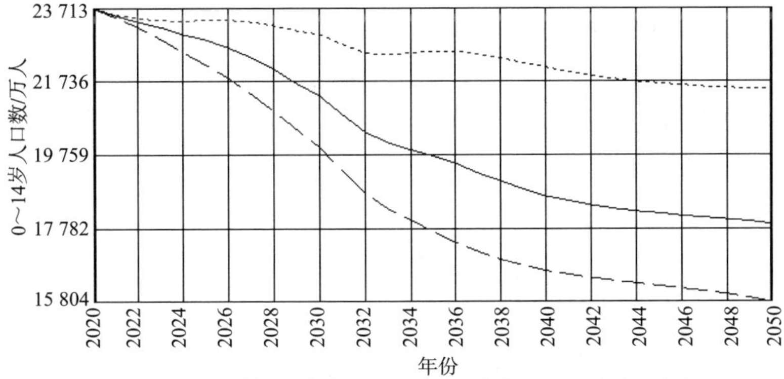

— — — 低人口方案——— 中人口方案------ 高人口方案

（a） 0～14岁人口

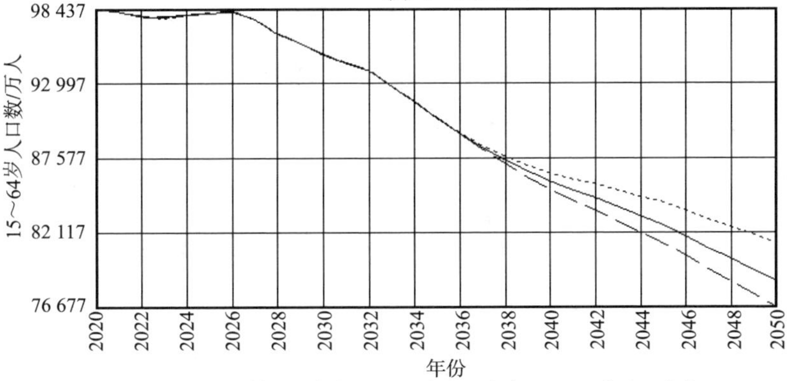

— — — 低人口方案——— 中人口方案------ 高人口方案

（b） 15～64岁人口

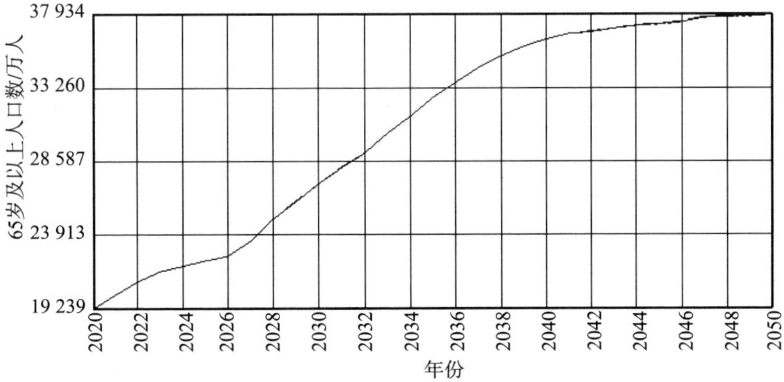

— — — 低人口方案——— 中人口方案------ 高人口方案

（c） 65岁及以上人口

图 8-13　2020～2050 年人口年龄结构仿真结果

业人数减至 17 470.6 万人左右；低人口方案下，二产从业人数减至 17 050.1 万人左右；三产从业人数呈现先增长后减少的趋势，到 2050 年，高人口方案下，三产从业人数将增至 33 188 万人；中人口方案下，三产从业人数将增至 32 056.2 万人；低人口方案下，三产从业人数将增至 31 284.6 万人，如图 8-14 所示。

二、能源系统仿真结果

随着中国经济的不断发展，对能源利用的需求逐渐增加，中国能源消耗总量快速增长。高人口方案下，到 2050 年能源消耗总量将增至 894 589 万吨标准煤。中人口方案下，2050 年能源消耗总量将增至 868 543 万吨标准煤。低人口方案下，2050 年能源消耗总量将增至 851 491 万吨标准煤。

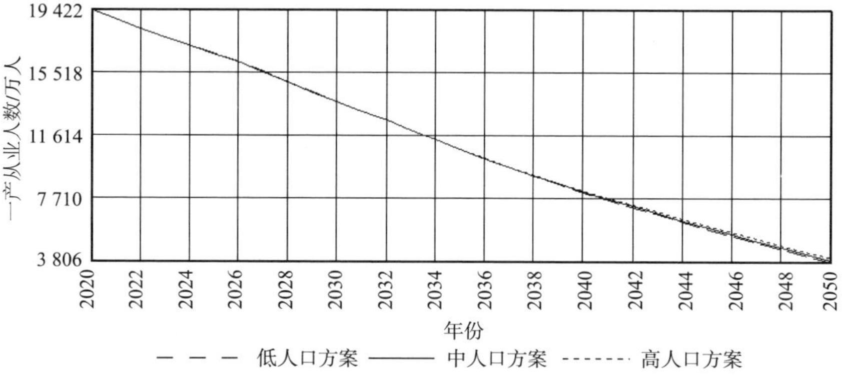

(a) 一产从业人数

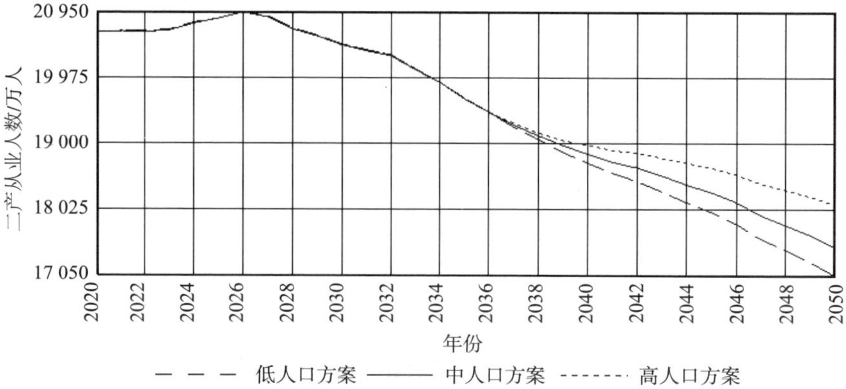

(b) 二产从业人数

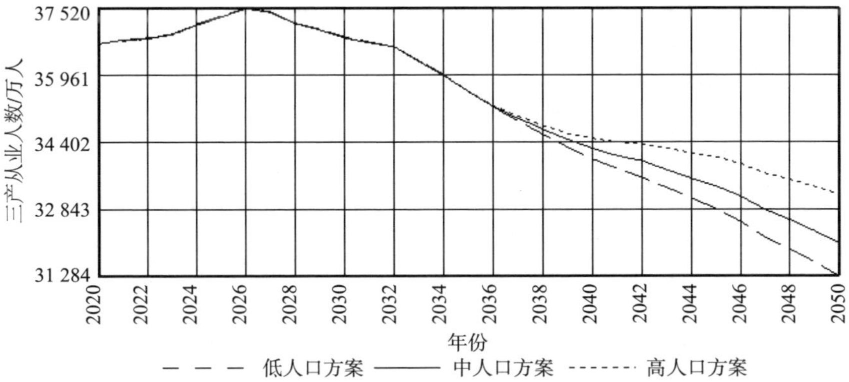

(c) 三产从业人数

图 8-14　2020～2050 年三大产业从业人数仿真结果

2000～2050 年，中国能源强度呈现明显的逐渐降低趋势。高人口方案下，到 2050 年，中国能源强度将降低至 0.762 215 吨标准煤/万元。中人口方案下，到 2050 年，中国能源强度将降低至 0.757 093 吨标准煤/万元。低人口方案下，到 2050 年，中国能源强度将降低至 0.754 209 吨标准煤/万元。如图 8-15 所示。

三、环境系统仿真结果

随着能源消耗量的不断增长，中国碳排放总量也在逐年增加。高人口方案下，到 2050 年碳排放总量将增至 512 587 万吨二氧化碳当量。中人口方

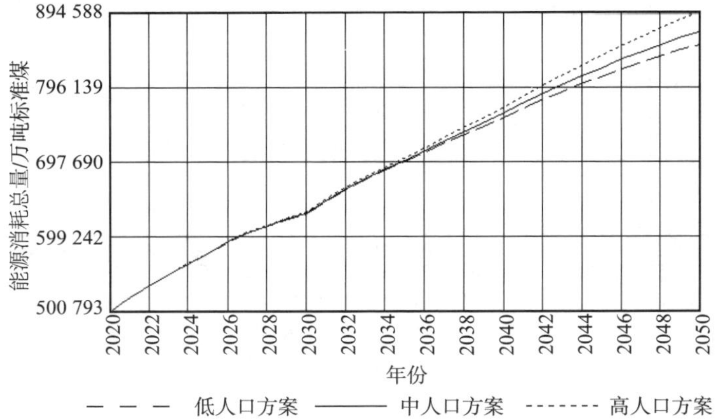

(a) 能源消耗总量

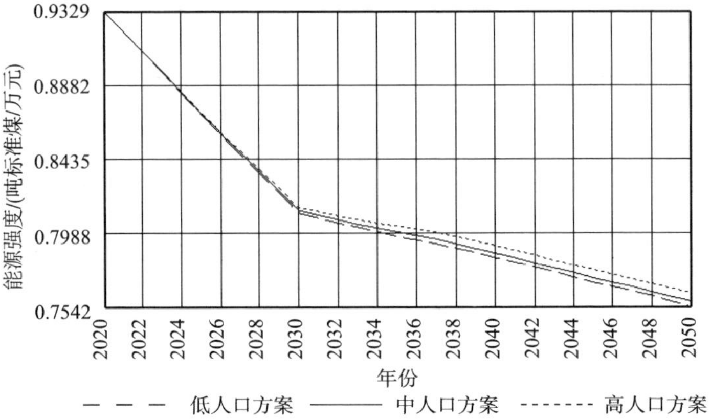

(b) 能源强度

图 8-15 2020～2050 年能源强度和能源消耗总量仿真结果

案下，2050 年碳排放总量将增至 497 663 万吨二氧化碳当量。低人口方案下，2050 年碳排放总量将增至 487 892 万吨二氧化碳当量。

中国碳排放强度呈现出明显的降低趋势。高人口方案下，到 2050 年碳排放强度将降至 0.436 739 吨二氧化碳当量/万元。中人口方案下，到 2050 年碳排放强度将降至 0.433 804 吨二氧化碳当量/万元。低人口方案下，到 2050 年碳排放强度将降至 0.432 151 吨二氧化碳当量/万元。如图 8-16 所示。

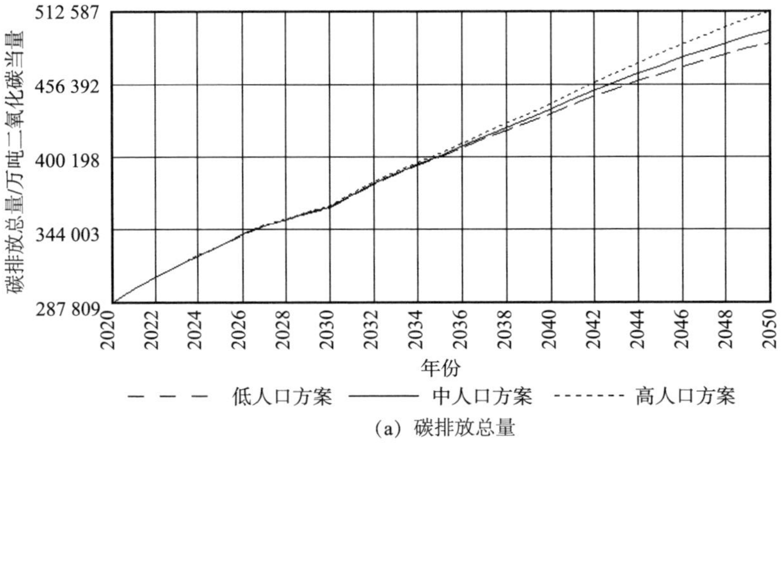

(a) 碳排放总量

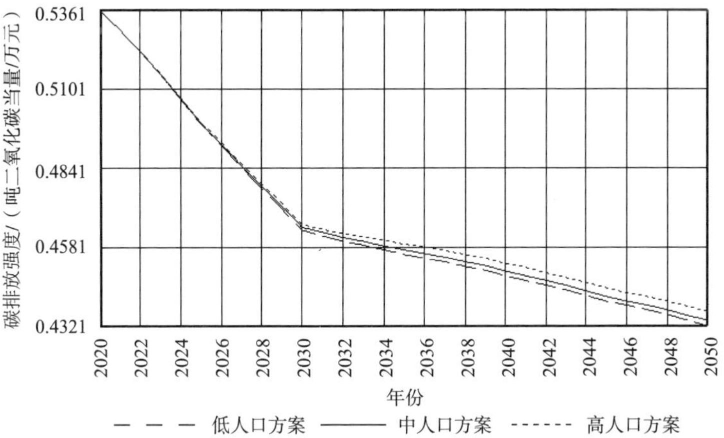

(b) 碳排放强度

图 8-16　2020～2050 年碳排放总量和碳排放强度仿真结果

四、经济系统仿真结果

中国 GDP 持续增加，即便在不改变当前发展方式的情况下，到 2050 年，高人口方案下，GDP 也将增至 4 002 210 亿元；中人口方案下，GDP 将增至 3 911 980 亿元；低人口方案下，GDP 将增至 3 849 840 亿元。中国人均 GDP 持续增加，到 2050 年，人均 GDP 将增至 284 414 元/人（高人口方案）、291 205 元/人（中人口方案）、295 194 元/人（低人口方案）。如图 8-17 所示。

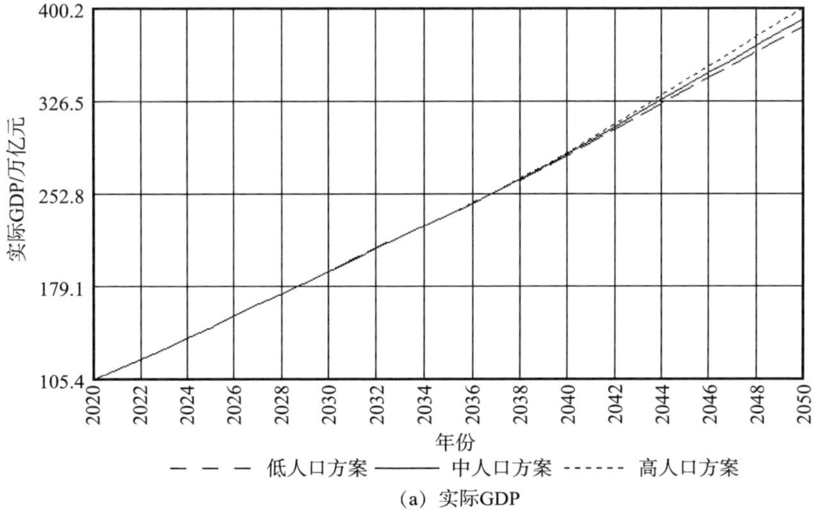

(a) 实际GDP

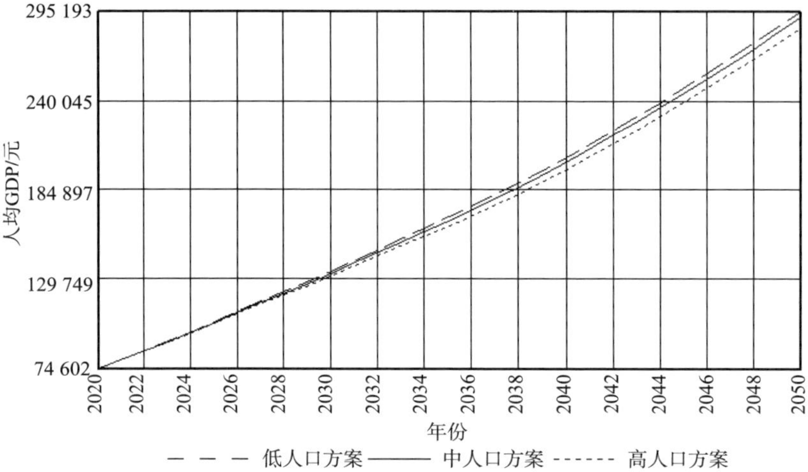

（b）人均GDP

图 8-17　2020～2050 年实际 GDP 和人均 GDP 仿真结果

若不转变目前的发展方式，随着人口增长的动力衰竭，中国 GDP 增长率不断降低，在 2035 年前后将持续稳定在非常低的增长水平。如图 8-18 所示，到 2050 年，GDP 增长率将降低为 1.53%（高人口方案）、1.33%（中人

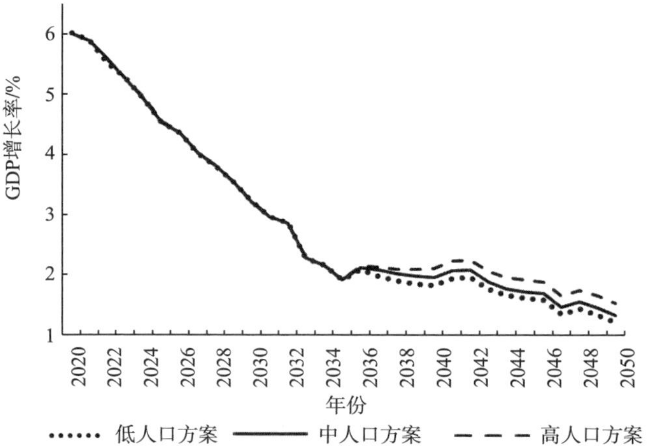

图 8-18　2020～2050 年 GDP 增长率仿真结果[①]

① 2020 年是一个特殊的年份，受新冠肺炎疫情的影响，经济增长速度大打折扣，这里的模拟值并未考虑疫情的影响，下同。

口方案）、1.21%（低人口方案）。在实现两个阶段目标、建设现代化强国的梦想中，面临着经济增长动力不足的问题。因而需要在人口约束下，寻求通过经济发展方式转变启动新动力、转换新途径迫在眉睫。

第四节 人口约束下未来经济发展方式转变途径效果仿真

在本仿真模型中，城乡结构调整因子、消费水平调整因子、就业水平调整因子、就业结构调整因子、投资结构调整因子、人口素质调整因子、技术创新调整因子、能源结构调整因子都是被当作外生调节变量来处理的，仿真时取值都为 1。接下来的研究将改变这八个外生调节变量的取值，以中人口方案为基准，分析它们对 GDP 总量、人均 GDP、能源消耗总量、能源强度、碳排放总量、碳排放强度的影响，为探寻中国人口约束下未来经济发展的新动力、新途径提供参照依据。

一、加快城镇化进程

由以上仿真结果可知，在基准情景下，2050 年城镇化率可能仅仅达到 75%。根据中国社会科学院农村发展研究所所长、中国城市经济学会副会长魏后凯预测，2035 年中国城镇化率能够达到 72%左右，2050 年中国的城镇化率能够接近 80%。因此，在城乡结构因子调整情景下，将城乡结构调整因子设定为 1.07，即 2050 年城镇化率较基准情景上升 7 个百分点，达到 80%。其他因子的值保持不变，对仿真系统进行重新模拟。

（一）城乡结构因子调整对经济的影响

城乡结构因子调整使得 GDP 较基准状态略有增加。预计到 2050 年，城乡结构调整情景下的 GDP 较基准情景将提高 1.39%。

城乡结构因子调整使得人均 GDP 较基准状态略有增加。预计到 2050

年，城乡结构调整情景下的人均 GDP 较基准情景将提高 1.39%。如图 8-19 所示。

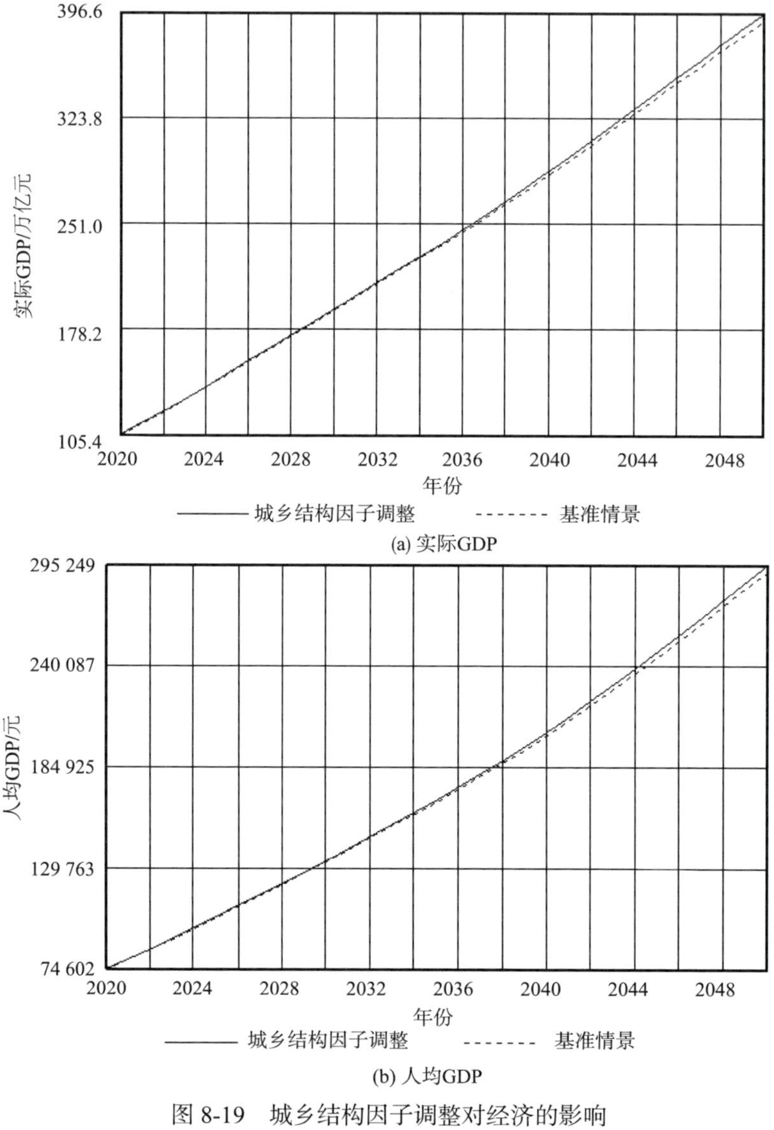

图 8-19　城乡结构因子调整对经济的影响

（二）城乡结构因子调整对能源的影响

城乡结构因子调整使得能源消耗总量较基准状态略有增加。预计到

2050 年，城乡结构调整情景下的能源消耗总量较基准情景将提高 2.05%。

城乡结构因子调整下的能源强度较基准情景略有上升。预计到 2050 年，城乡结构因子调整情景下的能源消耗强度较基准情景将提高 0.65%。如图 8-20 所示。

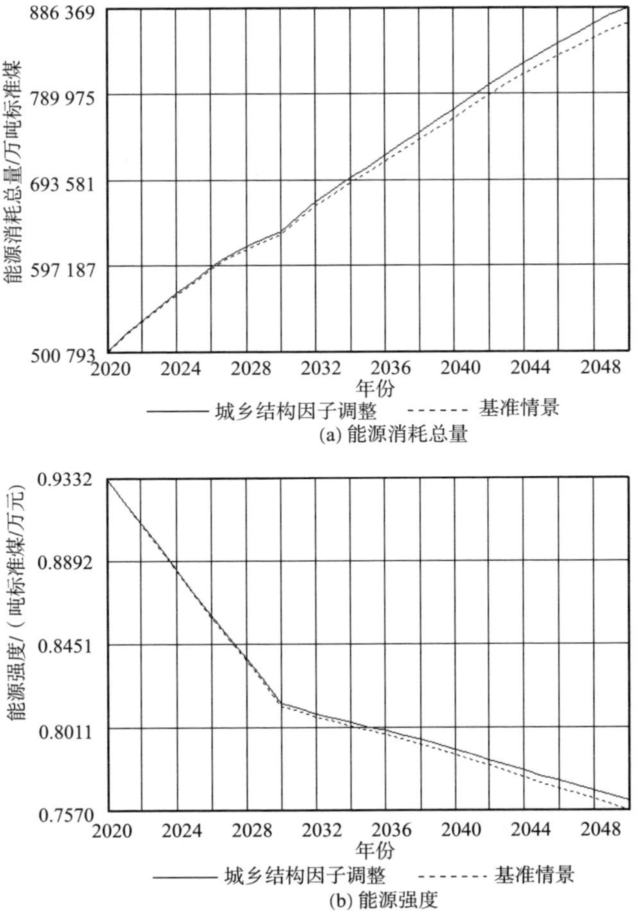

图 8-20　城乡结构因子调整对能源的影响

（三）城乡结构因子调整对环境的影响

城乡结构因子调整使得碳排放总量较基准状态略有增加。预计到 2050 年，城乡结构调整情景下的碳排放总量较基准情景将提高 2.05%。

城乡结构因子调整下的碳排放强度较基准情景略有上升。预计到 2050 年，城乡结构因子调整情景下的碳排放消耗强度较基准情景将提高 0.65%。如图 8-21 所示。

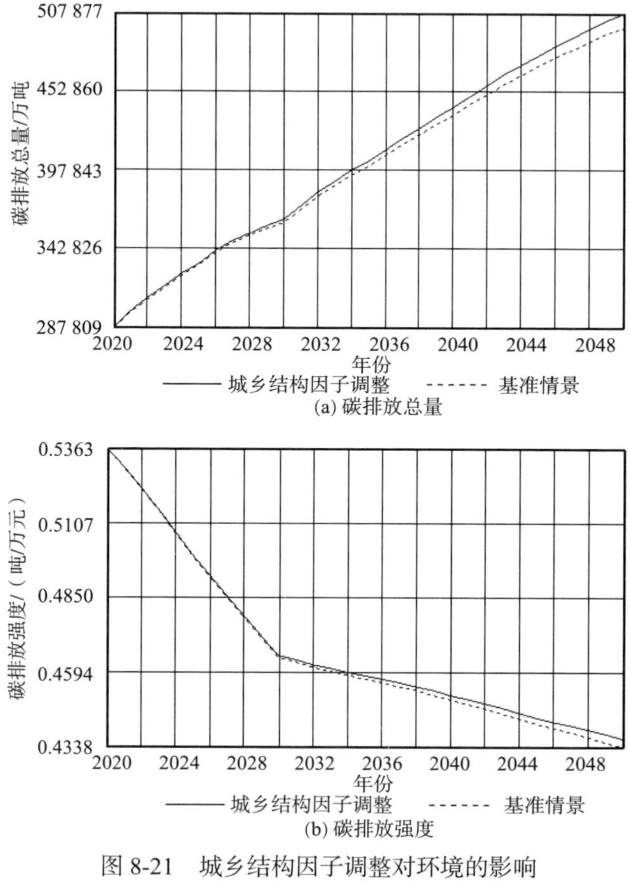

图 8-21 城乡结构因子调整对环境的影响

综上，调整城乡结构因子，加速城镇化进程，提高城镇化率，可以促进经济增长，同时也将带来能源消耗总量的增加和碳排放总量的增加，经济增长幅度小于能源消耗总量增长幅度和碳排放总量增长幅度，从而能源强度和碳排放强度有所上升。因此，这种途径可促进经济增长，但不利于节能减排，属于经济增长促进型途径。

二、提升居民消费水平

由以上仿真结果可知，在基准情景下，2050 年居民消费水平为 140 440 元，占人均 GDP 的比重为 48%。以 2017 年美国居民消费水平占人均 GDP 的比重为 59%作为参照，在消费水平因子调整情景下，将消费水平提升因子设定为 1.229，即 2050 年居民消费水平较基准情景上升 22.9 个百分点，达到 59%。其他因子的值保持不变，对仿真系统进行重新模拟。

（一）消费水平因子调整对经济的影响

消费水平因子调整使得 GDP 较基准状态大幅度增加。预计到 2050 年，消费水平因子调整情景下的 GDP 较基准情景将提高 7.42%。

消费水平因子调整使得人均 GDP 较基准状态大幅度增加。预计到 2050 年，消费水平因子调整情景下的人均 GDP 较基准情景将提高 7.42%。如图 8-22 所示。

（二）消费水平因子调整对能源的影响

消费水平因子调整使得能源消耗总量较基准状态大幅度增加。预计到 2050 年，消费水平因子调整情景下的能源消耗总量较基准情景将提高 5.37%。

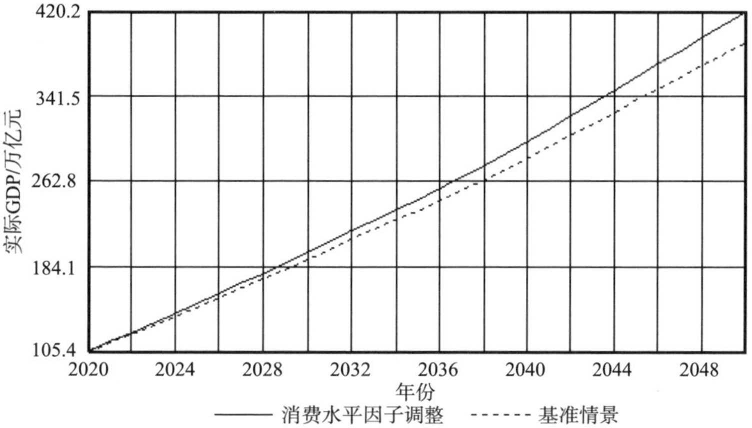

(a) 实际GDP

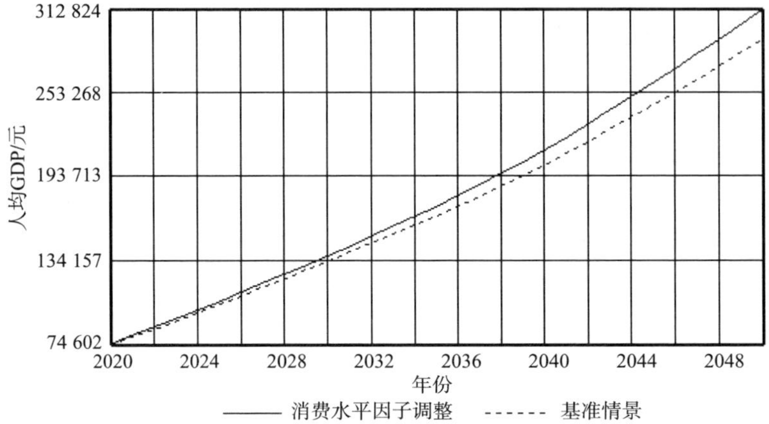

(b) 人均GDP

图 8-22　消费水平因子调整对经济的影响

消费水平因子调整的能源强度较基准情景略有下降。预计到 2050 年，消费水平因子调整情景下的能源消耗强度较基准情景将降低 1.92%。如图 8-23 所示。

（三）消费水平因子调整对环境的影响

消费水平因子调整使得碳排放总量较基准状态大幅度增加。预计到 2050 年，消费水平因子调整情景下的碳排放总量较基准情景将提高 5.37%。

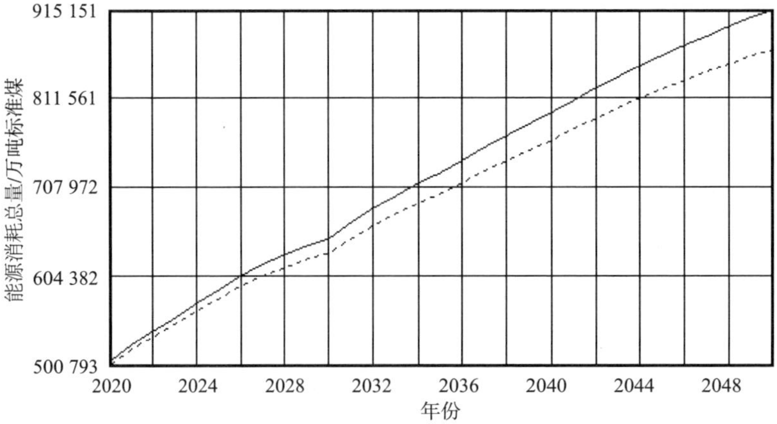

(a) 能源消耗总量

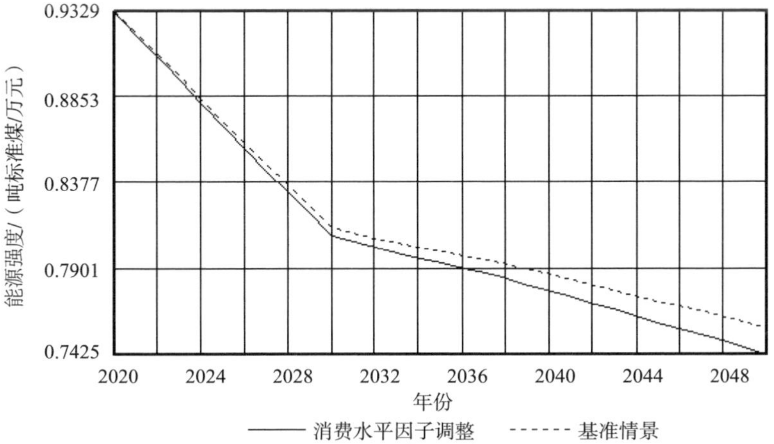

(b) 能源强度

图 8-23 消费水平因子调整对能源的影响

消费水平因子调整的碳排放强度较基准情景略有下降。预计到 2050 年，消费水平因子调整情景下的碳排放强度较基准情景将降低 1.92%。如图 8-24 所示。

综上，调整消费水平因子，提升居民消费水平，扩大市场容量，为资本投资赢得利润空间，可以促进经济增长，并且作用十分明显，同时它将带来能源消耗总量的增加和碳排放总量的大幅度增加，经济增长幅度大于能源消耗总量、碳排放总量增长幅度，能源强度和碳排放强度也略有下降。因此，这种途径可促进经济增长，也对节能减排起到改善作用，属于双向型途径。内需拉动型的经济发展方式是未来经济发展方式的主要和重要选择。

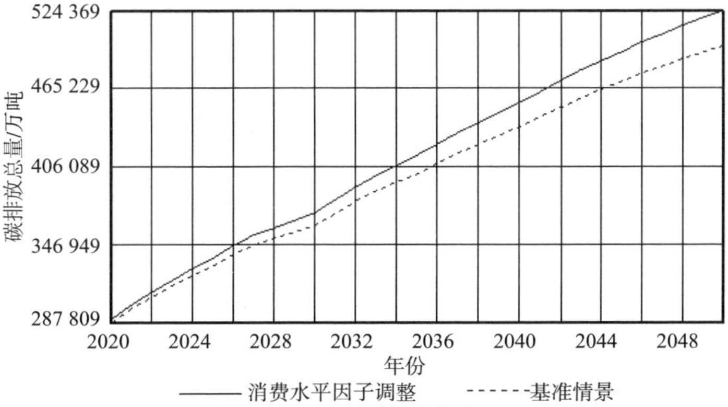

(a) 碳排放总量

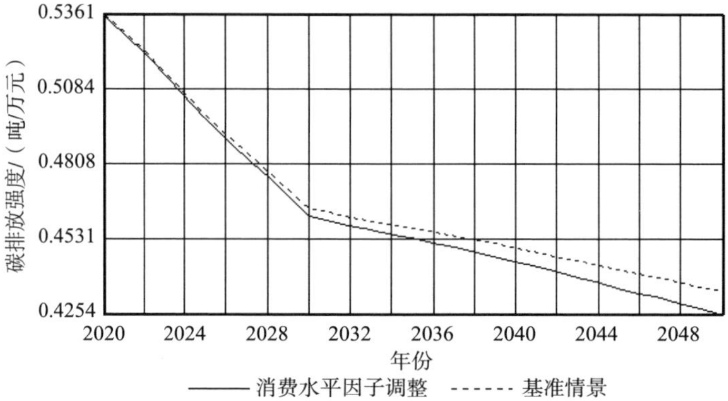

(b) 碳排放强度

图 8-24 消费水平因子调整对环境的影响

三、提升就业水平

由上文仿真结果可知，在基准情景下，2050 年劳动参与率为 68%。根据王金营和蔺丽莉在《中国人口劳动参与率与未来劳动力供给分析》中的预测，中国 2050 年劳动参与率将达到 76.89%。在就业水平因子调整情景下，就业水平提升因子设定为 1.132，即 2050 年就业水平较基准情景上升 13.2 个百分点，达到 76.89%。其他因子的值保持不变，对仿真系统进行重新模拟。

（一）就业水平因子调整对经济的影响

就业水平因子调整使得 GDP 较基准状态明显增加。预计到 2050 年，就业水平因子调整情景下的 GDP 较基准情景将提高 8.49%。

就业水平因子调整使得人均 GDP 较基准状态明显增加。预计到 2050 年，就业水平因子调整情景下的人均 GDP 较基准情景将提高 8.49%。如图 8-25 所示。

（二）就业水平因子调整对能源的影响

就业水平因子调整使得能源消耗总量较基准状态明显增加。预计到 2050 年，就业水平因子调整情景下的能源消耗总量较基准情景将提高 5.98%。

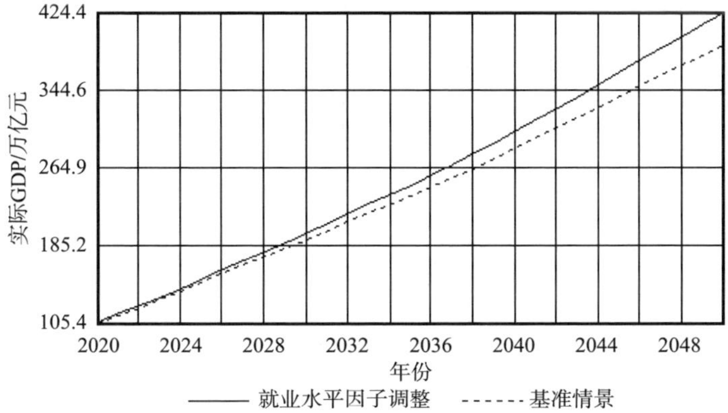

(a) 实际GDP

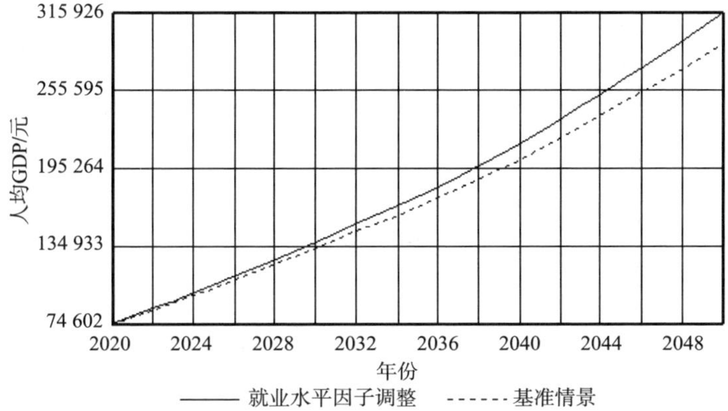

(b) 人均GDP

图 8-25　就业水平因子调整对经济的影响

就业水平因子调整使得能源强度较基准情景略有下降。预计到 2050 年，就业水平因子调整情景下的能源强度较基准情景将降低 2.31%。如图 8-26 所示。

（三）就业水平因子调整对环境的影响

就业水平因子调整使得碳排放总量较基准状态明显增加。预计到 2050 年，就业水平因子调整情景下的碳排放总量较基准情景将提高 5.98%。

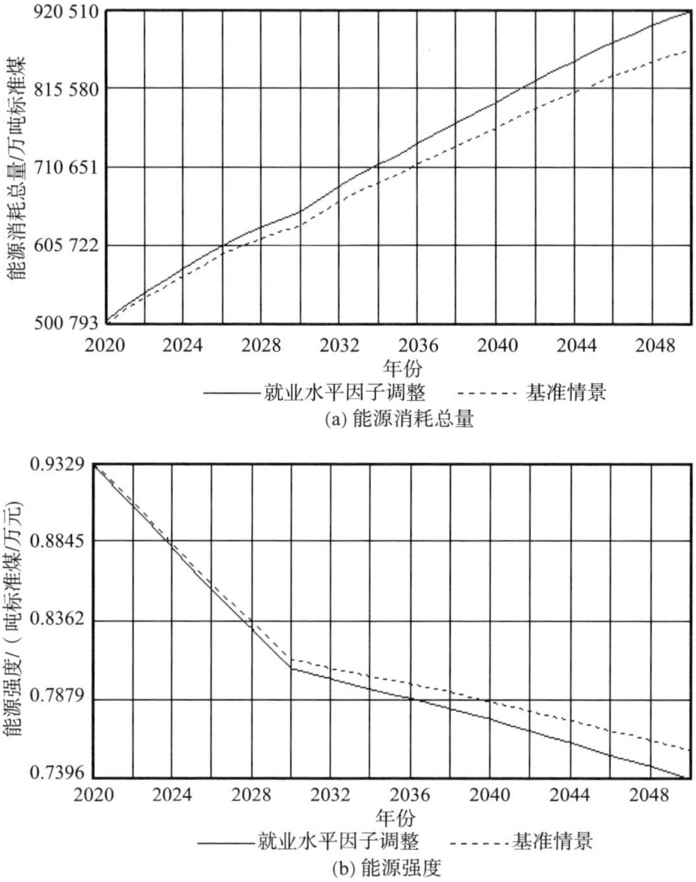

图 8-26　就业水平因子调整对能源的影响

就业水平因子调整使得碳排放强度较基准情景略有下降。预计到 2050 年，就业水平因子调整情景下的碳排放强度较基准情景将降低 2.31%。如图 8-27 所示。

综上，调整就业水平因子，提高劳动人口就业率，可促进经济增长，且作用明显，同时它将带来能源消耗总量的增加和碳排放总量的显著增加，经济增长幅度大于能源消耗总量、碳排放总量增长幅度，因此，提升就业水平会使能源强度和碳排放强度下降。因此这种途径可促进经济增长，也会对节能减排起到改善作用，属于双向型途径。

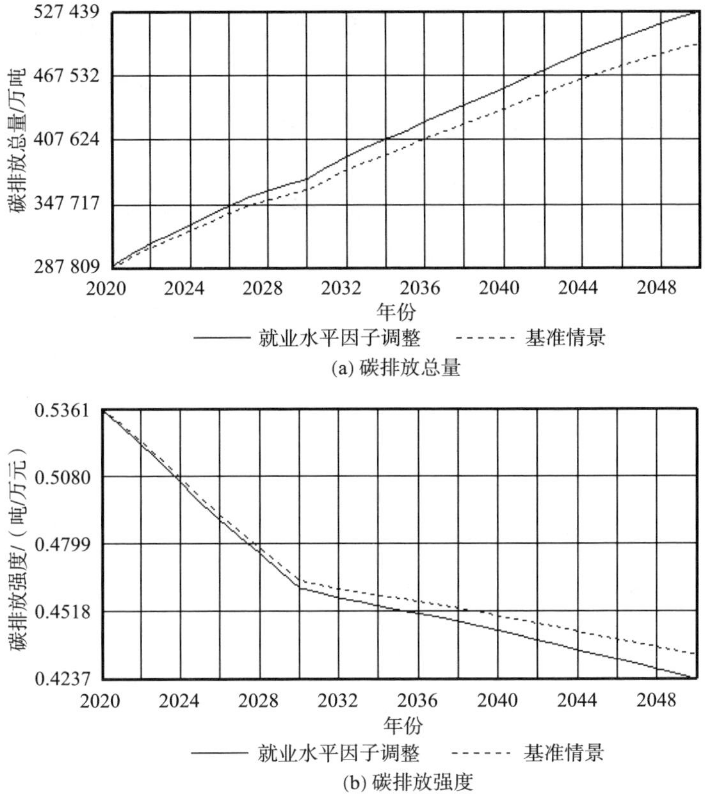

图 8-27　就业水平因子调整对环境的影响

四、调整就业结构

由上文仿真结果可知，在基准情景下，2050 年第三产业从业人员占比为 60%。以 2018 年日本第三产业从业人员占比 72%作为参照，在就业结构因子调整情景下，将就业结构调整因子设定为 1.2，即 2050 年第三产业从业人员占比较基准情景上升 20 个百分点，达到 72%。其他因子的值保持不变，对仿真系统进行重新模拟。

（一）就业结构因子调整对经济的影响

2035 年以前，就业结构因子调整下的 GDP 较基准状态降低，随着三产劳动生产率的提高，2035 年后，就业结构因子调整下的 GDP 较基准状态明显增加。预计到 2050 年，就业结构因子调整情景下的 GDP 较基准情景将提高 5.8%。

2035 年以前，就业结构因子调整下的人均 GDP 较基准状态降低，随着三产劳动生产率的提高，2035 年后，就业结构因子调整下的人均 GDP 较基准状态明显增加。预计到 2050 年，就业结构因子调整情景下的人均 GDP 较基准情景将提高 5.8%。如图 8-28 所示。

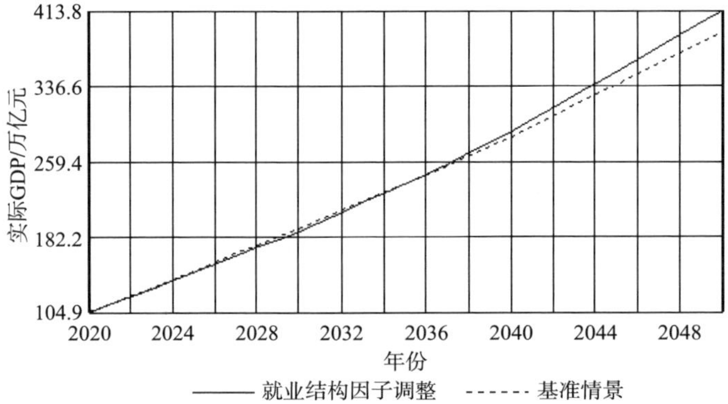

(a) 实际GDP

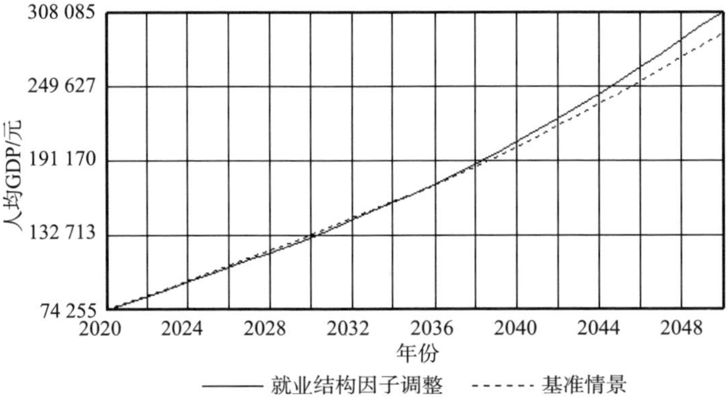

(b) 人均GDP

图 8-28　就业结构因子调整对经济的影响

（二）就业结构因子调整对能源的影响

就业结构因子调整使得能源消耗总量较基准状态显著降低。预计到 2050 年，就业结构因子调整情景下的能源消耗总量较基准情景将降低 5.73%。

就业结构因子调整使得能源强度较基准状态显著降低。预计到 2050

年，就业结构因子调整情景下的能源强度较基准情景将降低 10.9%。如图 8-29 所示。

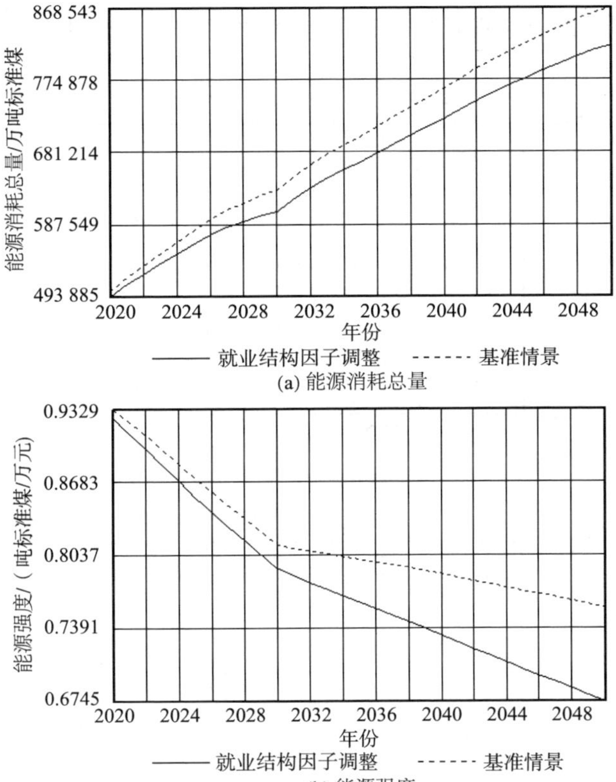

(a) 能源消耗总量

(b) 能源强度

图 8-29 就业结构因子调整对能源的影响

（三）就业结构因子调整对环境的影响

就业结构因子调整使得碳排放总量较基准状态显著降低。预计到 2050 年，就业结构因子调整情景下的碳排放总量较基准情景将减少 5.73%。

就业结构因子调整使得碳排放强度较基准状态显著降低。预计到 2050 年，就业结构因子调整情景下的碳排放强度较基准情景将下降 10.9%。如图 8-30 所示。

综上，调整就业结构因子，提高三产就业人员比重，将导致 GDP 在 2035 年之前有所下降，经过阵痛调整期后，GDP 在 2035 年之后增长迅速；另外，由于三产能源强度低于二产能源强度，通过产业结构的调整，可大幅度降低能源消耗总量和碳排放总量。这种途径不仅可以促进经济增长，提高经济发展质量，对节能减排也可起到明显的改善作用，属于经济增长和节能减排双向型途径。

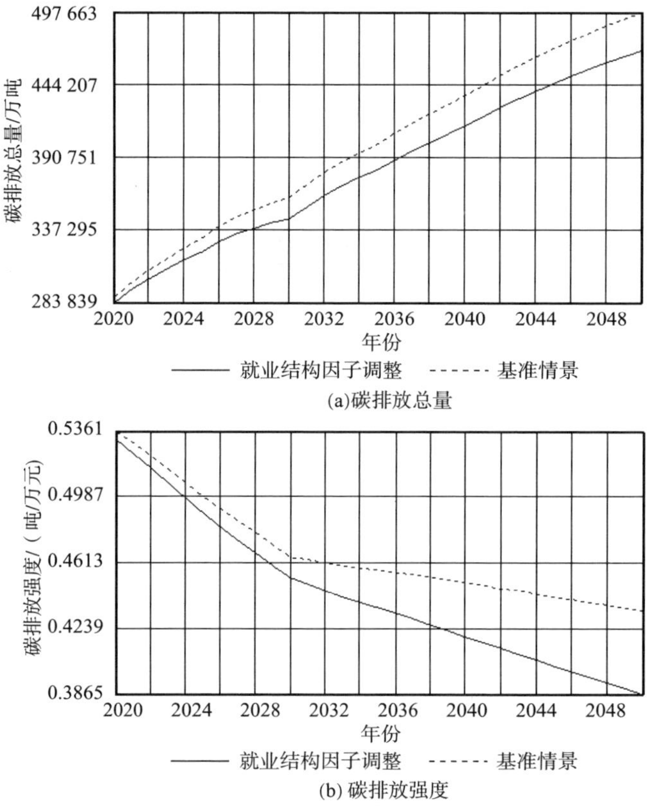

图 8-30 就业结构因子调整对环境的影响

五、投资结构优化

由上文仿真结果可知，在基准情景下，2050 年第三产业投资占比为 60%。以 2018 年美国第三产业投资占比 76.8%作为参照，在投资结构因子调整情景下，将投资结构调整因子设定为 1.28，即 2050 年第三产业从业人员占比较基准情景上升 28 个百分点，达到 76.8%。其他因子的值保持不变，对仿真系统进行重新模拟。

（一）投资结构因子调整对经济的影响

2035 年以前，投资结构因子调整下的 GDP 较基准状态降低，随着三产劳动生产率的提高，2035 年后，投资结构因子调整下的 GDP 较基准状态明显增加。预计到 2050 年，投资结构因子调整情景下的 GDP 较基准情景将提高 5.45%。

2035 年以前，投资结构因子调整下的人均 GDP 较基准状态降低，随着三产劳动生产率的提高，2035 年后，投资结构因子调整下的人均 GDP 较基准状态明显增加。预计到 2050 年，投资结构因子调整情景下的人均 GDP 较基准情景将提高 5.45%。如图 8-31 所示。

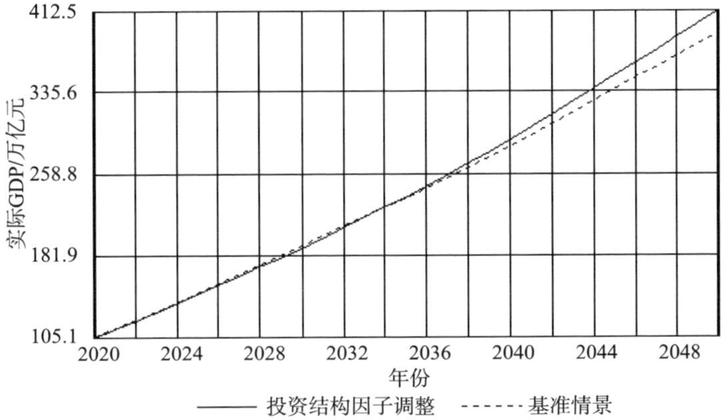

(a) 实际GDP

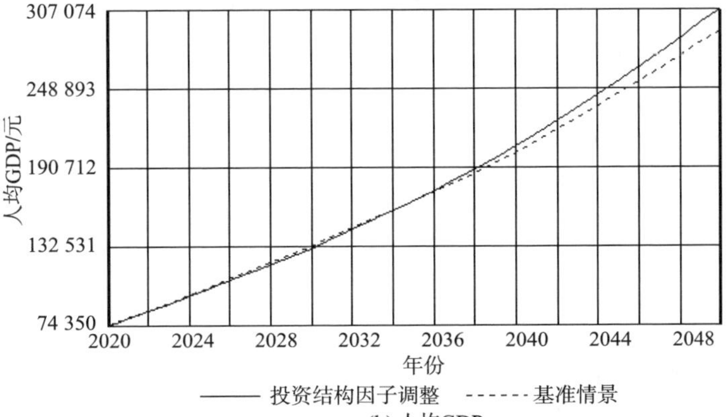

(b) 人均GDP

图 8-31　投资结构因子调整对经济的影响

（二）投资结构因子调整对能源的影响

投资结构因子调整使得能源消耗总量较基准情景略有降低。预计到 2050 年，投资结构因子调整情景下的能源消耗总量较基准情景将减少 4.36%。

投资结构因子调整使得能源强度较基准情景略有降低。预计到 2050 年，投资结构因子调整情景下的能源强度较基准情景将减少 9.3%。如图 8-32 所示。

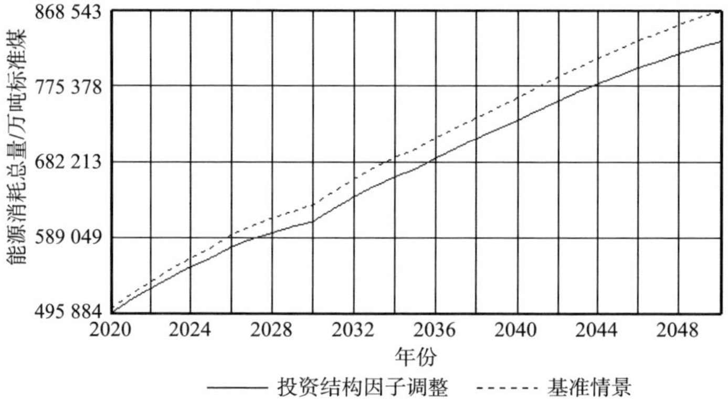

(a) 能源消耗总量

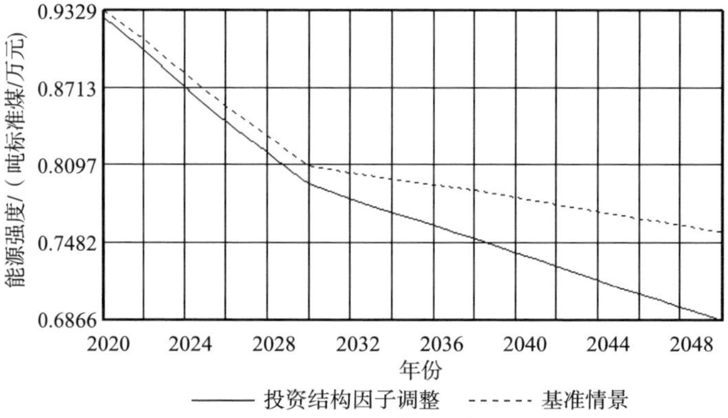

(b) 能源强度

图 8-32　投资结构因子调整对能源的影响

（三）投资结构因子调整对环境的影响

投资结构因子调整使得碳排放总量较基准情景略有降低。预计到 2050 年，投资结构因子调整情景下的碳排放总量较基准情景将减少 4.36%。

投资结构因子调整使得碳排放强度较基准情景略有降低。预计到 2050

年，投资结构因子调整情景下的碳排放强度较基准情景将减少 9.3%。如图 8-33 所示。

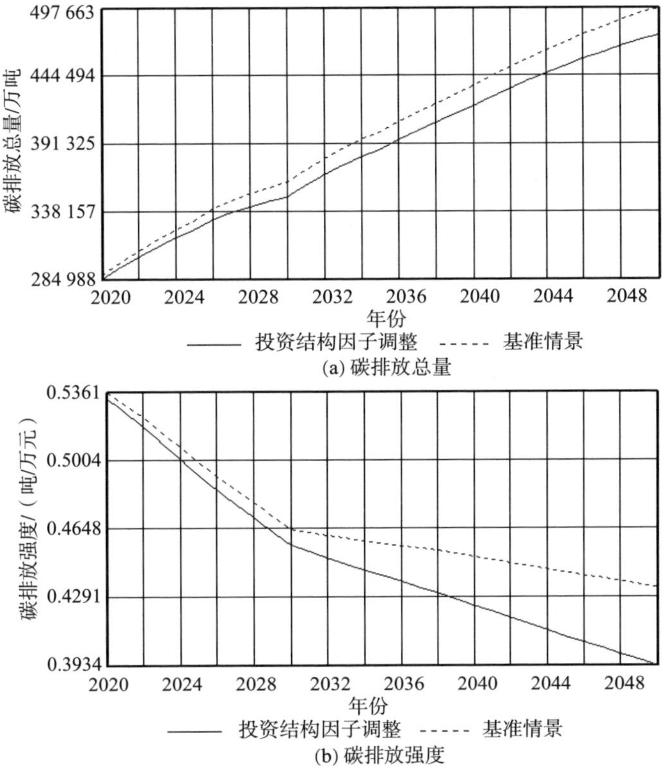

图 8-33　投资结构因子调整对环境的影响

综上，调整投资结构因子，提高三产资本存量比重，将导致 GDP 在 2035 年之前有所下降，经过阵痛调整期后，GDP 在 2035 年之后增长迅速；另外，由于三产能源强度低于二产能源强度，通过产业结构的调整，可大幅度降低能源消耗总量和碳排放总量。这种途径不仅可促进经济增长，提高经济发展质量，对节能减排也可起到明显的改善作用，属于经济增长和节能减排双向型途径。

六、提升人口素质

基准情景下，2050 年教育经费为 171 599 亿元，教育经费占 GDP 的比重为 4.39%。以 2018 年美国教育经费占 GDP 的比重为 7%作为参照，在人口素质因子调整情景下，人口素质调整因子设定为 1.59，即 2050 年教育经费较基准情景增长 59%，达到 7%。其他因子的值保持不变，对仿真系统进行重新模拟。

（一）人口素质因子调整对经济的影响

人口素质因子调整使得 GDP 较基准情景大幅度增加。到 2050 年，人口素质因子调整情景下的 GDP 较基准情景增加 16.02%。

人口素质因子调整使得人均 GDP 较基准情景大幅度增加。到 2050 年，人口素质因子调整情景下的人均 GDP 较基准情景增加 16.02%。如图 8-34 所示。

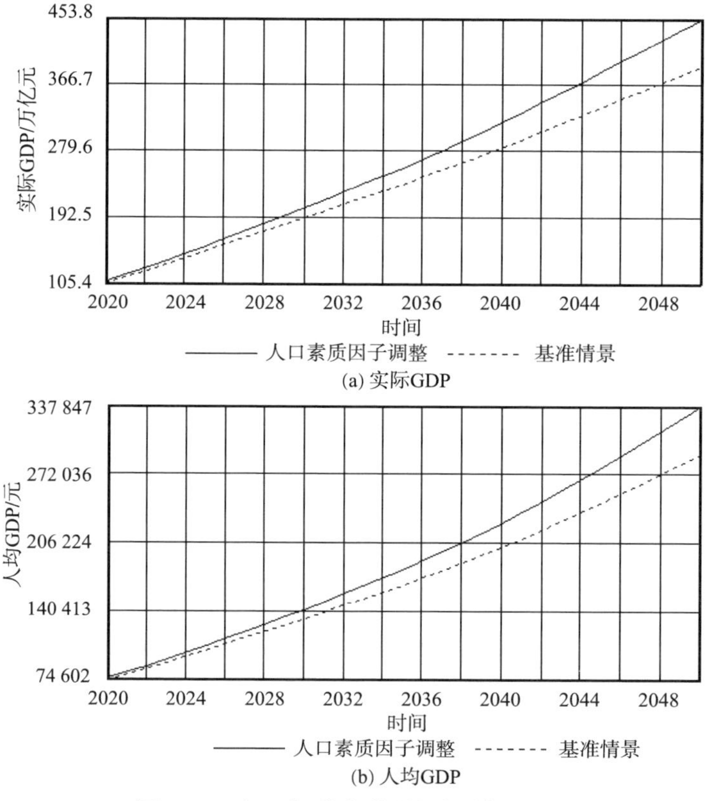

图 8-34　人口素质因子调整对经济的影响

（二）人口素质因子调整对能源的影响

人口素质因子调整使得能源消耗总量较基准情景明显增加，到 2050 年，人口素质因子调整情景下的能源消耗总量较基准情景增加 11.58%。

人口素质因子调整使得能源强度较基准情景明显降低，到 2050 年，人口素质因子调整情景下的能源强度较基准情景降低 3.82%。如图 8-35 所示。

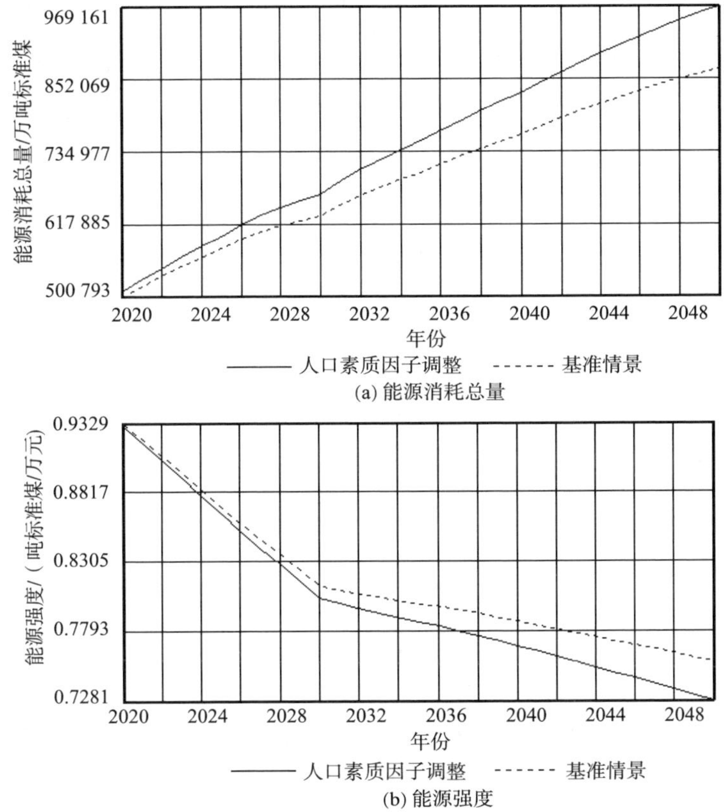

图 8-35　人口素质因子调整对能源的影响

（三）人口素质因子调整对环境的影响

人口素质因子调整使得碳排放总量较基准情景明显增加，到 2050 年，人口素质因子调整情景下的碳排放总量较基准情景增加 11.58%。

人口素质因子调整使得碳排放强度较基准情景明显降低，到 2050 年，人口素质因子调整情景下的碳排放强度较基准情景降低 3.82%。如图 8-36 所示。

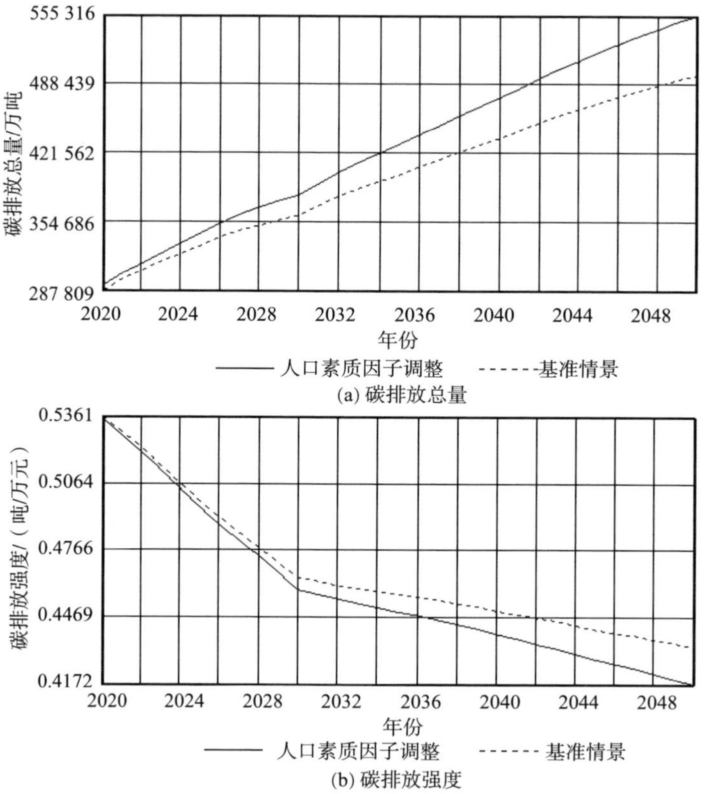

图 8-36 人口素质因子调整对环境的影响

综上，提升人口素质，增加大专及以上人口数，可增加发明专利授权量，一方面促进经济增长，使得 GDP 大幅度增加；另一方面，可降低产业能源强度，因此能源消耗总量、碳排放总量虽显著增加，但增长幅度低于 GDP 增长速度。因此，这种路径既可促进经济增长，又可推动节能减排，属于双向型途径。

七、加强技术创新

基准情景下，2050 年研发经费为 79 169 亿元，研发经费占 GDP 的比重为 2.02%。以韩国 2018 年研发经费占 GDP 的比重为 4.23%作为参照，在技术创新因子调整情景下，技术创新调整因子设定为 2.1，即 2050 年研发经费较基准情景增长 110%，达到 4.23%。其他因子的值保持不变，对仿真系统进行重新模拟。

（一）技术创新因子调整对经济的影响

技术创新因子调整使得 GDP 较基准情景略有增加。到 2050 年，技术创新因子调整情景下的 GDP 较基准情景增加 0.85%。

技术创新因子调整使得人均 GDP 较基准情景略有增加。到 2050 年，技术创新因子调整情景下的人均 GDP 较基准情景增加 0.85%。如图 8-37 所示。

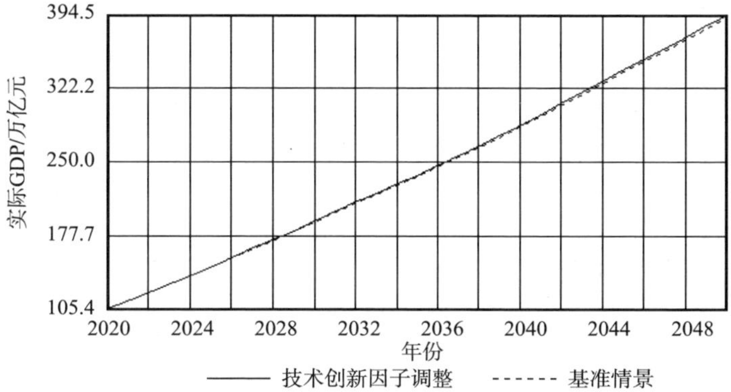

(a) 实际GDP

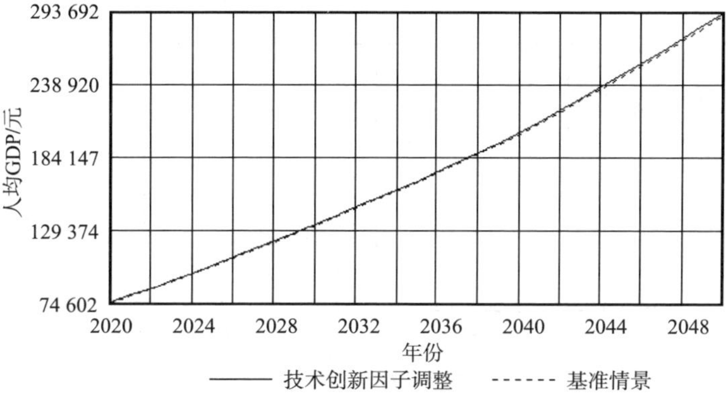

(b) 人均GDP

图 8-37　技术创新因子调整对经济的影响

由图 8-37 可见，在系统模拟技术创新因子调整对 GDP 和人均 GDP 的作用时，并没有凸显出效果来。这主要是因为在本书所建系统动力学模型中，技术创新因子仅作用在科研经费投入上，而事实上，技术创新因子还应该作用于科研人员全时当量、技术扩散速度、技术应用效率等方面。技术创新的影响更多地通过产业结构转换升级、人力资本提升等体现出来。因此，本书低估了技术创新因子调整对 GDP 和人均 GDP 直接作用的效果。

（二）技术创新因子调整对能源的影响

技术创新因子调整使得能源消耗总量较基准情景略有上升。到 2050 年，技术创新因子调整情景下的能源消耗总量较基准情景上升 0.62%。

技术创新因子调整使得能源强度较基准情景下降。到 2050 年，技术创新因子调整情景下的能源强度较基准情景下降 0.24%。如图 8-38 所示。

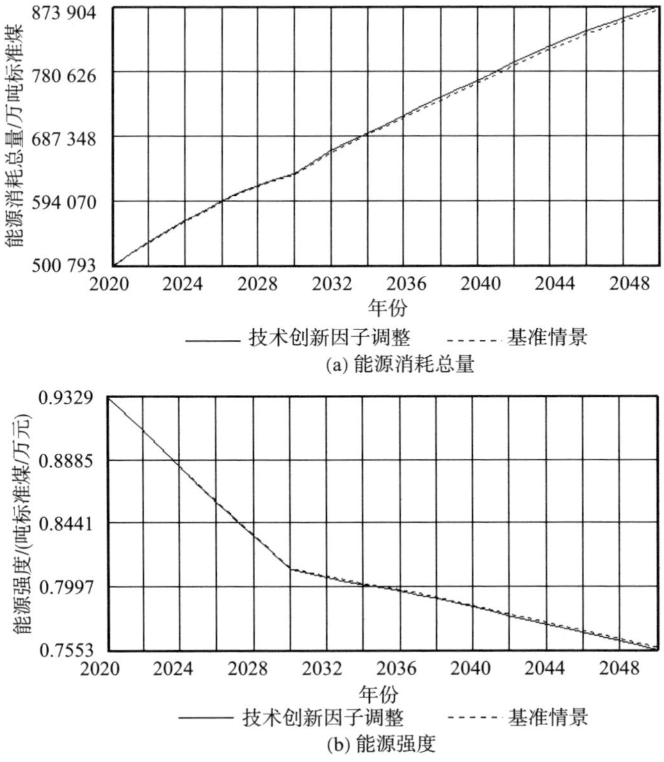

图 8-38 技术创新因子调整对能源的影响

（三）技术创新因子调整对环境的影响

技术创新因子调整使得碳排放总量较基准情景略有上升。到 2050 年，技术创新因子调整情景下的碳排放总量较基准情景上升 0.62%。

技术创新因子调整使得碳排放强度较基准情景下降。到 2050 年，技术创新因子调整情景下的碳排放强度较基准情景下降 0.24%。如图 8-39 所示。

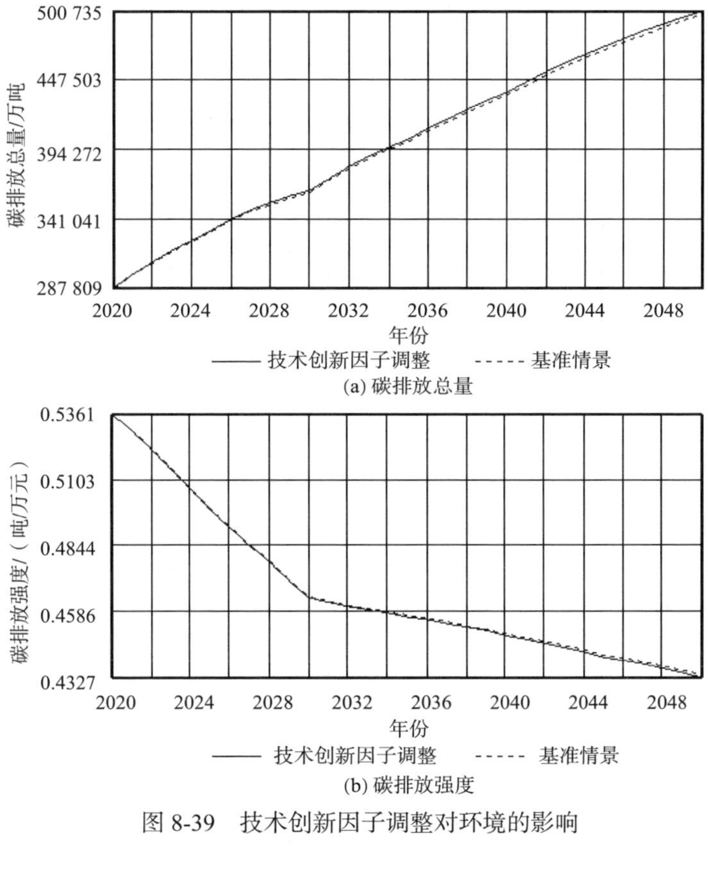

图 8-39　技术创新因子调整对环境的影响

综上，通过加强技术创新，加大科研经费投入，一方面可促进经济增长，使得 GDP 增加；另一方面，可降低产业能源强度。但是由于 GDP 增加，能源消耗总量、碳排放总量也不会显著增加，只是由于技术水平提升的作用，能源消耗和碳排放的增速会低于 GDP 的增速。因此，这种路径既可促进经济增长，也可推动节能减排，属于双向型途径。

八、调整能源结构

基准情景下，2050 年煤炭消费占比为 55.81%。能源结构因子调整情景下，能源结构调整因子设定为 0.55，即 2050 年煤炭消费占比较基准情景降低 45%，达到《2050 年世界与中国能源展望》中预测的煤炭消费比重 30.7%。其他因子的值保持不变，对仿真系统进行重新模拟。

能源结构因子调整对经济、能源系统均不会产生影响，只对环境系统有影响。能源结构因子调整使得碳排放总量大幅度下降。到 2050 年，能源结构因子调整情景下的碳排放总量和碳排放强度均较基准情景降低 33.13%。如图 8-40 所示。

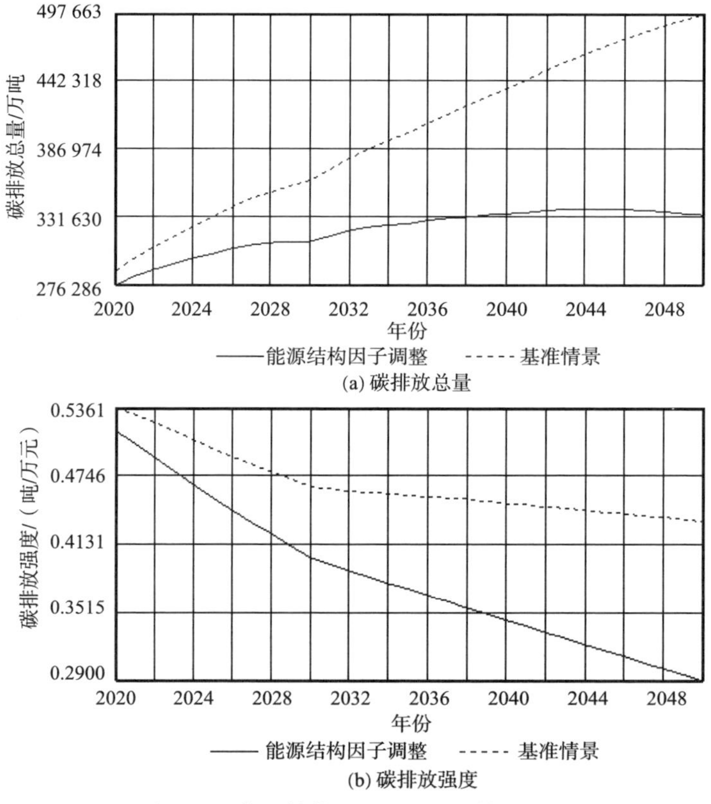

图 8-40 能源结构因子调整对环境的影响

综上，能源结构调整对 GDP、人均 GDP、能源消耗总量和能源强度没有影响，但可显著降低碳排放总量和碳排放强度。因此这种途径不会促进经济增长和能源节约，但对碳减排有着明显的改善作用，属于减排改善型途径。

九、八项因子综合调整

综合调整八项因子的值，仿真系统重新进行模拟。

（一）八项因子综合调整对经济的影响

八项因子综合调整使得 GDP 大幅度增加。到 2050 年，综合调整情景下的 GDP 较基准情景增加 43.87%。

八项因子综合调整使得人均 GDP 大幅度增加。到 2050 年，综合调整情景下的人均 GDP 较基准情景增加 43.87%。如图 8-41 所示。

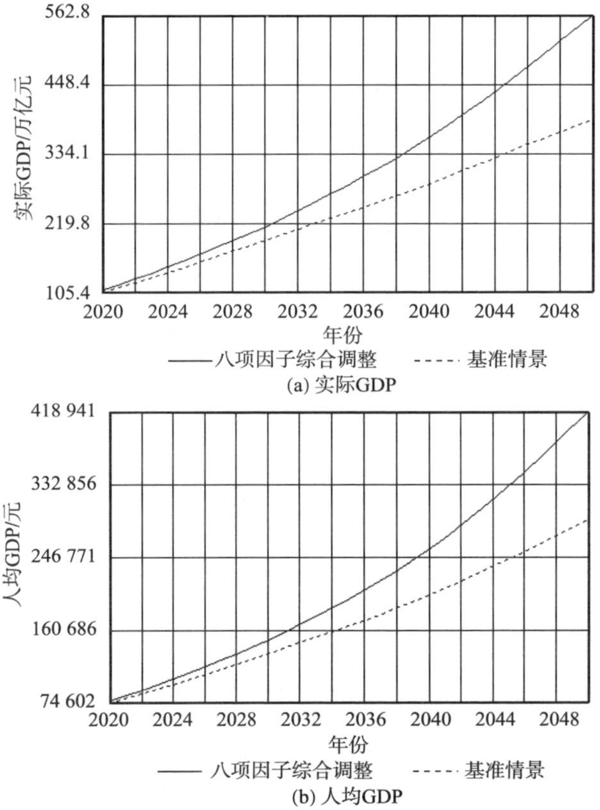

图 8-41　综合调整对经济的影响

在人口负增长、老龄化深化的大背景下，若不改变经济发展方式，中国经济将出现增长动力不足的情况，GDP 增长率到 2050 年将降至 1.33%，难以实现 2050 年“现代化强国”的发展目标，因此，转变经济发展方式，实现经济高质量发展成为必然之选。

由图 8-42 可以看出，通过综合调整八项因子，包括加快城镇化进程、刺激消费扩大内需、积极应对老龄化、提升就业率、调整就业结构、调整投资结构、提升人口素质、加强技术创新、调整能源结构，可以实现经济发展方式的转变，促进人口与经济的协调发展，为新常态下的中国经济提供新动能，GDP 增长率到 2050 年仍可保持 4.06%。

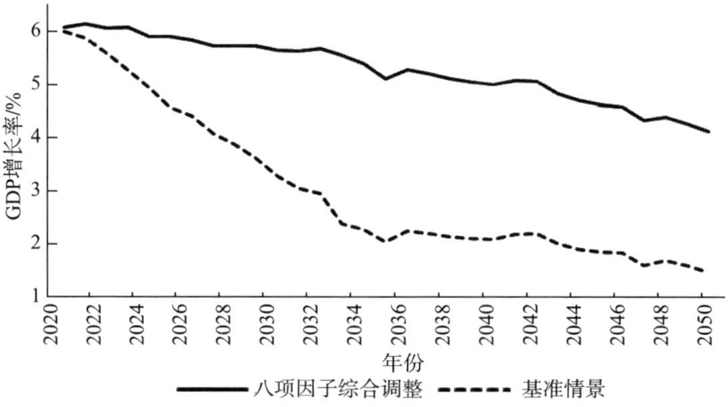

图 8-42 八项因子综合调整对 GDP 增长率的影响

八项因子综合调整下关键节点主要经济指标值见表 8-5。

表 8-5 八项因子综合调整下关键节点主要经济指标值

指标	2035 年	2050 年
人口总量/万人	142 715	134 338
实际 GDP/亿元	2 807 210	5 628 080
人均 GDP/元	196 701	418 942
GDP 增长率/%	5.1	4.06

（二）八项因子综合调整对能源的影响

八项因子综合调整使得能源消耗总量大幅度上升。到 2050 年，综合调整情景下的能源消耗总量较基准情景增加 12.84%。

八项因子综合调整使得能源强度大幅度下降。到 2050 年，综合调整情景下的能源强度较基准情景下降 21.56%。如图 8-43 所示。

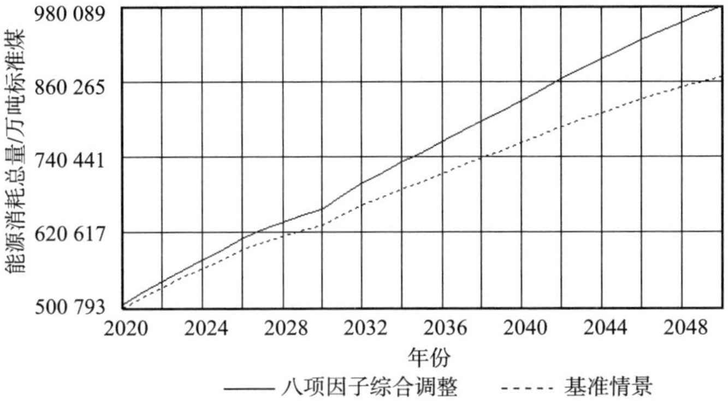

(a) 能源消耗总量

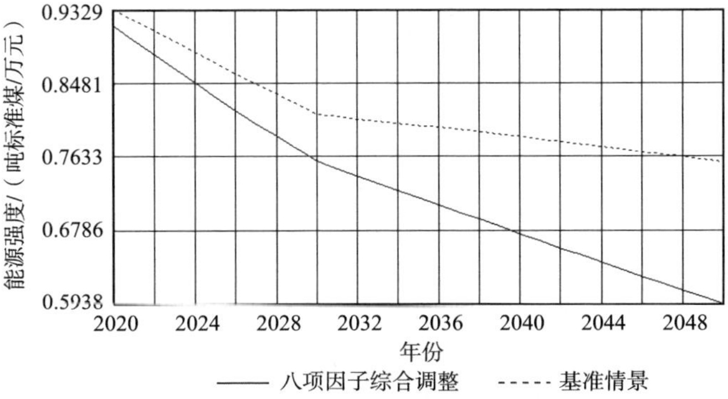

(b) 能源强度

图 8-43　综合调整对能源的影响

（三）八项因子综合调整对环境的影响

综合调整使得碳排放总量先上升后下降，可实现更为绿色的经济发展方式。碳排放达峰后经济持续增长，而碳排放总量不再增长，从而实现碳排放与经济增长的脱钩。到 2050 年，综合调整情景下的碳排放总量较基准情景下降 24.54%。

综合调整使得碳排放强度逐年下降。到 2050 年，综合调整情景下的碳排放强度较基准情景下降 47.55%。如图 8-44 所示。

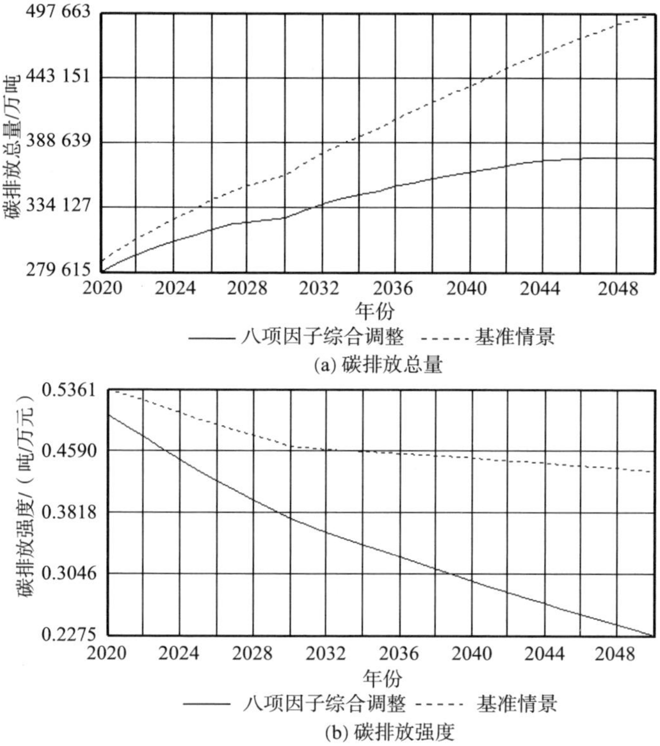

图 8-44 综合调整对环境的影响

综上，八项因子综合调整相比单一调整，作用更显著，一方面可以最大力度地促进经济增长，使得 GDP 到 2050 年可以增长到 2019 年的 2.5 倍，这是任何一条单一途径都做不到的；另一方面，虽然能源消耗总量有一定的增加，但远低于 GDP 增长幅度，因此能源强度显著降低，碳排放总量和碳排放强度也显著下降。因此，综合调整即可促进经济增长，也可推进节能减排，属于双向型途径。各项因子调整实验结果见表 8-6。

城镇化进程加快可使 GDP 和人均 GDP 增加，同时也使能源消耗总量和碳排放总量增加，GDP 增加幅度小于能源消耗总量和碳排放总量增加幅度，因此能源强度和碳排放强度有所上升。因此这种途径可促进经济增长，但不利于节能减排，属于经济增长促进型途径。

表 8-6　因子调整实验结果汇总表

因子	GDP	人均 GDP	能源消耗总量	能源强度	碳排放总量	碳排放强度
城乡结构调整因子	↑	↑	↑	↑	↑	↑
消费水平调整因子	↑	↑	↑	↓	↑	↓
就业水平调整因子	↑	↑	↑	↓	↑	↓
就业结构调整因子	↑	↑	↓	↓	↓	↓
投资结构调整因子	↑	↑	↓	↓	↓	↓
人口素质调整因子	↑	↑	↑	↓	↑	↓
技术创新调整因子	↑	↑	↑	↓	↑	↓
能源结构调整因子	→	→	→	→	↓	↓
八项因子综合调整	↑	↑	↑	↓	↓	↓

注：↑表示因子调整使得指标值上升；↓表示因子调整使得指标值下降；→表示因子调整使得指标值不变

能源结构调整对 GDP、人均 GDP、能源消耗总量和能源强度没有影响，但可显著降低碳排放总量和碳排放强度。因此这种途径不会促进经济增长和能源节约，但对碳减排有着明显的改善作用，属于减排改善型途径。

就业结构调整、投资结构调整可在提高 GDP 和人均 GDP 的同时，降低能源消耗总量和碳排放总量，从而降低能源强度和碳排放强度；消费水平提升、就业水平提升、人口素质提升、技术创新加强也可使 GDP 和人均 GDP 增加，同时也使得能源消耗总量和碳排放总量增加，但 GDP 增加幅度大于能源消耗总量和碳排放总量增加幅度，因此能源强度和碳排放强度下降。因此这六种途径均既可促进经济增长，又可推动节能减排，属于双向型途径。因此，通过转变经济增长方式可促进经济增长，提高经济发展质量，实现节能减排。

第五节　经济发展方式转变的未来选择

一、加快城镇化进程

（1）优化城镇经济结构。调整城镇经济结构是转变经济发展方式的重要途径。随着中国特色社会主义进入新时代，中国社会主要矛盾已经转化为人民日益增长的美好生活需要和不平衡不充分的发展之间的矛盾。在新矛盾的背景下，要坚持确立多样化的城镇产业体系，推动传统产业升级。要清楚地认识到，城镇化与工业化、农业现代化应该协调发展，使得经济增长向依靠一、二、三产业协同转变（许经勇，2008；刘镇，2013）。积极发展劳动密集型产业，积极完善城镇的服务功能，为新生代进城务工人员提供就业机会。

（2）积极推进城乡融合，构建发展新格局。在新时代的背景下，需要培育一支专业人才队伍去实现城乡融合，目前，中国的城镇化正处于城乡融合互动发展阶段。我们首先要以科学发展观为指导，继续发挥机制改革作用，不断完善城乡融合机制，为城乡融合发展打下体制机制基础，并且不断完善共享型融合发展模式，探索和创新城乡一体化发展新机制，最终实现城乡政治、经济、社会、生态的和谐发展，使城乡居民共同享有发展成果（白永秀和王颂吉，2014），从而为社会经济发展做出重要贡献。中国正处于城镇化和工业化快速发展的阶段，加快转变经济发展方式，需将城镇化列入发展对象，把城镇化作为转变经济发展方式的途径，实现城镇科学发展（王国刚，2010）。从现阶段中国人口分布上看，应积极努力打造成三种格局：一是优化提升主城区；二是集中抓好小城市建设；三是积极打造特色小镇的建设（常金海和常承国，1999；郭志仪，2008）。

二、延缓老龄化程度

经济增长要素之一就是劳动年龄人口的数量，劳动年龄人口会直接影响到中国经济发展的走势，从而影响到经济增长方式转变。从长远来看，考虑劳动力要素的稀缺性，其价格会不断上升，要实现经济持续增长，延缓老龄化是一种有效的途径。

人口老龄化会减少劳动力供给，降低劳动生产率。充足的劳动力供给是确保经济平稳发展的重要基石，其中中国保持长期平稳、高效发展的原因之一是人口红利。随着老年人口比重不断上升，劳动年龄人口逐渐下降，人口老龄化使劳动力资源相对短缺，从而使得经济总量出现下滑，对经济产生不利的影响，进而会抑制经济的增长。适时提高劳动年龄限制，使劳动年龄人口比重增加，使得社会经济处于良好运行的水平上，适当延迟退休年龄是经济发展方式的一个重要转变。与此同时，我们可以借鉴国外先进案例，通过学习先进技术培训和再教育等有效措施，提高老年人的人力资本，使得老年人适应市场的能力得到提高，并且合理利用老年资源，缓解中国老龄化压力，所以延缓老龄化的进程是一个必不可少的抉择（桂莉，2004）。

三、提高劳动就业率，保持和促进就业

未来经济发展方式转变的重要途径之一就是提高就业水平。提高中国居民就业质量与就业水平，不仅仅是民生改善的体现，也是经济发展方式转变的手段。只有提高就业水平和劳动力人口就业率，才能从人口战略上保证人力资本持续发力，促进未来经济又好又快发展。提高就业水平与就业质量，能够优化经济增长结构，实现经济的可持续发展。

提高就业水平是实现经济增长的关键环节。经济增长的最终目的是要为民生服务，所以经济增长的有效性不仅仅体现在各种经济要素尤其是技术水平提高带动的劳动生产率提高为宏观经济社会发展做出多大贡献这一宏观概念上，更重要地体现在就业水平提高尤其是居民人均收入的增长这一关键问题上。

因此，在新时代提高就业水平既是实现全面建成小康社会的基本要求，也是改善民生、实现中华民族伟大复兴的重要工程。第一，我们要提高就业水平就必须要关注经济增长过程中人力资本发挥的作用，加大在高等教育和职业培训方面的投资力度。第二，大学生和农村剩余劳动力就业难的问题是制约当今社会发展的热点话题，关键问题在于劳动者素质与劳动力市场结构不相适应导致的就业水平低下，以及公共劳动力市场就业服务方面的投入力度不足。所以，除了投入有效的人力资本以培养与产业结构升级相适应的人才外，政府和社会还要提供全方位的公共就业服务，让更多的企事业单位能够通过更广阔的渠道用人。第三，改革劳动力市场中妨碍人们就业的不利因素，让人们都能够通过自身的学习、劳动等各种社会发展技能实现自身的全面发展；要不断完善政府、企业、劳动者在就业分配过程中的协调机制，着

力创造和谐的劳动生产关系（纪雯雯，2016）。

四、促进就业结构的升级

要实现未来经济发展方式的转变，就必须进一步调整优化就业结构。目前中国就业人数在一、二、三产业中存在严重不均衡现象。参照发达国家的发展经验来看，中国第三产业的就业人口数仍有所不足，第一产业就业比重略高。中国三次产业就业人员比例存在结构失衡问题，第三产业仍要吸收更多的就业人口，同时要促进第一产业就业人员的转移，从而进行就业结构的调整，实现产业结构的调整升级。

促进未来经济发展方式的转变，一是要转变发展理念，制订现代服务业发展战略规划，推进现代化服务行业发展，重点发展生产性服务业。二是要消除第三产业发展的壁垒，放松第三产业劳动力市场的管制，坚持就业制度的市场化改革，消除三次产业之间劳动力自由流动的制度障碍。三是要建立第三产业人才培养开发机制，多渠道、多方式、多元化对从业人员进行岗位培训等，提高其素质和专业素养。四是要创造第三产业发展的良好环境，放宽第三产业的市场准入，将城市经济结构转型与第三产业发展相结合，把城镇化与第三产业的发展相结合，并带动第三产业和就业的增长。五是要逐步破除城乡壁垒，推动人口向城镇流动，促进第三产业发展。

五、优化投资结构

要实现未来经济发展方式的转变，就必须进一步调整优化投资结构。目前中国社会固定资产投资在第一产业中保持增长态势，在第二和第三产业中绝对量在增加，但其增长速度在逐步下降。中国第三产业固定资产投资相对不足，应强化第三产业投资，合理安排第二产业投资，在保证第二产业投资绝对量有所增长的同时，使其内部投资结构得到显著改善，加强巩固第一产业投资基础地位，走集约型产业投资的道路。综合而言，投资产业结构有失均衡，投资资金在三次产业间的比重分配存在较大变化，第一产业投资在绝对量上虽一直保持增长态势，但其在三大产业中投资的比重呈现不断下降的态势，而第二产业则表现出先下降后上升的趋势，第三产业在三大产业投资中的比重增长势头强劲，但是三大产业目前的结构仍不尽合理，需要继续提高第三产业的投资比重。投资是产业结构转型升级的基本前提，而对产业结构优化和升级的最有效方式即是优化投资结构，对三大产业的投资进行合理的分配，从而提高对资本的利用效率，优化增量，盘活存量，促进现代化产业的转型升级（刘佳宁，2016）。

促进未来经济发展方式的转变，一是要通过私人投资带动三次产业的发展；二是要加强对外资的引导，完善国内投资的相关法律，减少外资对国内其他投资资金的挤出效应，加强对外资流向的关注（郭凤林，2006），促进产业结构的调整和升级；三是要制定正确的投资结构政策，投资结构政策要与产业结构政策相一致，紧紧围绕产业结构政策进行设计和制定，不能有所违背和相悖；四是要加强投资结构的宏观调控和指导。

六、提升人口素质，增加人力资本

科学发展观的核心就是以人为本。加大人力资本投资，提高劳动者素质是实现中国未来经济发展方式转变的有效途径。经济的发展需要人，人既是生产的主体同时也是消费的主体，更是经济发展的重要资源。而实现经济发展的有效途径之一就是加大人力资本投资，提高人的素质。通过加大教育投资、加大培训力度等方式，提高中国研发者、生产者与管理者的素质，使之自觉落实科学发展内涵，并提升人力资本，作用于科技创新、技术进步，从而实现中国未来经济发展方式的有效转变。

经济发展依靠人力资本与物质资本，而人力资本是经济增长最活跃的影响因素之一。在过去的一段时间里，中国经济依靠丰富的物质资源实现了快速增长，在新时代背景下，人力资本在经济增长中发挥了越来越重要的作用，社会发展也越来越依赖于人力资本。通过科技发展带动教育知识的更新，以教育的高质量发展提升国民人力资本，从而开发人力资源，提高国民素质，提高国家的经济发展能力与国际竞争力（刘华东，2002）。

由此可见，加大人力资本投资、提高劳动者素质是转变中国未来经济发展方式的有效途径。对此，应该将教育作为人力投资的国家政策，持续加大公共教育比重，促进职业教育发展。同时，还要打造良好的人力资源环境。

企业应注重引进高素质人才以提高人力资本水平。优化人力资源环境，实现人才集聚，促进研发生产，进而产生更大效益。此外，还要构建普惠、合理的人才支撑体系。人是经济发展的根本，经济发展也是为了人。所以，提升人力资本，提高劳动者素质是未来经济转型发展的应有之义。

七、加强创新驱动和新技术应用

在全球经济发展日趋激烈的今天，依靠自主创新及技术进步，加快经济结构优化升级是未来中国经济发展方式转变的有效途径。创新是一个民族的灵魂也是一个国家兴旺发达的不竭动力。提高自主创新能力，加快技术研发，促进技术进步，以此促进中国未来经济的良好发展。创新是发展的动力，也是中国经济发展的核心，更是提高综合国力的关键。针对目前全球经济低迷，国内经济疲软的态势，提高自主创新能力，加快技术进步以实现经济结构优化是实现中国未来经济发展的必要条件。

对此，中国在创新不强的情况下应实现跨越式创新、集群式创新与协作整合式创新。首先，中国应创造良好的创新环境。良好的创新环境是促进生产研发人员创新的基础，也可鼓励人们大胆创新、锐意进取，开辟新的研究领域，丰富与优化现有的知识体系及研究内容。在全社会倡导及树立积极创新的信念与决心，以此形成良好的创新环境及氛围。其次，要加大技术研发，促进技术进步，加快产业结构优化升级，使之适应未来的经济发展方式需要。技术进步可直接转化为生产力，作用于生产生活，产生实体经济增长点（陆业才，1982）。依靠创新引领技术进步是未来经济发展方式转变的有效途径。再次，要注意创新性人才培养，形成结构合理的创新性人才队伍，这将是中国经济发展的宝贵财富。最后，要对保障创新的相关法律法规进行完善，加快实施知识产权战略，在全社会树立知识产权保护意识，加快引进市场化的自主创新机制，以健全的法律及相关法规激励、协调与规范创新行为。

八、调整能源结构

实现国民经济又好又快地发展，关键是要加快转变经济发展的途径。经济发展既包括经济结构、经济增长，也包括资源配置、技术创新等。众所周知，资源是有限的，实现经济可持续发展，必须大力发展低碳经济与循环经济，提高节能环保水平。通过转变经济发展方式，构建环境友好型、资源节约型社会，以此实现未来经济的良好发展。改革开放至今，中国在经济建设领域实现了突破性发展，但由于人口增长和发展条件（技术、资本和积累）的限制，没有能够避免以牺牲环境与过度消耗资源为代价而实现经济的高速发展，是高投入、高消耗、高污染的发展模式。在中国经济发展面临此种情况下，消除自然资源与环境发展约束，促进国民经济健康与可持续发展成为必须直面的世纪难题。所以大力发展绿色经济、循环经济、低碳经济是未来转变中国经济发展方式，以及改善高污染、高耗能、低产出局面的有效手段。

大力发展低碳经济、循环经济，能够有效解决经济发展过程中的资源环境问题，减少污染、避免浪费，这也是未来经济发展方式转变的根本途径。当前自然资源日趋枯竭，生态环境破坏严重，面对这种情况，为了避免粗放型经济发展过程中对资源与生态环境造成不可逆的伤害，必须要高度重视向低碳经济及循环经济转型升级。在能源结构上，推广使用清洁能源，如天然气、电代替煤炭、石油等石化能源，加快发展核能、太阳能、风能等新型能源。要提高能源使用效率，积极推广节能技术并高效研发新能源技术，提高生产设备的信息化水平。

新时代背景下大力发展低碳经济、循环经济主要包含三方面的内容：一是构建低碳化、可循环的产业结构，优化能源结构。主要手段是大力发展相对低碳的第三产业，提高第三产业对国民经济发展的贡献率，同时注意产业之间的循环，形成良性循环的经济形态。二是形成低碳化、可循环的生产和流通过程，通过清洁生产、能量的梯次利用、使用低碳能源等手段减少能源浪费，提高能源利用效率，减少生产和流通过程中的碳排放。三是推动技术创新，开展低碳经济、循环经济试点并加以推广，大力发展为低碳经济与循环经济发展提供技术和服务支持的新兴产业，如碳排放权交易、低碳能源技术研发及推广等。

小　结

本章以第六章人口预测结果作为输入变量，构建了人口-经济复杂系统，并对其进行模拟，重点分析在人口增长停滞，甚至负增长的情景下，应如何转变经济发展方式，寻找经济增长新动力，得到如下启示。

第一，城镇化进程加快可使 GDP 和人均 GDP 增加，同时也使能源消耗总量和碳排放总量增加，GDP 增加幅度小于能源消耗总量和碳排放总量增加幅度，因此能源强度和碳排放强度有所上升。这种途径可促进经济增长，但不利于节能减排，属于经济增长促进型途径。

第二，就业结构调整、投资结构调整不会增加 GDP 和人均 GDP，甚至会在一定程度上减少 GDP 和人均 GDP，即经济结构调整的阵痛期，但这两种途径都能降低能源消耗总量和碳排放总量，能源强度和碳排放强度也会有很大程度的下降。因此，这两种途径不会促进经济增长，但对节能减排可起到明显的改善作用，属于节能减排改善型途径。

第三，能源结构调整对 GDP、人均 GDP、能源消耗总量和能源强度没有影响，但可显著降低碳排放总量和碳排放强度。因此这种途径不会促进经济增长和能源节约，但对碳减排有着明显的改善作用，属于减排改善型途径。

第四，以消费水平提升、就业水平提升、人口素质提升、技术创新能力提升为主要内容的经济发展方式转变可使 GDP 和人均 GDP 实现持续增加，为实现两阶段战略目标打下坚实的经济基础和物质保障。同时也可使能源消耗总量和碳排放总量增加，GDP 增加幅度大于能源消耗总量和碳排放总量增加幅度，因此能源强度和碳排放强度下降，促使经济高质量地发展。这两种途径都可促进经济增长，也可改善节能减排，属于双向型途径。

第五，系统仿真的结果显示，通过推进新型城镇化、促进产业结构升级、提升消费层次和水平、保障就业水平、增加人力资本、提高人口素质、大大提升创新能力，以及实现创新引领和新技术应用带动等，必定能够促进经济持续中高速、高质量地发展。而这些转变需要充分发挥市场的作用，更需要有政府主导的政策予以支持和保障，才可能实现。因而本书的第九章将系统阐述和提出促进经济发展方式转变的政策支撑体系。

第 九 章

人口与经济发展方式转变的政策支撑体系

实现经济增长和经济发展的目标、动力、途径转变不是自动形成的，需要市场自身调节，更需要发挥政府的积极作用，制定和实施相应政策、战略加以推动。无论靠市场机制还是靠政府力量，都需建立起可行、可靠的政策支撑体系，保障经济发展的动力能够启动，实现经济增长和经济发展的各种途径能够适时转换，顺畅而无阻碍。本章是本书最后的内容，在根据前述理论、实证及系统模拟结果，并结合对策研究的经验成果后，提出政策支持体系框架、体系目的、动力和途径。

第一节 人口与经济发展方式转变政策支撑体系的逻辑框架

为了使本章的内容更加易于阅读和理解，并使政策具有可执行性，本节首先将政策支撑体系的逻辑框架做了以下梳理。

在第二章和第三章，理论上已经将人口之于经济发展和经济发展方式存在着长期性的影响阐述清晰，即人口是环境、条件，又是经济发展的动力构成。因此，人口发展及促进均衡发展的政策是政策体系的先导。

生育政策、人口政策调整是推动人口均衡发展、经济发展方式转变的基础条件。未来应不断调整、完善生育政策，统筹解决人口总量、年龄结构问题，延缓人口老龄化进程；完善各项社会保障制度，更好地满足人民群众的需求，转变经济发展方式，及时调整收入分配制度，使人民共享改革发展的成果。中国目前人口政策是应对人口增长停滞，甚至出现负增长而采取的政策措施，应对人口深度老龄化、推动人口有序流动、发挥人口回旋空间效应是主要人口政策方向，目的是实现人口健康发展。

只有实现人口健康发展，才能够实现人口长期均衡发展这一更高目标。这种人口长期均衡发展并不是稳定人口状态，而是在人口负增长的发展趋势下，保证人口规模不会大幅度下降、人口老龄化速度不会过快，实现相对稳定、均衡的同时与经济发展相适应的人口发展状态。人口长期均衡发展包含内部均衡和外部均衡，内部均衡是指规模和结构保持一定稳态，短期内规模不会过分下降；外部均衡是指人口发展与经济发展相互协调、相互适应。

中国幅员辽阔，地区间资源禀赋差异较大，加之人口基数大，年龄结构差异大，所以无论在人口规模上还是区域空间上，经济发展都有回旋的余地。回旋是一种资源的优化配置，是生产要素配置的调整。例如，产业在区域间的战略性转移、不同年龄结构人口分工的调整，利用区域间发展差异特征，实现产业协调发展、促进人口聚集、刺激人口持续流动、提高城镇化水平，这既是经济发展优势，也是经济增长的动力。人力资本投资和教育投资是经济增长的重要动力，因此需要制定人力资本提升战略，提高劳动人口素质，有效利用劳动力资源，实现其优化配置，并推动技术创新，为经济增长开发动力源泉。

目前来看，收入差距仍是导致消费需求不足的重要因素。依靠收入分配制度的改革可以提高城乡居民收入分配比重，提高劳动收入，进而降低收入对消费能力的制约。消费升级是推动经济增长和高质量发展的核心动力，在投资增速放缓、出口大幅下滑的时期，消费成为拉动经济增长的主要引擎。未来需要不断调整收入分配，缩小收入差距，改善消费环境，提升消费信心，加大社会保障力度，以此建立长效、稳定的机制来促进消费增长，培育提升服务业、文娱教育等享受性、发展性消费比重，推动消费结构升级，进而扩大居民的消费规模。这是加快消费升级、提升经济增长动力、拓展经济增长空间的有效措施。因此，需要努力提高居民收入分配的比重。

另外，目前经济增长的资源环境约束逐渐强化，人口众多、经济发展、生活水平提高所形成的对资源、环境的压力仍然是主要矛盾，因此资源节约、环境保护必须是经济发展的重要内容。民生要改善，社会要发展，未来中国实现经济增长和发展，必然要求社会发展循环经济，实现循环生产，推动经济发展方式转变，这是保障经济可持续发展的有效途径，是促进经济发展绿色转型的必经之路。

经济发展方式的转变是由于经济社会发展的目的发生了变化，未来经济社会发展不再简单追求经济增长速度，更要追求更加完善的社会保障制度、更加健康的生存环境、更趋合理的收入分配方式、更高的人力资本水平以及更优的公共服务供给。经济发展目的的转变加快了经济发展方式转变的进程，实现经济持续、协调增长，优化经济结构，改善社会福利和实现环境保护，最终实现健康的高质量经济发展。

综上分析，我们需要构建一个适应人口发展与经济发展方式转变的政策支持体系，具体如图 9-1 所示。该体系由三个部分组成：一是发挥经济发展动力的体系；二是保障经济发展途径顺利实施的体系；三是实现人口与经济

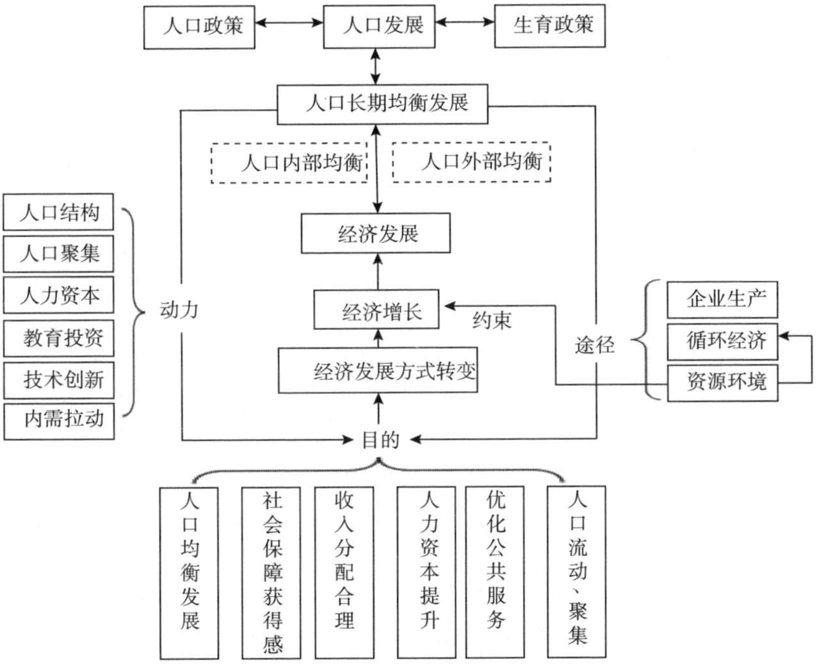

图 9-1　政策支持体系关系图

相协调发展的体系。本章提出的政策支持体系，部分内容是国家提出的支持政策，需要继续贯彻执行，部分是综合研究经验、成果提出的新的建议。

第二节 建立政策支持体系的目的

一、促进人口长期均衡发展，为经济发展方式转变奠基

中国的人口政策可概括为：控制人口数量，提高人口素质，改善人口结构。最关注的问题是人口数量，最主要的努力也是放在控制人口数量上。当前中国总人口增速已明显下降，与此同时，在人口年龄结构上出现了两个不可逆转的趋势：人口老龄化与劳动力供给减少。

党的十八大以来对中国人口形势和未来发展趋势的认识更加深入，生育水平、生育意愿、健康需求、城镇化水平都进入了一个新的状态，由此决定的人口发展态势也发生了深刻变化。生育率持续保持低水平，人口老龄化程度持续加深，老年抚养负担重，造成了人口发展内部的不均衡。这就需要我们在人口政策方面进行调整，使人口规模保持相对稳定，负增长速度放缓，使得人口年龄结构有所优化，青少年比重不再降低，老年人口比重上升状况得到一定缓解（王金营和顾瑶，2011a；翟振武，2016；吕红平，2018；郭志刚，2020）。使经济发展方式转变能够平稳地适应人口的发展态势，人口环境条件与转变方式相向而行，使劳动密集型生产向技术型和人力资本密集型生产转变，使经济发展方式向依靠技术和人力资本方向转变的途径能够顺畅（郭晗和任保平，2014；王金营和李天然，2018；吴俊杰和李鹏，2018）。党的十九大报告指出，“促进生育政策和相关经济社会政策配套衔接，加强人口发展战略研究”[①]。由此看来，在今后 35 年甚至近百年里，在决胜全面小康，实

① 习近平：决胜全面建成小康社会 夺取新时代中国特色社会主义伟大胜利——在中国共产党第十九次全国代表大会上的报告[EB/OL].http://www.xinhuanet.com/politics/19cpcnc/2017-10/27/c_1121867529.htm[2017-10-27]。

现“两个一百年”奋斗目标进程中，更需要建立与人口相适应的经济发展及经济发展方式转变的应对策略。中国未来人口政策会受到政治、医疗、环境等众多不确定因素的影响，在不同历史时期不同变量条件下，更会受到经济发展水平、经济发展方式的影响。党的十九大报告提出促进生育政策与公共政策的衔接，其目的主要还是努力使中国的生育率能够稳定在适度水平，促进人口长期均衡发展。

人口生育政策变动必然带来人口总量、结构和空间布局的变化（王开泳等，2016；王金营和戈艳霞，2016）。适度放宽生育政策，以此调节总和生育率，使人口结构能够均衡发展，这才是未来中国人口发展的核心目标。当前中国已经明确提出“全面两孩”政策。“全面两孩”生育政策实施虽不能从根本上改变中国人口的基本发展趋势，但是能适度增加出生人口，在一定程度上可放缓总人口的减少速度和人口年龄结构的老化速度，达到优化人口结构的目的，对未来 15 年人口数量和人口区域分布格局同样会产生深远影响，也可明显地改变中国人口的发展轨迹，有效延缓中国总人口的递减趋势，使“全面两孩”政策的效果得以显现。在“十四五”时期应选择适当的政策鼓励生育以使生育水平接近更替水平，增加劳动力的供给，改变维持生育政策不变情况下劳动人口不断走低的态势，从而使中国的生育率稳定在适度水平，最终改变当前中国的人口结构（王金营和顾瑶，2011c）。

二、增强公共服务的获得感，实现共享发展的理念

全面建成小康社会，国强民富是基本方向，加快推进从“国富”到“民富”的战略转型是社会经济发展的必然结果。中华人民共和国成立以来，特别是改革开放以后，虽然在不同的阶段战略取向不同，但是中国经济增长和经济发展的目标始终没有离开过国强和民富。40 多年来，为实现这一目标，除了大力促进经济增长，夯实基础，做大“蛋糕”外，开始更加注重建立和完善各类公共服务制度，不断提升国民经济发展惠及人民福祉的能力。

转变经济发展方式无论是体制改革、结构转变还是城市化发展战略，其目的都是优化供给侧结构，提高公共服务水平。现阶段，中国经济发展步入

新常态，走进了从决胜全面小康到基本实现现代化再到全面建成社会主义现代化强国梦的新时代。经济增长和经济发展方式转变的最终结果和目标是增强人民对国家的认同感和获得感，保障和增进人民福祉，实现共享发展。中国当前正在积极完善就业制度、教育制度、住房保障制度、社会保障制度等公共服务供给体系，使社会公共资源的规划及资源配置与人口结构变动紧密关联，使人民公平享有公共服务。公共服务水平提升是经济发展产生的需求和最终效果，也是经济发展的动力所在。公共服务供给数量、质量与模式都会影响人口再生产、迁移分布和人力资本的提升，从而影响经济发展方式的转变。公共服务水平较高的地区往往经济增长水平高，同时也会吸引更多的人力资本聚集；另外，各层人口的聚集，其收入水平的阶梯性差异，对公共服务的需求呈现结构性分层，并且随着收入水平的提高，原有的消费模式升级，人们倾向于享受更高的生活水平和更好的医疗、社会保障等公共服务。因此，促进人口长期均衡发展，保障经济发展及方式转变需要公共政策衔接，需要促进公共服务供给数量和质量不断提升。完善的社会保障制度可以使人民对自己的国家更加认同与自豪，有利于实现民族的团结。建立与人口发展相适应的经济发展方式转变的政策支持体系，除了促进人口均衡发展，更进一步地是要保障和增进人民福祉，增强居民的获得感，健全公共服务体系。

改善民生既是转变经济发展方式的目的，又是转变经济发展方式的手段。过去经济发展水平偏低的情况下，不得不把追求经济增长，促进就业和保障人民基本生活作为目标。在这样的目标下，无法过多地考虑劳动者的福利待遇，同时也存在对有限资源禀赋的过度使用。当今，中国发展迎来了新时代，这也为增加人民福祉这一目标的达成带来了契机。近年来，中国的社会保障水平不断提高，已经初步形成了以社会保险、社会救助、社会福利为基础，以基本养老、基本医疗、最低生活保障为重点的社会保障体系框架。社会保障替代率的提高对总和生育率产生了激励（王浩名和柳清瑞，2015），逐步实现经济发展使得人民福祉增加，人民在社会保障方面的获得感增强的目标。加快建立与经济发展方式转变相适应的政策支持体系，促进社会保障制度逐步完善（秦雪征，2011）。此外，社会保障放松了低收入家庭的预算约束，收入效应使得最优生育数量上升，建立健全社会保障体系，可以间接调控人口数量（刘一伟，2017）。通过扩大社会保障覆盖面，逐步建立并完善城乡一体的社会保障体系，以良好的社会保障制度作为支撑，促进经济平稳、健康发展（刘吕吉等，2014）。

三、提升人力资本水平，实现创新发展的理念

人力资本存量的大小和水平高低，是一个国家或地区的经济实力乃至综合国力强弱的决定因素，同时，人力资本水平也决定着每个人能够获得收入的多少。而经济发展方式的转变是一个战略工程，离不开实践主体价值目标的实现。提升国民的知识、技术创新能力和道德水平，全面提升人力资本，一方面可以促进生产力发展，另一方面可以使其共享发展的成果，因而提升人力资本水平是人口发展的目的之一。未来低生育水平下，劳动力供给将会减少，特别是劳动年龄人口减少以及劳动参与率降低会加速实际劳动供给数量的减少，有效劳动负担不断加重，劳动成本不断提高。因此，必须要提升有效劳动供给，而提升有效劳动供给的重要手段就是大大提升人力资本水平和提高人力资本存量。经济增长和经济发展方式的转变与提升人力资本水平是相互作用的。劳动力数量减少要求经济发展方式必然要转变，而人口素质的提高产生的人力资本对经济的贡献越来越大，劳动者素质的提升可以弥补人口结构转变带来的劳动力数量短缺，以适应未来经济社会发展和产业发展的需要。此外，经济发展方式的转变也为实现人力资本水平提升提供了现实需要和必要条件。

四、推动人口流动、聚集趋于合理，实现协调发展的理念

未来中国人口发展态势中，生育率持续地低于更替水平将是一个常态，在短时期甚至未来 50 年或者更长时期存在，也可能无法改变。那么，中国未来人口必将减少，必将出现负增长，适龄劳动力人口逐渐减少，人口城镇化的速度也将趋缓，原有的人口因素形成的经济发展动力减弱。但是，中国国土面积大、人口规模庞大、区域差异显著，这些因素使得我们可以利用城市群建设和新型城镇化形成回旋空间，实现经济持续、高质量发展。根据上文阐述的人口规模回旋和区域空间回旋理论，国家层面和地方区域的政策应

能够促进区域的人口合理流动、聚集，实现人力资源与资源禀赋耦合，优化配置，形成极化和新的增长极。

人口流动、聚集与中国经济发展紧密相关，加快了中国经济发展方式转变的进程。人口流动问题的本质是市场化进程中的劳动力政策选择问题，人口流动促进了社会经济发展。人口流动、聚集可以改变地区的人口结构，大量流动人口的存在，是中国经济发展过程中市场重新配置劳动力资源的表现。一方面，它可以减轻过量农业剩余劳动力给土地带来的沉重压力，避免不必要的人力资源的浪费；另一方面，它又为急需劳动力的地区和行业提供充裕的劳动力，使得劳动力资源配置日趋合理。

五、产业回旋和人口回旋相适应，实现绿色发展的理念

中国幅员辽阔，地区间资源禀赋差异较大，可以承载多种经济发展模式，也可以承载区域之间经济的不均衡发展，与人口规模优势一样，在区域空间上存在回旋余地。人口众多、经济发展、生活水平提高所形成的对资源、环境的压力仍然是主要矛盾，经济增长的资源环境约束逐渐强化，资源节约、环境保护也必须是经济发展的重要内容。在新时代经济发展的过程中，回旋是一种资源的优化配置，是生产要素配置的调整。必须充分利用要素禀赋优势，才能促进经济的稳定增长。长期以来，中国生产要素投入以自然资源、劳动力为主，支撑了中国过去旧常态下的经济快速增长。但中国也付出了自然资源急剧减少、生态环境恶化等代价。因此，为了保证新常态下中国经济的发展，要素投入结构必须调整，应加大资本的投入并提升资本的效率，减少自然资源的过度投入、掠夺性开采，加快推进资源型城市的转型与升级，为经济发展方式转变提供政策支持。实现循环生产、循环消费，同时促进企业生产和居民消费方式向绿色转变。

六、调整收入分配，促进内需增长和消费升级

不断扩大的居民收入差距不利于中国经济社会发展，转变经济发展方式，就需要调整收入分配制度，使其趋于合理。

在中国经济转型、经济持续高速发展的同时，居民收入差距却持续扩

大，全体居民不能公平共享发展成果。中低收入群体占比仍然较大，消费受到限制，而高收入群体由于边际消费倾向的作用，对消费的贡献也较少。目前城乡收入差距较大，但是城市内部的收入差距大于农村内部的收入差距。从人口发展来讲，收入差距导致了不同的发展状态。

十八届三中全会提出，全面深化改革，必须以促进社会公平正义、增进人民福祉为出发点和落脚点。“紧紧围绕使市场在资源配置中起决定性作用深化经济体制改革，坚持和完善基本经济制度，加快完善现代市场体系、宏观调控体系、开放型经济体系，加快转变经济发展方式，加快建设创新型国家，推动经济更有效率、更加公平、更可持续发展。”[①]收入分配问题既是当下社会关注的焦点，也是转变经济发展方式的难点，收入分配趋于公平和合理是转变经济发展方式的目的之一。促进初次分配更加合理、加快转变经济发展方式，必须推进收入分配制度改革，形成更加公平合理的收入分配格局。同时也可以提升居民的消费意愿和消费能力，降低储蓄率和投资率，实现经济增长向依靠消费、投资、出口协调拉动转变。随着广大低收入民众向中等收入民众的转变，以及人们投资意识和理念的转变，越来越多的人开始增加对教育、健康等人力资本的投资，推动社会经济发展向依靠科技进步、管理创新的方向转变。

因此，一方面要减轻农民负担，加大对农村的财政转移支付力度，建立和完善覆盖村的社会保障体系，增强农民抵御自然风险、经济社会风险的能力；另一方面，增加农村教育和培训的投入，提高农民整体受教育水平，缩小城乡分配差距，消除贫困，扩大内需。此外，降低公共服务供给价格，推动文化、卫生、娱乐、健康保健等产业结构升级，提高供给质量和数量，同时提高居民消费水平和层级，使其增加服务性、享受性消费，并且消费更注重质量和品质。另外，要更加注重低碳环保型产业的发展和产品的消费。

① 中共中央关于全面深化改革若干重大问题的决定[EB/OL]. http://cpc.people.com.cn/n/2013/1115/c64094-23559163.html[2013-11-15]。

第三节 保障经济发展实现途径转换的政策支持体系

一、扩大市场容量提高公共服务水平的支持体系

在过去10年中，中国城镇居民边际消费倾向下降的幅度超过20%。居民宏观消费率持续下降主要源于居民边际消费倾向的持续下降，所以在财政收支制度短期无法改变的情况下，提升居民边际消费倾向，扩大居民消费需求，利用结构化财政支出策略加大居民直接受益项目的投入力度是十分必要的。此外，低收入水平群体占比较大，消费层次较低。中国高等教育受教育人数增加，但由于高等教育学费较高，反而制约了居民消费。出现了由于消费方式的不同导致的对经济发展方式的不同作用。加之房地产价格的高涨存在挤出效应，挤压居民扩张性消费。

进入新时代，中国人口老龄化加速发展。根据第六次全国人口普查资料推算，平均每年新增65岁及以上老年人口800万人（朱勤和魏涛远，2016）。根据《世界人口展望》（2015版）的预测，2050年中国65岁及以上老年人口将增至3.71亿人，占总人口的比重为27.6%，是2010年的3倍多。不可否认的是，深度老龄化和多元化老年群体将对中国传统经济发展方式带来新的挑战。现阶段乃至未来，以内需驱动取代外需驱动是内循环的首要功能，国内消费仍然是经济增长的第一动力，那么，在这样的新发展格局下，随着人口老龄化持续深入发展，应当积极发展老年产业，开发老年消费市场。这样既可以满足老年人的需求，又能扩大市场总需求并拉动内需，进而促进经济增长。与此同时，中国公共服务水平偏低，价格偏高，收入效应较小。在当前内需拉动力不足和如何拉动内需成为时下热点的情况下，在公共服务制度体系亟须得到完善的压力下，在促进消费的行为选择上，可以把注意力逐渐适当地加以转移，除了关注提升收入对消费拉动的作用外，公共服务水平的提高和体系的配套完善可以在一定程度上解决人们的后顾之忧，更好地拉动消费支出，拉动内需，促进经济发展。

因此，优化财政支出结构，保障居民公共服务的获取能力，改革目前高等教育中财政投入和学费、奖学金制度，减轻居民对于子女接受高等教育所

产生的支出预期压力，改变落后的消费方式，转变消费模式，减少从大自然摄取的物质资料，选择可持续消费模式，消除居民的消费顾虑，减轻居民的社会负担，降低居民对未来各项政策、消费和储蓄的不确定性，从而扩大消费。同时，积极推动城镇化建设进程，最大限度地抵消城镇化对消费支出影响的时滞性。

二、应对学龄人口规模变动提升人力资本水平的支持体系

人力资本在经济发展方式转变中的作用，要么是以人力资本投资促进科技进步和自主创新为动力；要么是以人力资本投资促进产业转型和企业升级为动力；要么是以人力资本投资提升经济发展效益、推进经济持续健康发展为动力。可以从以下方面考虑，真正地将人力资源大国转变为人力资本大国。

1. 积极应对学龄人口规模变动，缓解教育需求矛盾

教育部门要建立学龄人口变动监测机制，对学龄人口规模变动要敏感，及时进行政策调整。城乡间学龄人口规模变动必定存在差别，因此政府在实际工作中应不断缩小不同区域间的教育资源差距，重视对教师的及时培养和补充，合理分配教师资源，实现区域、校际、城乡等教育相对公平。如果因为学龄人口减少而造成对该级教师需求减少，要实行一定的权益保障措施，鼓励教师通过能力考核，补充到有需求的教育层次中，另外也应该注重教师质量的提高。

2. 加大教育投入，加强师资建设

不断整合教育资源，持续增加教育投入。进一步优化区域学校布局，确保与当地经济社会发展、人口分布状况、生育水平和城镇化进程等相适应，改变校点过分分散、办学规模小、办学效益低的局面，也要防止不必要的集中合并，使得学校与学生住地距离过大而带来学生及家庭的时间、资金的成本增加，应改善办学条件、加强师资队伍建设、扩大教学教育资源。做强师范教育，把好师资“源头水准”，输送优秀青年教师；完善教师培训制度，提升培训质量，拓宽职业发展空间；改善教师从业环境，落实教师待遇。

3. 普及高等教育及适当扩大研究生招生规模

2015 年中国高等教育毛入学率刚刚达到 40%，高等教育已经进入了大众化阶段。但数据显示 2015 年中国 15～64 岁人群中受过高等教育的比例只有 10%，不及 OECD 国家平均水平的 1/3。并且，中国的发展越来越强调科技和创新，需要越来越高的人力资本。

4. 借鉴国外经验，尽可能降低少子化对教育发展的不利影响

人口负增长必然导致少子化，从而造成学生人数减少等诸多社会问题。国际上已经进入少子化的国家在鼓励生育的同时，也利用低生育率，促进了教育的普及和提高，及时调整教育的投资结构，教育经费用于学前与高等教育的比例有增加，但初等和中等教育的比例有所下降。此外，很多国家也积极寻求国外生源以补充学生缺额。中国在少子化进程中，有很多相似的问题可以借鉴已有的可取经验，降低应对成本。

三、加强创新引领触发内生发展动力的支持体系

技术创新能力是国家竞争力的核心。在国家层面，首先，完善知识产权保护法律体系是技术创新能力建设的必然选择。一方面要对法律本身进行修正和改进；另一方面要对法律的执行体系进行改革，促进产权保护法律的落实。要充分发挥出产权保护法律对于违法行为的震慑力，用行为预防来减少产权破坏行为的产生。其次，健全政府对高新技术产业的激励机制。一是通过减免税收或补贴的优惠政策对高新技术产业进行激励和扶持；二是增加对高新技术产业的财政投入，引导社会资本流向创新领域。从政策层面上引导资本向相关产业转移，增加资本对技术创新的投入力度。深入挖掘现有的社会资本存量，引导民间资本向技术创新领域增加投入。在市场层面，首先，实现创新成果的有效转化。完善技术转让平台的建设，充分利用现代网络基础条件，建设信息化的专业交易平台，提高转让的效率，降低市场运营成本，加强技术转让市场运行的制度建设，促进市场的合理、有序发展。此外，促进人力资源合理流动。从技术创新持续开展的角度出发，立足于经济发展方式的转变，完善人才市场建设，简化相关手续，降低人才流动成本，促进人才的合理流动。在区域层面，完善区域创新体系建设，发挥引领作

用。以雄安新区、深圳特区、上海自贸区、天津自贸区等地为重点区域，以北京中关村、天津滨海高新技术开发区、上海、杭州、苏州高新技术工业园区等一批高新技术产业园区为示范基地，在这些地域建设智慧新城，重点开展高新技术研发、转化、使用和推广。在区域经济发展和区域创新体系的构建中，地方政府起着关键作用。

此外，大力推进智能化发展，并向全国推广。智能化是数字化、信息化发展的高级阶段，是现代信息社会发展的重要取向。实施智能化战略，可为中国转变经济发展方式、提高产品丰厚度提供科技支撑。随着网络和信息技术加速渗透和深度应用，大数据、人工智能等新一轮技术革命加快推进，创新在经济发展中的地位日益凸显。在大数据、智慧城市、云计算、移动互联网、物联网等领域，在基础研究领域和应用研究领域不断推出一大批重大科技创新成果，为中国中长期发展注入强大的内生动力（吴朝晖，2019）。

在中国城镇化增速放缓、经济转型压力较大的背景下，通过推动人力资本配置结构的优化和升级来促进未来城镇化的发展将是一个有效路径。优化和升级人力资本配置结构可以为产业结构和经济发展方式的转型铺平道路。调整产业结构，促进产业结构升级，实现经济发展方式的转变（王金营和王子威，2014）[①]。

四、贯彻新发展理念促进现代产业优化升级的支持体系

产业是经济建设的核心和国家发展的基础。当前，中国特色社会主义进入新时代，社会主要矛盾已经转化为人民日益增长的美好生活需要和不平衡不充分的发展之间的矛盾[②]。习近平总书记在十九大报告中指出，“贯彻新发展理念，建设现代化经济体系”“支持传统产业优化升级，加快发展现代服务业，瞄准国际标准提高水平。促进中国产业迈向全球价值链中高端，培

① 此观点来自王金营的文章《中国人力资本产业配置在城镇化中的作用研究》，已发表于《中国人口科学》2014 年第 5 期，是本课题阶段性研究成果。

② 习近平：决胜全面建成小康社会　夺取新时代中国特色社会主义伟大胜利——在中国共产党第十九次全国代表大会上的报告[EB/OL]. http://www.xinhuanet.com/politics/19cpcnc/2017-10/27/c_1121867529.htm[2017-10-27]。

育若干世界级先进制造业集群”[①]。当前不断深化的消费结构升级趋势，从一个侧面体现了社会主要矛盾的转化，即人们从过去规模化、标准化、排浪式的物质消费，正转向个性化、高品质化、注重精神满足的服务性消费。这就需要转变经济发展方式，破解发展难题，把握发展规律，顺应国际国内产业发展新趋势，发挥自身优势，增强经济发展动力的战略选择。

党的十九大提出“要着力加快建设实体经济、科技创新、现代金融、人力资源协同发展的产业体系”[①]。这是中国特色社会主义进入新时代，着眼于建设现代化经济体系的战略目标而提出的一项重要战略性举措。现代化产业体系是现代化经济体系的主要内涵和战略重点之一。

构建现代产业体系，不是对没有创新驱动的经典产业也完全舍弃和淘汰，而是应该在尊重经典产业结构的基础上，进行继承、吸收和创造。不是避虚就实地把所有理性中的成分强加于现代产业的构建过程中，而是能够将传统产业结构中的主要问题与新时代发展变化产生的冲突很好地解决的过程。首先，承认创新为第一动力，以创新大力培育发展新技术、新产业、新业态、新模式，加强政府对创新的宏观指导。其次，推进供给侧结构性改革，构建促进创新的公共服务体系。最后，制定与人口发展相适应的产业集聚政策。

一是推动产业集聚，促进产业结构和人口结构相协调。发达地区的产业集群、城市化水平、人力资本水平等先发优势更能集聚人口，人口集聚可进一步提升地区人力资本，进而推动经济快速增长。因此，落后的地区应充分利用自身的禀赋、资源优势，发展可以承接现代产业的、能够实现产业结构优化、实现产业集聚的中心城市和增长极，从而可以聚拢产业要素，大力提升自身人力资本水平，不断聚拢高人力资本的人才。

二是调整产业结构。要依据各地自然禀赋、宜居条件、人文积累及人口空间分布状况，大力发展与本地要素禀赋情况相一致的高端产业群，总体改善当地产业结构。适宜农业发展地区，加大惠农力度，优化发展现代产业，推动农产品深加工。加大人力资本投资，推动创新研发，培育发展战略性新兴产业。优化税制结构，促进现代服务业的发展；大力发展作为商品中间投入和中间需求的生产性服务业，积极发展新兴服务业。

三是产业回旋和人口回旋相协调。中国幅员辽阔，地区间资源禀赋差异较大，广袤的大地蕴含着多种资源，可以承载多种经济发展模式，也可以承载着区域之间经济的不均衡发展，与人口规模优势一样，在区域空间上存在回旋余地。生产要素投入是发展一国支柱产业、优化产业结构的前提，一国必须充分利用其要素禀赋优势，才能促进经济的稳定增长。长期以来，中国生产要素投入以自然资源、劳动力为主，支撑了中国过去经济的快速增长。而这种方式受到自然资源减少、生态环境恶化的约束，是不可持续的低质量的发展。因此，为了保证新常态下中国经济的发展，今后中国的要素投入结构必须调整，应加大资本的投入力度并提升资本的效率，减少自然资源的过度投入、掠夺性开采，加快推进资源型城市的转型与升级，为经济发展方式转变提供政策支持。一方面，发挥资源禀赋丰富的优势，提高能源利用效率；另一方面，加快推进资源型城市的转型与升级。

五、引导生产和消费模式向绿色可循环方向发展的支持体系

从社会发展的宏观角度看，中国经济社会发展仍然面临着人口总量巨大带来的压力，人口对经济、社会、资源、环境的影响更加突出。人口众多、经济发展、生活水平提高所形成的对资源、环境的压力仍然是主要矛盾，尽管不能够通过大规模减少人口来解决矛盾，但是经济增长的资源环境约束逐渐强化，资源节约、环境保护必须是经济发展的重要内容。目前中国人口总量的变化趋势将开启负增长，在人口总量达到峰值前，资源投入总量、碳排放总量和环境污染总量仍在不断增加，直到 2030 年前后人口总量达到峰值后，随着人口规模逐年缩小，资源消耗和污染物排放才可能减少。然而，中国是一个发展中国家，经济水平还处于较低状态，生产力水平同发达国家相比还有一定差距，并且城乡之间、区域之间、社会阶层之间的差距较大，人民生活水平和质量仍需要持续改善与提升，未来经济还将继续发展，并要不断实现经济增长下的发展，在这样的矛盾下，未来将长期面临紧平衡状态的资源供求形势。因此，社会要实现循环生产、循环消费，这就要求促进企业生产和居民消费方式实现向绿色转变。

从企业发展的微观角度看，受到人口负增长、人口老龄化及经济发展方式转变的影响，企业必须发展循环经济、减少人力依赖并提高技术创新能

力，才能实现发展的可持续。金融危机、人口红利的逐渐减少推动了经济发展方式转变和中国经济结构的战略性调整，经济发展方式转变对现有人口的劳动就业产生了较大冲击，中国将长期面对总量过剩、结构失业、人力资本较低的多重矛盾；人口变动改变了劳动供给模式，企业生产的人工成本将大幅提高，未来会自主推动企业实现集约生产，节约劳动，从依赖人力向依靠技术进步转变。

大力支持企业发展循环经济，是保障经济可持续发展的有效途径，是促进绿色转型的必经之路（杨华峰，2005）。发展循环经济，要加强企业生产、产业布局、社会消费等方面的循环建设，企业需要承担更多环保责任，政府需要制定科学的法律、法规、政策来进行规范和约束，主要起引导作用。

相关支撑政策应当促进政府、市场、企业、居民四个层面共同推动社会和企业发展循环经济。政府层面要引导企业发展循环经济，并且引导社会消费模式向循环、绿色转变，加强教育发展和劳动力培训，促进人力资本提升，促进人才科学流动，减少劳动力市场的结构性失业问题；市场层面要促使金融市场更多引导和服务实体企业发展循环经济，并推动资源价格市场化；企业层面要推动自身技术研发创新，尽快实现绿色转型，减少人力依赖，并承担更多环保责任；居民层面要加强自身教育学习，提升自身能力和素质，并形成健康、自然的消费习惯和消费行为规范，崇尚自然，追求健康，注重环保，节约资源、能源，实现可持续消费。具体政策如下。

（一）政府政策支撑

（1）大力发展战略性新兴产业，并利用财税政策激励企业科技创新和绿色生产，科学促进人才引进，助力技术创新。把提高技术创新能力作为调整产业结构、推进经济转型的中心环节，大力发展战略性新兴产业，加快传统产业升级改造，扶持生产性科技服务业，可以促进经济社会走上创新驱动、内生增长的发展轨道，从而实现经济发展方式转变。中国发展战略性新兴产业有着相对比较优势，尽管还未完全实现工业化，但对发展现代新兴产业既有稳固的传统产业发展基础，又有强大的未来市场需求（肖兴志，2010）。中国未来发展必将会选择新型工业化道路，舍弃低效率的粗放型经济发展方式，因此，中国要充分发挥国内大市场的优势，抓住历史机遇，大力推动战略性新兴产业的发展。

（2）财税政策促进企业绿色生产和科技创新。从财税政策入手，应该深化税制的绿色化改革，加强环保领域和科技创新企业的财政补贴激励（杨克泉等，2008）。充分借鉴发达国家的成功经验，加快税制绿色化改革。具体来看要做到：完善现有税制，加大现有税收政策的执行力度；提高资源消费品的税率，引导绿色消费。结合供给侧和消费侧两端发力，共同推进绿色生产方式和绿色消费观念的形成。

制定环保领域中环保技术或项目的激励措施，包括税收优惠、财政补贴等政策，对符合绿色发展标准的企业或项目予以鼓励，如环保设备退税，固定资产税返还或优惠等。实行政府补贴及财政预算制度，比如对引进先进能源设备的企业予以补贴，环保技术研发补助奖励。环保投资制度建立，对循环型社会公共设施的完善和环保事业的建设，政府提供相应的财政支持。

（3）人才引进与公共服务跟进。企业人才战成为主流，创新不容懈怠。人才引进和创新投入是企业今后的发展需求。人力资本与创新是企业发展及转型的契机，企业之间的竞争也将是人才、创新两种因素的博弈。秉承公平、公正原则对大小企业的发展一视同仁。在人才引进、落户、子女入学问题上，政府应给予所有类型的企业同等待遇，防止人才流失。同时，政府还可积极引导人才流动，开展技术培训，协助企业建立技术创新研发机构，对企业创新提供指导，同时降低技术引进依赖。另外，转变经济发展方式，虽然能够推动产业结构升级，但也会加快资本、技术对低素质劳动力的替代，加剧结构性失业，未来中国将面临劳动力市场供大于求以及大量结构性失业的挑战。因此，在经济结构战略性调整过程中，政府必须处理好转变的进度、路径和方法，制定相关就业政策保障劳动力市场的基本稳定。

在国家宏观层面上，加快形成适合中国循环经济发展的制度体系，健全法律法规和政策，用制度保障循环经济的发展，并将循环经济发展从过去关注废弃物再生和循环利用，转向将循环经济纳入生态文明建设体系之中，通过环境保护法律、法规和政策等倒逼机制，促使循环经济成为经济发展的普适模式。国家不仅要给予财政支持，而且要实施更强的规制和引导，从制度上推进企业、居民自觉发展循环经济，促进绿色生产和绿色生活方式的形成，即使面对新常态挑战，也能集全社会之力克服困难，践行绿色发展理念。

（二）市场政策支撑

1. 金融市场政策

提升静脉产业融资能力，发展绿色消费市场，推进资源价格的市场化。在循环经济的发展过程中，企业要进行环保和资源再利用、加工等活动，需要设备的添加和更新，政府对相关设备改进及更新给予金融支持，包括低利率贷款或优惠政策贷款。除财税补贴政策外，还可以由政府出面，联合为企业担保融资，解决一些企业发展循环经济项目融资难的问题。同时可以借鉴美国经验，发展商业银行绿色信贷，加强融资前企业行为环境影响的评估。改善企业的信用评价体系，将评价指标灵活化，同时将绿色环保加入评价体系，适时调整指标权重，改善金融体系功能，为企业融资开辟新通道。完善信保制度，制订企业贷款担保计划并建立信用担保基金。其中，贷款担保计划使企业能够获得低于金融市场利率的中长期贷款，政府补差额，扶持企业的发展；成立信用担保基金，降低小微企业向金融机构申请融资时信用不足的风险，分担金融机构对企业的融资风险，实现金融机构“有贷必担”。

2. 大力发展绿色消费市场，扶持社会静脉产业

发展循环经济，重视提倡绿色消费，在整个社会范围内形成自然资源、产品、再生资源的循环利用，减少奢侈、过度消费，反对危害环境的消费，让绿色消费成为每个消费者的自觉行动（尹小平和王洪会，2008）。需要生产环节开发新技术降低绿色产品的生产成本，进行广泛的绿色消费社会宣传，政府和社会各部门联合开展环保教育、绿色消费宣传活动，加深民众对绿色消费的理解，认识到绿色消费的重要性，促进环保选购，促进循环消费、重复使用，推动分类回收，普及并营造绿色消费的社会文化氛围，将消费环保化教育纳入教育体系，充分发挥学校教育的辐射带动作用（郭晓刚，2012）。绿色消费业可以进一步促进生产领域的绿色转型，为满足消费者对绿色产品的需要，生产者必须开发新产品，改变传统生产模式，实现清洁生产，赢得消费者青睐与社会认可，树立环保新形象，使绿色产业迅速发展推

动企业绿色转型。

3. 推动资源价格市场化改革

资源价格的市场化可以有效减少企业生产过度消耗和浪费资源问题。长久以来，为保障民生稳定，资源型产品价格过低，这导致了资源过度消耗和浪费，不符合建设资源节约型社会的要求；价格过低的另一个原因是原始定价方法没有考虑资源开发利用的资源补偿价值和环境价值，这里的资源价格已经失去了调节市场供给与需求的作用，因此难以实现促进资源节约和循环利用的目的。因此，应该进一步深化资源价格改革，将资源开发利用的全过程成本，包括环境恢复成本都计算在内，以此来定价，若这项工作交给市场来做，可以高效完成，并改善粗放型的经济发展方式。借此构建价格促进资源循环的支持框架（邓永新和沈体雁，2007；肖文海，2011），并且通过完善资源有偿利用和生态补偿机制、生产者责任延伸制度、政府绿色采购制度（李云燕和张彪，2013）、低端准入制度、排污收费制度来深化资源价格改革（林伯强和何晓萍，2008），推动循环经济长效发展（苏杨和周宏春，2004）。

第四节 发挥人口回旋优势的政策支持体系

人口是社会经济持续发展的基础性、长期性、战略性要素。在人口规模巨大、生育水平低、人口即将进入负增长的情况下，通过政策调整和制度创新促进生育政策及相关公共政策相互衔接，保障劳动供给，促进人口流动、集聚，充分利用中国国土广袤、区域差异显著和人口规模庞大的空间回旋余地，推动城市群建设、增长极培育和新型城镇化建设等，建立适应经济发展方式转变的政策支持体系是十分必要的。

一、人口长期均衡和规模稳定的支持体系

随着中国人口红利急速消退、生育率持续低于适度水平、人口老龄化程

度不断加深，2016 年国家开始调整生育政策，实施“全面两孩”政策。从公共政策效用来看，生育政策对其他公共政策既有影响，也有配套衔接需求压力，需要适时对其进行调整和完善，把握好公共政策的整体性和预见性，使生育政策可以发挥积极的引导和激励作用，促进和实现人口的长期均衡发展（王金营和赵贝宁，2012）。

具体而言，未来应逐步放开生育政策限制，并鼓励国民按意愿生育，提高二孩甚至三孩生育意愿和生育行为。过往严格的计划生育政策及社会经济发展情况，改变了民众的生育意愿和生育观念，使得低生育率的态势相对固化，这对未来生育政策宣传和执行工作提出了挑战。生育政策要多方形成生育支持合力，创造生育友好的社会氛围，不仅要在医疗健康技术上实现“生得起，生得好”，更要实现“养得起，养得好”。政府协调有关部门研究制定和完善鼓励按政策生育的相关配套制度，加快医疗、教育等行业的人才培养，合理配置产科、儿科、托幼[①]、基础教育、社会保障等资源，满足新增公共服务需求，给予儿童和生育主体更多关怀、尊重和保障支持，减少生育主体的后顾之忧。提升生育水平，保持人口出生规模的相对稳定，降低总人口规模和劳动力规模的减少速度，提高养老与抚养的供给能力。

二、推动人口集聚和有序合理流动的支持体系

人口集聚和有序流动是近年来的社会热点问题，诸多研究经验表明要推动人口流动、落户城市，提升城镇化水平和城市辐射发展能力，具体政策如下。

（一）深化体制机制改革，引导人口有序流动

建立并完善人口迁移和流动的保障政策和制度，包括就业培训、住房、教育、医疗保障政策和制度等，增强流动人口在城市就业的能力和稳定性，降低流动人口定居城市的风险，同时保障农村外出务工人口的农村财产权益，土地承包经营权、宅基地、集体资产权可以保留、让渡，促进流动人口

① 2019 年以来国家相关部门相继出台了托幼托育服务政策和具体措施，这是包括本书研究在内的众多研究者乐得所见的，希望好的政策和措施加快落实并取得好的效果。

社会融入，提升流动人口在城市的长期居留意愿，进而促进农民工市民化。减少“流而不迁”，提高人口聚集投资和消费需求积累，推进城乡、区域一体化户籍制度改革，中小城市实施更加灵活的流动、迁移、落户、就业、子女教育、老年人赡养的制度和政策。

（二）促进人口合理聚集，增强城镇辐射力

培育重点城镇和区域中心城市，拓宽人口聚集平台，依据产业、地理区位、交通或资源禀赋等优势，迅速聚集资金流、信息流、物流和人流，产生强烈的聚集效应，同时加快产业结构调整，积极发展二、三产业，通过产业结构优化升级提高竞争力、增加就业机会等方式吸引人口，特别是吸引高素质人才。

另外，推动城镇化进程，可以加快人口集聚，培育重点城镇和区域中心城市，推动城镇集群共同发展。构建以人口发展功能区为基础，以各地自然禀赋、宜居条件、人文积累及人口空间分布状况为条件，以区域中心城市为中心，以次中心城市、小城镇为支撑的城镇发展体系。增强大、中城市辐射能力，带动周边城镇和小区域中心发展。但是，居于不同发展地位的区域要注意采取措施应对人口集聚引发的城市发展问题，区域中心城市要适当扩张城市规模，吸纳更多流动人口，跟进基础设施建设和公共服务供给；资源禀赋丰富、具有发展前景的城镇要注重政策倾斜，推动城市合理开发和产业集聚发展，提高其吸引人口集聚的能力。

三、延长退休年龄推动老年人口就业的支持体系

中国是一个人口规模达到 14 亿的大国，到 2030 年前后人口规模达到峰值约 14.5 亿人，60 岁及以上的老年人口规模从目前 2 亿左右不断增长到 21 世纪 50 年代中期的 5 亿人，而且每个年龄的老年人口也多达 1500 万人以上，并且 60～70 岁的老年人中，高学历人口比重越来越大，同时健康水平稳步提高。国际经验也表明，延迟退休或弹性退休年龄政策对于保障劳动有效供给是有效的和可行的。

老年抚养负担持续增加的情况下，实行延迟退休年龄政策具有一定的必

要性和可行性。延迟退休年龄是充分利用人力资本、保证劳动力供给状况、促进男女就业权利平等、缓解养老金支付压力、填补养老金缺口的选择。退休年龄的推迟可以使整个经济体中的劳动力要素投入增加，产出提高，对社会的总体福利有改进作用。当退休年龄推迟后，区域人口中适龄劳动力年龄段比例会上升，劳动力市场上供求状况和工人与企业的谈判力量会发生变化，可以均衡工资、降低劳动成本。由于人们健康水平的不断提高，平均预期寿命不断延长，生活条件得到改善，传统观念发生改变，老年人口中相当多的人具有较高的劳动能力、较强的参与有收入劳动的愿望[①]和较丰富的工作经验。因此，应适时调整退休政策，建立老年人口劳动就业保障政策。

延迟退休方案尚未形成国家政策，尚处研讨阶段。中国社会科学院人口与劳动经济研究所、社会科学文献出版社共同在北京发布《人口与劳动绿皮书：中国人口与劳动问题报告 No.16》，对此提出了渐进式延迟退休方案建议，女性退休年龄每 3 年延迟 1 岁，男性退休年龄每 6 年延迟 1 岁，至 2045 年，男性、女性退休年龄同步达到 65 岁[②]。同时，较多学者为延迟退休发表了自己的支持意见（金刚，2010；杜鹏，2011；童玉芬和杨河清，2011）。延长退休年龄，支持老年人就业的具体政策如下。

（1）实行弹性退休年龄制度。根据前人研究讨论、经验与成果，本书支持未来要执行延迟退休年龄政策的观点，在法定退休年龄基础上实行弹性退休制度，并且“小步渐进”推动实现延迟退休目标（林嘉，2015；郑功成和商旸，2016）。时机步骤均建立在渐进的基础上，考虑温和的延迟退休或分段退休，首先逐步延迟女性退休年龄到 60 岁，后统一提高法定退休年龄，并实行弹性退休制度（朱波，2015；杨燕绥等，2013）。

（2）积极建设养老体系，促进老年人口就业。释放老年人力资本，使更多的老年人口重返劳动力市场，补充劳动力市场供给；养老体系的健全和完善，可以减少健康问题，降低养老负担，消除社会对老年人的歧视和偏见。

---

① 此观点来源于韩国庆南大学金智美《韩国人口结构老龄化及其课题》，文中资料来自韩国劳动研究院的“老龄化研究追踪调查”，分析认为，子女相对年轻或膝下子女较少的退休人员参与“韩国国民年金”后，更愿意回到劳动力市场。

② 延迟退休最新消息：女性退休年龄每 3 年延迟 1 岁，男性每 6 年延迟 1 岁[EB/OL].搜狐网:https://www.sohu.com/a/49923515_119746[2015-12-22]。

鼓励老年人口成为社会经济发展的参与者和贡献者，赋予老年群体以新的社会使命。同时要采取措施应对雇佣老年人才、延长退休年龄对青年人口所产生的就业挤出效用，减少政策的负向影响。

（3）推动实施健康水平提升政策和终身学习政策。2016 年《关于加强健康促进与教育的指导意见》发布，指出要创造健康支持环境、倡导健康生活方式、提高人民健康素养、以健康促进教育体系发展（中华人民共和国国家卫生和计划生育委员会等，2016）。健康水平提升可以促进终身学习，有利于健康老龄化，也有利于职业转化，如公务员退休与再就业，科技、文化、教育等领域人才的终身就业政策，可鼓励这些领域的优秀人才退休后返回劳动力市场。

四、有效利用和释放青年劳动力的支持体系

关于劳动力供给不足的问题，从实际情况来看，一方面存在人口分布不合理的现象；另一方面，大量的青年劳动力在“象牙塔”中，并没有进入劳动力市场。尽管未来人口规模下降，青年人口规模减小，占比降低，但是中国人口规模巨大，每年出生人口也会达到 1000 万人以上。2030 年前后中国将进入人口负增长阶段，鼓励生育的政策可能收效甚微，老年抚养负担加重，而中国的发展需要越来越高水平的人力资本，因此会逐步普及高等教育并扩大研究生招生规模，青年人力资本会在一个较长的时期内滞留于学校，而无法投入经济生产活动中。

1. 试点逐步缩短学制，释放青年人力资本，补充劳动力市场供给

目前知识获取的途径、手段越来越多样化，时间消耗越来越少；而教育手段、教学手段越来越智能化；年轻人的生理成熟年龄提前；目前小学 6 年、中学 6 年的学制过长，教育投资和子女培养成本对家庭来说也是一种负担，甚至影响了青年人口的婚姻和生育意愿。因此缩短学制有一定的必要性。

对于小学到高中的 12 年教育的学制，可以适当缩短。当然，学制不仅仅包括年限，还应综合考虑学生身心发展的特征、教育课程内容等。深化教育改革，缩短学制，调整优化中国高等教育本科、专科、职业技术学校分级

结构，释放社会青年劳动力，真正解放年轻劳动力，发挥年轻人的创造热情和创造力。

缩短学制的政策需要循序渐进，使得政策具有可行性，具体可以分三个阶段推动实现学制缩短目标。2020～2024 年，缩短试点地区小学教育学制（由原先的 6 年缩短为 5 年）；2025～2029 年，缩短试点地区初中教育的学制（由原先的 3 年缩短为 2 年）；2030～2034 年，缩短试点地区高中教育的学制（由原先的 3 年缩短为 2 年）。

2. 避免教育过度追求学历，科学引导教育分流

中国的发展越来越强调科技和创新，需要越来越高的人力资本水平，高等教育在校生规模会有大幅度的提高，但并不适合所有学生。大学教育存在过度追求学历教育、追求研究型学历、忽视应用型学历的问题。因此，在追求普通教育、全日制学习的同时，也应该鼓励职业教育和“干中学”。

学历信号的攀比和盲目追求，容易导致过度投资和无效投资，对个体人力资本水平的提升反而效用不大，并且浪费了在劳动力市场锻炼的机会和时间。因此，应当采取措施在教育扩招和教育过度之间找到平衡点，改变学历信号投资的恶性膨胀现象，保持学历信号的正确引导。科学引导教育分流，进一步发挥劳动力市场学历信号的积极作用，在扩大高等教育人才规模的同时，注意防控教育过度，并且培育健康、积极的受教育观念，以提升自身人力资本水平为目标，减少因单纯追逐学历而忽视真实素养提高的情况发生。

五、推进对外开放深度，参与国际分工的支持体系

要素禀赋的基本结构决定了中国目前仍处于全球产品内分工体系中的底端位置，在当前的国际生产分工中，中国在人才、制度和服务方面相对落后，在国际竞争中处于不利地位。但是，中国的人口规模、产出规模以及技术进步等因素已逐渐成为中国参与全球产品内分工体系的主要驱动力量，这些因素正在明显地推动着中国以更快的速度、更大的规模、更深的程度介入到全球产品内分工体系中去。中国在全球产品内分工体系中的一席之地，显然会越来越大。

因此，我们要继续推进改革开放和国际分工的参与程度，通过政策调

整、制度优化来促进产品生产或服务供给领域的技术进步，从战略高度培养和鼓励具有中国特色的高新技术产业的发展，使之成为推动中国经济发展的一种特殊红利。此外，要提升国家在全球产品内分工体系中的地位，既需要技术支撑，同时也需要制度匹配。要从战略高度出发，选择性地提高对战略性新兴产业的科研资助力度，实施有效的科研激励机制，建立全面的社会信用体系，以及进一步完善知识产权保护制度，可为提升国家在全球产品内分工体系中的实际地位提供有效的制度匹配。

小　结

党的十八大报告从中国全面建成小康社会的战略任务出发，已经对中国未来经济社会发展做出全面部署。党的十九大更是提出“我国经济已由高速增长阶段转向高质量发展阶段，正处在转变发展方式、优化经济结构、转换增长动力的攻关期”，[①]在转变经济发展方式方面给出了新的思路与新的亮点。新时代背景下，中国经济发展方式已由注重发展速度转向注重发展质量。转变经济发展方式是中国未来经济发展的必由之路，是新时代背景下贯彻新发展理念的要求，更是跨越中等收入陷阱、实现可持续发展的需要。改革开放 40 多年来中国经济发展方式转变的步伐从未停止，中国经济发展也取得了重大成就，生产的机械化、信息化程度不断提高，人力资本、知识资本、科技创新对经济增长的贡献越来越大。除了这些因素，还要坚定不移贯彻新发展理念、转变经济发展方式，使得发展质量和效益不断提升。转变经济发展方式的要求与中国人口发展存在一定的矛盾，需要充分考虑中国人口现状和发展趋势。经济发展方式的转变也必须与人口发展的大环境相契合，所以需要构建与人口发展相适应的经济发展方式转变的支撑体系，保证经济起飞和发展的战略目标的实现。

---

① 习近平：决胜全面建成小康社会 夺取新时代中国特色社会主义伟大胜利——在中国共产党第十九次全国代表大会上的报告[EB/OL]. http://www.xinhuanet.com/politics/19cpcnc/2017-10/27/c_1121867529.htm[2017-10-27]。

随着中国人口逐渐进入负增长阶段，劳动力供给与需求之间的矛盾日益凸显，原有的劳动密集型产业和粗放的、以单纯消耗资源为代价的经济发展方式显然不再适合新时代经济发展的要求，也不符合人们对环境、公共服务等美好生活的追求。因此，在新的人口条件下考虑未来中国经济高质量发展是必要的。人口因素对经济增长的影响是动态的，即便是在同一时期，人口因素对不同地区的影响也会有所不同。当前，在中国人口发展条件和经济发展方式需要转变的双重作用下，在中国人口规模基数巨大、妇女生育率水平下降、人口负增长的条件下，在中国地区间经济发展差异的现实下，加快转变经济发展方式更是一场深刻的变革。在不同的人口变动阶段，经济发展的动力不一样。所以，经济发展的方式必须要与不同时期的人口变动相适应。当人口条件发生改变时，必须根据人口变动对经济发展的机制和途径进行调整，寻找新的增长动力和源泉。

通过梳理相关文献和对我们以往的实证研究结果的总结，从人口发展不同阶段的角度，证明了新时代中国经济发展的目的是要转变经济发展方式，以满足人民对美好生活的追求；经济发展的新的动力是人口规模回旋能力和空间回旋余地。并以此总结和归纳了保障经济发展方式转变与人口发展相适应的政策支持体系，有助于政府在适当的时机采取相应政策措施，为促进经济发展方式的转变和实现经济协调、持续、高质量发展营造良好的政策环境。

参考文献

白永秀, 王颂吉. 2014. 马克思主义城乡关系理论与中国城乡发展一体化探索[J]. 当代经济研究, (2): 22-27.

贝弗里奇. 2004. 贝弗里奇报告——社会保险和相关服务[M]. 劳动和社会保障部社会保险研究所译. 北京: 中国劳动社会保障出版社.

庇古 A C. 2020. 福利经济学[M]. 朱泱, 张胜纪, 吴良健, 译. 北京: 商务印书馆.

蔡昉. 2005. 经济增长方式转变与可持续性源泉[J]. 宏观经济研究, (12): 34-37, 41.

蔡昉. 2009. 未来的人口红利——中国经济增长源泉的开拓[J]. 中国人口科学, (1): 2-10, 111.

蔡昉. 2011. “中等收入陷阱” 的理论、经验与针对性[J]. 经济学动态, (12): 4-9.

蔡昉. 2012a. 以深化改革和加快转变经济发展方式实现新愿景[J]. 中国人口科学, (6): 9-11.

蔡昉. 2012-11-14b. 转变经济增长驱动基础 有效助推发展方式转变[N]. 中国城乡金融报(A03).

蔡昉, 都阳. 2011. 工资增长、工资趋同与刘易斯转折点[J]. 经济学动态, (9): 9-16.

蔡昉, 王德文, 曲玥. 2009. 中国产业升级的大国雁阵模型分析[J]. 经济研究, 44(9): 4-14.

蔡昉, 王美艳. 2014. 中国面对的收入差距现实与中等收入陷阱风险[J]. 中国人民大学学报, 28(3): 2-7.

茶洪旺. 2013. 区域竞争与合作的经济学新视角解读[J]. 区域经济评论, (2): 43-44.

常金海, 常承国. 1999. 抓好小城镇建设 促进乡镇企业发展[J]. 经济体制改革, (3): 120-122.

车明好, 邓晓兰, 陈宝东. 2019. 产业结构合理化、高级化与经济增长: 基于门限效应的视角[J]. 管理学刊, 32(4): 12-20.

车文辉. 2009. 城市化进程中环境保护投资的省际差异[J]. 经济地理, 29(2): 237-243.

陈佳贵. 2010. 调整优化经济结构 促进发展方式转变[J]. 经济管理, 32(4): 1-4.

陈佳贵. 2011. 调整和优化产业结构 促进经济可持续发展[J]. 中国社会科学院研究生院学报, (2): 5-13.

陈金龙. 2016. 五大发展理念的多维审视[J]. 思想理论教育, (1): 4-8.

陈娟. 2009. 全要素生产率对中国经济增长方式的实证研究[J]. 数理统计与管理, 28(2): 277-286.

陈曦, 穆怀中. 2014. 中国产业结构合理化及其与经济增长关系研究[J]. 经济研究参考, (46): 20-29.
陈彦光. 2010. 中国人口转变、城市化和产业结构演变的对应关系研究[J]. 地理研究, 29(12): 2109-2120.
陈洋林, 储德银, 张长全. 2019. 战略性新兴产业财政补贴的激励效应研究[J]. 财经论丛, (5): 33-41.
陈宇学. 2012. 影响转变经济发展方式的人口因素研究[J]. 理论学刊, (5): 61-64.
陈钊, 陆铭, 许政. 2009. 中国城市化和区域发展的未来之路: 城乡融合、空间集聚与区域协调[J]. 江海学刊, (2): 75-80.
程希. 1996. 对不同地区人口分布与经济和资源环境关系的总体评价[J]. 人口与经济, (6): 20-25, 12.
储德银, 杨姗, 宋根苗. 2016. 财政补贴、税收优惠与战略性新兴产业创新投入[J]. 财贸研究, 27(5): 83-89.
邓永新, 沈体雁. 2007. 试论循环经济的要素价格差假说[J]. 中国人口•资源与环境, (6): 32-37.
丁志国, 赵宣凯, 赵晶. 2011. 直接影响与空间溢出效应: 我国城市化进程对城乡收入差距的影响路径识别[J]. 数量经济技术经济研究, 28(9): 118-130.
杜鹏. 2011. 推迟退休年龄应对人口老龄化[J]. 人口与发展, 17(4): 26-30.
段成荣, 刘涛, 吕利丹. 2017. 当前我国人口流动形势及其影响因素研究[J]. 山东社会科学, (9): 63-69.
段平忠. 2008. 我国人口流动对区域经济增长收敛效应的影响[J]. 人口与经济, (4): 1-5.
范剑勇, 朱国林. 2002. 中国地区差距演变及其结构分解[J]. 管理世界, (7): 37-44.
方大春, 张凡. 2017. 城市化、人口集中度与经济增长——基于空间动态面板模型的实证分析[J]. 经济经纬, 34(1): 8-13.
方匡南, 章紫艺. 2013. 社会保障对城乡家庭消费的影响研究[J]. 统计研究, 30(3): 51-58.
福雷斯特 J W. 1986. 系统原理[M]. 王洪斌译. 北京: 清华大学出版社.
高小明, 郭剑雄. 2019. 农村人口转型对二元经济结构收敛的影响——基于引入劳动力供给数量与质量因素的二元经济收敛模型的分析[J]. 商业研究, (6): 129-138.
高孝伟, 孔锐. 2015. 2004—2012 年青海省经济增长因素贡献分析[J]. 资源与产业, 17(4): 106-110.
谷亚丽. 2016. 三大需求对 GDP 增长贡献率分析[J]. 统计研究, 33(4): 86-89.
桂莉. 2004. 开发利用老年人力资源的意义[J]. 人口与经济, (S1): 96-98.
郭春燕, 张琳娜, 朱孔来. 2014. 转变经济发展方式研究现状综述及未来展望[J]. 经济与管理, 28(3): 22-28.
郭凡生. 1986. 何为“反梯度理论”——兼为“反梯度理论”正名[J]. 开发研究, (3): 39-40.
郭凤林. 2006. 外商直接投资对我国产业结构的影响[J]. 统计与决策, (13): 116-117.
郭晗, 任保平. 2014. 人口红利变化与中国经济发展方式转变[J]. 当代财经, (3): 5-13.
郭磊磊, 郭剑雄. 2018. 基于农业要素收益率视角的“刘易斯拐点”判断[J]. 经济经纬, 35(3): 44-49.

郭庆旺. 1988. 罗伯特•索洛的长期经济增长模型述评[J]. 世界经济研究, (3): 72-76.
郭熙保, 马媛媛. 2010. 国家规模对经济增长是否有影响?[J]. 国外社会科学, (4): 115-123.
郭晓刚. 2012. 低碳消费模式的内涵及构建[J]. 人民论坛, (23): 82-83.
郭志刚. 2020. 加快确立中国人口发展战略的长期目标[J]. 中国党政干部论坛, (2): 50-55.
郭志仪. 2008. 主体功能区必须以科学合理的人口分布为基础[J]. 人口与发展, (5): 36-37.
何菊莲, 袁永逸, 李军. 2017. 教育对经济发展方式转变的贡献: 测量与评价——来自全国的经验证据(1995-2014)[J]. 教育与经济, (2): 10-18.
何平, 陈丹丹, 贾喜越. 2014. 产业结构优化研究[J]. 统计研究, 31(7): 31-37.
何雄浪, 杨继瑞. 2008. 从转变经济增长方式到转变经济发展方式[J]. 贵州财经大学学报, (5): 35-41.
洪银兴. 1997. 全要素生产率在转变经济增长方式中的作用[J]. 教学与研究, (1): 17-22,63.
胡安俊, 孙久文. 2014. 中国制造业转移的机制、次序与空间模式[J]. 经济学(季刊), 13(4): 1533-1556.
胡志平. 2012. 构建转变经济发展方式的动力支撑点: 公共服务均等化[J]. 现代经济探讨, (3): 48-52.
华民. 2007. 经济全球化与中国的对外开放[J]. 学术月刊, (7): 62-71.
黄群慧. 2018. 浅论建设现代化经济体系[J]. 经济与管理, 32(1): 1-5.
黄泰岩. 2007. 转变经济发展方式的内涵与实现机制[J]. 求是, (18): 6-8.
纪雯雯. 2016. 创业企业劳动关系协调的困境与机制转化[J]. 中国人力资源开发, (20): 69-76.
贾广虹, 陈靖. 2011. 借鉴美国人口政策 推进人口均衡型社会建设[J]. 中国计划生育学杂志, 19(8): 459-462.
简新华, 罗钜钧, 黄锟. 2013. 中国城镇化的质量问题和健康发展[J]. 当代财经，(9): 5-16.
蒋南平, 向仁康. 2013. 中国经济绿色发展的若干问题[J]. 当代经济研究, (2): 50-54.
蒋正华, 张为民, 朱力为. 1984. 中国人口平均期望寿命的初步研究[J]. 人口与经济, (3): 14-20.
金刚. 2010. 中国退休年龄的现状、问题及实施延迟退休的必要性分析[J]. 社会保障研究, (2): 32-38.
景跃军. 2004. 美国、日本经济增长方式转变比较及启示[J]. 人口学刊, (2): 8-12.
凯恩斯 J M. 1999. 就业、利息和货币通论 (重译本) [M]. 高鸿业译. 北京：商务印书馆.
科斯 R, 阿尔钦 A, 诺斯 D. 1991. 财产权利与制度变迁[M]. 刘守英译. 上海: 生活 • 读书 • 新知三联书店.
克拉克 J B. 1983. 财富的分配[M]. 陈福生, 陈振骅译. 北京：商务印书馆.
孔凡河. 2013. 基本公共服务均等化: 实现包容性增长的战略抉择[J]. 上海行政学院学报, 14(6): 63-72.
孔令池. 2018. 新时代中国经济增长动力机制转换与发展战略[J]. 首都经济贸易大学学报, 20(2): 3-12.
赖德胜, 纪雯雯. 2015. 人力资本配置与创新[J]. 经济学动态, (3): 22-30.
蓝嘉俊, 方颖, 马天平. 2019. 就业结构、刘易斯转折点与劳动收入份额: 理论与经验研究[J]. 世界经济, 42(6): 94-118.

李杜. 2005. 发展循环经济建设资源节约型环境友好型社会[J]. 学术论坛, (12): 106-110.
李福柱, 厉梦泉. 2013. 相关多样性、非相关多样性与地区工业劳动生产率增长——兼对演化经济地理学理论观点的拓展研究[J]. 山东大学学报(哲学社会科学版), (4): 10-20.
李福柱, 赵长林. 2016. 中国经济发展方式的转变动力及其作用途径[J]. 中国人口•资源与环境, 26(2): 152-162.
李嘉图 D. 2013. 政治经济学及赋税原理[M]//斯拉法. 大卫 • 李嘉图全集: 第 1 卷. 郭大力, 王亚南, 译. 北京: 商务印书馆.
李建民. 1999. 人力资本通论[M]. 上海: 生活 • 读书 • 新知三联书店.
李建民, 原新, 王金营. 2000. 持续的挑战——21 世纪中国人口形势、问题与对策[M]. 北京: 科学出版社.
李建新. 2000. 人口与环境的理论研究及其意义[J]. 人口与发展, (3): 51-57.
李建新. 2006. 也论中国人口的百年战略——兼答李小平先生[J]. 人口研究, (1): 69-78.
李金昌, 程开明. 2006. 中国城市化与经济增长的动态计量分析[J]. 财经研究, (9): 19-30.
李金叶, 葛涛. 2017. 技术创新、城镇化的就业效应分析——基于中国省际面板数据的经验证据[J]. 华东经济管理, 31(1): 44-50.
李克强. 2010. 关于调整经济结构促进持续发展的几个问题[J]. 求是, (11): 3-15.
李平, 崔喜君, 刘建. 2007. 中国自主创新中研发资本投入产出绩效分析——兼论人力资本和知识产权保护的影响[J]. 中国社会科学, (2): 32-42, 204-205.
李强. 2011. 产业转移、人力资本积累与中部经济增长[J]. 数理统计与管理, 30(1): 107-117.
李树茁. 1994. 80 年代中国人口死亡水平和模式的变动分析——兼论对 1990 年人口普查死亡水平的调整[J]. 人口研究, (2): 37-44.
李斯特 F. 1961. 政治经济学的国民体系[M]. 陈万煦译. 北京: 商务印书馆.
李云燕, 张彪. 2013. 改革环境资源价格政策 推动循环经济发展[J]. 环境保护, 41(1): 45-46.
林伯强, 何晓萍. 2008. 中国油气资源耗减成本及政策选择的宏观经济影响[J]. 经济研究, (5): 94-104.
林嘉. 2015. 退休年龄的法理分析及制度安排[J]. 中国法学, (6): 5-24.
林毅夫. 2011. 新结构经济学——重构发展经济学的框架[J]. 经济学(季刊), 10(1): 1-32.
林兆木. 2010. 关于转变经济发展方式问题[J]. 新华文摘, (9): 52-55.
刘东皇. 2016. 中国经济发展动力结构转换研究[J]. 社会科学, (1): 52-59.
刘华东. 2002. 教育投资: 促进人力资本发展的核心[J]. 高等教育研究, (5): 39-41.
刘佳宁. 2016. 新常态下制造业转型升级的金融支撑[J]. 广东社会科学, (1): 46-54.
刘戒骄, 张小筠. 2018. 改革开放 40 年我国产业技术政策回顾与创新[J]. 经济问题, (12): 1-7.
刘铠豪. 2017. 中国内需增长的理论机理与实证检验——来自人口结构变化的解释[J]. 南开经济研究, (1): 3-22.
刘吕吉, 李桥, 张馨丹. 2014. 人口结构变迁与财政社会保障支出水平研究——基于省级面板数据的实证分析[J]. 贵州财经大学学报, (4): 91-97.
刘满强. 1996. 产业技术进步与经济增长方式转变[J]. 数量经济技术经济研究, (8): 6-9.
刘穷志, 何奇. 2013. 人口老龄化、经济增长与财政政策[J]. 经济学(季刊), 12(1): 119-134.

刘生龙, 周绍杰. 2011. 中国为什么难以启动内需——基于省级动态面板数据模型的实证检验[J]. 数量经济技术经济研究, (9): 90-102.
刘思华. 1997. 对可持续发展经济的理论思考[J]. 经济研究, (3): 46-54.
刘思明, 侯鹏, 赵彦云. 2015. 知识产权保护与中国工业创新能力——来自省级大中型工业企业面板数据的实证研究[J]. 数量经济技术经济研究, 32(3): 40-57.
刘涛, 齐元静, 曹广忠. 2015. 中国流动人口空间格局演变机制及城镇化效应——基于 2000 和 2010 年人口普查分县数据的分析[J]. 地理学报, 70(4): 567-581.
刘铁民. 1996. 制度创新与中国地区经济协调发展[J]. 经济体制改革, (4): 43-47,135.
刘伟, 李绍荣. 2002. 产业结构与经济增长[J]. 中国工业经济, (5): 14-21.
刘向国. 2013. 近年来转变经济发展方式研究的主要进展[J]. 经济纵横, (2): 116-120.
刘小勇. 2013. 老龄化与省际经济增长倒 U 型关系检验[J]. 中国人口•资源与环境, 23(5): 98-105.
刘修岩, 何玉梅. 2011. 集聚经济、要素禀赋与产业的空间分布: 来自中国制造业的证据[J]. 产业经济研究, (3): 10-19.
刘一伟. 2017. 社会养老保险、养老期望与生育意愿[J]. 人口与发展, 23(4): 30-40.
刘易斯 A. 1989. 二元经济论[M]. 施炜, 谢兵, 苏玉宏, 译. 北京：北京经济学院出版社.
刘镇. 2013. 让城镇化成为经济转型与实现小康社会目标的重要载体[J]. 江西财经大学学报, (1): 9-10.
隆国强. 2016. 新兴大国的竞争力升级战略[J]. 管理世界, (1): 2-9.
鲁元平, 王品超, 朱晓盼. 2017. 城市化、空间溢出与技术创新——基于中国 264 个地级市的经验证据[J]. 财经科学, (11): 78-89.
陆铭, 陈钊. 2004. 城市化、城市倾向的经济政策与城乡收入差距[J]. 经济研究, 50-58.
陆业才. 1982. 试论科学技术如何转化为生产力[J]. 管理现代化, (3): 5-8.
逯进, 周惠民. 2013. 中国省域人力资本与经济增长耦合关系的实证分析[J]. 数量经济技术经济研究, 30(9): 3-19, 36.
吕福新. 2000. 网络城市化的目标、途径和措施——知识经济发展对城市化的影响[J]. 浙江学刊, (6): 60-63.
吕红平. 2018. 均衡发展: 新时代人口发展的内在要求和战略选择[J]. 人口与计划生育, (5): 31-33.
吕立丹, 段成荣, 刘涛, 等. 2018. 对我国流动人口规模变动的分析和讨论[J]. 南方人口, 33(1): 20-29.
马尔萨斯 T R. 2018. 人口原理[M]. 杨菊华, 杜声红, 译. 北京：中国人民大学出版社.
马宏伟. 2003. 经济发展与制度创新[J]. 经济评论, (1): 31-35, 42.
马凯. 2012. 转变城镇化发展方式 提高城镇化发展质量 走出一条中国特色城镇化道路[J]. 国家行政学院学报, (5): 4-12.
马强. 2016. 共享经济在我国的发展现状、瓶颈及对策[J]. 现代经济探讨, (10): 20-24.
马歇尔 A. 2019. 经济学原理[M]. 朱志泰, 陈良璧, 译. 北京: 商务印书馆.
马壮昌, 靖建国. 1996. 我国经济增长方式如何从粗放型向集约型转变[J]. 学术研究, (1): 18-22.
米都斯 D. 1983. 增长的极限——罗马俱乐部关于人类困境的报告[M]. 李宝恒译. 成都：四川人民出版社.

穆勒 J. 2010. 政治经济学原理及其在社会哲学上的若干应用：上、下卷[M]. 赵荣潜, 桑炳彦, 朱泱, 等译. 北京：商务印书馆.
诺思 D C. 2014. 制度、制度变迁与经济绩效[M]. 杭行译. 上海：格致出版社.
欧阳峣. 2012. 大国经济发展理论的研究范式[J]. 经济学动态, (12): 48-53.
欧阳峣, 易先忠, 侯俊军, 等. 2009. 大国综合优势：中国经济竞争力的一种新诠释——兼与林毅夫教授商榷[J]. 经济理论与经济管理, (11): 25-31.
佩鲁 F. 1987. 新发展观[M]. 张宁, 丰子义, 译. 北京：华夏出版社.
彭冲, 李春风, 李玉双. 2013. 产业结构变迁对经济波动的动态影响研究[J]. 产业经济研究, (3): 91-100.
彭珮云. 1997. 中国计划生育全书[M]. 北京：中国人口出版社.
漆向东. 2005. 在城乡统筹发展中优化就业结构[J]. 经济问题探索, (5): 8-12.
秦书生, 杨硕. 2015. 习近平的绿色发展思想探析[J]. 理论学刊, (6): 4-11.
秦雪征. 2011. 社会安全网、自我保险与商业保险：一个理论模型[J]. 世界经济, 34(10): 70-86.
秦雪征, 庄晨, 杨汝岱. 2018. 计划生育对子女教育水平的影响——来自中国的微观证据[J]. 经济学(季刊), 17(3): 897-922.
任保平, 郭晗. 2013. 经济发展方式转变的创新驱动机制[J]. 学术研究, (2): 69-75, 159.
任保平, 宋文月. 2014. 中国经济增速放缓与稳增长的路径选择[J]. 社会科学研究, (3): 22-27.
任强, 郑晓瑛, 曹桂英. 2005. 近 20 年来中国人口死亡的性别差异研究[J]. 中国人口科学, (1): 2-13.
任志江. 2007. 对 1949—1978 年中国经济发展战略理论依据的解析[J]. 社会科学家, (5): 68-71, 76.
任志江, 汤希. 2018. 1978 年以来中国经济发展战略研究——以“三步走”战略为视角[J]. 学术探索, (3): 95-103.
申田, 马强文, 严汉平. 2018. 经济发展方式转变的基本逻辑探讨[J]. 西北大学学报(哲学社会科学版), 48(1): 105-112.
沈坤荣. 1994. 综合要素生产率与中国经济增长[J]. 南京大学学报(哲学・人文科学・社会科学), (3): 67-72.
史晓红, 李志远. 2008. 城市化是解决我国城乡居民收入差距问题的治本之策[J]. 经济问题, (3): 43-46.
斯密 A. 1974. 国民财富的性质和原因的研究[M]. 郭大力，王亚南，译. 北京：商务印书馆.
宋文月, 任保平. 2018. 中国经济增长数量与质量互动机制研究：1996—2016[J]. 财经问题研究, (7): 3-14.
苏星鸿. 2013. 中国特色社会主义生态文明三题——新时期马克思主义价值构建研究之二[J]. 东南大学学报(哲学社会科学版), (4): 16-20, 134.
苏杨, 周宏春. 2004. 发展循环经济的几个基本问题[J]. 经济理论与经济管理, (10): 19-22.
孙楚仁. 2006. 一个改进的考察交易效率与城市化之间关系的一般均衡模型[J]. 数量经济技术经济研究, (11): 38-49.
孙福滨, 李树茁, 李南. 1993. 中国第四次人口普查全国及部分省区死亡漏报研究[J]. 中国人口科学, (2): 20-25.
孙三百, 白金兰. 2014. 迁移行为、户籍获取与城市移民幸福感流失[J]. 经济评论, (6): 101-112.
孙三百, 黄薇, 洪俊杰, 等. 2014. 城市规模、幸福感与移民空间优化[J]. 经济研究, 49(1): 97-111.
唐代盛, 邓力源. 2012. 人口红利理论研究新进展[J]. 经济学动态, (3): 115-122.
田雪原. 2006. 警惕人口城市化中的“拉美陷阱”[J]. 宏观经济研究, (2): 12-17.
田雪原. 2011. 通货膨胀、劳动力市场与工资率走势[J]. 财贸经济, (7): 5-10, 135.
田雪原，王金营，周广庆. 2006. 老龄化——从“人口盈利”到“人口亏损” [M]. 北京: 中国经济出版社。
童玉芬. 2014. 人口老龄化过程中我国劳动力供给变化特点及面临的挑战[J]. 人口研究, 38(2): 52-60.
童玉芬, 杨河清. 2011. 提高退休年龄不会加剧我国的就业压力[J]. 人口与发展, 17(4): 30-32.
万晓萌. 2016. 农村劳动力转移对城乡收入差距影响的空间计量研究[J]. 山西财经大学学报, 38(3): 22-31.
王德文, 蔡昉, 张学辉. 2004. 人口转变的储蓄效应和增长效应——论中国增长可持续性的人口因素[J]. 人口研究, (5): 2-11.
王非暗, 王钰, 唐韵, 等. 2010. 制造业扩散的时刻是否已经到来[J]. 浙江社会科学, (9): 2-10, 125.
王丰. 2007. 人口红利真的是取之不尽、用之不竭的吗？[J]. 人口研究, 31(6): 76-83.
王丰. 2010. 全球化环境中的世界人口与中国的选择[J]. 国际经济评论, (6): 5, 70-80.
王桂新, 魏星, 沈建法. 2005. 中国省际人口迁移对区域经济发展作用关系之研究[J]. 复旦学报(社会科学版), (3): 148-161.
王国刚. 2010. 城镇化: 中国经济发展方式转变的重心所在[J]. 经济研究, 45(12): 70-81, 148.
王浩名, 柳清瑞. 2015. 社会保障水平对人口结构的影响——理论与实证的分析[J]. 人口与经济, (6): 114-122.
王宏伟, 李平. 2015. 深化科技体制改革与创新驱动发展[J]. 求是学刊, 42(5): 49-56.
王建康, 谷国锋, 姚丽, 等. 2016. 中国新型城镇化的空间格局演变及影响因素分析——基于285 个地级市的面板数据[J]. 地理科学, 36(1): 63-71.
王金营. 1999. 人力资本持续积累和经济持续增长[J]. 人口学刊, (5): 3-7.
王金营. 2001. 人力资本与经济增长：理论与实证[M]. 北京: 中国财政经济出版社: 118-189.
王金营. 2002. 中国经济增长与综合要素生产率和人力资本需求[J]. 中国人口科学, (2): 13-19.
王金营. 2005. 利用人口普查数据编制教育生命表的技术处理[J]. 中国人口科学, (S1): 184-188.
王金营. 2012. 中国劳动参与年龄模式变动及其未来劳动供给结构分析[J]. 广东社会科学, (2): 6-14.
王金营. 2013. 1990 年以来中国人口寿命水平和死亡模式的再估计[J]. 人口研究, 37(4): 3-18.
王金营, 付晨光, 李敏佳. 2009. 中国 60 年人口年龄结构变迁与未来发展趋势[C]. 中国人口学会年会论文集(2009): 54-72.
王金营, 付秀彬. 2006. 考虑人口年龄结构变动的中国消费函数计量分析——兼论中国人口老龄化对消费的影响[J]. 人口研究, (1): 29-36.
王金营, 戈艳霞. 2016. 全面二孩政策实施下的中国人口发展态势[J]. 人口研究, 40(6): 3-21.
王金营, 顾瑶. 2011a. 建设人口均衡型社会: 条件、问题及对策[J]. 人口研究, 35(1): 74-81.
王金营, 顾瑶. 2011b. 中国经济发展方式转变应适应人口年龄结构的变动和发展[J]. 河北大学学报(哲学社会科学版), 36(3): 29-32.
王金营, 顾瑶. 2011c. 中国劳动力供求关系形势及未来变化趋势研究——兼对中国劳动市场刘易斯拐点的认识和判断[J]. 人口学刊, (3): 3-13.
王金营, 贾少萌. 2011. 中国区域人力资本积聚路径和机制研究[J]. 中国人口科学, (4): 21-32, 111.
王金营, 李竞博. 2016. 人口与经济增长关系的再检验——基于人口活跃度—经济模型的分析[J]. 中国人口科学, (3): 12-22, 126.
王金营，李天然. 2018. OECD 国家人口变动对经济发展方式转变的影响[J]. 中国人口科学, (6): 2-16, 126.
王金营, 李庄园, 李天然. 2018a. 中心城市在区域人力资本聚集中的作用[J]. 人口研究, 42(3): 9-23.
王金营, 李庄园, 李天然. 2018b. 基于公共服务支出对居民消费的动态影像研究——基于1998—2014 年省级面板数据[J]. 山西大学学报(哲学社会科学版), 41(6): 92-99.
王金营, 刘艳华. 2020. 经济发展中的人口回旋空间: 存在性和理论架构——基于人口负增长背景下对经济增长理论的反思和借鉴[J]. 人口研究, 44(1): 3-18.
王金营, 石贝贝, 李竞博, 等. 2013. 人口活跃因素对区域经济增长影响的研究[J]. 人口学刊, 35(3): 25-36.
王金营, 王琳, 李天然. 2017. 区域经济增长中贸易开放作用及空间差异分析——基于中国省级区域面板数据的分析[J]. 河北经贸大学学报, 38(4): 98-109.
王金营, 王绍杰. 2006. 河北省教育生命表及人口发展下的教育需求预测[J]. 河北大学学报（哲学社会科学版）, (2): 35-42.
王金营, 王子威. 2014. 中国人力资本产业配置在城镇化中的作用研究[J]. 中国人口科学, (5): 79-87, 127-128.
王金营, 杨磊. 2010. 中国人口转变、人口红利与经济增长的实证[J]. 人口学刊, (5): 15-24.
王金营, 赵贝宁. 2012. 论计划生育政策的完善与调整——基于公共政策视角[J]. 人口学刊, (4): 81-89.
王开泳, 丁俊, 王甫园. 2016. 全面二孩政策对中国人口结构及区域人口空间格局的影响[J]. 地理科学进展, 35(11): 1305-1316.
王澜. 2008. 从“转变经济增长方式”到“转变经济发展方式”[J]. 西北民族大学学报(哲学社会科学版), (3): 97-100.
王琳. 1988. 科技进步与人的全面发展[J]. 学术研究, (6): 46-49.
王琳. 2016. 国际贸易开放度在经济增长中的作用研究[D]. 河北大学博士学位论文.
王平, 王琴梅. 2015. 新型城镇化的经济增长效应及其传导路径[J]. 新疆大学学报(哲学•人文社会科学版), 43(6): 1-8.

王钦池. 2013. 人口转变、劳动成本与产业分工——1961～2012 年全球纸业格局演变分析[J]. 中华纸业, 34(23): 62-68, 5.
王胜今, 廖立国, 于潇. 2010. 科学认识中国人口和计划生育事业取得的伟大成就——纪念《公开信》发表 30 周年[J]. 社会科学战线, (12): 204-209.
王小鲁. 2000. 中国经济增长的可持续性与制度变革[J]. 经济研究, (7): 3-15, 79.
王莹莹, 童玉芬, 刘爱华. 2017. 首都圈人口空间分布格局的形成: 集聚力与离散力的“博弈”[J]. 人口学刊, 39(4): 5-16.
王振宇, 顾昕. 2016. 制度、制度变迁与经济发展: 新制度主义新政治经济学的新探索[J]. 东岳论丛, 37(4): 48-54.
王志章. 2007. 全球知识城市与中国城市化进程中的新路径[J]. 城市发展研究, (3): 13-19.
韦尔 D N. 2007. 经济增长[M]. 金志农，古和今,译. 北京: 中国人民大学出版社.
魏后凯, 白玫. 2009. 中国企业迁移的特征、决定因素及发展趋势[J]. 发展研究, (10): 9-18.
文华. 2011. 经济发展与经济增长的理论综述[J]. 延边大学学报(社会科学版), 44(5): 62-68.
吴超鹏, 唐菂. 2016. 知识产权保护执法力度、技术创新与企业绩效——来自中国上市公司的证据[J]. 经济研究, 51(11): 125-139.
吴朝晖. 2019. 交叉会聚推动人工智能人才培养和科技创新[J]. 中国大学教学, (2): 4-8.
吴俊杰, 李鹏. 2018. 中国人口发展与转变经济发展方式耦合分析的实证研究——基于 2007—2015 年省域数据[J]. 理论月刊, (10): 119-130.
吴雪, 周晓唯. 2017. 人口红利、制度红利与中国经济增长[J]. 经济体制改革, (3): 11-16.
吴雪萍, 赵果庆. 2018. 中国城市人口集聚分布——基于空间效应的研究[J]. 人文地理, 33(2): 130-137.
吴易风. 2003 . 经济增长理论的历史辨析[J]. 学术月刊, (2): 40-48.
武康平, 程婉静, 冯烽. 2016. 探究我国人口年龄结构特征对经济增长波动的影响[J]. 经济学报, 3(4): 186-202.
西蒙 J L. 1984. 人口增长经济学[M]. 彭松建, 周维, 邱沛玲, 等译. 北京: 北京大学出版社.
奚兆永. 1996. 论经济增长方式的内涵[J]. 经济研究, (5): 53-57.
肖国安, 张志彬. 2012. 生产性服务业发展对我国工业转型升级的影响: 基于城市面板数据的实证分析[J]. 中国科技论坛, (9): 123-128.
肖文海. 2011. 循环经济的价格支持框架——以资源环境价格改革为视角[J]. 江西社会科学, 31(2): 92-96.
肖兴志, 韩超, 赵文霞, 等. 2010. 发展战略、产业升级与战略性新兴产业选择[J]. 财经问题研究, (8): 40-47.
萧鸣政, 陈小平. 2012-09-21. 人力资本助推发展方式转变[N]. 中国教育报(005).
熊彼特 J. 1990. 经济发展理论[M]. 何畏, 易家详, 译. 北京: 商务印书馆.
徐鸣. 1983. 关于我国社会就业问题的探讨 浅谈劳动生产率与社会就业问题[J]. 当代财经, (3): 127-128.
徐杨. 1998. 农村工业化、城市化与农业剩余劳动力的转移[J]. 中国经济问题, (6): 26-30.
许经勇. 2008. 关键在于转变经济发展方式——论国民经济又好又快发展[J]. 南通大学学报(社

会科学版), (1): 130-135.
薛继亮. 2016. 从供给侧判断“刘易斯拐点”：到来还是延迟[J]. 中央财经大学学报, (9): 83-91.
薛继亮, 张建武. 2016. 中国人口转变、技术选择和经济发展方式转变的关系研究[J]. 资源与产业, 18(1): 126-132.
闫京华, 王金营, 欧阳静. 2014. “后人口红利期”实现经济持续增长的政策研究[J]. 河北大学学报(哲学社会科学版), 39(6): 47-51.
严成樑, 王弟海. 2012. 统一增长理论研究述评[J]. 经济学动态, (1): 130-135.
杨冬梅, 徐开金. 2010. 试析经济发展方式转变中的动力均衡[J]. 湖北社会科学, (2): 73-76.
杨华峰. 2005. 绿色技术创新: 企业发展循环经济的有效动力[J]. 求索, (9): 35-36, 166.
杨继军, 张二震. 2013. 人口年龄结构、养老保险制度转轨对居民储蓄率的影响[J]. 中国社会科学, (8): 47-66, 205.
杨克泉, 吕立伟, 李晶. 2008. 促进企业技术创新的财税政策变迁及未来取向[J]. 经济纵横, (10): 49-52.
杨茜. 2014. OECD 国家人口变动与经济增长方式转变的定量分析[D]. 河北大学硕士学位论文.
杨仕元, 卿涛, 岳龙华. 2018. 从刘易斯到索洛: 中国劳动力市场转折的典型化事实[J]. 经济体制改革, (3): 5-11.
杨小凯. 2003. 发展经济学: 超边际与边际分析[M]. 北京：社会科学文献出版社.
杨燕绥, 胡乃军, 刘广君. 2013-08-12. 清华方案: 中国养老金顶层设计[N]. 第一财经日报(A05).
姚奕, 郭军华. 2010. 我国城市化与经济增长的因果关系研究——基于 1978—2007 年东、中、西部、东北地区面板数据[J]. 人文地理, 25(6): 42-46.
姚愉芳, 贺菊煌. 1998. 中国经济与可持续发展——理论、模型与应用[M]. 北京：社会科学文献出版社: 23.
伊特韦尔 J，米尔盖特 M，纽曼 P. 1996. 新帕尔格雷夫经济学大辞典[M]. 陈岱孙，董辅礽，罗元明，译. 北京：经济科学出版社.
尹小平, 王洪会. 2008. 日本循环经济的产业发展模式[J]. 现代日本经济, (6): 41-45.
游允中. 1984. 1982 年中国人口普查的可信度[J]. 人口与经济, (6): 11-18, 23.
于学军. 2009. 人口变动、扩大内需与经济增长[J]. 人口研究, 33(5): 36-41.
于学军, 翟振武, 杨凡, 等. 2010. 为什么要建设“人口均衡型社会”?[J]. 人口研究, 34(3): 40-52.
余华义. 2015. 城市化、大城市化与中国地方政府规模的变动[J]. 经济研究, 50(10): 104-118.
俞炜华, 秦波涛. 2006. 大国与比较优势发展战略[J]. 预测, (5): 1-5.
虞崇胜. 2018. 新时代与“后半程”：精准把握中国未来发展的双重方位[J]. 武汉大学学报(哲学社会科学版), 71(1): 5-16.
虞坷. 2015. 探寻中国城乡二元收入差距与经济发展关系的线索——从刘易斯拐点到库兹涅茨倒 U 曲线[J]. 华东经济管理, 29(1): 42-49.
原新, 高瑗. 2018. 改革开放以来的中国经济奇迹与人口红利[J]. 人口研究, 42(6): 3-14.
原新, 高瑗, 李竞博. 2017. 人口红利概念及对中国人口红利的再认识——聚焦于人口机会的分析[J]. 中国人口科学, (6): 19-31, 126.

岳爱, 杨矗, 常芳, 等. 2013. 新型农村社会养老保险对家庭日常费用支出的影响[J]. 管理世界, (8): 101-108.
翟振武. 1989. 中国 1981—1987 年人口死亡水平及模式的变化趋势[J]. 人口学刊, (2): 12-19.
翟振武. 2016. 均衡, 未来人口发展的目标[J]. 中华儿女, (16): 56-58.
张本波. 2008. 我国劳动力成本上升的因素和影响[J]. 宏观经济管理, (8): 40-42.
张车伟, 蔡翼飞. 2013. 人口与经济分布匹配视角下的中国区域均衡发展[J]. 人口研究, 37(6): 3-16.
张二力, 路磊. 1992. 对中国 1990 年人口普查成年人口死亡登记完整率的估计[J]. 中国人口科学, (3): 27-29.
张桂文. 2013. 中国二元经济转型的特殊性及其对城市化影响[J]. 河北经贸大学学报, 34(5): 15-19.
张桂文, 孙亚南. 2014. 人力资本与产业结构演进耦合关系的实证研究[J]. 中国人口科学, (6): 96-106, 128
张怀宇. 1980. 试论我国人口发展中的数量与质量问题[J]. 中州学刊, (2): 46-52.
张杰, 周晓艳. 2011. 中国本土企业为何不创新——基于市场分割视角的一个解读[J]. 山西财经大学学报, 33(6): 82-93.
张敬川. 2005. 新经济增长理论与演化经济增长理论区别[J]. 南方经济, (10): 31-33.
张轲, 何菊莲. 2012. 人力资本价值提升与经济发展方式转变研究述评[J]. 湖湘论坛, 25(5): 88-94.
张来武. 2011. 科技创新驱动经济发展方式转变[J]. 中国软科学, (12): 1-5.
张辽. 2013. 要素流动、产业转移与经济增长——基于省区面板数据的实证研究[J]. 当代经济科学, 35(5): 96-105, 128.
张翼. 2010. 人口结构调整与人口均衡型社会的建设[J]. 人口研究, 34(5): 22-27.
张永庆. 2004. 长三角地区区域经济合作与整合发展问题研究[J]. 学习与实践, (12): 10-16, 1.
张占仓, 蔡建霞, 陈环宇, 等. 2012. 河南省新型城镇化战略实施中需要破解的难题及对策[J]. 河南科学, 30(6): 777-782.
张志锋. 1997. 加快经济体制改革步伐推动经济增长方式转变[J]. 工业技术经济, (2): 3-5.
张卓元. 2008. 加快转变经济发展方式和着力完善新体制 促进经济又好又快发展[J]. 财贸经济, (2): 5-9.
赵蓓文. 1999. 新兴资本市场的培育与国家经济安全[J]. 世界经济研究, (3): 59-63.
赵红军. 2005. 交易效率与我国城市化进程中的政府角色定位[J]. 城市发展研究, (3): 55-58.
赵建吉, 茹乐峰, 段小微, 等. 2014. 产业转移的经济地理学研究: 进展与展望[J]. 经济地理, 34(1): 1-6.
赵文军, 于津平. 2014. 市场化进程与我国经济增长方式——基于省际面板数据的实证研[J]. 南开经济研究, (3): 3 -22.
赵峥, 张亮亮, 陈志. 2018. 技术创新、城市化与城乡收入差距——基于城市面板数据的实证分析[J]. 中国科技论坛, (10): 138-145.
郑功成, 商旸. 2016-07-25. 延迟退休, 为何小步渐进[N]. 人民日报(011).

郑长德. 2013. 基于新结构经济学视角的民族地区产业结构调整与升级研究[J]. 西南民族大学学报(人文社会科学版), 34(12): 113-123.
中华人民共和国国家卫生和计划生育委员会, 教育部, 财政部, 等. 2016. 关于加强健康促进与教育的指导意见[R]. 中华人民共和国国家卫生和计划生育委员会公报, (11): 17-21.
钟水映, 李魁. 2009. 人口年龄结构转变对经常项目差额的影响机制与实证分析[J]. 世界经济研究, (9): 34-39, 88.
周尚文, 叶书宗, 王斯德. 2002. 苏联兴亡史[M]. 上海: 上海人民出版社.
周小亮, 李婷. 2017. 技术创新与制度创新协同演化下促进经济增长的条件研究[J]. 东南学术, (1): 189-197, 248.
周雪敏, 董乃斌. 2015. FDI 与西部地区经济增长内生性研究——兼论循环累积因果效应[J]. 财经问题研究, (6): 13-18.
周祝平, 刘海斌. 2016. 人口老龄化对劳动力参与率的影响[J]. 人口研究, 40(3): 58-70.
朱波. 2015. 合理退休年龄影响因素的理论分析及实证研究[J]. 人口与经济, (1): 11-21.
朱勤, 魏涛远. 2016. 中国人口老龄化与城镇化对未来居民消费的影响分析[J]. 人口研究, 40(6): 62-75.
朱勇, 吴易风. 1999. 技术进步与经济的内生增长——新增长理论发展述评[J]. 中国社会科学, (1): 21-39.
邹小勤, 曹国华, 许劲. 2015. 城镇化与人力资本积累的互动关系——基于重庆数据的经验分析[J]. 系统工程, 33(10): 80-86.
Abramovitz M. 1962. Economic growth in the United States [J]. American Economic Review, 52(4): 762-782.
Acemoglu D, Johnson S. 2007. Disease and development: the effect of life expectancy on economic growth [J]. Journal of Political Economy, 115(6): 925-985.
Acemoglu D, Restrepo P. 2017. Secular stagnation? The effect of aging on economic growth in the age of automation [J]. American Economic Review, 107(5): 174-179.
Akamatsu K. 1935. Trend of Japan's wooden product industry [J]. Shogyo Keizai Ronso, 13: 129-212.
Ando A, Modigliani F. 1963. The "life cycle" hypothesis of saving: aggregate implications and tests [J]. The American Economic Review, 53(1): 55-84.
Aoki M, Yoshikawa H. 2002. Demand saturation-creation and economic growth [J]. Journal of Economic Behavior and Organization, 48(2): 127-154.
Arrow K J. 1962. The economic implications of learning by doing [J]. The Review of Economic Studies, 29(3): 155-173.
Au C C, Henderson J V. 2006. Are Chinese cities too small? [J]. The Review of Economic Studies, 73(3): 549-576.
Bailey M J. 2006. More power to the pill: the impact of contraceptive freedom on women's life cycle labor supply[J]. The Quarterly Journal of Economics, 121(1): 289-320.
Banerjee A V, Duflo E. 2005. Chapter 7 growth theory through the lens of development economics

[J]. Handbook of Economic Growth, 1: 473-552.
Banerjee R. 2012. Population growth and endogenous technological change: Australian economic growth in the long run [J]. Economic Record, 88(281): 214-228.
Barro R J, Lee J W. 1993. International comparisons of educational attainment[J]. Journal of Monetary Economics, 32(3): 363-394.
Barro R J, Sala-i-Martin X. 1992. Convergence[J]. Journal of Political Economy, 100(2): 223-251.
Becker G S. 1964. Human Capital [M]. New York: Columbia University Press.
Becker G S, Glaeser E L, Murphy K M. 1999. Population and economic growth [J]. American Economic Review, 89(2): 145-149.
Becker G S, Lewis H G. 1973. On the interaction between the quantity and quality of children [J]. Journal of Political Economy, 81(2): S279-S288.
Becker G S, Murphy K M. 1992. The division of labor, coordination costs, and knowledge [J]. The Quarterly Journal of Economics, 107(4): 1137-1160.
Ben-Porath Y. 1967. The production of human capital and the life cycle of earnings [J]. Journal of Political Economy, 75(4): 352-365.
Berliant M, Konishi H. 2000. The endogenous formation of a city: population agglomeration and marketplaces in a location-specific production economy [J]. Regional Science and Urban Economics, 30(3): 289-324.
Bloom D E, Canning D, Fink G, et al. 2009. Fertility, female labor force participation, and the demographic dividend [J]. Journal of Economic Growth, 14(2): 79-101.
Bloom D E, Williamson J G. 1997. Demographic change and human resource development [J]. Emerging Asia: Changes and Challenges. Manila: Asian Development Bank, 9(3): 46-51.
Bloom D E, Williamson J G. 1998. Demographic transitions and economic miracles in emerging Asia [J]. The World Bank Economic Review, 12(3): 419-455.
Bucci A. 2015. Product proliferation, population, and economic growth [J]. Journal of Human Capital, 9(2): 170-197.
Cai F. 2010. Demographic transition, demographic dividend, and Lewis turning point in China [J]. China Economic Journal, 3(2): 107-119.
Cervellati M , Sunde U. 2013. Life expectancy, schooling, and lifetime labor supply: theory and evidence revisited[J]. Econometrica, 81(5): 2055-2086.
Chakraborty S. 2004. Endogenous lifetime and economic growth [J]. Journal of Economic Theory, 116(1): 119-137.
Chenery H B, Taylor L. 1968. Development patterns: among countries and over time [J]. The Review of Economics and Statistics, 50(4): 391-416.
Choi I. 2001. Unit root tests for panel data [J]. Journal of International Money and Finance, 20: 249-272.
Coale A J, Hoover E M, Notestein F W. 1958. Population Growth and Economic Development in Low Income Countries [M]. Princeton: Princeton University Press.

Cobb C W, Douglas P H. 1928. A theory of production[J]. The American Economic Review, 18(1): 139-165.

Cohen D, Soto M. 2007. Growth and human capital: good data, good results [J]. Journal of Economic Growth, 12(1): 51-76.

Cruz M, Ahmed S A. 2018. On the impact of demographic change on economic growth and poverty [J]. World Development, 105: 95-106.

de la Croix D, Lindh T, Malmberg B. 2009. Demographic change and economic growth in Sweden: 1750-2050[J]. Journal of Macroeconomics, 31(1): 132-148.

de Long J B, Shleifer A, Summers L H, et al. 1990. Noise trader risk in financial markets [J]. Journal of Political Economy, 98(4): 703-738.

Denison E F. 1974. Accounting for United States Economic Growth 1929-1969[M]. Washington: Brookings Institution Press.

Desmet K, Parente S L. 2010. Bigger is better: market size, demand elasticity and innovation[J]. International Economic Review, 51(2): 319-333.

Domar E D. 1946. Capital expansion, rate of growth, and employment [J]. Econometrica, 14 (2): 137-147.

Dugan B, Robidoux B. 1999. Demographic shifts and labour force participation rates in Canada [J]. Canadian Business Economics, 7(2): 42-56.

Durlauf S N, Johnson P A, Temple J R W.2005. Chapter 8 growth econometrics[M]//Handbook of Economic Growth. Amsterdam: Elsevier: 555-677.

Eastwood R, Lipton M. 2011. Demographic transition in sub-Saharan Africa: how big will the economic dividend be? [J]. Population Studies, 65(1): 9-35.

Erlandsen S, Nymoen R. 2008.Consumption and population age structure [J]. Journal of Population Economics, 21(3): 505-520.

Fang C, Wang D W. 2005. Demographic transitions: implications for growth[M]// The China Boom and its Discontents. Canberra: ANU Press.

Faruqee H, Mühleisen M. 2003. Population aging in Japan: demographic shock and fiscal sustainability [J]. Japan and the World Economy, 15(2): 185-210.

Florida R, Mellander C. 2015. Talent, Cities, and Competitiveness [M]// Audretsch D B, Link A N, Walshok M. The Oxford Handbook of Local Competitiveness. Oxford: Oxford University Press, 34-53.

Fougère M, Mérette M. 1999. Population ageing and economic growth in seven OECD countries [J]. Economic Modelling, 16(3): 411-427.

Fry M J, Mason A. 1982. The variable rate-of-growth effect in the life-cycle saving model: children, capital inflows, interest and growth in a new specification of the life-cycle model applied to seven Asian developing countries [J]. Economic Inquiry, 20(3): 426-442.

Fu Y M, Gabriel S A. 2012. Labor migration, human capital agglomeration and regional development in China [J]. Regional Science and Urban Economics, 42(3): 473-484.

Fujita M, Krugman P, Venables A J. 1999 . The Spatial Economy: Cities, Regions, and International Trade[M]. Cambridge : MIT Press.

Futagami K, Nakajima T. 2001. Population aging and economic growth [J]. Journal of Macroeconomics, 23(1): 31-44.

Gaertner W. 1993. Amartya Sen: capability and well-being [M] // Nussbaum M, Sen A. The Quality of Life. Oxford: Claredon Press: 62-66.

Geissdoerfer M, Savaget P, Bocken N M P, et al. 2017. The circular economy-a new sustainability paradigm? [J]. Journal of Cleaner Production, 143: 757-768.

Glaeser E L, Maré D C. 2001. Cities and skills [J]. Journal of Labor Economics, 19(2): 316-342.

Glomm G, Ravikumar B. 1997. Productive government expenditures and long-run growth [J]. Journal of Economic Dynamics and Control, 21(1): 183-204.

Golley J, Tyers R. 2006. China's growth to 2030: demographic change and the labour supply constraint[M]// Garnaut R, Song L G.The Turning Point in China’s Economic Development. Canberra:ANU Press.

Greene W H. 2000. Econometric Analysis [M]. Upper Saddle River: Prentice Hall.

Hansen C W. 2013. Life expectancy and human capital: evidence from the international epidemiological transition [J]. Journal of Health Economics, 32(6): 1142-1152.

Hansen C W, Lønstrup L. 2012. Can higher life expectancy induce more schooling and earlier retirement? [J]. Journal of Population Economics, 25(4): 1249-1264.

Harrod R F. 1939. An essay in dynamic theory [J]. The Economic Journal, 49 (193): 14-33.

Hassler J, Mora J V R. 2000. Intelligence, social mobility, and growth [J]. American Economic Review, 90(4): 888-908.

Hazan M S. 2009. Longevity and lifetime labor supply: evidence and implications [J]. Econometrica, 77(6): 1829-1863.

Headey D D, Hodge A. 2009.The effect of population growth on economic growth: a meta-regression analysis of the macroeconomic literature [J]. Population and Development Review, 35(2): 221-248.

Helpman E, Krugman P. 1985. Market Structure and Foreign Trade: Increasing Returns, Imperfect Competition, and the International Economy [M]. Cambridge: MIT press.

Higgins M. 1998. Demography, national savings, and international capital flows [J]. International Economic Review, 39(2): 343-369.

Higgins M, Williamson J G. 1996. Asian demography and foreign capital dependence [R]. National Bureau of Economic Research.

Higgins M, Williamson J G. 1997. Age structure dynamics in Asia and dependence on foreign capital [J]. Population and Development Review, 23(2): 261-293.

Huang T H, Xie Z X. 2013. Population and economic growth: a simultaneous equation perspective [J]. Applied Economics, 45(27): 3820-3826.

Hulten C R. 2001. Total factor productivity: a short biography [M]// Hulten C R, Dean E R, Harper

M J. New Developments in Productivity Analysis.Chicago: University of Chicago Press: 1-54.
Im K S, Pesaran M H, Shin Y. 2003. “Testing for unit roots in heterogeneous panels” [J]. Journal of Econometrics, 115, 53-74
Johnson D G. 2000. Population, food, and knowledge [J]. American Economic Review, 90(1): 1-14.
Jones C I. 1997. Population and ideas: a theory of endogenous growth[R]. National Bureau of Economic Research.
Joshi S, Schultz T P. 2007. Family planning as an investment in development: evaluation of a program's consequences in matlab, Bangladesh [R]. Yale University Economic Growth Center Discussion Paper.
Kaldor N. 1957. A model of economic growth [J]. The Economic Journal, 67(268): 591-624.
Kao C. 1999. Spurious regression and residual-based tests for cointegration in panel data [J]. Journal of Econometrics, 90(1): 1-44.
Kelley A C, Schmidt R M. 1996. Saving, dependency and development [J]. Journal of Population Economics, 9(4): 365-386.
Kirchherr J, Reike D, Hekkert M. 2017. Conceptualizing the circular economy: an analysis of 114 definitions [J]. Resources, Conservation and Recycling, 127: 221-232.
Kraay A. 2000. Household saving in China [J]. The World Bank Economic Review, 14(3): 545-570.
Kuznets S. 1955. Economic growth and income inequality [J]. The American Economic Review, 45(1): 1-28.
Kwan F, Wu Y R, Zhuo S H. 2018. Surplus agricultural labour and China's Lewis turning point [J]. China Economic Review, 48: 244-257.
Lee R, Mason A. 2010. Fertility, human capital, and economic growth over the demographic transition [J]. European Journal of Population/Revue Européenne De Démographie, 26(2): 159-182.
Lee R, Mason A, Miller T. 2000. Life cycle saving and the demographic transition: The case of Taiwan [J]. Population and Development Review, 26: 194-219.
Levin A, Lin C F, Chu C S. 2002. Unit root tests in panel data: asymptotic and finite-sample properties [J]. Journal of Econometrics, 108(1): 1-24.
Lewis W A. 1954. Economic development with unlimited supplies of labour [J]. The Manchester School, 22(2): 139-191.
Lewis W A. 1958. Unlimited labour: further notes [J]. The Manchester School, 26(1): 1-32.
Lewis W A. 1988. Chapter 2 the roots of development theory [M]// Handbook of Development Economics. Amsterdam: Elsevier: 27-37.
Lindh T, Malmberg B. 1999. Age structure effects and growth in the OECD, 1950-1990[J]. Journal of Population Economics, 12(3): 431-449.
Lucas J R E. 1988. On the mechanics of economic development [J]. Journal of Monetary Economics, 22(1): 3-42.
Lutz W, Kc S. 2011. Global human capital: integrating education and population [J]. Science,

333(6042): 587-592.

Lührmann M. 2003. Demographic change, foresight and international capital flows [J]. MEA Discussion Papers, 38: 104-112.

Malthus T. 1798.An essay on the principle of population[M].London: Paul's Church-Yard.

Mankiw N G, Romer D, Weil D N. 1992. A contribution to the empirics of economic growth[J]. The Quarterly Journal of Economics, 107(2): 407-437.

Mason A. 1988. Saving, economic growth, and demographic change [J]. Population and Development Review, 14(1): 113-144.

Mason A, Lee R. 2006. Reform and support systems for the elderly in developing countries: capturing the second demographic dividend[J]. Genus, 62(2): 11-35.

Meade J E. 2013. A Neo-classical Theory of Economic Growth (Routledge Revivals)[M]. New York: Routledge.

Mincer J. 1958. Investment in human capital and personal income distribution[J]. Journal of Political Economy, 66(4): 281-302.

Morse S. 2003. Greening the united nations' human development index? [J]. Sustainable Development, 11(4): 183-198.

Murphy K M, Shleifer A, Vishny R. 1989. Income distribution, market size, and industrialization [J]. The Quarterly Journal of Economics, 104(3): 537-564.

Pedroni P. 1999. Critical values for cointegration tests in heterogeneous panels with multiple regressors [J].Oxford Bulletin of Economics and Statistics, 61: 653-670.

Pedroni P. 2004. Panel cointegration: asymptotic and finite sample properties of pooled time series tests with an application to the PPP hypothesis [J]. Econometric Theory, 20: 597-625.

Peneder M . 2003. Industrial structure and aggregate growth[J]. Structural Change and Economic Dynamics, 14(4): 427-448.

Rauch J E. 1993. Productivity gains from geographic concentration of human capital: evidence from the cities [J]. Journal of Urban Economics, 34(3): 380-400.

Ravallion M. 1997. Good and bad growth: the human development reports [J]. World Development, 25(5): 631-638.

Romer P M. 1986. Increasing returns and long-run growth [J]. Journal of Political Economy, 94(5): 1002-1037.

Romer P M. 1987. Growth based on increasing returns due to specialization [J]. American Economic Review, 77(2): 56-62.

Romer P M. 1990. Endogenous technological change [J]. Journal of Political Economy, 98(5): 71-102.

Rosenstein-Rodan P N. 1943. Problems of industrialisation of eastern and south-eastern Europe [J]. The Economic Journal, 53(210-211): 202-211.

Rostow W W. 1984. Development: the political economy of the marshallian long period [R]. Pioneers in Development.

Samuelson P A. 1948. Economics: an Introductory Analysis [M]. New York: McGraw-Hill.
Schultz T P. 1997. Assessing the productive benefits of nutrition and health: an integrated human capital approach [J]. Journal of Econometrics, 77(1): 141-158.
Schultz T W. 1962. Reflections on investment in man[J]. Journal of Political Economy, 70(5): 1-8.
Sen A. 1988. Chapter 1 the concept of development [M]// Handbook of Development Economics. Amsterdam: Elsevier: 9-36.
Sen A. 1993. Capability and well-being [M] // Nussbaum M, Sen A. The Quality of Life. Oxford: University Press: 30-53.
Sethy S K, Sahoo H. 2015. Investigating the relationship between population and economic growth: an analytical study of India [J]. Indian Journal of Economics and Business, 14(3): 403-422.
Solow R M. 1956. A contribution to the theory of economic growth [J]. The Quarterly Journal of Economics, 70(1): 65-94.
Solow R M. 1957. Technical change and the aggregate production function [J]. The Review of Economics and Statistics, 39(3): 312-320.
Swamy P A V B. 1970. Efficient inference in a random coefficient regression model [J]. Econometrica, 38(2): 311-323.
Swan T W. 1956. Economic growth and capital accumulation [J]. Economic Record, 32(2): 334-361.
Sweezy A R. 1984. Is the population bomb still ticking? [J]. Engineering and Science, 47(4): 21-26.
Taylor A M, Williamson J G. 1994. Capital flows to the new world as an intergenerational transfer [J]. Journal of Political Economy, 102(2): 348-371.
Temple J. 1999. The new growth evidence [J]. Journal of Economic Literature, 37(1): 112-156.
Thornton A. 2001. The developmental paradigm, reading history sideways, and family change [J]. Demography, 38(4): 449-465.
Tumwebaze H K, Ijjo A T. 2015. Regional economic integration and economic growth in the COMESA region, 1980-2010[J]. African Development Review, 27(1): 67-77.
United Nations. 1973. The determinants and consequences of population trends: new summary of findings of interaction of demographic, economic and social factors[R].
Uzawa H. 1965. Optimum technical change in an aggregative model of economic growth [J]. International Economic Review, 6(1): 18-31.
Vernon R. 1966. International investment and international trade in the product cycle[J]. The Quarterly Journal of Economics, 80(2):190-207.
Wang Y, Yao Y D. 2003. Sources of China's economic growth 1952-1999: incorporating human capital accumulation[J]. China Economic Review, 14(1): 32-52.
Westerlund J. 2005. New simple tests for panel cointegration [J]. Econometric Reviews, 24(3): 297-316.
Yang D T, Zhang J S, Zhou S J. 2012. Why are saving rates so high in China?[M]// Fan J, Morck R, Yeung B. Capitalizing China. Chicago: University of Chicago Press.
Yao W J, Kinugasa T, Hamori S. 2013. An empirical analysis of the relationship between economic

development and population growth in China [J]. Applied Economics, 45(33): 4651-4661.

Young A A. 1928. Increasing returns and economic progress [J]. The Economic Journal, 38(152): 527-542.

Young H P. 1993. The evolution of conventions [J]. Econometrica, 61(1): 57-84.

Zweimüller J, Brunner J K. 2005. Innovation and growth with rich and poor consumers [J]. Metroeconomica, 56(2): 233-262.

人 名 索 引

B

C

D

F

G

H

J

K

L

M

N

P

Q

R

S

T

W

X

Y

Z

后　　记

《人口与经济发展方式》是2012年国家社会科学基金重点项目“人口与经济发展方式转变研究”的最终成果，是河北大学经济学院第一项社会科学类国家重点项目。立项后笔者高度重视，尽管之前已经完成了一个一般项目，有了一些研究经验，可当知道立项一个重点项目时，心里还是有些紧张，心想着国家给予这么多经费支持，一定要好好完成。

课题研究可以说是一件痛并快乐的事情。

课题开始：课题立项后，笔者开始认真准备开题，对研究课题所涉及的问题、理论基础等进行了进一步梳理，列出详细的研究提纲，并进行了初步分工。然而，在研究过程中，课题组成员王俊祥教授退休、顾瑶博士毕业离开本单位等，以及课题组其他成员完成部分任务后由于毕业、离职而退出，主要是学生的毕业影响较大，使得课题的研究人员一直处于变动之中，对课题研究的连贯性和研究进度稍有影响。不过他们在本课题的研究中均有较大贡献，使得课题得以比较顺利开展和推进。

曲折艰辛：课题研究历经六年时间，分别在经济增长理论，经济发展理论，经济增长与经济发展，人口转变与经济增长的关系，人口转变与经济发展的关系，世界人口与经济发展方式转变的关系，中国人口与经济发展方式转变的关系，中国未来的人口转变特征以及适应人口发展的经济发展方式转变的效果仿真，实现人口与经济发展方式转变相协调的政策支持体系，区域人力资本聚集，人力资本与产业分布等方面进行了定性、定量相结合的不断探索、深入研究和阐释。有些内容的已有文献存在着较大分歧，已有的理论也不能够对像中国这样的人口大国的经济发展做出恰当的解释和缺乏对未来的预见性，因此需要对人口与经济发展之间关系的理论加以整合和改进，力图能够在理论上有一些突破和创新。总之课题的研究面临着诸多困难。

本课题应该于 2015 年结项，但是在研究过程中需要对世界人口转变及其人口与经济的关系进行数据搜集、理论构建和实证检验，特别是期间中国生育政策的相继调整，对未来人口发展的趋势判断和预测需要重新研究，这增加了本书的艰难性，造成了时间的推迟。

本书稿共分九章，第一章由王金营完成，李竞博（2014 年毕业）、李天然、刘艳华协助；第二章由王金营设计思路和确定基本基调，由贾少萌（2012 年毕业）起草初稿，张省和马志越补充，王金营再进行补充、修改和完善；第三章由王金营确定方向、思路和框架逻辑，由李庄园、高亚飞（2018 年毕业）、王朋岗等完成初稿，然后由王金营修改并提出补充意见，通过课题组反复讨论论证，最终由王金营完善定稿；第四章由王金营确定实证内容，杨茜（2014 年毕业）首先完成初稿，作为杨茜的毕业论文，在进入到课题整体研究阶段后由王金营指导李天然、李华（2018 年毕业）完成后续研究，更新了数据，采取了更确切的估计方法，对 OECD 中 17 国人口与经济增长及方式转变进行创新性研究，最终由李天然修改完成；第五章由王金营、李竞博完成发表稿，在此基础上由李天然、刘立光（2019 年毕业）补充新的数据并进行模型的再估计检验，王金营进一步提出修改意见并进行完善，从而完成课题终稿；第六章由王金营、戈艳霞完成发表论文稿，李华补充了教育生命表和教育预测参数以及教育需求预测和未来人口受教育结构等内容，由王金营、戈艳霞、李华完成课题稿；第七章由苗绘、杜泽丹（2019 年直博）和李鑫（2019 年毕业）完成初稿，王金营补充完善，对关键内容进行研究补充并提出修改建议，最后由李庄园进行大幅度修改后，经王金营再指导和修改，最终由李庄园完成终稿；第八章由王金营提出建议和思路，张省完成系统模拟，张省和马志越完成文字初稿，王金营修改并提出修改意见，进一步进行方案模拟，由张省和马志越修改完成；第九章由李庄园、杜泽丹、贾娜、李华（2018 年毕业）、李鑫（2019 年毕业）完成初稿，王金营补充修改并提出建议，经过李庄园、李华修改完善，最后，王金营和李庄园对这一章的内容又进行了反复推敲修改，最终完成本章定稿。作为负责人，笔者对全稿经过反反复复的通读修改和指导成员们改进，最终完成课题结项报告和书稿初稿。

课题的研究真的是曲折、艰辛，有时感到一丝丝的痛苦！

阶段成果：本书最终所完成的任务超过了最初的研究设计，在课题组共同努力下，公开发表数篇高质量的研究成果。截至 2018 年 12 月，课题组成员共发表《“后人口红利期”实现经济持续增长的政策探究》、《全面二孩政策实施下的中国人口发展态势》、《OECD 国家人口变动对经济发展方式转变的影响》、《人口发展变化对区域消费影响的实证研究——基于中国省级区域的数据》、《人口活跃因素对区域经济增长影响的研究》、《人口与经济增长关系的再检验——基于人口活跃度—经济模型的分析》、《中心城市在区域人力资本聚集中的作用》和《中国人力资本产业配置在城镇化中的作用研究》8 篇中文核心期刊（CSSCI[①]）论文，其中多篇文章参加国际国内会议交流。公开发表的论文从经济增长理论、人口与经济增长之间的关系、人力资本配置以及人口与消费之间的关系等多个角度对经济增长与人口的论题进行了研究。

课题收获：一是完成学术专著初稿《人口与经济发展方式》，课题结项获得良好，并在此基础上申报了 2019 年度国家哲学社会科学成果文库并成功入选，得到了匿名评审专家对本书稿给予的高度评价和建设性的意见及建议。入选文库是对笔者及笔者团队研究成果的认可，也是对笔者的激励和鞭策。二是通过本课题研究，笔者对于我国人口与经济发展、人口与经济发展方式转变有了更加深入的理解，也产生了新的研究问题。同时，对于未来人口负增长下经济发展的动力、途径和方式有了一个再认知，提出了人口规模回旋空间的概念和初步理论分析。基于这个课题研究的延续和新的思考，2019 年通过申请再一次获得国家社会科学基金重点项目的支持。三是通过本课题的研究，笔者自己的研究能力得到了进一步的提升，课题研究更加锻炼了团队成员，提高了他们的研究能力和水平，大家都有所收获。

此外，该课题已经支持李竞博、石贝贝、杨茜三个硕士研究生完成毕业

① 全称为 Chinese social sciences citation index，中文社会科学引文索引。

论文，她们也都顺利考取外校的博士；笔者所指导的三位博士研究生通过参与本课题研究，根据所产生的新问题做出了毕业论文研究选题。李庄园的《经济增长中公共服务的作用和优化研究——基于中国和 OECD 国家发展的实证》（2020 年毕业）、李天然的《国民健康对经济增长影响研究——基于中国和 OECD 比较》、张省的《碳约束下经济增长研究——基于中国和 OECD 国家的实证分析》，这三位博士研究生的毕业论文已经顺利开展研究，她们得到了本项目基金的支持。并且，李庄园已经毕业，博士论文入选“2020 年当代经济学博士创新项目”，这又是一大收获。

这些都使笔者更加快乐和高兴。

有收获，当然是快乐的事情！

文库书稿修订：尽管笔者在结项后对初稿进行了多次通读审阅和批改、修订，但当得知入选文库后，深知入选文库对于书稿的要求更高，需要对书稿进行仔细完善。随即笔者成立了文库修订小组（见文前），根据专家的意见笔者带领李庄园、张省、李天然、李竞博、王冬梅、刘艳华、张寒蒙、石贝贝等对全稿进行了多遍仔细审读，对于全书中的文献、数据、模型等进行了认真核对、修订。首先，笔者对于全稿各部分进行进一步的思考、斟酌和修改完善或者提出修改意见。其次，修订组各位成员按着笔者的意见分别进行修改：第四章由李天然进行了数据核对和修改；第五章由李竞博进行了修改；第六章根据专家意见、三孩政策实施后人口发展的新情况以及中国人口最新的发展态势，由笔者本人对未来人口发展重新进行了预测，并由戈艳霞和李华完成文中数字更新；第七章根据专家评审意见，由李庄园进行了补充和整合；第八章由王金营指导张省进一步在新的人口预测基础上进行仿真运算和修改；第九章由王金营和李庄园进行反复修改完善。此外，刘艳华和王冬梅负责校对全书稿的文献标注和文献来源，对有误文献进行了修改补充，张寒蒙对全稿进行了较为细心的审读和文句斟酌，降低了文字和语句上的差错率。

未来中国人口负增长下经济发展面临的问题可能比在人口不断增长时要复杂得多，困难要大得多。因而，笔者深知书稿还有很多不尽如人意的地方或者值得进一步研究的地方，而更多的未被研究和探讨的领域需要开拓性研究，希望感兴趣的读者继续深化本领域的研究，推动中国人口与经济发展研究在理论和实证上的不断发展和提升。为实现中国人口和经济的协调发展、长期均衡发展提供理论支撑。

最后，感谢国家社会科学工作办公室的支持和对于课题研究的宽容，感谢河北大学社科处和财务处给予课题管理的支持，感谢在笔者作为经济学院院长期间同事们给予的支持和理解。特别感谢原有课题组成员王俊祥教授、顾瑶博士等提供的建议和积极参与。特别感谢田雪原教授、李建民教授、翟振武教授、陆杰华教授、杜鹏教授、王广州研究员、原新教授、陈卫民教授等学界老师、朋友和同仁多年来在学术研究上给予的支持和关怀。在此，特别感谢李建民教授为本书作序，作为他的博士研究生，时常怀念学生时代，有幸在笔者的学术生涯中，一直得到李老师的支持。在本书付梓之际，感谢科学出版社李嘉女士的关注和支持，感谢各位编辑对书稿的审校，弥补了书中文字的不足，并对一些数据进行认真核对，使书稿质量有了一个大的提升。当然，更要感谢匿名评阅专家的评论和提供的建设性意见，他们的严谨和认真，使得本书研究更加成熟。

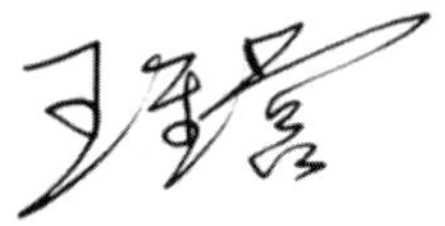

2020年冬月于河北大学紫园